차별로 보는 일본의 역사

한국외국어대학교 일본연구소
일본사회의 서벌턴 연구 번역총서 02

차별로 보는 일본의 역사

히로타 마사키(ひろた まさき) 저
이권희 · 이경화 · 김경희 · 오성숙 · 김경옥 · 강소영 옮김

Publishing Company

목차

서장

‘차별을 생각한다’

‘차별을 받아보지 않은 사람은 차별받는 괴로움을 알 수 없다’

흔히 ‘차별을 받아보지 않은 사람은 차별받는 괴로움을 알 수 없다’라고 합니다. 이 말은 어떤 의미에서 진실일 겁니다. 차별에도 여러 가지가 있겠습니다만, 이유가 없는 차별은 가령 그것이 아주 가벼운 마음에서 나온 말일지라도 이유가 없기에 화가 나고 분통이 터지며, 심지어 그것이 결혼이나 취직과 같은 인생에서 가장 중요한 사항을 좌지우지하는 것과 관계가 있을 때는 세상이 뒤집어지는 듯한 분노와 고통을, 그리고 실제로 돌이킬 수 없는 불이익을 받게 되고, 그것은 말도 다 표현하기 힘든, 즉 다른 사람에게는 전달할 수 없을 정도의 고통이 되며, 타인은 알기 힘든 것이기 때문일 겁니다.

그러므로 ‘차별을 받아보지 않은 사람은 차별받는 괴로움을 알 수 없다’라는 말, 그런 말을 해야 하는 경우가 종종 있다는 것을 먼저 이해해야 할 것입니다. 그럼에도 불구하고 이 말에는 문제가 있다고 나는 생각합니다.

우선 첫째로 ‘차별받은 자’가 모두 차별을 받았다고 생각할지 어떨지라는 문제입니다. 실제로는 차별을 받고 있어도 본인은 차별을 받고 있다고 생각하지 않는 경우가 흔히 있기 때문입니다. 예를 들어 '남자는 밖으로, 여자는 집에서'라는 '현모양처' 주의는 여성을 가정 안에 가두어버리는 것으로 여성 차별의 대표적인 사고입니다만, 그것이 여성이 살아가는 바른 방법이라고 굳게 믿고 있는 사람에게는 여자는 집을 지켜야 하며 직업을 가져서 가사를 소홀히 하면 안 된다는 것은 당연한 것으로 '현모양처'를 강제하는 사회의 분위기, 규범과 제도 등에 대해서 그것을 당연하다 생각하는 경우는 있더라도 결코 '여성 차별'이라고는 생각하지 않을 겁니다. 그러나 얼마나 많은 여성이 그 때문에 억울한 일을 겪어야만 했는지. 남자인 나는 도저히 이해할 수 없을 정도로 억울했음에 틀림 없을 겁니다. 즉 차별을 받더라도 사람에 따라서 받아들이는 것에 차이가 있다는 말입니다. 거기에서 차별을 받는 쪽의 주관의 문제, 즉 주관은 사람에 따라 다르기 때문에 믿을 수가 없다는 문제와, 그럼에도 불구하고 그 주관은 진실을 이야기하는 중요한 문제라고 하는 것을 생각해볼 수 있습니다.

둘째로, '차별을 받아보지 않은 사람은 차별받는 괴로움을 알 수 없다'라고 하는 순간 그것은 커뮤니케이션의 거부가 되어버린다는 문제가 있습니다. 이 말은 '그만큼 괴롭다, 그만큼 차별을 하는 자와 차별을 받는 자 사이에는 깊은 골이 있다는 것을 알아줬으면 좋겠다'는 의미, 커뮤니케이션을 원하기 때문에 나온 비통한 말임으로 일률적으로 그것을 '거부하는 것'으로 단정 지어 버려서는 안 되겠지만, 그러나 '거부하는' 경우도 많다고 생각합니다.

예를 들어 1970년대의 우먼리브운동[1]에서 발생한 '여성학'의 발

---

1 역자주－1960년대 후반 미국에서 시작되어 B.프리단 등이 주동하여 전미여성연맹(全美女性聯盟: National Organization of Women)을 결성하고, 성별에 따

족 당시에는 여성 차별의 고통은 남자는 모른다, 남자는 차별자이고 적이기 때문에 여자들끼리 해나가자는 경향이 강했습니다. 부락해방운동에서도 그러한 경향을 보였던 시기가 있었습니다. 많은 마이너리티 해방운동이 일어날 때 그러한 경향이 나오기 쉽습니다. 나는 운동의 어느 단계에서는 그러한 경향이 과도하게 나타나는 것도 어쩔 수 없다는, 그만큼 차별을 받아왔기 때문에 그만큼 몰이해의 세계에 갇혀왔기 때문에 당연하다고 생각합니다만, 그러나 그것이 당사자들끼리 문제를 해결하려고 타자와의 커뮤니케이션을 거부하고 있어서 차별을 극복하지 못할 것이라 생각합니다.

'구별'의 구조

'차별'이란 '구별을 하다'라는 의미로, 인간과 인간과의 바른 관계를 나타내는 말입니다. 그렇다면 '차별'은 '차별자'와 '피차별자'의 관계라 생각하기 쉽습니다만, 그것은 '대립'입니다. '차별'은 결코 차별자와 피차별자의 양자의 대립으로 파악할 수는 없습니다. '차별'에는 제3자가 필요합니다. '차별'에 동의(공범)하는 제3자가 필요합니다.

예를 들면 무인도에 두 사람밖에 인간이 없고, 두 사람이 대립하여 상대방을 어떠한 말로 매도를 하더라도 그것은 '대립'이지 '차별'이 되지는 않습니다. 상대방도 '꼬마'라든지 '꺽다리'라고 매도를 해도 그것은 차별용어가 되지 않습니다. 그러나 많은 사람들이

른 차별을 철폐할 것을 주장하면서, 고용 · 교육의 기회균등, 동일노동에 동일임금, 낙태(落胎)의 자유 등을 호소하였다.

'꼬마'는 제대로 된 인간이 아니라고 믿고 있다면 '꼬마'라는 말은 차별용어가 됩니다. 즉 많은 사람의 존재가 필요한 겁니다. '구별'이라는 것은 A가 B를, C와 '구별'하는, '차별'한다는 식으로 사용하는 것이 보통입니다. B가 차별을 받는 사람이고 A는 C와 공동으로, 혹은 공범 관계로서 B를 천덕꾸러기로 만들면 '차별'이 되는 겁니다.

사회적 차별이라고 할 경우에는 이 C에 상당하는 존재가 사회 · 세상, 즉 다수의 인간이 됩니다. 그러므로 세상이 그것을 당연하다고 인정하는, 혹은 그 집단의 많은 사람들이 그것을 당연하다고 간주할 때 차별받은 B는 고립무원의 상태가 되어 인간으로서의 당연한 권리를 주장할 수 없게 됩니다. 주위 사람들이 모두 차별자가 되는 거니까 차별을 받은 사람의 기분을 알아주지 않습니다. '차별을 받아보지 않은 사람은 차별받는 괴로움을 알 수 없다'라는 것은 그러한 '차별의 구조'에서 나오는 필연적인 것이라고 할 수 있을 것입니다. 그 말은 일정한 진실을 보여주고 있습니다. 에도 시대의 부락민이 사 · 농 · 공 · 상 신분의 사람들에게 우리는 당신네들과 같은 인간이라고 외쳐도 아무도 상대해주지 않았겠지요.

그러나 '차별의 구조'가 3자의 관계에 있다고 한다면 적어도 제3자가 '차별'의 부당성을, 불합리함을 알아주지 않는다면 '차별'을 해소 · 극복할 수가 없습니다. 에도 시대와는 달리 메이지 이후의 근대 사회는 '인간 평등'을 원칙으로 하고 '언론의 자유'를 원칙으로 하고 있는 사회이므로 제3자가 '알아줄' 가능성은 있지요. 그러니까 제3자와의 커뮤니케이션이 중요한, 불가결한 문제가 되는 거지요. 즉 차별받는 고통은 당사자밖에 모른다고 단언할 때 그 커뮤니케이션은 단절되고, 차별을 극복하는 길을 스스로 끊어버리는 결과가 된다고 나는 생각합니다.

내 몸을 꼬집어 보고 타인의 고통을 안다

나는 피차별자가 아닙니다. 가난한 집안 자식이긴 했습니다다만 지금까지 차별받았다는 경험은 없었다고 해야겠지요. 전혀 없었다고는 할 수 없을지 몰라도 있었더라도 사소한 것들로 사회적 차별을 받았다고는 할 수 없을 겁니다. 그러니까 나는 그러한 '차별받은 자의 고통'은 사실상 모릅니다. 모르는 걸로 끝나는 것이 아니라 나는 내 멋대로 살아왔기 때문에 거기에는 차별적 행위도 많이 있었을 겁니다. 가령 그렇지 않더라도 제3자적인 존재로서 차별자와 공범 관계에 있다고 할 수 있습니다. 그러한 공범 관계를 끊고 차별에 반대하는 입장을 취하지 않는 한 아무것도 하지 않아도 존재하는 것 자체로 공범 관계를 지탱하게 되는 것입니다. 그런 내가 '차별받은 고통'을 모른다면 나는 '차별'에 대해서 논할 자격이 없습니다. 따라서 내가 '차별받는 고통'을 그 어떤 방법으로 객관적인 문제로 다룰 수 있도록 만들어야 합니다. '차별받는 고통'을 100% 이해하는 것은 도저히 불가능하다. 게다가 그런 것은 누구나 100% 이해할 수 없지 않은가. 그렇다고 해서 차별받은 자의 입장에 서서 생각하는 것이 불가능한 건 아니라고 생각합니다.

나는 역사를 연구하는 사람이긴 합니다다만, 역사연구는 과거 사람들의 기분을 이해하지 못하면 아무것도 할 수가 없습니다. 역사학은 이문화를 이해하는 학문입니다. 에도 시대 사람들은 우리와는 전혀 다른 문화 속에서 생활을 하고 있었습니다. 마치 외국인과 같지요. 그 이문화를 이해하고, 그곳에서 살았던 사람들의 마음을 이해하는 것이 역사학인 것입니다. 그것이 기본이고 또한 도달점이기도 합니다. 그런 경우 물론 미세한 기분의 차이를 이해하기 위해서는 많은 사료가 남아 있어야 하겠습니다만, 나처럼 민중사상의 해명을 지향하는 자에게는 민중의 마음을 표현한 사료는 그다지 남아 있지 않으니 복잡한 심리의 차이 같은 건 좀처럼 알기 어렵습니다. 즉 100%의 이해는 불가능하다고 해도 좋을 겁니다. 그러나 당시의 민중은 이런 일로 힘들어했다는 중요한 부분의 마음은 이해할 수 있어야 합니다.

그것은 반드시 역사 연구 뿐만이 아니라 문학 연구에서도 사회학에서도, 경제학과 정치학에서도, 인문과학과 사회학에서도 기본적으로 요구되는 것일 겁니다. 거기에는 지금까지 축적되어온 각각의 방법이, 객관적으로 이해할 수 있는 방법이 있다고 생각합니다. 그러나 사실은 학문만이 아니라 장사나 물건을 만들어내는 사람들에게도, 의사나 간호사에게도 인간의 마음을 이해하지 못하면 그런 일들을 할 수 없다는 의미에서는 대부분의 사람은 상대방의 마음을 100% 이해하지는 못한다 하더라도 중요한 부분은 이해할 수 있는 능력을 갖고 있습니다. 아니 갖고 있을 겁니다. 그렇지 않으면 사회는 제대로 기능하지 않습니다.

그와 같은 능력은 어떻게 만들어지는가. 그것은 '내 몸을 꼬집어 보고 타인의 고통을 안다', 타인의 아픔을 안다는 것이고, 몇 번의 실패를 되풀이하면서 어떨 때 상대방은 곤란한가를 아는 것이고, 그 사람이 되고, 그 사람의 입장이 되는, 그러한 상상력을 발동시킬 수 있게 된다는 것입니다. 그러므로 거기에는 반드시 자신과 상대방은 같은 감각과 아픔을 아는 능력을 갖고 있는 인간이라는 것이 전제가 되어 있습니다.

같은 인간이라고 생각하지 않는 것에서부터

그러나 또 처음으로 돌아갑니다만, 상대방이 자신과 같은 인간이라는 것이 인정되었을 때 자신의 아픔을 가지고 상대방을 이해할 수 있습니다만, 상대방을 같은 인간이라고 생각하지 않는다면 자신과는 통하는 점이 없는 이문화의 인간, 혹은 인간 이하의 존재라고 생각한다면 애초에 자신의 아픔과 똑같은 아픔을 상대방도 느낄 거라고는 생각하지 않을 겁니다.

아이다 유지会田雄二의 『아론수용소アーロン収容所』(中央公論, 1978)는 제2차 세계대전 하에서 영국군이 일본군 포로를 수용했던 상황을 그린 것입니다만, 거기에는 영국군 장교의 집에서 일본군 병사가 하인처럼 혹사를 당하는 장면이 있는데, 어느 날 그 일본군 병사가 바닥 청소를 하고 있었는데 그 집 부인이 벌거벗은 몸으로 들어와서 일본군 병사를 쳐다보지도 않고 거울을 보고 단장을 하기 시작했다는 에피소드가 적혀 있습니다. 그 부인은 일본군 병사를 같은 인간이라고 생각하지 않았기 때문에 수치를 느낄 필요가 없었던 겁니다. 수치심을 갖고 있지 않으면 어떤 일이라도 아무렇지도 않게 하게 됩니다.

일본군 병사가 15년 전쟁 하에서 아시아 사람들에게 강간을 비롯해 여러 가지 잔학행위를 했다는 슬픈 사실도, 이것은 일본군 병사가 아시아 사람들을 자신과 같은 인간이라 생각하지 않았던 것이 가장 큰 원인입니다. 즉 차별은 상대방을 자신과 같은 인간이라고 생각하지 않는 상태, 혹은 생각하지 않아도 되는 상태에서 일어나는 겁니다. 따라서 그러한 상태가 왜 일어나는지를 명확히 할 필요가 있습니다.

차별의 원인을 찾다

차별당하는 고통을 이해하는 것은 몹시 중요합니다만, 그것으로는 차별의 원인을 밝혀낼 수가 없습니다. 그 고통을 이해하고 그러니까 차별을 해서는 안 된다고는 할 수 있어도 왜 차별이 일어나는지는 밝혀낼 수가 없습니다. 그 원인은 차별을 하는 쪽에 있기 때문입니다. 차별하는 인간이 특정한 사람들을 자기들과 같은 인간이라고 생각하지 않는 것에 기인하기 때문입니다. 차별은 차별을 당하는 쪽에도 원인과 책임이 있다는 말을 하는 경우가 있습니다. 그것에 대해서는 또 다른 기회에 자세히 언급하겠습니다만, 여기에서는 차별은 차별하는 쪽이 만들어낸 것이라는 것을 전제로 하여 이야기를 해나가겠습니다. 같은 인간이 아니라고 간주하는 것은 언제나 차별을 하는 쪽이기 때문입니다.

그러니까 왜 자기들과 같은 인간이 아니라는 사고가 생겨났느냐 하는 것, 자신들과의 차이를 어떤 점에서 인정했는지를 분명히 할 필요가 있습니다. 원래 차별은 이유가 없는 것이어서, 따라서 특정한 사람들을 차별하는 이유도 인간 평등의 이념에 비추어보면 이치에 맞지 않는 것입니다. 그럼에도 불구하고 그것에 '정당한' 핑계를 만들어내거나 혹은 당연한 것이라 여기는 것에 문제가 있는 것입니다.

그러한 도리에 맞지 않는 차별은 단지 개인의 생각에 따른 것도 아닙니다. 물론 개인적인 동기로 특정인을 따돌리려고 개인적인 깊은 원한에서 생각해 내는 경우도 있습니다만, 그것도 일반인들을 끌어들이지 않으면 안 되기 때문에 일반인이 당연하다고 생각하는 것과 결부시켜야 합니다. 그러한 사고는 사회 전체에 퍼져 지배하고 있기 때문에 그것을 다수의 사람들이 당연하다고 생각을 하는 것이고, 그것은 풍속 습관과 생활 방식, 혹은 그 사회의 질서가 이를 지탱하지 않으면 힘을 갖지 못합니다. 물론 어떤 종류의 터무니 없는 유언비어가 공포를 조장해 많은 사람들을 꼬드겨 특정인을 학살하거나 하는, 예를 들면 관동대지진 당시의 재일조선인 학살 사건과 같은 경우가 있습니다만, 그것 또한 이전부터 잠재해 있던 조선인에 대한 차별의식과 공포감이 있었기 때문입니다.

즉 차별의 원인을 찾는다는 것은 차별하는 사고뿐만 아니라 그것을 떠받치는 생활과 사회질서를 문제시해야 합니다. 그리고 그 사회의 다수의 사람들이 그것을 자연스럽게 생각하게 된 것은 왜일까를 분명히 밝히지 않으면 안 됩니다. 그러나 그것은 자연스럽고 당연하다고 생각하는 것에 문제가 있기 때문에 차별을 하고 있는 사람은 알아차리기 어렵다는 성질을 가지고 있습니다. 지금 차별의 역사를 생각해보고자 하는 나 자신은 그러한 차별을 하고 있는 다수 사람들의 일원입니다. 그런 내가 차별자가 되지 않기 위해서는 차별에 반대하고 차별을 없애는 노력을 하는 수 밖에 없다고 생각합니다만, 문제는 그처럼 자연스럽게 생각하고 있는 것을 얼마만큼 대상화하고 뿌리칠 수 있으며, 거기에서 차별의 원인이 되는 문제를 얼마만큼 밝혀낼 수 있느냐입니다.

그 때문에 역사를 돌아볼 필요가 있다고 저는 생각합니다만, 그리고 지금부터 그런 작업을 해나가려고 하고 있습니다만, 그때는 독자 여러분도 주의 깊게 저를 감시하고, 제가 놓치는 것에 대해서는 주의나 비판을 해주셨으면 좋겠습니다. 적어도 그처럼 독자와 대화를 하면서 차별의 원인을 규명하는 작업을 해나가고 싶은, 그것이 차별받은 사람의 고통을 이해하는 것으로 이어지지 않을까 하는 마음으로 써나가고 싶습니다.

제1장

원시·고대

01

원시의 차별

차별은 원시시대부터

차별은 원시시대 때부터 있었다고 생각해도 좋지 않을까요.

그렇게 이야기를 하자 기다렸다는 듯이 "그죠? 옛날부터 지금까지 차별은 전쟁과 함께 그치질 않았거든요. 남을 업신여김으로써 우월감을 갖고자 하는 욕구는 전쟁의 투쟁본능과 같아서 인간의 본성이니까 영구히 차별은 없어지지 않는 거예요."라고 박식한 얼굴로 말하는 사람이 반드시 나옵니다. 나의 차별사 강의에서도 매년 반드시 몇몇 학생이 판에 박은 것처럼 이러한 의견을 말합니다. 그 말투는 항상 똑같아요.

하지만 과연 그럴까요.

① '차별'의 원인을 '인간의 본성'으로 만들어버려 영구히 없어지지 않는다는 논거로 삼는 것은 간단합니다만, 만일 '본성'이라고 해도 그것을 억제하고 없애 가는 노력을 하는 것도 '본성'이라고 할 수 있을 것입니다. 차별이나 전쟁에 대해 그것을 없애려는 노력이 항상 있었다는 것을 잊어서는 안 됩니다. 차별이나 전쟁이 '인간의 본성'에서 온 것이라면 그것을 없애고자 하는 노력도 '인간의

본성'으로부터 나온다고 말할 수 있지 않을까요. 그렇다면 다른 한편의 본성만 가지고 설명할 수는 없을 것입니다.

② 무엇보다도 차별도 전쟁도 시대에 따라 다른 모습으로 나타나는 것이 문제입니다. 그것은 어떤 조건하에서 차별도 전쟁도 생겨난다는 것을 말해주는 것이 아닐까요. 즉 그러한 조건을 없애면 차별도 전쟁도 없어지는 성격을 가지고 있는 것이지, 결코 '인간의 본성'으로부터 생겨난다고는 말할 수 없는 것이 아닌가, 그러한 것을 분명히 하기 위해서라도 역사를 되돌아볼 필요가 있다는 것이 제 생각입니다.

원시의 평등

그런데 원시시대 사회는 '평등'했다는 것이 통설입니다. 원시시대는 약 2백만 년 혹은 그 이상이라는 긴 시간을 가리켜 말하는 것이니까 그 사회의 모습도 200만 년 전과 1만 년 전은 엄청난 차이가 있겠습니다만 기본적으로는 '자연에 기생하는 시대', 채집경제의 시대라 여겨집니다. 사람들의 사회 단위도 혈연 집단을 기초로 한 그룹으로 수십 명의 그룹을 생각할 수가 있습니다. 좀 더 단계가 진행되면 그러한 그룹이 몇 개 모여서 연합체 같은 것을 형성하게 되지요. 일본의 역사로 말하자면 구석기, 신석기, 조몬시대에 해당합니다.

원시공동체 사회는 평등했다고 보입니다. 가난하기 때문에 평등합니다. 자연 생성물을 채취하여 살아가던 시대는 가족이거나 씨족 구성원은 먹고사는 게 전부여서 거기에 불평등을 만들면 누군가가 굶어 죽게 되니까요, 그리고 구성원은 각자 역할이 있어서 한 사람이라도 없어지면 소그룹의 생활 질서는 무너지기 때문에 모두가 평등하지 않으면 살아갈 수 없는 것입니다.

그렇긴 하더라도 그 평등은 상황에 따라서 여러 가지 형태를 취할 것입니다. 형식적으로 다 같다고는 생각할 수 없습니다. 문명인이 뉴기니의 미개한 사회를 찾아갔을 때 가라코, 흰 무명천을 선물로 보냈더니, 그 천을 그 구성원의 수만큼 같은 넓이의 천으로 평등하게 잘랐다는 유명한 에피소드가 있는데, 그것은 그들에게 신기하고 그 용도도 몰랐기 때문에 그렇게 분배된 것이지 그걸 보고 무엇이든 평등하게 분배했다고는 생각할 수 없습니다. 식량 분배만 하더라도 아기와 젊은이와 노인은 분배량이 다를 겁니다. 채집물이 풍부할 때는 그래도 자유롭게 먹을 수 있었겠지만, 식량이 결핍되면 세세한 규칙 등으로 실질적 불평등이 발생하지 않도록 강구했을 것입니다. 불평등하면 굶는 사람이 나오고 그 그룹(원시공동체)의 운영이 제대로 이루어지지 않기 때문입니다.

그런 점에서는 공동체 구성원은 모두 자기네 집단과의 일체감이 현재의 우리들이 도저히 상상할 수 없을 만큼 강했다고 생각합니다. 그만큼 서로를 차분히 알아가는 시간이 있고, 또 서로의 일거수일투족이 공동체의 존망을 결정하는 기회가 자주 있었기 때문이기도 합니다. 식량 문제뿐만 아니라 늑대라든지 사자라든지, 혹은 인간의 다른 집단이 언제 습격해 올지도 모를 일입니다. 언제 일어날지 모르는 자연재해도 대비를 해야 합니다. 그래서 저희는 자칫하면 원시시대는 평등하고 아무런 규칙도 없이 제멋대로 생활했다고 생각하기 쉽지만, 실은 그렇지 않고, 구성원이 연명해가기 위해서는 많은 금기나 규칙 등의 약속사항을 만들지 않으면 안 되었을 것이라 생각해야 합니다. 물론 문자도 없었기 때문에 조목조목 써 내려간 규칙집을 만들었을 리가 없었을 테고, 또 그런 규칙집을 만들 필요도 없었습니다. 집단생활을 거듭해 가면서 몸에 베어드는, 그런 금기나 규칙입니다. 그 집단의 장로나 노인이 그러한 금기나 규칙을 기억해서 모두에게 가르치는 것도 예사였습니다.

인류의 꿈

그러나 아마도 인류는 문명사회가 되면서 여러 가지 다툼과 고민으로부터 벗어날 수 없는 상태에 다다르자 원시시대를 꿈꾸게 된 것이 아닐까요. 기독교에서는 '에덴동산'이라는 유토피아를 그리고 불교에서는 정법 · 상법 · 말법이라는 역사상을 바탕으로 이 세상의 처음이 정법 천년지세라 여겨지는 것도, 혹은 중국 역사의 맨 처음이 '극순의 세상'이라고 하는 것도 예로부터 '원시시대'를 이상화하고 있었음을 알 수 있습니다. 근대에 와서는 루소가 『인간불평등 기원론』에서 원시시대를 자유 평등의 시대로 논하며, 마르크스가 마찬가지로 원시 공산제로 간주하여 이상적인 공산주의 사회의 원형을 보려고 한 것도 인류의 발생 당시를 유토피아처럼 간주함으로써 현실을 다시 바라보거나 인간이 구원받는 길이나 인간의 가능성에 기대하려고 하는 것에서 생겨난 꿈이 아니었을까 생각합니다. 일본에서는 히라쓰카 라이초가 '원시, 여성은 태양이었다'라고 노래하고, 원시의 시점에서 여성 차별의 현상을 비판했고, 현재도 '자연과의 공생'이라는 이상상을 '조몬'에서 보려고 하는 생각이 꽤 많은 사람들을 미료시키고 있습니다.

그러나 19세기 인류학은 지구상에 아직 존재했던 미개사회를 관찰한 결과 미개사회가 결코 '에덴동산'이 아니라 늘 기아의 위기나 재해의 공포에 떨면서 가혹한 생활을 해야만 했고, 그 생활을 유지해 나가기 위해 여러 금기나 규칙을 만들어 서로가 서로를 묶어두고 있었다는 것을 보고했습니다. 물론 인류학에도 여러 가지 생각과 보고가 있었고 그 대부분은 근대인의 감각으로 미개인을 추측하는 경향이 있었기 때문에 터부나 규칙으로 얽혀있다는 이미지, 반대로 문명사회의 모순에서 해방되는 유토피아의 이미지 등이 만들어집니다만, 아마도 원시인은 우리가 상상하는 것보다 자연스럽게 그 금기나 규칙을 체득하고 있었으며 거기에서는 개아個我의 의식이 극히 미성숙했다는 것은 짚고 넘어가야 할 겁니다.

원시시대의 터부

그러한 인류학자 중 한 사람인 말리노프스키의 명저『미개사회에서의 범죄와 관습未開社会における犯罪と慣習』은 뉴기니아에 가까운 산호섬에 있는 미개사회(멜라네시아)를 관찰하여 미개사회가 금기나 규칙으로 얽히고 속박되어 있다는 설을 비판하고 있습니다.

말리노프스키는 이 책에서 인세스트 터부(근친상간의 금기)를 다루고 있는데, 인세스트 터부는 원시시대 초기에는 없고 후기가 되어서야 만들어지게 되었다고 저는 생각합니다. 그는 인세스트 터부가 미개사회의 금기사항으로 사람들을 얽매고 있지만, 그것은 원칙적인 것이고 대부분의 경우는 사람들이 그 사실을 알고도 간과하고 있는 것입니다. 그런데 그게 누구냐에 따라서, 이를테면 연적에 의해 폭로되고 떠들어대면 사람들은 그냥 놔둘 수 없게 되고, 처벌하지 않을 수 없게 되거나 본인이 자살하여 씨족 공동체로부터 비난을 벗어나려는 것이라고 주장하면서 젊은이가 자살을 한 사례를 들고 있습니다. 즉 마리노스키는 미개사회의 규범은 복잡한 구조를 가지고 있기 때문에 단순화해서는 안 된다고 하는데, 비록 복잡하다고 해도 그러한 규범이 창출되는 것은 기본적으로 원시공동체의 유지를 위해서라는 것은 의심할 여지가 없습니다.

그러한 규칙 혹은 금기라는 것에는 어떤 특정 동식물을 채취하거나 먹거나 해서는 안 된다든가, 어떤 특별한 장소에 가서는 안 된다든가, 자신의 혼인자 이외의 이성에게 성적인 언동을 해서 안 된다든가, 지금까지의 조사에서 다양한 것이 예시되고 있습니다. 그리고 그런 규칙 혹은 금기라는 것은 많은 경험을 바탕으로 만들어지기 때문에, 애니미즘(각각의 동식물에 영혼이 깃들어 있다는 생각)이나 토테미즘(각각의 혈연 집단이 특정 자연물로 상징되어 그 밑에서 금기나 규칙이 만들어진다)으로 신성화되는 것이기 때문에 일단 만들어지면 오랜 기간에 걸쳐 사람들을 구속하게 될 것이고, 규칙이 만들어졌을 당시에는 공동체 사람들이 잘 지키려고 하겠지만 오래 지속되는 동안 이를 지키지 않아도 불편함이 없다는 것을 알게 되면 그 규칙은 그대로 두어도 위반행위가 늘어나거나, 그것을 모두가 비난하지 않게 됩니다. 마리노브스키가 말하는 인세스트 터부 이야기는 그렇게 묵인하게 된 상태를 보여주는 겁니다. 그러던 것이 기후변화와 재해 등으로 공동체가 위기에 처하면 그러한 위기감 때문에 규범이 다시금 엄격하게 요구되게 되는 것이 아닐까요.

원시공동체라는 인간 집단도 지역이나 연대에 따라 다양하였을 것이므로 일률적으로 말할 수는 없다 하더라도 그러한 공동체를 유지하기 위한 규칙 및 금기는 어디에나 있었으며, 그에 반하는 것은 공동체의 존속에 위기를 초래한다고 관념되었기 때문에 그에 반하는 사람은 처벌을 받고 배제되게 됩니다. 즉 '구별'이 이루어지는 겁니다. '차별'을 당하는 거지요.

원시공동체는 기본적으로 자연물 채집에 의존하고 있습니다. 그래서 그 식량이 되는 자연물(과실과 동물) 확보 여부가 공동체 존속의 기본조건입니다. 따라서 그 확보를 위해 여러 가지 도구를 개발해 나감과 동시에 애니미즘 · 토테미즘 · 샤머니즘(무녀 등 셔먼을 매개로 영혼과의 교류를 도모할 생각) 등의 사고방식에 따라 자연물을 통제하려 하며, 거기에서 공동체의 규범과 규칙이 만들어지게 됩니다. 물론 식량 확보뿐만이 아니라 인간관계나 타 집단과의 관계 등, 사회질서 유지를 위한 규칙이나 규범이 만들어집니다. 따라서 이들 규칙이나 규범에 반하는 것은 원시공동체의 의지에 반하는 것으로 간주되어 처벌을 받거나 공동체에서 배제됩니다.

아마도 이 밖에도 죄를 짓지 않아도, 원시공동체의 질서를 문란케 한 것은 아니더라도 차별을 받는 경우가 있었다고 생각됩니다. 그것은 공동체의 위급 존망 시에 나타나는 것으로 재액을 피하기 위한 것으로 생각했던 재물이라든가, 식량의 결핍 등을 극복하기 위해서 '고려장'이라든가 '간난 아기 죽이기' '영아 죽이기' 등, 혹은 전염병 환자를 배제한다거나, 그것은 한참 후에도 볼 수 있었던 일이지만, 공동체에서 특정인을 배제하는 방식은 원시시대부터 있었다고 볼 수 있습니다. 즉 공동체의 존속에 매우 불편하다고 생각되는 인간을 차별하고, 배제하는 것입니다. 그러니까 그와 같은 차별은 '누군가 타인을 깔보고 우월감을 가지려는 인간의 본성'에서 나오는 것이 결코 아니라는 것은 분명합니다. 그것을 우선 확실히 확인해 두고 싶습니다.

집단 상호 관계

또한 다른 집단과의 문제도 중요합니다. 아마도 당시의 인구 분포 상황으로 보더라도 원시공동체의 집단끼리 서로 싸우는 일은 거의 없었다고 생각합니다. 집단 간의 다툼에서 생각해 볼 수 있는 것은 다른 집단이 자신들의 식량 확보 지역, 영역을 침범하여 자신들의 생존을 위협하는 사태입니다만, 이러한 사태는 조몬 말기에, 즉 원시시대 말기에 상상될 정도입니다. 고고학자들은 이 시기에 수렵어로 영역의 약속이 집단 간에 강해졌을 것이라 추정하고 있습니다. 원시사회의 성숙과 더불어 식량의 획득·보존 수단도 발달하고 인구도 늘어나는 추세였기 때문에 집단 간의 접촉 기회가 점점 늘어났습니다만 그때 생기는 대립, 분쟁은 일단 대화를 통해 해결했는데, 영역 쟁탈이 일어나는 사태는 있었다고 해도 드물었다고 합니다. 그것은 조몬기까지의 유골 상태에서 무력 충돌을 추측케 하는 흔적이 드문 것으로도 그렇게 말할 수 있겠지요. 야요이 시대, 즉 농경사회의 출현과 함께 유골에서 칼이나 창에 의한 손상의 흔적이 많이 발견되고, 이것은 전쟁의 출현을 보여주는 것입니다만, 그 이전에는 전쟁은 거의 없었다고 해도 좋을 것입니다. 따라서 전쟁에 의한 포로나 그 포로를 노예로 삼는 등의 문제도 발생하지 않았을 겁니다. 조몬 말기에 원시시대의 성숙이 정점을 나타냈다고 해도, 포로들을 따로 수용하는 시설의 흔적은 없었고, 그럴 여유가 있었다고는 생각되지 않기 때문입니다.

원시의 차별

그렇게 생각하면 공동체 내에서 일으킨 금기 위반자에 대한 처벌도 현대의 감옥과 같은 시설물에 갇힌 적은 없었다고 해야 할 것입니다. 즉 그러한 위반자에 대한 처벌은 차별이 되는 셈입니다만, 그것은 사형이라든가 체벌이라든가, 여러 가지 형태가 있을 수 있었겠지만 공동체 전원의 승낙하에서 즉결 즉행되어 그것으로 모든 것은 끝나고 그 후에 위반자를 계속 차별하는 사태는 일어나지 않았다고 봐야 할 것입니다.

원시시대에도 차별이 있었다, 그러나 그것은 공동체의 존속을 위협한다고 인정될 때 그것을 극복하기 위해 고안된 것으로 그 차별은 지속적이지 못했고 제도적이지도 않았다고 저는 생각합니다. 그래서 거기에 멸시와 증오는 없었으며 동정과 슬픔이 있었다고 생각합니다.

02
농업사회의 형성

기생에서 자립으로

자연에 '기생'하는 것이 원시사회였다면 자연으로부터의 '자립'은 농업에 의해 시작되었다고 해도 좋을 겁니다. 수렵어로의 원시사회는 동식물에 기생하는 사회이기 때문에 매우 불안정하지만, 농업은 자연의 컨트롤을 시작하는 것으로 경험을 쌓으면 한해의 수확을 예상할 수 있고 그 예상 하에 생활을 계획할 수 있습니다. 물론 비바람이나 기온, 지진 등 자연의 폭력에 의해 그러한 계획이 무산되는 일도 종종 있었을 테니 자연으로부터 완전히 자립했다고는 할 수 없지만, 그러한 제약 아래에서의 '자립'으로도 원시사회로부터의 대변혁이었다고 해야 할 것입니다. 계획적 생활이 가능해지는 것은 나름대로의 부의 축적을 바탕으로 계속해서 생활을 바꿀 수 있다는 것이고, '먹는' 것 뿐만 아니라 여러 분야에 인간의 능력을 발휘할 수 있게 된다는 것이기 때문입니다. 그러나 그 대신 인간은 '길고 지루하고 고된' 노동을 해야만 했습니다. 수렵어로는 그 자체 게임 감각으로 재미있게 먹이를 쫓고 그 결과도 금방 보이지만 농업은 몇 달 동안 노동을 하지 않으면 수확을 얻을 수 없습니다. 즉, 몇 달 앞의 결과를 내다보며 '길고 지루하고 힘든' 노동을 견뎌야 하는 겁니다.

농업이 지구상에서 시작되는 것은 1만 년 정도 전부터라고 하지만 일본에서는 기원전 3세기부터 본격적인 농업이 시작된다고 하며, 그것을 야요이시대의 시작으로 보는 것이 일반적입니다. 농업의 시초는 조몬繩文 시기부터이고, 이미 조몬 말기에는 논 경작이 이루어졌음을 보여주는 유구가 보이는데, 기원전 3세기 무렵에 한반도로부터 전해진 커다란 자극 하에 수전경작이 일거에 확대되어 갔다는 것입니다. 그것은 이 무렵부터 급속히 한반도와의 교류가 빈번해지면서 벼농사나 철기·동기 등의 문물을 익힌 사람들이 도래해 온 것이 크겠습니다만, 그러한 도래인들과 어떤 관계가 형성되었는가는 어려운 문제입니다. 구체적으로는 알 수 없지만, 그러한 문물이 일본으로 급속히 확산되어 간 것을 보면 왜인사회(그때까지의 일본 사회를 이렇게 부릅니다)와의 사이에 심한 대립이 일어났다고 하기보다는 친화적인 관계가 강했었다고 생각하게 합니다. 그것은 한반도에서 건너온 중국과 조선의 고도의 문물을 나름대로 받아들일 용의가 있었기 때문이라고 해야겠지요. 예를 들면 조몬 사회가 성숙하고 인구가 늘어나는데 수렵 어로의 방법만으로는 도저히 꾸려나갈 수가 없을 때 농업이 전해지면 그것은 환영할 만한 일이지 이문화라고 해서 배격할 수는 없지 않았겠습니까? 더욱이 농업이 완전히 다른 문화이거나 농업기술을 이해하지 못할 정도로 조몬인의 기술 수준이 낮았다면 그렇게 쉽게 농사가 퍼지지는 않았을 겁니다. 이 시기 농업은 일본 열도의 규슈·혼슈·시코쿠 지방으로 퍼져나갔습니다만 홋카이도와 오키나와까지는 퍼지지 않았습니다.

물론 왜인들이 일제히 농사를 짓기 시작했다고 보는 것도 무리가 있습니다. 수렵어로의 재미는 쉽게 버리기 힘든 점이 있었고 농사를 받아들이면서도 수렵을 계속했던 사람들도 많았을 겁니다. 처음 농경을 본 사람들은 의아한 눈으로 바라보기도 하고, 때로는 방해가 된다고 여겨 논밭을 망가뜨리기도 하고, 호기심으로 그것을 흉내 내거나 분쟁과 대화를 나누면서 점차 그 식량 확보의 안정성과 큰 수확량에 매력을 느끼게 되었음에 틀림 없을 겁니다. 도래 집단이 크지 않고 왜인사회를 압도할만한 게 아니었다는 점도 왜인이 농사를 짓는 시간과 여유를 주었다고 생각됩니다. 만약 조선의 도래 집단이 크고 권력적이며 고도의 문명을 무기로 왜인사회를 지배하려 했다면 거기에서 대립・분쟁이 일어나 아마도 화해하기 어려운 흔적이 남았을 겁니다. 철기를 포함한 농업 문명은 비교적 평화로운 형태로 왜인사회에 받아들여졌던 것입니다.

수렵과 농업의 분열

하지만 수렵 어로를 고집하던 사람들을 무시할 수는 없지요. 그들은 점차 소수자가 되었지만, 숲속이나 해변에서 조몬인과 같은 생활양식을 지키며 생활을 계속하는 사람도 많았을 겁니다. 거기에 농업인과 수렵인들의 각자 다른 사회가 만들어지게 되었음에 틀림없습니다. 일본에서는 목축이 발달하지 않았기 때문에 농업과 목축의 분열이 아니라 농업사회의 형성과 함께 소수자가 되어 버린 수렵인 사회의 형성이라고 해도 좋을 겁니다. 아마도 그들은 농업사회의 발전과 함께 농업사회와의 단절과 새로운 교류 방식을 생각하지 않으면 안 되었을 것입니다. 농업사회 간의 유통에 일정한 역할을 발견하거나 농업사회에 짐승고기나 생선을 공급하는 역할을 찾아내거나 새로운 생활 방식을 만들어 나갈 수밖에 없었겠지요. 하지만 그 생활은 기본적으로 수렵 어로로 규정되어 있기 때문에 큰 변화를 만들어 낼 수는 없었을 겁니다. 이에 반하여 농업사회는 정주와 함께 부를 축적하고, 그 부를 바탕으로 생활을 바꾸고 사회를 바꾸어 나갑니다.

그러한 수렵사회와 농업사회의 관계가 구체적으로 어떻게 전개되어왔는지에 대해서 저는 이야기할 자신이 없습니다. 다만, 여기서 주목해야 할 것은 농업사회의 발전과 더불어 농업인의 수렵인에 대한 멸시가 생겨났을 거라는 것입니다. 소수 수렵인 집단에 대한 차별이 생겼을 겁니다. 우선 농업사회 운영에 대한 상담회, 상담회라고 해도 부락 단위의 집회와 같은 겁니다만, 거기에 참석하지 못하게 되었을 겁니다. 농업사회의 질서에서는 제대로 된 한 인간으로 취급받지 못했을 뿐만 아니라 거의 관여하지도 못하게 되었을 겁니다. 그것뿐이라면 농업사회와 수렵사회의 병립이라고 하면 되지 굳이 '차별'이라 하지 않아도 될 거라 생각할지 모르겠습니다. 확실히 양자가 완전히 격리되어 있으면, 혹은 양자가 대등하다면 '병립'이라고 해도 좋습니다. 그런데 양자가 물건이나 정보의 교환 등에 의해 관계를 갖게 되었을 때 과연 대등하게 이루어졌는지 어땠는지는 문제입니다. 어로인, 어민인 경우는 정착해서 부락을 이루게 되고 농업 부락과 비슷한 사회질서를 갖기 때문에 그 부락이 어느 정도 크기를 가지면 농업부락과 대등한 관계를 가질 수 있겠지만, 수렵민의 경우에는 예를 들어 후대의 '산가山窩'라고 불리는 사람들처럼 정착하지 못하고 두세 가족 집단으로 돌아다니는 경우, 또한 어민이라도 극소집단일 경우, 그들은 농업민들로부터 특별한 취급을 받았음에 틀림 없습니다. 그 특별 취급이 당장 '차별'이 되는지 어떤지가 문제입니다. 숲속에서 이따금 마을에 나타나는 사람들을 '마로우도(손님)'으로 마을 사람들이 환영하는 경우도 결코 적지 않았다고 한다면 거기에서 거꾸로 그들을 신성시하는 경우도 있었을 겁니다. 그러니까 특별 취급이 바로 '차별'이 되지는 않습니다. 하지만 농업사회가 안정되면서 숲속 사람들은 뒤떨어지고, 뒤처진 가난한 사람들, 특히 특이한 사람들, 농업 문명의 빛을 받지 못한 야만적인 사람들로 간주해 버리고, 거기에서 신성시와 함께 멸시도 생겨났을 가능성이 있다고 생각합니다.

농업 공동체

농촌 사회는 많은 사람들의 협력으로 만들어지는 것입니다. 처음의 텃밭 정도의 단계는 그렇다 해도 특히 벼 경작이 확산되어 규모가 커지면 수전을 만들기 위해 보와 둑과 논두렁을 조성해야 하고, 서로의 논에 어떻게 물을 배분할 것인가를 조정하거나, 모두가 모내기를 하거나 벼 이삭을 수확하거나 하며 협력해 나가야 합니다. 초기 단계의 농업 부락은 혈연을 중심으로 여러 가족이, 혹은 그 수십 명이 일가를 이루는 대가족이 한 지역에 수전을 경영했다고 할 수 있습니다. 이 사람들의 연결고리를 농업공동체라고 한다면, 거기서는 농업경영을 지휘하는 수장 또는 가장 밑에 그 구성원들 사이에는 비교적 평등한 관계가 형성되어 있었다고 볼 수 있습니다. 그리고 이 공동체의 질서(규범이나 터부)를 위반한 자가 나오면 그 죄상의 정도에 따라 처벌하는 것은 원시공동체 때와 같을 겁니다. 『고사기古事記』 신화에 스사노오노미코토가 난동을 부려 논밭을 망가뜨리자 아마테라스오미카미天照大神가 노하여 아메노이와토天岩戸에 숨어서 세상이 어둠이 되어버렸는데, 신들이 속임수로 아마테라스를 꾀어내 아메노이와토를 여는 데 성공하고, 800만 신이 회의를 열어 스사노오를 천상계에서 추방할 것을 결정한다는 이야기가 나오는 건 여러분도 아실 겁니다.

그러나 농업생산력이 향상되면서 한, 두 사람 일하지 않아도 되는 사람을 부양할 수 있는 여유가 생기자 수장과 가장들이 농업경영의 지휘에 전념해 육체노동에서 벗어날 가능성이 생깁니다. 농사의 길흉을 점치기도 하는 경영 관리 계통의 전임 역할입니다. 또한 그러한 농업 공동체끼리 볍씨 교환이나 그 외의 것들을 교환하거나 더 큰 규모의 수전 경영을 도모하기 위해 서로 협력해야 할 필요가 생기거나, 반대로 물의 배분 등에서 다른 공동체와의 이해 대립이 나타났을 때 그 공동체의 대표가 되어 활동하는 사람이 필요해져서 섭외계 전임자 역할을 하게 됩니다. 아마 그 밖에도 여성은 물을 긷거나 김매기를 하거나 하고, 아이는 아기 돌보기를 하거나, 성별분업이나 연령 별 분업 등도 생겨났을 터이니 처음에는 관리 전임도 섭외 전임도 다른 구성원과 대등한 역할 중 하나에 불과했겠지만 그러한 역할이 육체노동과 분리되면, 그리고 다른 공동체와의 교섭에 대표권을 행사하면 공동체의 대표라는 성격이 강해져 점차 다른 공동체 구성원과는 다른 막강하고도 높은 권한을 갖게 되었으리라 생각합니다. 가부장적 권력이 생겨나 다른 구성원들에게 명령을 하게 되는 것입니다. 공동체 질서를 위반한 자의 처벌이 구성원의 합의에서 가부장이나 부족의 수장에 의해 이루어지게 되는 것이죠. 이들 가부장이나 수장은 대부분 남성이었을 것으로 보이나 혈연관계는 모계가 중심 구성에 있었던 것 같습니다.

육체노동과 정신노동의 분열

생산력 향상이 여유를 낳는 단계가 되면 이처럼 정신노동과 육체노동의 분화가 일어납니다. 육체노동에 비해 정신노동이 높은 평가를 받게 된 것은 언제부터인가는 확실하지 않습니다. 그러나 수십 명 규모의 농업 공동체가 부의 축적과 함께 커지는 한편, 다른 공동체와 연합해 부족을 형성하고 그 수장이 공동체의 대표자로서 공동체 운영에 권위를 떨치게 되면, 또는 셔먼이 그 영력을 항상적으로 사용하여 그것이 공동체의 운명을 결정하는 힘을 갖게 되면 그것을 위한 지식의 집적·보유가 중요한 일이 되고, 수장이나 셔먼 외에도 전문 지혜자나 전문 이야기꾼 같은 사람이 나와 존중받게 되었다고 생각됩니다. 그들은 당연하게도 일반 공동체 구성원과는 다른 대우를 받게 됩니다. 그와 동시에 정신노동을 하는 사람들에 의해서 '길고 지루하고 힘든' 노동을 하는 사람들이 점차 멸시를 당하게 되었다고 해도 좋을 것입니다. 그러나 정신노동자가 일방적으로 육체노동자를 멸시하는 것만으로는 '차별'이 되지 않습니다. 육체노동자들도 스스로를 열등한 존재라고 자인함으로써 비로소 그 멸시는 큰 힘을 갖게 되는 것이어서 거기에는 상당한 시간이 필요했을 것입니다. 그러나 그래도 '차별'이 되지는 않습니다. 정신노동자는 소수자이고 육체노동자가 압도적 다수이기 때문입니다. 정신노동자들은 지배계층을 형성하고, 그리고 정신노동 속에도 높고 낮은 서열이 형성됨에 따라 점차 지능과 지식의 높고 낮음이 인간의 가치를 결정하는 중요한 요소가 되면 그에 따른 '차별'이 생긴다고 생각할 수 있습니다. 거기에는 지식을 도모하는 학교 제도의 성립이 필요하기 때문에, 학력 사회는 근대에 생겼습니다만, 정신 노동에 비해 육체노동을 멸시하는 풍조는 이 시기에 생겨났으며, 더욱이 외래의 고도한 문명의 섭취가 지식을 매개로 하여 이루어지게 되어 강화된다고 해야 할 것입니다.

3세기 야요이弥生 시대[2] 말기의 야마타이국邪馬台国[3] 이야기는 『위지魏志 왜인전』에 따르면, 30국으로 나뉘어 분쟁을 계속하고 있던 상태를 여러 나라에서 추대된 여왕 히미코가 통합하여 동생과 둘이서 통치를 하는데, 샤먼적인 능력의 소유자인 히미코와 그의 보좌역인 동생 두 사람 밑에 관료가 존재했고, 군대도 있는 부족국가의 모습을 보여주고 있습니다. 여기에서는 분명히 육체노동자와 정신노동자가 구분되어 정신노동자가 지배층으로 되어 있습니다. 또한 중국에 심부름꾼을 파견했을 때 선물의 하나로 '생구(生口)'라는 이름이 보입니다. '생구'는 노예를 뜻하는 말로 이미 『후한서

2 역자주－기원전 4세기쯤 조선에서 북규슈로 벼농사와 금속기 사용기술이 도래한 시기로 벼농사 기술은 생산을 증대시켜, 빈부 · 신분의 차를 낳고 농촌 공동체를 정치집단화시키는 등 사회변화를 야기한 시기로 일본문화의 원형이 만들어진 시기이다.

3 역자주－고대 일본의 야요이시대에 있었던 나라로 '왜국대란' 이후 무녀로서 종교적 권위를 지니고 있던 여왕이 즉위하여 통치하였으며, 20여 개 소국가의 연합으로 이루어져 있었다.

後漢書 동이전東夷傳』에 왜국왕이 후한의 안제安帝에게 선물로 160명이나 헌상했다(AD 107년)는 기사가 보이므로 늦어도 2세기부터 노예가 존재했었다고 할 수 있습니다. 이와 같은 예는 어떤 사정으로 노예가 되었는지는 모르지만, 생각할 수 있는 것은 다른 부족과의 전쟁에서 포로로 잡힌 자나 공동체의 질서를 위반한 자일 것입니다. 『위지 왜인전』에 따르면 야마타이국에는 이미 신분 질서가 정비되어 있어서, '다이진大人' '게코下戶' '생구'라는 신분이 있었다고 합니다. '다이진'은 수장층, '게코'는 일반 민중입니다. 그러나 부락의 회합 같은 데에는 전원이 평등하게 참가했으리라 보입니다.

빈부의 차

농업사회가 만들어 낸 또 하나의 변화는 빈부의 차이입니다. 처음 공동노동의 부분이 컸던 단계에서는 서로 평등한 관계를 갖지 않을 수 없었겠지요. 그러나 농업생산이 발달하면서 잉여생산물이 생기자 그 잉여분을 어떻게 배분할지가 문제가 됩니다. 처음에는 우두머리나 셔먼 등이 그 역할에 전념할 수 있도록 하는 데 사용되었는데 그 이상으로 잉여가 생기면 어떻게 할 것인가가 문제입니다. 농업은 자연의 폭력에 약하기 때문에 그에 대비한 비축이 이루어졌을 것입니다. 공유재산의 보관입니다. 하지만 그것은 또한 사유재산 형성의 계기가 되지 않았나 싶습니다. 사유재산의 성립에는 여러 가지 이유를 생각할 수 있습니다. 처음에는 그 지역의 생산성과는 모두 공유였으나, 그 공유재산을 부족의 수장이 공동체 경영관리자로서의 권위를 이용하여 사유재산으로 만들어 간다거나 공동체 상호 물물교환의 권리를 이용하여 그 잉여분을 사유재산으로 만들어 간다거나, 또는 부족 간의 전쟁에 따른 전리품을 자기 것으로 하는 등의 방식입니다. 그러한 공동체의 공유재산을 수장이 사유화함으로써 그 사회의 지배자가 되어 가는 것이 하나의 길입니다. 그리고 동시에 농업경영이 가족을 단위로 해서 하는 것이 가능해지자 가족을 단위로 하는 사유재산도 성립하게 된 것이 아닐까요. 그리고 그 토지의 비옥도나 입지 조건, 가족의 노동력 상황 등에 따라 가족마다 수확량이 달라지는 것에 따른 빈부의 차의 형성입니다. 이 빈부의 차가 곧바로 '차별'을 낳는 건 아니라 생각합니다. 가족 단위의 농업경영이 가능하더라도 수리관개의 운영 등이 필요해 그 지역 공동체의 기능은 결코 상실되지 않으므로 공동체로서는 경영이 어려워진 가족을 가능한 한 구제하려고 합니다. 그것은 동병상련이라는 상호 간의 감정과 함께 그 가족이 파탄하면 공동체 전체에 영향을 미칠 수 있기 때문입니다. 하지만 그래도 파탄을 해서 먹고 살 수 없게 되어 땅을 포기하는 가족이 생기면 사람들은 공동체 성원으로 이들을 대우하지 않게 됩니다. 그런 사람들은 구체적으로 어떻게 되었는지는 모르겠습니다만, 공동체의 질서 위반자처럼 '차별'의 대상이 되지 않았나 싶습니다.

03
고대국가의 성립

고대 야마토국가의 형성

일본 열도에서 국가의 형성은 야요이 말기의 야마타이국 단계에서 4~6세기 야마토 왕권의 단계(고분시대), 그리고 7~8세기에 혼슈 · 시코쿠 · 규슈 지역을 통합하는 율령국가가 성립하는 단계를 밟아 갑니다만, 그것은 열도 내에서 자연스럽게 전개되어 간 것은 아닙니다. 당시 이미 성립해 있던 중국 고대국가를 중심으로 한 국제 관계에 큰 영향을 받지 않을 수 없었습니다. 만약 국제 관계와 분리되어 일본 열도의 사회가 발전해갔다면 원시적 폐쇄사회가 그대로 지속되었거나 농업사회가 발전하여 야마타이국과 같은 소국가가 열도 각지에 분립하여 소국가 간의 토너먼트전에서 살아남은 곳에 의해 통일되든가 연합국가처럼 되든가, 혹은 도시국가 같은 것이 각지에 생겼을지도 모를 일입니다.

일본과 같은 지리적 여건하에서는, 즉 산맥이 열도를 종단하여 등뼈처럼 관통하고 있기 때문에 열도 곳곳에 작은 하천을 중심으로 한 평야를 농업지역으로 만들어 이를 기반으로 권력이 생기므로 4대 문명이라고 하는 이집트의 나일강이라든가 중국의 황하와 같은 큰 하천을 통제하면 거대한 권력이 되어 광대한 지역을 단번에 지배할 수 있는 것과는 다릅니다. 월등한 왕권 혹은 국가권력은 태어나기 어렵고, 각지에 작은 나라들이 분립하는 구조를 가지고 있습니다. 그러니까 열도 각지에 생긴 도토리 키재기 식 같은 소국가들 끼리의 경합 하에서 상호 결정적인 우위를 갖지 못한 상태에서 토너먼트를 하건 연합을 하건 고대 그리스와 비슷한, 각지의 독자성을 서로 인정하는 다소 민주적인 권력 구성이 될 가능성은 있었다고 봅니다.

그러한 도토리들 중에서 하나의 권력에 우위성을 부여한 것이 선진 문명국인 중국이나 조선과의 관계였고, 그들과의 교류 루트를 점유하는 것이었다고 저는 생각합니다. 중국과 조선 왕조로부터 권위를 부여받고 선진적인 지배제도, 기술, 지식, 산업, 종교, 문화 등을 섭취함으로써 야마토 권력은 다른 소왕국으로부터 한걸음 앞설 수 있었고 다른 소국을 압도할 수 있었다고 생각합니다. 거기에 전제적 권력이 형성되는 필연성을 있었다고 생각합니다.

당시의 국제 관계를 보면 동아시아에서는 이미 중국 왕조를 정점으로 하여 주변에 있는 여러 국가가 중국 왕조와 상하관계를 맺는 제국적 질서가 형성되어 있었다고 할 수 있습니다. 예를 들면, 야마토 왕권의 모습이 나타나기 시작한 5세기, 닌토쿠仁德 천황으로 알려진 왜왕이 중국 왕조인 송나라에 조공을 바치고 송의 무제로부터 '찬讚'이라는 칭호를 받았습니다(421). 비슷한 시기에 송나라는 조선의 고구려왕에게 정동대장군征東大将軍, 백제왕에게 진동대장군鎮東大将軍의 칭호를 내렸습니다. 이것은 군사력에 의한 지배라기보다는 조공 관계를 바탕으로 주변국을 통어하려는 중국 왕조의 정책이지만, 동시에 주변 제국 쪽에서는 중국 왕조로부터 여러 가지 칭호=권위를 부여받음으로써 국내 제 세력이나 주변국에 대해 우월성을 확보할 수 있다고 생각하고 있었다고 볼 수 있겠습니다. 왜 왕 찬 다음의 왜 왕 진은 송나라에 조공을 바치고 마음대로 왜와 백제·신라·임나를 지배하는 안동대장군安東大将軍이라 자칭하고 이를 송왕조에 정식으로 임명해 달라고 요청하고 있습니다. 이처럼 중국 왕조로부터의 칭호를 주변 각국이 탐을 낸 것은 동아시아에 나름대로의 국제질서가 형성되어 있고, 그 질서의 상위에 자신을 위치시키고 싶은 충동을 보여주는 것일 겁니다. 야마토 왕권은 중국으로부터 천칭인 '왜'라는 명칭으로 불렸으니 빨리 올라가고 싶은 충동이 특히 강했을지도 모릅니다.

동이의 소제국

그래서 야마토 권력이 중국 왕조의 지배 기술을 모방하여 율령국가를 세운 7~8세기가 되면 그 지배층들은 중국을 '이웃 나라'라 하고 조선 제국을 '제번諸蕃'이라 해서 자국보다 한 단계 낮은 곳에 자리매김하고 있습니다. 그리고 변경의 이종족으로 간주되었던 '에미시蝦夷'[4], '하야토隼人'[5]들을 '이적夷狄'이라 부르고 있는 것입니다. 이런 사실은 대보공식령大寶公式令(771)의 '이웃 나라 및 번국에

4 역자주－일본 혼슈의 간토 지방, 도호쿠 지방과 홋카이도 지역에 살면서 야마토 민족에 의해 이민족시 되었던 민족 집단.

5 역자주－고대 일본의 규슈 남부의 사쓰마, 오스미(현재의 가고시마현 일대) 등지에 살던 것으로 전해지는 민족.

대한 조칙사詔勅辭'에 분명히 나타나 있습니다만, 이때 '일본천황'이라는 명칭도 처음 사용되었고 그야말로 자국을 강대한 나라로 생각하고 싶은 의식이 다분히 환상을 가진 '동이의 소제국'이라는 자의식으로 나타난 것이라 할 수 있겠지요. 이러한 의식은 국제관계를 차별의 질서로 파악하고 있음을 보여주고 있으며, 그 차별의 기준은 그야말로 중국 문명을 최고로 해서 거기에 얼마나 가까운가 하는 것과, 그 권력의 세기에 있었다고 생각됩니다.

'에미시', '하야토'를 외국인(이적)으로 간주하는 것은 오늘날 우리가 볼 때 이해하기 어려운 일입니다만, 당시에는 '이적'을 국가가 없는 사람들에 대한 호칭으로 사용했다는 설이 있습니다. 즉 국내에 있으면서 귀화하지 않은 외국인 전체에 대해 사용되었다는 것입니다(이시모다 쇼石母田正『일본 고대국가론日本古代國家論』). 그러나 '에미시'도 '하야토'도 '왜인'과 같은 종족이며, 더구나 율령국가가 이미 정복 · 지배를 하고 있고, '하야토'는 국군제國郡制에 편성되어 있음으로 같은 천황 밑의 신민이었을 터입니다. 그런데도 율령국가는 '에미시' '하야토'에서 징수하는 '세금'을 '이적'으로부터 받는 '조공물'로 취급하고 있는 것입니다.

'에미시' '하야토'가 문명도가 낮은 야만적인 존재로 간주되고 있었음은 몇몇 사료를 보더라도 분명합니다만, 그렇다고 해서 그 사람들이 외국인 취급을 받을 이유는 없습니다. 그게 왜 외국인 취급을 받게 되었는지, 저로서는 국내에도 '이종족'을 지배하는 체제를 만듦으로써 국내의 여러 세력들에 대해서도 '소제국'의 체재를 갖추고 싶어 했기 때문이 아닐까 생각합니다. 그것도 중국 문명의 조공 제도를 본뜬 것이라고 해야겠지요. 여기에 새로운 차별이 국제 관계 속에서 긴장감을 유지하면서 선진 문명을 흉내 내고자 하는 국가에 의해 만들어진 진 것입니다.

이것은 외국인을 모두 야만인으로 멸시했다는 것을 이야기하는 것은 아닙니다. 당시의 지배층은 오히려 외국인에 대해 매우 관대했다고 해야겠지요. 선진 문명을 등에 업은 중국이나 조선으로부터의 도래인을 후대하고, 귀화를 권유해 주저 없이 천황의 신민으로 만들어 버립니다. 그 수는 한때 귀족들의 3분의 1을 차지하기도 할 정도였습니다. 이민족에 대한 위화감은 있었고 언어적 장애도 있었겠지만, 그것은 큰 문제가 되지 않았습니다. 당시의 지배층은 언어적인 측면에 있어서도 코스모폴리탄(세계시민)이지 않았을까요? 그러나 그것은 중국 문명권에서의, 한자 문화권의 코스모폴리탄입니다. 그래서 그 문명권에서 벗어난 '야만적인' 사람들에 대한 멸시를 필연적으로 수반하게 되는 것입니다.

천민의 설정

이렇게 '소제국'의 형성은 국내 신민 안에도 차별을 가져오게 됩니다. 중국 문명이 차별의 질서를 가지고 있는 것이고, 그것을 일본도 모방을 한 것입니다. 중국의 율령을 모방하여 '양민'에 대한 '천민'으로서 '오색의 천五色賤'을 설정한 것이 그 뼈대입니다. 천민 제도입니다. 능호陵戶 · 관호 · 가인 · 공노비 · 사노비의 다섯 종류의 천민을 설정하는 거죠. 능호도 관호도 공노비도 국가의 노예입니다. 능호는 천황 가문의 묘지기로서 처음에는 일반 백성들도 사역을 당하거나 해서 천시받지는 않았습니다만, '양로령養老令'(718년)

에서 천민이 된 것은 그 묘지기를 고착화하고 능묘의 관리를 강화할 필요가 있었기 때문이라고 생각됩니다.

'관호' '공노비'는 관공서 잡역 등에 사역한 노예로, 계보적으로는 '생구'까지 거슬러 올라갈 수가 있습니다만, 다른 계보로는 야마토 왕권 하에서의 '둔창'에 노예적으로 사역한 사람들도 생각할 수 있습니다. 이러한 국가 노예에는 그때까지의 노예들이나 중국의 죄구족罪九族[6]에게 버금간다는 생각에서 모반 · 대역죄를 범한 자의 자손이나 귀족을 상처 입힌 자의 자손이 편입되었습니다. '가인' '사노비'란 귀족이나 지역 수장층의 사적인 노예로, 그 이전의 '부곡部曲'[7]과 같은 예속민이나 가내 노예를 국가제도화 한 것이라고 해도 좋을 것 같습니다.

이처럼 제도화된 '천민'은 천민 간에도 '관호' '가인'은 상급 천민으로 간주되어 다른 하급 천민과 구별되곤 하는데, 전체적으로 '양민'과는 결혼을 하지 못하고 성을 가질 수 없으며, 의복 색도 검은색(암갈색 또는 먹색)으로 정해졌고, 노비는 매매할 수 있는 등 국가에 의해 자잘한 차별적 시스템에 사로잡히게 됩니다. 이것은 이전부터의 노예적 존재를 중국의 제도를 모방해 재편해간 것입니다만, 이러한 제도화 혹은 문명화로 인해 그때까지의 애매한 신분의 구별을 명확히 하고 사람들의 유동을 고정화하여 복장을 색으

6 역자주－9개의 친족, 『서경』『요전』에 '극히 준덕을 밝히고, 이후 구족을 친하게 한다'고 하며, 『채전』에 '구족은 고조에서 현손에 이르는 부모'와 같이 동성 직계인 자만 세어 고조, 증조, 할아버지, 아버지, 자기, 손자, 증손, 현손의 9대를 말한다.

7 역자주－중국, 진(秦)나라, 한(漢)나라에서는 '부(部)'와 '곡(曲)'의 낱말은 함께 군대의 구성단위로 쓰였으며, 결국은 '부곡(部曲)'과 연달아 부대, 병사, 부하라는 뜻으로 쓰이게 되었다.

로 구분하는 등 이전보다 한층 차별이 강화되었음은 분명합니다. 이 국가에 의한 '천민'=피차별민의 창출은 '양민'까지도 차별의 시스템 속으로 끌어들이지 않을 수 없게 됩니다. 예를 들어 '양로령'의 의복령에서는 천황이 백색, 백성은 노란색 등으로 신분에 따라 의복 색깔이 정해져 있습니다. 복장에 따라 신분을 구별하여 명시하는 것은 이미 추고 천황 시절(7세기 초)부터 제도화되어 있었지만, 신분의 제일 밑부분에 '천민'을 두고 그들을 가장 식별하기 쉬운 검은색으로 정한 것은 '양로령'이었습니다.

문명과 야만

고대 일본의 율령제 국가는 선진 문명을 섭취하면서 출발했습니다. 그 섭취 방법은 농경 문명의 섭취가 민중적인 교류를 기본으로 해서, 그렇기 때문에 그 섭취는 민중 생활 그 자체를 변혁하는 것으로 시간을 들여 비교적 원활하게 확산되어 나간 반면, 국가에 의한 섭취는 민중을 지배하기 위한 국가 간의 교류 하에 이루어졌으며, 그 섭취는 지배층의 독차지였으므로 당시로서는 민중에게 하나도 좋은 것이 없었습니다. 선진 문명 섭취로 거대한 도시가 만들어지고 사찰이 세워졌으며, 그곳에서 화려한 복장을 한 귀족들이 사치로운 생활을 하게 되었는데, 이들은 전국 각지에서 '조 · 용 · 조'라는 '문명적인' 수단을 통해 거둬들인 민중의 부로 만들어진 것으로, 민중의 생활은 여전히 혈거 생활도 많고 전 시대와 별로 다르지 않은 상태였다고 할 수 있습니다. 즉 한 줌의 문명 세계가 드넓은 야만적 세계라는 바다 위에 떠 있는 풍경입니다.

물론 교기行基처럼 문명적인 종교인 불교의 은혜로 민중 구제를 꾀하는 승려들도 있었지만, 국가는 그 움직임을 탄압하고 불교의 교의를 가르치는 것을 금지했습니다. 백성들은 부처라는 이국신을 모시는 극채색의 거대한 사원에 위압당하는 경우는 있어도, 거기에 친밀감을 가질 이유는 전혀 없었다고 해야 할 것입니다. 백성들에게는 외부로부터 온 것이고 국가의 힘으로 강제되는 존재이기는 했지만 납득할 수 있는 존재는 아니었을 것입니다. 그래서 국가가 우월적 문명의 빛으로 신분 차별을 강요하고 노란 옷을 입으라고 명령해도 얼마나 지켜졌을지는 의문입니다. 하지만 그 힘은 압도적이고, 그것에 저항하면 압살을 당한다면 점차 그 차별의 질서를 받아들일 수밖에 없었겠습니다만, 지금까지의 민중 생활을 바꿀 이유는 없으므로, 그 민중의 공동체 규범이나 금기 또한 계속해서 유지될 것이고, 그로 인해 생겨나는 차별도 여전히 힘을 가지고 있었을 것입니다.

율령국가가 문명적으로 지배를 하더라도 기대했던 것과는 다른 야만적 세계가 계속해서 존재한다고 지배자들이 생각하는 것이 자연스러울 것입니다. 국가는 이 세계를 지배하기 위해 이 세계의 전통과 이 세계의 요구를 회수하지 않을 수 없게 됩니다. 사회의 이중구조를 국가가 포괄할 수밖에 없는 것입니다. 그러나 그것은 민중의 독자적인 세계를 지배할 수 있던 것이 아니고 위에서부터 포용하는데 국가에 반하지 않는 한 독자성을 인정하지 않을 수 없다는 것이었습니다. 그도 그럴 것이 차별의 양식 또한 문명적과 야만적이라는 이중 구조를 가지고 있었다고 해야 하지 않을까요? 좀 더 고상하게 말하자면 '문명'과 '전통'의 이중구조입니다.

『고사기古事記』『일본서기日本書紀』의 기능

율령국가가 성립되면서 조정은 곧바로 역사 편찬에 착수합니다. 그것이 『고사기』[8]와 『일본서기』[9]입니다. 둘 다 조정이 자기 권력의 정당성을 밝히기 위해 만들게 한 역사책입니다. 역사서가 두 개나 만들어진 것은 앞의 이중구조를 잘 자각하고 있었기 때문이지요. 『일본서기』가 한문으로 편년체로 기술해 중국 왕조의 정사 체재를 모방한 것인데 비해, 『고사기』는 일본어로 신화적인 내용이 많은 이야기풍의 서술로 되어 있어서 지극히 대조적인 것은 주지의 사실입니다만, 전자가 문명의 얼굴이었다면 후자는 전통의 얼굴이었던 셈입니다. '전통'이라 해도 조정에 의해 입맛대로 만들어낸 '전통'이었음은 말할 나위도 없습니다. 즉 천황 일족이 국토 창생 신들의 후손이며, 천황이 이 국토를 지배하는 정당성은 이 신들로부터 이어져 내려온 혈통의 연속과 영성의 계승에 있음을 나타내고자 한 것입니다.

그것은 5세기 이래 야마토 왕권의 혈연적 결합이 여전히 강한 씨족사회를 반영한 것이었습니다만, 그것이 『고사기』라는 국가적 역사서에 의해 권위화됨으로써 강력한 '전통'의 힘을 발휘하는 셈입니다. 이외에도 다양한 전통의 발굴 방식이 있었음은 『고사기』 그 자체의 서술에서도 많은 신화의 계보를 볼 수 있어서 추측하기에

8 역자주－신화와 전설, 그리고 천화의 계보와 역사를 기록한 현존하는 일본 최고의 문헌으로 상·중·하 3권으로 이루어져 있다.

9 역자주－나라 시대(奈良時代, 710~794)에 도내리친왕(舍人親王, 676~735)등이 중심이 되어 720년 경에 완성된 것으로 추정되는 역사서로 신대(神代)부터 지토천 황(持統天皇, 재위 645~702)까지를 편년체(編年體)로 기록하였다.

어렵지 않습니다만, 그럼에도 불구하고 『고사기』만이 '전통'으로 정리된 것에 그것이 지닌 위력의 비밀이 있는 것이 아닐까요.

문제는 그렇게 만들어진 고사기가 차별과 어떻게 관련되느냐, 입니다. 물론 오늘날 생각해 보면 그 서술 속에 여러 가지 차별적인 표현이 보이고, 거기에 원시 고대 일본 사회의 차별 상태를 이야기해주는 현상을 찾는 것은 어렵지 않습니다. 그러나 여기서 지적하고 싶은 것은 천황 일족이 신의 후예라는 점에서 다른 사람들과는 격리된 존재라는 주장입니다. 『고사기』나 『일본서기』를 당시 얼마만큼의 사람들이 읽었는지는 저는 모릅니다. 그런데 이 책이 왕권의 전통을 말하는 유일한 책이자 국가에 의해 만들어졌다는 데에 의미가 있습니다. 왕권의 정당성을 다툴 때 그 근거가 되는 책이라는 점입니다. 거기에서 신의 후예라는 혈통의 계보가 혈통에 따른 사람들의 선별을 항상 만들어낸다는 기능입니다.

684년에 결정된 팔색의 성八色姓은 그때까지의 성씨를 율령적으로 재편성한 것이지만, 천황가와의 친소 관계에 의해 지배층인 씨족의 서열을 정한 것으로, 물론 그때까지의 씨족제도에 있었던 혈연 집단적 서열의 색채는 관료적 제도로 상당히 정리되었지만 혈연이 서열을 정하는 요소는 여전히 남아 있었다고 해야 할 겁니다. 한편 전국의 농민들도 경오년적庚午年籍(670)으로 씨성을 얻게 되어 호적에 등록되었고, 성씨를 가지지 못한 것은 천황가와 천민만 남게 됩니다. 여기에 천황가의 모든 사람에게 월등한 지위와, 사회의 가장 밑바닥에서 차별받았던 천민의 지위가 세트가 되어 제도화되었다고 할 수 있을 것입니다.

04

불교의 대중화

종교란

학생들에게 종교가 사람을 차별한 이야기를 하면 "종교가 사람을 차별하다니!"라고 놀라는 경우가 자주 있습니다. 이 경우 기독교나 이슬람교, 불교 등의 보편종교(세계종교)가 그들의 염두에 있어서 그렇겠습니다만, 종교에는 애니미즘과 같은 원시적인 영신앙靈信仰에서부터 보편종교까지 다양한 형태가 있어서 정의하는 것은 아주 어렵습니다. 여기에서는 종교의 대중화라는 것에 대해서 주로 고대 말기부터 중세에 걸친 불교에 대해서 이야기해 보려고 합니다. 불교는 보편종교라 하고 신도는 민족종교, 즉 일본 사회에만 통용되는 종교라는 것으로 구별됩니다. 보편종교는 지역이나 민족을 넘어 통용되는 종교라고 해서 원시종교나 민족종교보다도 고위에 있다고 생각하는 경향이 있습니다만, 보편종교 역시 처음에는 원시적인, 지역적인 종교였습니다. 그것들을 기반으로 해서 교주가 출현했고, 대중에 호소하면서 신도를 늘리고, 그 신도들이 큰 집단을 형성하여 교주의 가르침을 교의로 삼아 지역성을 탈피해 가게 됩니다만, 그것에서 벗어나는 과정에서 잃어버리게 되는 소중한 것이 있었을지도 모릅니다. 지금 그것을 논할 여유가 없습니다만, 어쨌든 그 지역성을 탈피해 가는 가장 중요한 교의는 '인간은 신(부처) 아래에서 평등하다.'라는 것입니다. 즉 어느 나라 사람에게나 신의 가르침은 일맥상통하다는 것이 바로 보편종교라고 불리는 이유입니다. 그렇다고 그 종교의 가르침이 모든 사람에게 통용되는 정당한 가르침이라는 것은 아닐 겁니다.

그러므로 보편종교가 '신 아래에서의 평등'을 설파하는 한, 그 종교가 사람을 차별하는 일는 없을 것이라는 점에서 종교가 사람을 차별한 것을 문제 삼으면 학생들이 놀라는 것은 당연할지도 모르겠습니다. 그러나 아프간 전쟁이나 이라크 전쟁에서 미국이 그 정당성을 과시하기 위해 이슬람교의 여성 차별을 선전했던 것은 기억에 새롭습니다. 학생들은 이슬람교를 보편종교가 아니라 원시적인 종교라 확신하고 멸시했기 때문일까요. 문명과 야만의 싸움이라는 미국 대통령의 전쟁 정당화 선전 문구에 놀아났던 것일까요?

여성 차별의 교훈

그런데 그 대통령이 믿는 기독교의 바이블에도 여성 멸시가 분명히 나타나 있습니다. 가장 자주 인용되는 것이 구약성서의 창세기이며, 여자는 남자의 갈비뼈에서 태어났다는 구절입니다. 다음으로 첫 여성인 이브가 악덕한 유혹자로 묘사되어 있는 부분입니다. 여성 멸시의 사고는 이어지고 있습니다. 부시 대통령은 낙태 금지 법안을 종교적 신념으로 통과시키려 하고 있습니다만, 그것과 여성멸시와는 상관이 없을까요? 이슬람교에도 누군가 마음에 드는 여자를 아내로 삼으면 된다. 둘이든, 셋이든, 넷이든 일부다처를 인정한 부분이나 '여자들은 몸을 폭 감싸고 가도록' 부르카나 베일 착용을 의무화하고 있는 『코란』의 한 구절, 불교에서도 뒤에 보는 바와 같이 교의에 여성 멸시가 나타나 있습니다.

그것에 대해 자세히 말할 여유는 없지만, 이들이 살았던 시대는 이미 여성 멸시가 지배적이었기 때문이라는 것이 가장 알기 쉬울 것입니다. 그리스도는 기원 전후 이슬람교의 교주 무함마드는 6세기, 부처는 기원전 5세기경으로 그들이 자란 사회에서는 이미 여성의 세계사적 패배가 각인되어 있었기 때문입니다. 가부장제가 지배적이었던 겁니다. 뭐, 일본에서는 가부장제가 없었거나 그다지 강하지 않았던 시기입니다만 …… 그렇다고 해서 이들 교주가 여성차별주의자였다고 속단할 수는 없습니다. 그들은 여성에게도 상냥한 말을 던지고, 그녀들의 고민에 귀를 기울이고 있습니다. 그리스도는 사람들이 돌을 던지는 창녀를 감쌌고, 무함마드는 "누구라도 지위나 혈통을 자랑하는 것은 용서받지 못할 것이다."라고 하거나, 노예는 가능한 한 기회를 잡아 해방하도록 권하는 대목이 있습니다.

다만 이들 교주들은 대체로 혁명가는 아니었습니다. 마음의 혁명가이긴 했겠지만 제도나 법률의혁명가가 아니었던 겁니다. 창부나 노예가 없는 사회를 만들기 위해 기적을 일으킨 적은 없었다고 해야겠지요. 그 사회를 변혁하는 것을 가르친 것이 아니라 그 사회에서, 사회 안에서 고통받고 있는 사람들에게 마음의 구제를 하려고 했던 것입니다. 그러니까 여성 차별의 시스템 그 자체의 개혁을 외친 사람은 없었고, 그 가부장적인 시스템을 전제로 하여 그 안에서 여성의 고뇌에 대해서 신의 구제를 주장했던 것이 대세라고 생각해도 좋은 것이 아닐까요.

그러니까 또한 이러한 구제의 목소리에 여성의 해방을 읽어낼 여지도 생긴다고 할 수 있습니다. 마치 노예해방의 목소리를 읽어낼 여지가 있었던 것처럼. 보편종교가 기존의 종교와 다른 점은 신의 섭리로 세계의 모든 것을 설명하려 했던 점이고. 이교도에게는 엄격했지만 이교도의 개심을 인정했던 점에 있었다고 할 수 있을지도 모르겠습니다. 그렇게 함으로써 신의 섭리는 모든 인간에게 통용되는 성격을 갖게 된 것이니까요. 모든 인간에게 통용됨으로써 신의 권위가 초절超絶하게 되는 것이니까요.

종교와 차별의 관계는 복잡해서 한마디로 이야기할 수 없습니다. 무엇보다 근대와 전근대에서는 종교의 위치가 결정적으로 달라집니다. 전근대는 종교적 세계라고 하듯이 사람들의 세계관은 거의 신불의 권위하에서 이야기되었습니다. 그 밑에서 종교가 차별에 기여한 역할이라는 것은 그 종교의 교의 안에 있는 차별적인 표현들이 교단이나 사회의 규범이 되어 사람들을 얽매어 버리면 거대하고 잔혹한 차별이 이루지겠지요. 야마타노오로치[10]에게 바치는 인신 공양이 그렇고, 서양의 마녀재판이 극단적인 예입니다만, 일상적인 도덕의 규범이 되어 차별을 일상화함에 있어서 종교는 거대한 힘을 발휘합니다. 그러나 또한 반대로 보통

10 역자주－일본의 신화에 등장하는 상상의 괴물이다. 여덟 개의 머리와 여덟 개의 꼬리를 가졌으며, 눈은 꽈리처럼 새빨갛고, 등에서는 이끼와 나무가 자란다. 여덟 골짜기와 여덟 봉우리에 걸쳐있을 정도로 거대했다고 한다

종교가 가지고 있는 '평등'의 계기가 확대되어 그러한 차별들을 규탄. 타파할 세력을 지탱하는 신의 권위로서도 힘을 발휘하게 되지 않을까요?

불교의 대중화

율령국가가 불교를 수입하여 진호국가鎭護國家의 종교로 삼았던 시기에는 불교의 교의를 이해해서 퍼뜨리려 한 것이 아니라 국가를 지키고 국가의 재앙 혹은 천황·귀족들의 재액을 물리치기 위한 신으로서의 수용이었고, 지극히 주술적인 성격을 기대했을 것이라 사료됩니다. 그래서 국가는 승니령僧尼令으로 승니를 관리하고, 화려하고 웅장한 사찰로 민중들이 이를 경외하게 만들어 이 이국신의 주력의 크기를 보여주기는 했어도 백성에게 불교의 교의를 가르치거나 백성에게 불교의 신심을 권하지는 않았다고 할 수 있습니다. 그래서 그 이국신의 권위 앞에 일반 민중은 오히려 재래의 토속신앙을 강화하게 된 것이 아닌가 하는 생각도 합니다. 물론 국가로부터 탄압을 받은 교기 같은 사람들의 활동에 구제를 찾아 많은 민중이 모인 것도 확실합니다만 …… 율령에서는 삼위三位 이상의 귀족에게만 무덤을 만드는 것을 허락했으므로 불교의 장례도 그 이하 사람들은 할 수 없었다고 보아야 할 것입니다.

그러한 국가 관리 하에 있던 불교의 상황 타파는 승려들로부터, 그중에서도 중국 유학에서 돌아온 구카이空海와 사이초最澄에 의해 도모됩니다. 그들은 불교의 교의를 심화시키고 각각 교단의 독자성을 추구하면서 국가의 관리 틀을 돌파하고 교의를 귀족에게도 민중에게도 전파하는 방향으로 나아가기 시작했던 것입니다. 우리는 신란親鸞[11]이나 니치렌日蓮[12]의 가마쿠라鎌倉 신불교에 의해 구불교의 국가종속이 돌파되고 대중화가 이루어졌다는 교과서에 익숙해져 왔습니다만, 최근 연구에서는 구불교顯密佛教의 자기 혁신과 대중화의 기세가 실제적으로는 더 컸었다고 합니다. 그러한 주장을 하는 기수의 한 사람이 다이라 마사유키平雅行 씨입니다.

불교의 여성 차별

다이라 마사유키 씨의 『신란과 그 시대親鸞とその時代』는 불교의 여성 차별에 대해 알기 쉽게 쓰고 있어서 저도 많이 배웠습니다만, 거기에서는 "불교적 여성 차별관은 9세기 후반에 등장하여 10·11세기에 귀족사회에 정착했다.", 그리고 민중 세계로의 침투는 12세기에 이르러서였다고 합니다. 불교의 교의에는 처음부터 여성차별의 문언이 숨겨져 있었지만, 일본 사회에서 그것이 문제시되어 큰 힘이 되는 것은 9세기 후반부터라는 것입니다. 그 증거로 불교가 섭취된 초기에는 여성 차별은커녕 처음으로 승려가 된 것은 여성이었다고 하면서, 7세기에는 남승 816명, 여승 569명이라는 기록(『일본서기』)이 있을 정도입니다. 율령국가가 되어도 '승니령僧尼令' 이란 령이 있었듯이 여승들의 활약은 활발했습니다. 그러던 것이

11 역자주 – 일본 가마쿠라 시대의 승려로 악인정기설(惡人正機說)을 주장하며 새로이 정토진종(淨土眞宗)을 열었다.

12 역자주 – 가마쿠라 시대의 승려이자, 일련종의 시조가 되는 인물로 12세에 세이초지에 들어가 천태종을 배웠고 16세에 출가하였으며, 법화경 신앙을 창시하였다.

여성 차별 문언文言의 확대와 함께 구불교로부터 여승이 사라져 갔습니다. 정확히 말하면 국가에서 관리하는 여승이 없어졌다는 것이고 사적인 여승방은 오히려 늘어납니다만, 이는 가부장제의 강화와 함께 일본 사회에서의 여성의 사회적 지위가 추락해 갔음을 반영하고 있다고 해도 좋은 것입니다.

불교 교의의 여성 차별 문구는 오장삼종五障三從이 가장 유명합니다. '오장'이란 여성은 남성보다 죄가 많아서 부처가 될 수 없는, 즉 성불할 수 없다는 사고이고, 삼종은 "어릴 때는 아버지를 따르고, 결혼하면 남편을 따르고, 늙으면 자식을 따르라."는 가르침으로 유교女史書에도 있습니다. 모두 여성을 한 사람의 어엿한 인간으로 인정하지 않는 사고입니다. 법화경 등의 경전 속에 보이는 이와 같은 문언이 나오게 되고, 여성 차별의 언설이 만들어져 가는 것입니다

그런데 다이라 씨의 지적에서 주목할만한 것은 일본에서의 차별은 '인도나 중국보다 훨씬 노골적이며 뒤틀린 것'이 되었다는 점입니다. 중세 문헌에는 "화엄경에서 말하기를"이라든지 "열반경에서 말하기를"이라고 하면서 "소유3천계所有三千界의 남자의 제번뇌, 합집하여 한 여인의 죄장이 된다.", 한 여자의 죄는 모든 남자의 죄와 같다거나, "여인은 지옥의 사자이다. 곧잘 부처님의 씨를 끊는다. 외면은 보살을 닮았으나 속은 야차(夜差)와 같다.", 여자는 불교의 깨달음의 길을 가로막는 지옥의 사자이다. '야차'란 헤이본사平凡社의 『세계대백과사전』에서는 "불법을 수호하는 귀류" "사람을 경외케 만드는 이형異形이거나 사람의 정기를 빼앗아 사람을 잡아먹는 등 여러 가지 성격을 겸비했다."라고 되어 있습니다만, 이 얼마나 심한 모함입니다. 원불전에는 보이지 않는, 일본에서 여성을

더욱 비난하는 여성죄장의 문구가 되었다고 합니다. 하지만 여기에는 여성에 대한 남성의 공포심과 같은 것이 표현되어 있지만, 그것은 점차 여성은 '우둔' '비천' '의지박약' '천지淺智'와 같은 열성의 평가로 확산해 갑니다. 그것들은 여성의 본성이라고 하니 구제받을 수 있는 방법이 없는 겁니다. 가부장제는 인도나 중국이 빨리 성립되었는데도 왜 일본에서 '훨씬 노골적이고 뒤틀린 것'이 되었는지 저는 모르겠습니다. 다만 이 시기는 일본에서는 가부장제가 아직 형성되는 과도기에 있었다, 여자의 힘도 상당히 강했다, 남자와 여자의 싸움이 있었다, 거기에 남자들의 공포심도 섞인 여자에 대한 멸시가 강조되었다고도 생각할 수 있을 것입니다.

여인 결계

그렇다면 이러한 여성 멸시관 · 여성 공포감은 어떤 차별의 형태를 취할까요? 불교의 세계에서는 여인 결계에 확실히 나옵니다. '여인 결계'란 여성의 출입을 금하는 영역을 말합니다. 하지만 이는 원래 불교의 교의에서 나온 것이 아니기 때문에 중국이나 인도에서는 볼 수 없다는 겁니다. 스모판에 아직도 여성이 오르지 못하는 것도 신사에 들어가면 안 되는 곳을 두는 것도 여인 결계이기 때문에 일본 불교 고유의 것도 아닙니다.

그것이 불교계에서 시작된 것이 언제인지 정확한 것은 알 수는 없습니다만, 사이초가 그때까지의 구 불교와의 차이를 두드러지게 하기 위해 불교 수행을 엄격하게 하고 "도적, 술, 여자를 금한다."(818)며 히에잔比叡山[13] 엔랴쿠지延暦寺[14]에 여성의 출입을 금했다고 하는

데, 그것이 점차 확대되었다는 설이 있습니다. 이 이야기라면 여성의 출입 금지는 수행을 위해 방해가 되기 때문이라는 말이 됩니다. 그러나 그 엄격한 수행주의가 헤이안 말기에는 무너져가는데, 여인 결계만은 12세기경부터 고야산高野山, 도다이지東大寺 대불전 등으로 확대해 나간다는 것입니다. 그것은 여인 결계의 이유가 변화해 가는, 수행을 위해서라는 이유에서 여성 그 자체의 존재가 문제가 되어 가는 것이라고 다이라 씨는 말하고 있습니다. 즉, 여성 부정관이 커져 온 것이라는 것입니다.

여인왕생설

불교의 교설에서 가장 충격적인 여성 차별의 언설은 여성은 부처가 될 수 없다는 것일 겁니다. 인간은 누구나 죽으면 부처가 되어 온갖 번뇌에서 해방된다, '해탈' 한다는 것이 부처님의 가르침입니다. 그러면 죄인은 어떠한가, 아니 '악인조차 왕생을 한다.'는 등 여러 가지 교설이 나오게 됩니다만, 아무튼 어떤 인간도 부처가 될 자격은 있다는 것이 기본에 있습니다. 하지만 여자만은 그 죄업이 너무나 깊어서 성불할 수 없다, 왕생할 수 없다고 합니다. 앞에서 보았듯이, 모든 남성의 죄를 합한 정도로 여자 한 사람의 죄가 크다거나, '지옥의 사자' '야차' 등의 표현이 바로 그것입니다. 여성은 태

13 역자주 – 일본 긴키, 교토부와 시가현의 경계에 있는 산으로 788년 창건된 엔랴쿠지(延暦寺)가 있다.

14 역자주 – 일본 3대 사찰의 하나로 일본 혼슈(本州) 중서부 시가현(滋賀縣) 오쓰 히에잔(比叡山)에 있는 사찰로 천태종(天台宗)의 총본산이다.

어날 때부터 죄가 많은 존재이므로 아무리 선행을 쌓아도 성불할 수 없는, 구원받기 어려운 존재라고 단정을 내려버리는 것입니다. 이런 불합리한 일이 어디 있습니까?

법화경에는 여자들도 법화경이 말하는 대로 수행을 하면 왕생할 수 있다고 합니다. 그건 왜일까? 거기에는 인도 용왕의 여덟 살 난 딸은 법화경의 힘에 의해 남자로 변성하여 성불했다고 하는 에피소드가 있어서 남자로 환생함으로써 여자도 왕생할 수 있다는 겁니다. 즉, 여자인 채로 성불할 수 있다는 사고는 없습니다. 12세기에 만들어진『료진히쇼(梁塵秘抄)』에는 "용녀(龍女)는 부처가 되었다. 어찌하여 우리가 될 수 없겠는가. 오장(五障)의 구름이 비록 두꺼워도 여래(如來), 월륜(月輪) 숨길 수 없으리"라는 노래가 있다. 다이라 씨는, 일본 불교계에서는 "여성이 왕생할 수 없다, 거나 여성이 성불할 수 없다고 주장한 스님은 하나도 없다."라고 하는데, 그것은 어디까지나 여성이 남성으로 환생하는 것을 전제로 한 왕생설인 것입니다. 그렇다면 점점 더 여성은 구원받기 어렵다는 것을 강조하는 것이 되는 건 아닐까요?

여인 부정설

그러나 아무리 '오장삼종'이라 해도 여성에게는 여러 가지 삶의 방식이 있고 경전에 있다고 해서 사람들이 바로 믿지는 않습니다. 좀 더 사람들을 납득시킬 수 있는 것을 현실적으로 느낄 수 있어야 합니다. 그 현실이 점차 강화되는 가부장제이며, 여인 부정설도 크게 힘이 되지 않았나 싶습니다. 여인 왕생설로 이어지면서 여인 부정설이 퍼져나갔다고 나는 생각하고 있습니다. 즉 여성은 더러운 존재라는 언설입니다. 그런 생각의 싹은 『고사기』에도 산실産室을 더럽게 여기는 기술 등에 보이는 것이 아닐까 생각합니다만, 그러나 고대에는 여성의 피를 풍년과 연결시켜 신성시하는 견해도 있었으니 그 피를 더러운 것으로 보는 시각은 훗날 고정・확대되었다고 해야 할 것입니다. 9세기 정관식貞觀式에는 임신・월경 중인 여성은 제를 올릴 때는 궁중에 있어서는 안 된다고 규정되어 월경이 더럽다고 의식되고 있습니다. 이는 '오장'관과 결부되어 있는 것으로, 여성이 더러운 존재라는 것을 실제로 나타내려고 하는 움직임입니다. 이런 부정관이 그 이후 커져서 여자를 얽매어 가는 겁니다. 이것에 대해서는 나중에 다시 언급하게 될 것입니다.

다이라 씨는 "이처럼 여성의 사회적 지위의 저하 속에서 불교는 여성 차별관과 부정관을 사회에 퍼트렸습니다. 아니, 오히려 사회적 실태에 앞서 불교가 여성 차별을 선도한 느낌마저 듭니다. 그리고 일본 불교는 여성 차별관을 만연시키면서 차별적 구제론을 펴나갔던 것입니다."라고 합니다. 다만 불교도에게도 이러한 차별을 완전히 부정한 사람이 있었음을 부언해야 할 것입니다. 도겐道元입니다. 그는 저서 『정법안장正法眼藏』에서 "여인에게 무슨 허물이 있고 남자에게 무슨 덕이 있는가. 악인은 남자도 악인이 있고 선인은 여자도 선인이 있다. …… 남자 여인 구별이 없다." 남녀의 구별 따위는 전혀 없다고 단정했던 것입니다.

제2장

중세

05

중세 사회와 차별

중세란

'중세'란 어떤 사회인가?라는 질문에 저는 쉽게 답을 하기가 힘듭니다. 일반적으로 중세라는 시기는 가마쿠라鎌倉 · 무로마치室町 · 센고쿠戦国 시대를 가리키므로, 한 마디로 무가武家가 지배했던 사회라고 할 수 있을 지도 모르겠습니다. 그러나 가마쿠라 시기에는 귀족도 큰 세력을 가지고 있었기 때문에, 귀족과 무가가 양립했던 이중권력의 시대라고도 합니다. 그런 점을 감안하면 가마쿠라 막부幕府의 성립 시기를 가지고 시대를 구분할 수 없기 때문에 원정기院政期[15]인 11세기부터를 중세라고 하는 사람도 있습니다. 그 이유는 귀족과 사사寺社의 장원莊園 세력이 커졌기 때문입니다. 그렇다면 이 시기는 장원영주莊園領主, 무가武家, 슈고守護[16], 지토地頭[17], 센고쿠다이

15 역자주－헤이안(平安) 시대 후기 시라카와(白河) · 도바(鳥羽) · 고시라카와(後白河) 3대의 상황(上皇)이 정무를 행했던 시대. 상황 또는 법황이 정무를 보았던 장소를 원청(院庁)이라고 불렀기 때문에 이 시대를 원정기라고 한다. 1086년부터 헤이케(平家)가 멸망할 무렵까지 약 100년간이 이에 해당된다.

16 역자주－일본 가마쿠라 막부와 무로마치 막부 시대에 각 지방(國)의 고케닌을 통솔하여 군사 · 치안 등의 업무를 수행한 직책을 일컫는 말이다.

묘戦国大名[18] 등이 다양하게 뒤섞여 있었고, 이 말들은 중세 사회를 이해하기 위한 키워드임에도 불구하고 좀처럼 정합적으로 설명할 수가 없어 '중세'란 이러이러한 사회라고 한마디로 명쾌하게 정리하기가 매우 어렵습니다.

그래서 저는 전공자들로부터 꾸지람을 들을 각오를 하고 감히 중세는 사적인 집단이 자립해간 시대라고 하겠습니다. 이미 꽤 오래 전에 구로다 도시오黒田俊雄 씨(『日本中世の国家と宗教』岩波書店, 1975)는 중세의 국가 형태를 권문체제로 봐야 한다고 주장해서 많은 지지를 얻었습니다. 즉, 중세의 국가체제는 가마쿠라 막부와 무로마치 막부처럼 막부를 중심으로 파악할 것이 아니라 귀족·무가·사찰이라는 여러 권문세가들이 권력을 서로 분할해 민중을 지배했던 체제로 이해해야 한다는 주장이 유력합니다. 이 설에 따르면 중세 봉건제는 원정기인 11세기에 시작되어, 15세기 오닌応仁의 난[19]을 기점으로 한 전국기戦国期부터 소멸되어 간 것으로 볼 수 있습니다. 즉 전국기는 에도 막번체제幕藩体制로 이행해가는 과도기로 보는 것입니다. 11세기란 고대국가가 쇠퇴해 그 구심력이 약해지고, 권문세가들이 사적으로 소유하는 토지인 장원을 확대해 국가를 움직이기 시작한 때라고나 해야 할까요? 그 후에도 국가의 소유

17 역자주－일본 가마쿠라 막부 시기부터 지방(國)의 장원과 공령에 파견되어 세금 징수, 토지 관리, 치안 유지 등의 업무를 맡은 직책을 일컫는 말이다.

18 역자주－100여 년 간의 전국 시대가 계속되면서 슈고다이묘를 쓰러뜨리고 스스로 다이묘가 되어 영지의 새로운 지배자가 된 전국시대의 다이묘를 센고쿠다이묘라 한다.

19 역자주－일본 무로마치 시대인 오닌 원년(1467년)에 일어난 내란으로 쇼군 후계 문제를 둘러싸고 지방의 슈고 다이묘들이 교토에서 벌인 항쟁이며, 전국시대(戰國時代)가 시작되는 계기가 되었다.

지인 국아령国衙領이 결코 없어진 것은 아니지만, 대부분 사적인 세력에 의해 유명무실해지게 된 것입니다. 그래서 이 시기를 '권문세가 체제'라고 부를 수도 있겠지만, 그것은 어디까지나 국가체제라는 관점에서 보았을 때입니다. 일반 민중의 입장에서 볼 때 이 시기는 다양한 사적 세력이 설쳐대서 힘들지만 한편으로는 상승할 기회도 있는 사회로 보이지 않았을까 생각합니다. 이러한 시기를 중세라고 한다면 11세기부터 전국기까지, 요컨대 사적 집단에 의한 토지의 영유가 극에 달한 나머지 그 자체가 국가가 되어버려서 따로 국가 따위는 필요가 없을 정도로 전국이 분국화分国化되어 간 16세기까지를 중세로 구분하고, 전국기는 과도기가 아니라 사적 영유(일원적 지배)가 정점에 달한 가장 중세다운 시기라고 할 수 있지 않을까요? 차별의 문제는 바로 그러한 관점에서 보면 어떨까 생각합니다. 여기에서 사적 집단이란 단지 귀족, 사찰, 무사뿐만이 아니라, 촌락공동체를 비롯한 '히닌非人' 집단과 상인 집단까지 모두가 그 나름의 자립적인 움직임을 보이기 시작했다는 의미입니다. 감히 오해를 무릅쓰고 말을 하자면 그 집단들 간에 우승열패를 겨루는 세계가 출현한 것이라고 해도 되지 않을까 싶습니다.

자립해간 집단들

예를 들어 앞 절에서 언급한 불교 집단은 국가의 관리였던 승려들이 관리들과는 다른 독자적인 교의를 가진 집단으로서 활동을 시작해 승병들은 무장을 하고 자신들의 영역을 지킬 뿐만 아니라, 도시로 나가 난동을 부리게 되었습니다. 또 가마쿠라 신불교라고 불리는 여러 종교는 많은 종교인들을 조직해 결국은 법화法華 왕국, 혼간지本願寺 왕국 등 종교 왕국을 이룩하게 됩니다. 또 천황의 신민으로서 국가의 관리였던 귀족들은 사유지를 점차 넓혀 장원영주로서 독자적인 활동을 시작합니다. 천황이나 귀족의 수호자로 출현했던 무사들은 점차 자신들의 영토를 갖게 되고, 마침내 지역 전체를 일원화하여 통치하는 센고쿠다이묘가 되어갔습니다. 공지공민公地公民[20]으로서 국가를 섬기던 농민들은 귀족이나 무사들의 힘에 의거해 점차 사유지를 가진 사민으로서 촌락공동체를 형성해 자신들만의 독자적인 세계를 만들기 시작했는데, 마침내 야마시로지방山城国 잇키一揆[21]라든가 가가加賀의 잇코이키一向一揆[22]등 자신들의 힘으로 세계를 만들고자 했습니다. 상인들도 동료들과 함께 조합을 만들어 결국에는 사카이堺 같은 자유도시 64개를 만들기에 이르렀습니다.

이런 집단들은 자신들보다 높은 위치에 있는 집단의 힘이나 권위에 의지하기도 하고, 또 서로 제휴하거나 대립하기도 하면서 자신들의 자립성을 높여 가려고 했습니다. 귀족과 무사의 관계가 그러했고, 귀족이나 무사 계급이 농민들과 맺는 관계 또한 그러했습니다. 하지만 집단이 자립성을 높이기 위해서는 무엇보다 우선 단결

20 역자주 – 다이카 개신으로 시작된 아스카 시대부터 나라 시대에 이르기까지 일본 율령제의 기본 원칙 중 하나로 모든 토지와 인민은 공권 즉, 국가로 귀속되도록 한 제도로 사유를 인정하지 않았다.

21 역자주 – 일본 중・근세 사회에 무사나 백성 등이 문제 해결을 위해 결성한 집단 및 투쟁 형태를 말한다.

22 역자주 – 무로마치(室町) 시대 말기, 특히, 오닌(応仁)의 난 이후, 잇코슈(一向宗)의 승려와 신자들이 지배 계급에 반항하여 궐기한 폭동이다.

이 필요했습니다. 그래서 집단의 내부 규약을 만들거나 서로 맹약을 맺는 것이 중세의 한 특징적 현상이었다고 할 수 있습니다. '사이초最澄'[23]가 '(히에잔比叡山에서는) 도적과 술, 그리고 여자를 금한다.'고 명했다는 금지조항도 그 중 하나입니다. 이것은 수행을 위한 규약이기도 하지만 한편으로는 집단의 단결을 높이기 위한 것이기도 했습니다. 단결을 깨뜨리는 자나 집단에 방해가 되는 자, 혹은 이질적인 자를 배제하는 내용은 규약에 반드시 등장하는 조항입니다.

15세기의 이즈미지방和泉国 히네군日根郡의 사람들이 주고받은 '계약장지사契約状之事'에는 "공과 사 모든 일에 화목함을 이루고, 한 마음 한 뜻이 되어야 할 것이다. 때문에 누구 한 명이라도 중대한 일이 생기면 내버려 두어서는 안된다. 만일 이 뜻을 거스르는 무리가 있다면 일본국의 여러 신들로부터 각각 징벌을 받을 것이다. ……"라고 되어 있고 아홉 명이 함께 이름을 올리고 있습니다. 이 지역의 주민들이 결속을 도모하면서 맹세를 어긴 자는 일본국 신들의 벌을 받을 것이라는 말이 과장스럽게 여겨지기는 하지만, 그만큼 맹세를 절대적으로 여기고 싶었던 것이겠지요. 비슷한 무렵 오미 지방近江国 이마호리 향今堀郷의 좌주座主 회의에서 정한 규칙의 경우, 이를 어긴 사람에게는 사람은 벌금을 부과하고, 그래도 말을 듣지 않으면 그 후세들까지 제명했다고 합니다.

지역 주민들간의 계약이든 마을의 제사집단인 미야자宮座[24]의 계

23 역자주 – 일본 헤이안 시대의 불교 승려로 천태종을 열어 일본 불교의 여러 종파를 통일하는 데 힘썼으며, 저서로는 『천태영응도집(天台靈應圖集)』 등이 있다.

24 역자주 – 촌락의 제사를 지내는 집단이다. 원래는 촌락의 여러 행사와 관련 있었으나, 나중에는 신을 제사 지내는 일과 관련된 자리를 의미했다.

약이든 모두 동질성을 가진 사람들끼리 단결을 도모하기 위한 것이었습니다. 즉, 국가의 법과 관계없이 무사들이나 농민들, 또는 상인들 같이 동질적인 사람들끼리 단결하여 자립을 도모하는 움직임이 강해져 간 것입니다. 이렇게 동질적인 사람들의 단결된 자립 노력은 '일심단결' 등과 같이 그 집단에 평등의 원리를 창출하고 강화시키게 되었을 것입니다.

고대국가의 쇠약

고대국가가 쇠약해졌다는 것은 차별의 측면에서는 오색의 천五色の賤[25]이라는 천민제도가 무너진 것을 의미합니다. 이 천민제도는 이미 헤이안시대부터 무너지기 시작해 10세기에는 '노비정지'를 명했기 때문에 국가체제 하에서 공노비처럼 취급했던 천민 신분은 없어진 것으로 보입니다. 그러나 사적인 예속민인 사노비는 노비라든가 게닌下人[26], 쇼주所従[27] 등 다양한 명칭으로 남거나 더 늘어나게 됩니다. 권문세가를 비롯한 재지 영주들은 말이나 소처럼 게닌과 쇼주를 사고 팔면서 영지와 함께 재산의 증대를 도모했습니다. 그렇게 노예적인 존재를 사적인 소유물로 삼아 집안으로 끌

25 역자주－일본 고대의 율령제에 따라 인민은, 천황을 제외하고 모두 양민과 천민으로 나뉘었다. 이 중 천민의 신분을 말하며, 천민은 능호, 관호, 가인, 공노비와 사노비 등 5종류가 있었다.

26 역자주－헤이안 중기 이후의 예속민의 신분 호칭. 귀족의 하급관리이하 일반서민을 지칭하는 호칭으로 사용되었다.

27 역자주－중세의 사적 예속민. 하인과 마찬가지로 주인에게 인격적, 신분적으로 예속되어 농경, 가사노동 등 잡역을 하였다.

어들이는 경향이 늘어남과 동시에, 도시 주변에 천민들인 '히닌걸식非人乞食'이라든가 장애인, '나병환자' 등이 독자적인 집단을 형성해 모여살기 시작한 것도 국가권력의 쇠퇴와 관련이 있을 것입니다. 물론 그러한 집단도 검비위사検非違使[28] 등이 통괄하기는 했지만, 그 집단들을 직접 통제하는 것은 '히닌조리非人長吏'[29]였으며, 그 집단 역시 자립성을 가지게 되었습니다.

요코이 기요시의 천민론

요코이 기요시横井清 씨의 『중세 민중의 생활문화中世民衆の生活文化』는 중세 민중사 연구에 새로운 지평을 열었다는 선명한 인상으로 남아 있습니다. 당시 인민투쟁사 연구의 조류를 비판적으로 바라보며 인민의 부정적 측면을 도려내었다는 점, 특히 '나병환자' 나 '불구' 등 천민에 대한 비천관卑賤観의 형성을 둘러싼 문제를 파고든 것은 이후의 연구에 큰 영향을 주었습니다. 특히 그 무렵 징병령에 반대하는 혈세잇키血税一揆[30]의 부락습격 문제를 고찰하고 있던 저에게는 매우 시사적이었습니다. 아미노 요시히코網野善彦도 그 영향을 받아 등장했다고 할 수 있겠지요.

---

28 역자주－일본의 율령제 하의 영외관의 하나로 비위를 검찰하는 천황의 사자라는 뜻이다. 교토의 치안 유지와 민정을 맡았다.

29 역자주－잡다한 기예로 입에 풀칠하거나, 구걸로 간신히 살아가는 '히닌'들의 우두머리.

30 역자주－1872년 11월에 제정하고, 이듬해 1월에 발포한 징병령에 대한 반대 봉기. 징병령 반대 봉기라고도 한다.

아미노 요시히코의 '무연'론

2004년 아미노 요시히코 씨가 돌아가셨습니다. 아시는 분들도 많으시리라 생각합니다만, 앞으로도 오래 오래 활약해주시기를 바랐는데 너무나 애석합니다. 저는 그 분이 오카야마대학岡山大学에 초대받아 오셨을 때 말씀을 나눈 정도의 교분밖에 없습니다만, 아미노 씨가 하신 연구로부터는 다대한 영향을 받아 왔다고 생각합니다. 아미노 씨는 일본중세사를 전공하셨는데, 거기에서 출발해 일본사 연구의 전체에, 나아가 일본 사회에 다양한 문제들을 제기하며 계속해서 강렬한 자극과 충격을 주고 계셨던 분입니다. 최근에는『일본이란 무엇인가』(講談社, 2002)가 베스트셀러가 되었습니다만, 뭐니뭐니해도 저는 아미노 씨의 데뷔작인『무연 · 공계 · 악—일본 중세의 자유와 평화無縁 · 公界 · 楽—日本中世の自由と平和』를 들지 않을 수 없습니다. 이것은 일본 역사에 있어서 사회사 연구의 출발을 알리는 작품이기 때문입니다. 그리고 여기에는 차별의 문제에 대한 중요한 제언이 담겨 있습니다. '무연無縁'이란 세속의 주종관계나 예속관계, 혹은 대차관계貸借関係 등의 연緣과 단절된 '장소'나 '사람'을 말한다고 하는데, 그곳에는 자유와 평화가 있었다는 것이 아미노 씨의 주장입니다. 그는 그 지점에서 출발해 다양한 문제를 전개해 나가는데 여기에서 그 '무연'이라고 하는 장소나 사람에 관해 좀 더 생각해 보고자 합니다.

아미노 씨가 '무연'의 예로 제시한 것은 에도 시대에 있었던 가케코미데라駆け込み寺=엔기리데라縁切り寺[31]입니다. 폭력적인 남편으로부터 아내가 도망쳐도 처벌받지 않고 보호받을 수 있었던 이런

절들이 바로 '무연'의 장소였다는 것입니다. 그리고 이 '무연'의 장소는 중세에 더 강력한 절연 기능을 발휘해서 죄를 저지른 사람이 도망쳐 들어오더라도 그 사람과 세상과의 관계, 즉 연을 끊어 그 사람의 자유를 보장했다고 합니다. 그리고 이 무연의 장소는 특정한 절만이 아니라, 시장 같은 '공공 장소'에서도 인정되었고 '악楽' 또한 그렇다는 것입니다. 그런 공간에는 정말로 '연이 없이' 사람들이 왕래했고, 게닌下人, 쇼주所従, 노비, 죄인들도 들어가 살 수 있었으며, 또 각처를 돌아다니는 '수공업자職人'며 '예능인藝能人', 상인들이 모이는 곳이었고 '히닌'이나 장애인, 병자들이 사는 곳이었다는 것입니다.

그런 장소들의 공통된 특징으로는 ① 불입권不入権(공권력의 침입을 배제하는 권리), ② 지대와 제반 부역 등의 세금면제, ③ 자유통행권, ④ 평화영역(적과 아군을 구별하지 않는 장소), ⑤ 사적 예속으로부터의 해방, ⑥ 노약조직老若組織('미개사회의 평등한 질서 원리'를 계승해 사회구성원을 연령에 따라 조직) 등을 지적하며, '이는 놀랄 만큼 이상적인 세계라고 하지 않을 수 없다'고 말하고 있습니다. 아미노 씨는 이런 곳들이 자유와 평화의 세계이지만, 그것은 근대적인 개념이라기보다 원시적인 개념이라고 하면서 근대사회야말로 자유를 말살하고 있는 관리사회임을 보여주려 한 것이 아닐까 생각합니다. 물론 그는 '이러한 이상향이 그대로 존재했던 것은 아니다. 종종 언급해온 바와 같이 세속의 권력은 무연 · 공계 · 악의 장이나 집단을 극력 좁게 한정하고, 테두리 안에 가둬두려 했고, 그 압력은 심각한 내부의 모순을 야기했다. 뿐만 아니라, 이러

31 역자주－에도 시대에 남편만 이혼을 청구할 수 있었는데, 아내가 이혼을 원할 때 일정 기간 이 절에서 지내면 이혼을 성립시킬 수 있는 권한을 가졌던 절이다.

한 세계의 일부는 체제로부터 배제당하고, 차별 속에 갇혀갔다.'는 점도 지적했지만, 기존의 연구에서는 언제나 억압당하는 존재로만 여겨져 왔던 주변과 저변의 민중에 대한 평가를 뒤엎을 만한 평가임은 분명합니다.

오야마 교헤이의 성도론

그러나 저는 오야마 교헤이大山喬平 씨의 성도론聖都論(「中世の身分制と国家」『岩波講座日本歴史8』)이 매우 인상에 남습니다. '성도론'이란 표현은 저의 자의적인 호칭입니다만, 오야마 씨는 고대국가가 일찍부터 사예死穢[32]를 국가의 관리 하에 두려 했으며, '천황이 거처하는 황도皇都를 중심으로 해서 황도와 각 지방을 연결하는 공행公行 도로 및 그 도로들을 둘러싼 여러 지방들에 사예가 미치는 것을 기피하려 했고' '천황과 그 도시를 중심으로 하는 기요메[33]의 구조'가 신기神祇 및 불교 등과 관계를 맺으면서 도시 형성에 큰 힘을 발휘했다고 봅니다. 예를 들어 '헤이안쿄平安京'의 경계 안으로 들어오지 못하도록 거부당한 사예는 헤이안쿄의 경계 바깥에 있으면서 그 동서를 우회하는 가모가와鴨川와 가쓰라가와桂川 강변에 집중되었고, 결국 이 강을 '장송지로 설정'하게 된 것이 그 대표적인 예일

32 역자주-죽음을 게가레(穢れ), 즉 부정한 것으로 여기는 관념. 당시 죽음은 전염되는 것으로 믿었기 때문에 죽은 자의 시신을 접한 유족은 부정을 탔기 때문에 일정 기간 격리되어 정화하는 시간이 필요한 것으로 간주되었다.

33 역자주-기요메란 부정(不淨)하고 위험한 '게가레'를 '기요메루(清める)'하는 일 또는 그 사람들, 즉 더러움을 정화하는 일 또는 그 역할을 하는 사람들이라는 의미에서 '기요메(清目)'라 한다.

것입니다. 그리고 중세에도 이 게가레 관념이 비대해져 갔고, 이 게가레 관념이야말로 도시에서 시작되어 "13세기에 이르기까지 서민의 세계는 …… 구구쓰시傀儡子[34]나 히닌非人 · 산조散所[35] 같은 사람들에 대한 후세와 같은 차별의 감각을 아직 몰랐던"곳에 침입하여 '차별'을 만들기 시작했다는 것입니다.

그것은 게가레 관념이 서민층으로 침투해 게가레에 오염된 인간을 만들어냈다는 이야기입니다. 그것도 사회적 분업의 발전에 의해 게가레를 정화하는 일이 분업화되고 특정화됨으로써 그 일을 행하는 장소와 사람 또한 특정되어 차별의 대상이 되어 가는 현상이 중세 후기에 뚜렷이 드러나게 되었다는 것입니다. 사체처리(장송법사葬送法師), 죽은 소와 말의 처리(피혁업), 연못 준설浚渫(매립), 형리刑吏(범죄 추포), 비샤몬굔毘沙門経[36](쇼모지声聞師[37] · 센즈만자이千秋万歳[38]), 거지乞食 등이 기요메 역할을 담당하는 존재로서 '히닌' 신분을 형성했다는 것입니다. 그들 '히닌'은 시대가 내려감에 따라

34 역자주－인형극을 연행하는 연희자를 뜻하는 말로, 연희를 생업으로 삼은 유랑예인집단을 말한다. 구구쓰란 인형을 뜻하는데, 구구쓰시의 연희 중 인형극이 대표적이었기 때문에 붙은 별칭이다.

35 역자주－고대 · 중세 초기에 율령제에 따라 귀족, 신사와 절에 예속되어 노무를 제공하는 대신 연공을 면제받은 사람들의 거주지이다.

36 역자주－불법을 수호하는 사천왕 중 하나인 비사문천(毘沙門天, Vaiśravaṇa)은 전쟁의 신이자, 일본에서는 칠복신 중의 하나로 여겨진다. 새해 첫날 아침에 쇼모지나 센즈만자이 등의 예인들은 집집마다 돌아다니며 비사문천의 공덕을 칭송하는 경문을 외우고 비사문천이나 에비스신이 그려진 부적을 팔았다.

37 역자주－중세에 여러 주술적인 직무와 예능에 종사한 음양사계 연예인을 말한다.

38 역자주－일본 고대 신앙에 뿌리를 두고, 정월의 축복 예능 중 하나이다. 중세 음양사의 명맥을 잇는 음양가가 정월의 길례로 여러 가문의 문에 서서 가운 · 장수의 칭찬 등을 외치며 춤을 추고 보수로 금전 등을 얻었다.

차별의 정도가 강화되어 '신분 밖의 신분'(구로다 도시오黒田俊雄)이라는 외관을 취하게 되지만, 처음에는 차별도 받지 않고 일반농민과 같은 취급을 받았다고 합니다. 즉 중세적 피차별민인 '히닌'은 고대국가 때부터 내려온 천민이나 노예의 계보가 아니라, 원래 평민이었던 사람들 중에서 만들어 진 것이라는 이야기입니다.

아미노 씨는 중세가 후기로 갈수록 '무연'의 세계가 강하게 자율화된다고 한 것에 반해, 오야마씨는 그 '무연' 안에서도 '기요메'역을 담당한 사람들에 대한 차별이 강화되는 '신분 밖의 신분'이 된다고 본 것이니, 받아들이는 방식은 완전히 반대입니다.

구로다 히데오의 '경계'론

이러한 연구동향 하에서, 피차별자 집단을 더 자세하게 들여다봐야 한다는 것이 구로다 히데오 씨의 『경계의 중세, 상징의 중세境界の中世象徴の中世』입니다. 이 책에서 구로다 씨는 「잇펜쇼닌에시덴一遍上人絵詞伝」이나 「낙중낙외도洛中洛外図」 같은 그림에 나타난 '가시적 신분 표지標識'에 주목합니다. 그는 '히닌' 집단에 복잡한 구조가 있는 것은 아닌지, 이 집단 안에도 지배를 하는 자와 지배를 받는 자가 존재하며, 이 집단들이 자립적이라는 것과 그 안에 차별과 예속관계가 질서화되어 있다는 것은 서로 연관된 것은 아닐까라는 문제를 제기합니다. 공양을 받는 성스러운 존재라는 동일한 레벨에 있어서, 오른쪽부터 비사문천毘沙門天, 잇펜一遍[39] 등 시종時宗[40]의 승

39 역자주 – 가마쿠라 시대의 승려. 호넨, 신란과 함께 가마쿠라 시대에 일어난 정

속, 일반 걸식승, 걸식히닌·불구자, 나병 환자 같은 식으로 정淨으로부터의 거리에 따라 순서대로 배열되어 있다'는 점에서, 당시의 정淨과 부정不淨에 대한 사회 의식의 실태를 파악하고 '이 네 집단은 그 하나 하나가 각각 동일한 장에서 함께 식사를 할 수 있는(공식共食) 신분적 집합체였으며, 한편으로 타집단과의 사이에는 엄연한 신분적 차별이 존재했었다'고 지적한 것입니다.

이것은 '히닌' 집단을 통합적으로 취급하며 '자유와 평화'에 낙관적이었던 아미노 씨의 견해에 대한 비판이었다고도 생각합니다. '히닌' 집단 안에도 차별의 질서가 있고, 그런 한에서는 자유로울 수 없는 것입니다. 걸식승과 '걸식히닌' '나병환자' 각 집단의 차이는 아마도 게가레의 정도의 차이에 연원을 두는 차별일 것입니다.

와키타 하루코의 차별론

와키타 하루코脇田晴子 씨는『일본 중세 피차별민의 연구日本中世被差別民の研究』에서 지금까지의 연구를 종합해 중세 피차별민의 특징으로 ① 고대의 천민과 직접적인 관계는 없다. ② 토지 지배체계에서 배제당해 기본적인 생산 수단으로부터 소외된 몰락민, 비농업민이 차별받는 일에 의존하지 않을 수 없어 신분 밖의 신분(히닌)을 형성한 것 ③ 사회적 분업의 일정한 발전 단계에서 직업에 따른 귀

토계 혁신 신앙을 대표하는 인물이다. 구마노 신사에서 참배 중 아미타 신앙의 깨달음을 얻은 이후, 제자들과 전국을 돌면서 중생에게 염불을 권했다.

40 역자주 – 가마쿠라 시대 말기에 흥한 정토교의 한 종파로 시종의 창시자는 잇펜(一遍)이다.

천이라는 차별이 형성되었고, 거기에 촉예사상触穢思想이 큰 영향을 끼쳤다는 점을 들었습니다. 그러나 차별적 인식에 촉예사상의 영향이 크기는 했지만, 공동체의 결성 과정 자체가 신분 차별을 낳게 된 점 또한 간과해서는 안된다고 지적합니다. 제 나름대로 말하자면, 여러 집단의 자립 과정은 각 집단 내부의 평등화의 힘과 더불어 필연적으로 일부 인간을 배제하거나 차별화하는 힘이 작용했던 것이며, 그러한 힘으로서 촉예사상이나 혈통사상이 경제 관계나 집단 규약의 논리와 함께 차별의 논리가 되어 갔다고 할 수 있습니다.

중세 사회는 국가의 힘이 질서를 형성할 수 없게 된 단계에서 각각의 계층과 집단이 국가와 관계 없이 스스로를 제어하는 힘을 축적하고 자립의 방향을 지향한 것이라면, 고대에 문명이라는 이름하에 만들어진 '오색의 천' 등의 천민 제도는 소멸되었다고 생각하지만, 사적인 가내 예속민은 다양한 형태의 피차별민으로 남게 된 것임에 틀림없습니다. 그러나 그것과는 별도로 범죄자나 다양한 집단에서 영락한 사람들도 각각의 공동체에서 피차별자로서 취급받았을 것입니다. 그 밖에 중세적 피차별민으로서 '히닌' 집단이 사회적으로 형성되었고, 그것이 근세에 새롭게 천민제도로 제도화되는 씨앗이 되었다고나 할까요?

이상 연구사를 정리한 것처럼 되어버렸습니다만, 이것은 제 취향에 따라 단순화한 것이라 결코 충분하지는 않습니다. 이 문제는 복잡하고 풍부하기 때문에, 많은 연구자들의 매력적인 성과들을 하나 하나 살펴보는 것만으로도 다시 많은 생각을 하게 됩니다만 …….

06

제1차 글로벌라이제이션의 물결

글로벌라이제이션

'글로벌라이제이션'이라는 말은 최근에 만들어진 말입니다. 최근 20년 새에 드디어 시민권을 얻은 용어라고나 할까요? 그래서 이 말에 대한 정의도 분명하지 않아 쓰는 사람에 따라 다양한 방식으로 사용되고 있습니다. 직역하면 지구화되는 상태라고 해야 할 텐데, 지구 전체를 어떤 것이 뒤덮는다거나, 지배한다거나, 어떤 것으로 균등화된다는 등의 의미로 사용됩니다. 맥도날드 가게를 지구 대부분의 도시에서 볼 수 있는 상태라든가, 통신위성으로 정보가 단숨에 지구 구석구석까지 퍼지는 상태라든가 하는 예가 가장 알기 쉬운 현상이지만, 지구 전체를 뒤덮는 운동이라는 것은 인류 그 자체의 운동이기도 하기 때문에, 아프리카대륙에서 탄생한 인류가 그곳으로부터 몇 세기에 걸쳐 오대륙으로 퍼져간 것도 좋은 예일 것입니다. 어쩌면 자본주의 운동도 항상 지구 구석구석까지 이윤을 추구하며 확장해가고자 한다는 관점에서 본다면 '글로벌라이제이션'이라는 말이 직접적으로는 20세기 말의 현상을 설명하기 위해 만들어졌지만, 이것은 15세기부터 시작된 현상으로서 문제제기를 할 수도 있을 것입니다.

제가 말하고자 하는 것은 바로 대항해의 시대인데, 1415년에 포르투갈이 모로코의 세우타를 공략한 것이 그 시작이라고 합니다. 15~17세기 서양 백인들이 대형 범선으로 일곱 개의 바다를 누비며 활동한 이 시대는 서양 문명에 의해 세계가 기록되어 갔던 시기, 혹은 세계가 그 식민활동에 의해서 서양 문명의 영향을 받은 시기, 혹은 그들에 의한 약탈과 그리스도교 포교의 물결이 최초로 밀려온 시기라고 할 수 있겠지요. 콜럼버스의 '신대륙 발견'이라는 표현이 서양인 중심사관에 의거한 용어라고 할 수 있듯이 이 '대항해의 시대'라는 표현도 서양인 중심사관으로 빠질 우려가 있습니다. 항해를 한 것은 백인들이고, 그 피해를 입은 것은 흑인이나 인디오이니까요. 요컨대 저는 서양 문명이 지구적 규모로 확대되어 간 최초의 시기라는 의미로 제1차 글로벌라이제이션이라고 말하고 있는 것입니다.

인디오의 약탈

실제로 이 대항해시대에 흑인에 대한 차별관이나 인디오에 대한 차별관이 형성된 것은 아닐까 싶을 정도로 그들에 대한 백인들의 침공과 약탈은 극심했습니다. 그 점에서는 라스 카사스의 고발을 생각하지 않을 수 없습니다.

라스 카사스 『인디아스사1インディアス史1』은 콜럼버스와 인디오 간의 첫 접촉 장면을 묘사하고 있습니다. 콜럼버스는 신항로 개척 계획을 포르투갈 국왕에게 보여주고 원조를 청하지만 무시를 당하고

몇 년 동안이나 상대도 해주지 않자 에스파니아 국왕(카스틸라의 여왕, 아라곤의 국왕)에게 원조를 의뢰했지만, 이 또한 무시당해 프랑스 국왕에게 가져가려던 찰나에 콜럼버스 편을 들어주는 이가 나타나 에스파니아 국왕이 원조를 하게 되었다고 합니다.

1492년 콜럼버스가 맨처음 도착해 '산 살바도르'라는 이름을 붙였던 섬 사람들은 기독교인들에 대해 마치 부모와 자식 사이라도 되는 양 완전히 친근한 태도로 아무런 의심이나 두려움도 품지 않고 안으로 들어가기도 하고 곁으로 다가가기도 했습니다. 섬사람들은 어머니 몸에서 태어났을 때 모습 그대로 벌거벗은 채, 치부를 완전히 드러내고 있을 만큼 꾸밈없고 천진난만 모습이었다고 합니다. 콜럼버스는 다른 섬들도 조사했는데 그중에는 그가 '시팡고'라고 믿었던 '쿠바' 섬도 있었습니다. 인디오들은 모두 순진하고 사람을 좋아합니다. 콜럼버스는 대원들에게 인디오들이 갖고 있는 물건들 중 어느 것 하나도 빼앗아서는 안 된다고 명령했습니다. 그것은 제독(콜럼버스. 인용자 주)이 정한 일반적인 규칙과 지시에 따르면, 선대가 도착한 그 어떤 장소에서든 인디오들이 소동을 일으키거나 혐오의 정을 품거나 하는 일이 없도록, 제독이 확실하게 물자 교환의 허가를 부여한 경우를 제외하고는 인디오의 의지에 반하거나 혹은 인디오의 동의 없이는 어떠한 물건도 빼앗거나 교환해서는 안 된다고 되어 있었기 때문입니다.

콜럼버스 자신도 '두 분 폐하께서는 이 지방 주민보다 더 선량하고 온순한 사람들은 세상 어디에도 없을 것이라는 점을 부디 믿어주시기 바랍니다' 혹은 '그 인디오들은 우리가 명령을 내리고 노동과 농경, 그 밖에 필요한 일들을 모두 실행시키거나, 또는 주거지를 건설시키거나 의복을 착용하게 하거나, 우리의 관습을 가르치거나 하는 데에 최적화된 사람들입니다.'라고 칭찬했습니다.

그런데 그 콜럼버스가 해서는 안 되는 일, 인디오에게 혐오의 감정을 불러일으키게 하는 짓을 저지르고 맙니다. 라스 카사스는 '진실로 죄 많은 단 하나의 행위로 인해, 설령 제독이 다른 범죄 행위를 단 한 가지도 저지르지 않았다 해도, 그가 그 후 일생 동안 겪은 여러 가지, 아니, 그보다 더 많은 간난과 고뇌를 마땅히 받아야 할 사람으로서 신 앞에 서야 함을 충분히 자각해야 마땅한' 행위를 거론합니다. 그 범죄 행위란, 인디오를 에스파니아로 데리고 돌아가기 위해 아무 사전 통보도 하지 않고, 그들의 의지와 반대로 일곱 명의 여자와 세 명의 남자를 붙잡은 것입니다. 라스 카사스는 자연법의 존재, 혹은 보편적인 법의 존재를 다음과 같이 주장하며 콜럼버스의 이 인디오 납치 사건을 비난합니다. "자연의 법과 인간의 법이 정한 규칙은 기독교도이든 이교도이든, 그리고 종파, 법률, 처한 상황, 피부색 여하를 불문하며, 이러저러한 차별은 전혀 존재하지 않으며, 모든 민족에게 공통된 것이다."라고. 그리고 이런 행위가 어떻게 가능했을까라는 질문에 '인디오들의 타고난 온순함이나, 순박하고 친절하고 겸허한 성질과, 애초에 무기라고 하는 것을 가지지 않고 벌거벗은 채로 있는 습관이 에스파니아인들을 오만하게 만들어 버린 것이고, 그 결과 그들은 인디오를 얕보게 되어 가혹하기 짝이 없는 노동에 종사하게 하고, 억압하고 절멸시키기 위해 잔인하게 행동하다가, 결국 그렇게 절멸시켰던 것입니다'라고 설명합니다. 그리고 그 후 라스 카사스는 스페인 사람들이 어떻게 인디오들을 학살하고 노예처럼 혹사했으며 억압해갔는지

묘사했습니다.

콜럼버스에 있어서는 자금을 원조해 준 에스파니아 국왕에게 충성을 표하기 위해서, 그리고 자신들에 대한 원조를 더 확실하고 영속적으로 만들기 위해서 다양한 뉴스와 금은보화, 새로운 자원 등과 함께 인디오의 '견본'을 포획해서 돌아갈 필요가 있었을 터이고, 이러한 탐험대의 방식은 이미 유럽의 탐험가나 모험가들의 세계에서는 관습화되어 있었으리라 생각됩니다. 그 이전에 이미 아프리카 대륙 탐험이 시작된 상태였고, 흑인을 노예 취급하는 인식이나 흑인 매매시장도 성립되어 있었기 때문입니다. 이러한 상황에 둘러싸여 있었기 때문에 콜롬버스는 그 스스로 그렇게나 경계하고 있었음에도 불구하고 아무렇지도 않게 인디오를 포획했던 것이며, 인디오와 적대관계의 수렁으로 들어가게 되었습니다.

일본 열도와 글로벌라이제이션

일본 열도에 서양 문명의 물결이 밀려든 것은 다네가시마種子島에 총이 전래된 1543년이 처음이라고 합니다. 프란치스코 자비에르가 1549년 기독교를 전했는데, 그 자비에르가 처음 일본인을 보았을 때 관찰한 내용을 살펴보면 다음과 같습니다.

'우리가 교제하면서 알 수 있었던 바로는, 이 나라 사람들은 지금까지 발견된 국민 중 최고입니다. 일본인보다 더 뛰어난 사람들을 이교도들 중에서는 찾아낼 수 없을 것입니다. 그들은 친절하고, 일반적으로 선량하며 악의가 없습니다. 놀라울 정도로 명예심이 강한 사람들이어서 그 무엇보다 명예를 존중합니다.' 이것은 1549년

11월 5일 자비에르가 고어의 예수회로 보낸 편지(『聖フランシスコ・ザビエル全書簡』第三卷) 중 한 구절입니다. 당시 기독교 선교사들이 발견한, 혹은 우연히 처음으로 마주치게 된 지역에서 보내는 보고서에서 그 땅의 사람들이 기독교 신자로 삼을 만한 가치를 얼마나 지니고 있는가 하는 문제는, 그 땅에서 어떤 부를 획득할 수 있을 것인가 만큼 중요했다는 점을 알아두어야 합니다.

자비에르의 태도가 콜럼버스가 인디오를 처음 만났을 때의 감격과 많이 비슷한 것도 그러한 사명감과 관계가 있습니다. 머나먼 뱃길을 헤치고 겨우 만난 이국의 사람, 이국의 문화를 가진 사람들에 대한 찬사는 그곳이 어디든 결국 비슷할 수밖에 없는 지도 모릅니다. 인디오와 일본인의 차이는 일본인이 벌거숭이가 아니라는 것뿐입니다. 그러나 라스 카사스가 지적했듯이 '벌거벗는 습관'이 백인을 오만하게 만들었다면, 그것은 분명 결정적인 차이일 것입니다. 벌거숭이란 것은 무기가 없다는 것, 그리고 문화가 없다는 것을 드러내는 것으로 이해했을 것이기 때문입니다.

당시 백인들이 남긴 이런 수많은 항해기를 보면 다른 나라, 또는 다른 장소와 비교함으로써 그 땅의 특징을 이야기하는 방식은 일반적인 현상이라고 할 수 있습니다. 글로벌라이제이션은 세계를 같은 눈으로 보고, 같은 기준으로 비교하는 방식을 가르쳐나가는 것입니다. 그 동일한 기준이 널리 퍼지게 되면, 그것은 일종의 힘이 되어서 사람들을 속박하기 시작할 것입니다. 그럼으로써 다른 문화를 가진 사람들과 맨처음 접촉했을 때 느꼈던 인간적인 감동은 잊혀지고 각각의 문화에 등급을 매겨 가게 되는 것입니다. 이 이국의 문화는 세계에서 몇 번째 정도의 레벨이다. ……라는 식으로 말입니다.

이 시기에는 결정적인 순위가 아직 다 완성되었던 것은 아니라고 생각합니다. 그렇기 때문에 그들은 중국문화나 일본문화가 서양보다 뛰어나다고 치켜세우기도 했습니다. 그러나 이 시기에도 최종적으로는 기독교 세계가 뛰어나다는 논리가 관철되고 있었다고 봐도 무방할 것입니다. 그런 우월적 자신감이 있었기 때문에야말로 기독교를 억지로 포교하고 물자며 인간을 약탈했던 것이겠지요. 그러나 그것은 상대를 압도할 수 있다고 전망했을 경우에 해당됩니다. 만약 상대가 다소라도 저항할 우려가 있을 것으로 판단되었을 때는 무역을 통한 이윤을 요구하게 됩니다. 따라서 그 정도를 파악하기 위해서라도 등급을 매기는 작업이 필요하게 된 것입니다. 그래서 일본이 서양보다 뛰어난 문화를 가지고 있는 예로 식사에 젓가락을 사용하는 점이 손으로 식사를 하는 서양인의 방식보다 고상하다든지, 또 사교성이 좋다든가 지식욕이 왕성한 점을 칭찬하는 것입니다. 그리고 나서 그들은 포교와 무역을 위해 지배층에게 접근해간 것입니다.

덴쇼소년사절단의 대화

그러나 이 시기에 일본인이 몇 만 명이나 해외에 노예로 팔려간 일은 그다지 주목받지 못했는데 『데・상데 덴쇼견구사절기デ・サンデ天正遣欧使節記』(1590년)에는 소년 사절들이 노예매매에 대해 탄식하고 있는 장면이 있습니다. 매우 흥미로운 내용이라 그 대화를 한 구절 소개하겠습니다. 여기 나오는 네 명은 모두 일본의 소년 사절인데 세례명을 사용하고 있습니다.

만쇼 : "그 사람들(서양인. 인용자주)은 다른 일에 대해서는 문명과 인도人道를 상당히 존중하지만 아무래도 이 일에 있어서는 인도주의니 고상한 교양이니 하는 것은 전혀 개의치 않는 것 같아. 그리고 거의 전 세계에 자기들이 얼마나 욕심이 많은지 선전하고 있는 것 같아."

마르티노 : "정말 그래. 사실 그렇게나 많은 우리 민족의 남자와 여자, 어린 아이들이 납치당해서 전세계의 그 다양한 지역으로 저렇게나 헐값에 팔려가 참혹한 노동에 굴종하고 있는 것을 보면 연민의 정을 느끼지 않을 사람이 있을까?"

레오 : "사실 우리는 일본에 있을 때, 일본인을 매매하는 관습을 배덕 행위라고 항상 비난했었어. 하지만 사람들 중에는 이 죄의 책임을 전부 포르투갈인이나 예수회 신부에게 떠넘기면서, 포르투갈인들이 일본인들을 욕심내서 사들이고 있는데도, 신부들이 이 매입행위를 자신들의 권위로 말리려고 하지도 않는다고 하고 있지"

미구엘 : "아니, 이 점에서는 포르투갈인들은 아무 죄가 없어. 누가 뭐라 해도 그 사람들은 상인이니까. 설령 이익을 내다보고 일본인을 사들여서 인도나 다른 곳에서 그들을 팔아 돈벌이를 했다고 해서, 그들을 비난하는 것은 맞지 않아. 그렇다면 죄는 결국 모두 일본인들에게 있는 셈이야. 보통은 소중히 여기고 사랑해주어야 할 친자식을 몇 푼 안 되는 돈과 맞바꿔 어머니 품에서 떨어져나가는 것을 그렇게 아무렇지도 않게 보고만 있는 사람들이 나쁜 거야."

레오 : "그런데 지금 하는 이야기를 들으면서 의아스럽기 그지없는 것은 …… 우리의 성질이나 습관으로는 도저히 견딜 수 없는 일을 하

는 것이야. 게다가 식탁용으로 에티오피아사람인 듯한 인간들이나, 그 밖에 도저히 인간으로서의 세련됨과는 전혀 연이 없어 보이는 검은색 인간을 옆에서 시중들게 하고 있는 것을 우리들은 보고 있어"

이 시기에 수만 명의 일본인이 해외에 노예로 팔려간 것에 대해 서양인들이 그 시초라고 할 수는 없을 것입니다. 일본 국내에서도 인신매매는 이미 일찍부터 있었는데, 국제적으로도 왜구가 설치기 시작한 14세기부터 그들의 해적 행위 안에는 물품과 더불어 인간의 약탈과 매매도 들어있었기 때문에, 그 연장에 지나지 않는다면 특별히 드문 일은 아닐지 모릅니다. 그러나 저는 이 글로벌라이제이션 하에 서양 백인들의 세계에서 제도화된 노예매매 시스템은 그 이전의 인신매매와는 다른 성격이 있는 것 같다는 생각을 누를 길이 없습니다. 그것은 바로 기독교가 늘 그 곁에 있었다는 것입니다. 인간 평등을 설파하는 기독교 포교와 더불어 노예 매매가 확산됐다는 사실입니다. 실제로 당시 교황은 몇 번이나 인디오를 학대해서는 안 되며 노예 취급해서는 안 된다는 칙령을 내렸지만, 그것은 그저 주문呪文 같은 것이었을 뿐, 바로 그 앞에서 인디오도 일본인도 노예처럼 매매되었던 것입니다. 그리고 그 노예화의 표시에 어쩌면 인종적인 구별을 짓는 방식이 있었던 것은 아닐까요? 앞에서 살펴본 레오의 말에 흑인에 대한 멸시관이 나타나 있었는데, 그것은 바로 백인이 만들어낸 멸시관을 그대로 말로 옮긴 것은 아니었을까 하는 생각이 듭니다.

07

중세지배층의 대외의식

중·고대 중화 질서 붕괴

중세의 권력자들이 국제 관계를 어떻게 보았고, 국제 관계 속에서 어떤 자의식을 형성했는지 그 전체에 대해 말할 수 있는 능력은 제게 없습니다. 다만 몇 가지 사건을 통해 국제 관계에 있어서의 차별의식의 특징을 지배층을 중심으로 생각해보고자 합니다.

우선 고대국가가 쇠약해져 간 것과 국제관계는 밀접하게 연결되어 있어서 고대 중국 왕조를 중심으로 한 국제질서, 즉 중국을 최고의 문명국으로 해서 그 문명의 정도에 따라 정립되어 있는 화이질서의 쇠퇴가 일본 고대국가의 권위도 약화시키는 큰 요인이 되었음은 두말할 나위도 없습니다. 9세기 말에 스가와라노 미치자네菅原道真의 의견으로 견당사가 중지되었는데, 그것은 당 왕조가 쇠약해진 것에 기인한 것입니다. 일본의 지배층이 더 이상 중국으로부터 배울 것이 없어졌다고 판단했다는 것은 중국의 혼란에 일본은 말려들고 싶지 않다는 우려와 함께 자국 문화에 대한 자신감의 형성을 말해주는 것이기도 하지만, 국내의 각 집단과 계층들의 자립화 기운 또한 고대국가의 쇠약을 불러온 것과 관계가 있다고 생각됩니다.

그러나 그것이 곧바로 중국 왕조의 화이의식을 붕괴시킨다거나, 일본인이 가지고 있는 중국을 중심으로 한 화이의식을 부정하게 되었다고는 할 수 없을 것입니다. 견당사는 폐지되고 이윽고 당 왕조가 멸망하지만, 이를 대신해 등장한 송 왕조와의 교류는 헤이 씨平氏나 가마쿠라 막부의 호조 씨北条氏 등에 의해 활발하게 진행되었습니다. 지역의 항구에 '당나라배'(唐船, 중국 선박의 총칭)가 들어오면서 중앙정부와 관계없는 무역이 활발해지기 시작했고, 중앙정부에서는 이를 통제하려고 금지조치를 내리기도 했지만 소용이 없었습니다. 그리고 여전히 중국에서 온 박래품은 고가의 물건으로 환영받고 귀중한 보물로 여겨졌던 것입니다. 조선과의 교류도 그 이상으로 활발해져 갔으리라 생각됩니다.

이러한 상황은 민간교류가 성행했음을 짐작케 하고, 이 민간교류에서의 국제의식을 확인할 필요가 있습니다만, 그것이 어떤 새로운 의식을 낳았는지 현재로서는 단언하기 어렵습니다. 다만 헤이 씨며 호조 씨, 기타 권력자들이 중국과 교류를 할 때는 견당사와 마찬가지로 중국 제국에 조공을 바친다는 태도가 계속되었던 것은 아닐까요? 이와 관련해 덧붙이자면 13~15세기에 활발하게 활약한 왜구의 구성원 안에는 중국인과 조선인도 일본인들 틈에 섞여 있었다고 하고, 또 대항해 시대에 서양 선박에서 일했던 뱃사람들 중에도 국적을 초월한 집단이 있었다는 점을 볼 때, 동서 모두 국가를 초월한 교류와 동료의식이 생겨났던 것은 아닐까 생각됩니다.

몽고습래

그러나 몽고의 내습(1274)은 일본 지배층의 대외관에 큰 변화를 가져왔음에 틀림없습니다. 몽고 유목민이 그야말로 글로벌라이제이션의 기세로 유라시아 대륙을 석권한 것이 13세기이며, 이 '야만'의 힘 아래 중국의 한족이 건설한 송제국이 멸망해 간 것은 중국 역사상으로도 고대와의 결별을 획정하는 것이었는지도 모릅니다. 그리고 그것이 일본의 역사에도 획기적인 계기를 초래했는가 여부가 바로 문제입니다.

그런데 몽고의 내습은 갑작스럽게 벌어진 것이 아니라, 몽고제국의 황제 쿠빌라이 칸의 국서가 1268년 1월, 고려의 사신을 통해 고려 국왕의 국서와 함께 다자이후大宰府로 전달된 것을 시작으로 몽고는 1269년, 1271년, 1272년 계속해서 일본에 사신을 보내왔습니다. 몽고에게 있어서 일본은 황금의 전설을 가진 나라이며, 중국의 남송이나 조선의 반몽고 세력과 연결고리가 있는, 신경이 쓰이는 존재였던 것입니다. 이 기간 동안 가마쿠라 막부가 무엇을 하고 있었는지 개략적으로 이야기하자면, 몽고의 침략에 대비해 방어책을 세우려고는 했지만, 몽고와 대화를 하려는 시도는 하지 않았다는 것입니다.

1268년 막부는 국서를 받자 조정으로 보냈고, 조정은 연일 이어진 평의 끝에 답서를 보내지 않기로 결정한 후, 이세신궁伊勢神宮이며 다른 사찰들에 보고하고 몽고의 항복을 기원하는 행사 등을 실시했습니다. 막부는 '몽고인들이 흉심을 품고 우리 나라를 노려, 근일 국서를 보내왔으니 조속히 대비하여 경계하라'는 취지의 통달을 가신들에게 발부했습니다. 이때 호조 도키무네北条時宗는 18세로 막 집권했던 참이었습니다. 여하튼 조정이나 막부 모두 몽고의 사신에 대해서는 아무런 답을 하지 않았습니다. 그냥 묵살했던 것입니다. 1269년 당시 사신이 쓰시마対馬로 왔었는데, 조정이 이에 답하고자 답서를 준비했지만(답서의 초안은 국교거부였는데), 막부는 이를 제지했습니다. 1271년의 경우는 다자이후에 온 몽고의 사신은 직접 도읍으로 가서 국왕에게 국서를 전달하고 싶다고 압박했지만, 막부는 이것도 묵살했습니다.(이 해에 몽고는 국호를 '원元'으로 삼았습니다.) 그대로 내버려두면 몽고 군대가 침공해올 것이란 사실을 알고 있었음에도 불구하고 묵살한 것입니다. 그리고 도키무네는 이 해부터 비로소 본격적인 방위강화에 착수했다고 합니다.

이러한 막부나 조정의 태도를 어떻게 이해하면 좋을까요? 아마도 송 왕조가 멸망하고 남송이 지속되는 가운데 일본에도 몽고에 관한 정보가 남송이나 고려를 통해 들어왔을 것임에 틀림없습니다. 남송과는 특히 불교와 관계된 부분에서 교류가 활발했으니까요. 그 정보가 어떤 종류의 것이었는지는 모릅니다만, 몽고가 남송을 적대시했던 것처럼 남송도 몽고를 적대시하며 야만적인 무력을 발휘해 중국 문명을 파괴하려고 하는 유목민으로 간주했을 것입니다. 따라서 그런 이미지가 일본의 지배층에도 퍼져있었을 것이라고 상상하는 것이 빗나간 추측은 아닐 것입니다. 그렇게 이해하지 않고서는 막부나 조정의 태도를 이해할 수가 없습니다. 몽고제국의 사신에게 대화를 하고자 하는 태도를 일절 보이지 않고, 상대도 하지 않는 태도는 그러한 적대 의식과 야만시하는 인식이 있었기 때문이라고 말입니다.

그렇다 치더라도 막부가 몽고의 실상을 살피려 하지 않았던 것은 납득이 가지 않는 일입니다. 몽고군이 어느 정도의 병력을 동원할 수 있을 것이며, 어떤 전법을 쓸 것인지, 배와 말 그리고 화기火器 등은 어느 정도인지 조사해야 될 사항이 가득한데, 몽고에서 온 사신을 황급히 돌려보내는 데에만 급급해 사신들에게 정보를 얻을 생각조차 하지 않았던 것은 이상합니다. 실제로 그러한 무지 때문에 1274년, 제1회 몽고습래가 있었던 분에이노에키文永の役[41]에서는 무참하게 패전을 맛보았으니까요.

두 번에 걸친 몽고의 내습은 일본의 지배층에 큰 충격을 주었을 터이지만, 그것을 심각하게 받아들인 권력자는 찾아볼 수 없었습니다. 제2회 고안노에키弘安の役(1281)[42] 전투는 몽고와 고려의 연합군 14만 대군을 격파하고 승리했기 때문에 비록 그것이 하룻밤 새 불어온 큰 폭풍우 덕분이었다고는 하지만, 우쭐해서 '이국 정벌'의 움직임까지 있었다고 합니다. 그러나 일본과 교류가 깊었던 남송은 몽고에 의해 멸망당한 데다, 쿠빌라이는 세 번째 일본 원정을 계획하고 있었기 때문에 그 준비를 위한 동원 등의 움직임은 일본에도 전해졌을 것입니다. 그렇다면 더한 위기감을 가지고 이 상황에 대처하려는 사람이 나왔어야 마땅한데도, 그런 모습은 눈에 띄지 않습니다.

그 원인 중의 하나라고 할 수 있을지 모르겠지만, 큰 폭풍우를

41 역자주-가마쿠라 시대인 1274년에 쳐들어 온 몽고와의 첫 번째 싸움. 고려의 항복을 얻어낸 몽고는 6차례에 걸쳐 일본에게 항복을 요구했으나, 가마쿠라 막부는 이를 거부했다.

42 역자주-1274년과 1281년, 두 차례에 걸쳐 몽골군은 일본을 습격했다.

'신풍神風'이라고 하는 설이 퍼졌던 점을 생각해볼 수 있습니다. 그리고 그 배경에는 '일본은 신국神國'이라는 관념도 있었습니다. 그러나 이 무렵에 일어난 신국사상은 아직 정치적인 이데올로기라고는 할 수 없었고, 국제 관계에서 자국의 우월성을 주장할 정도의 힘을 가지고 있었는지 의문을 품지 않을 수 없습니다. 이후 남북조南北朝 시기에 쓰여진 기타바타케 지카후사北畠親房의 『신황정통기神皇正統記』도 결코 이 시대를 움직였던 신국사상이라고는 할 수 없을 것입니다.

감합무역

무로마치 막부室町幕府가 명나라와 통상을 시작한 것은 15세기에 들어서부터입니다. 1401년에 아시카가 요시미쓰足利義満가 명나라로 사신을 보내고, 이듬해 명나라로부터 사신이 왔는데, 그 국서에 '爾日本国王源道義'라는 명칭이 들어 있었습니다. 또한 요시미쓰가 명나라 황제에게 보낸 답서에는 '日本国王臣源'이라는 자칭이 사용되었습니다. 이는 명나라 황제에게 신하로서 따를 것을 표명한 것이며, 또 쇼군将軍을 일본 국왕으로 칭했다는 점에서도 당시의 지배층 안에서는 이견이 많았다고 합니다. 천황을 제쳐두고 국왕이라니 무슨 일이냐, 이국 황제의 신하가 된다는 의심을 갖게 하는 것은 큰일이라는 것인데, 요시미쓰는 그런 것들보다 그의 이국 취미와 무역에서 얻을 수 있는 이익 쪽을 선택했다고 할 수 있겠지요.

이 명일무역은 명나라가 왜구의 개입을 막고, 여러 외국과 무역을 하기 위해 마련한 감합제도勘合制度(명나라 황제가 발행하는 감합을 소지하고 있는 사람하고만 무역을 한다는 제도)에 의거한 것이라서, 일본뿐만 아니라 조선 · 안남(베트남) · 하와이布哇 · 류큐琉球 등등 중국과 관계를 가진 50여 개국에 감합이 지급되었습니다. 이는 실로 중화제도 즉 중국에 대한 조공제도이자 책봉제도였기 때문에 이 제도를 사용하지 않을 수 없었던 것입니다. 그러나 여기에서는 지배층 가운데 이런 제도를 따르는 것에 대한 비판이 컸다는 점, 요컨대 중국제국으로부터 자립하려는 움직임이 있었다는 사실에 주목해야 할 것입니다. 아울러 이 시대의 조공제도는 고대보다는 느슨했다고 할 수 있을 것 같습니다. 그리고 이후 노부나가, 히데요시가 전국을 통일할 즈음에는, 더 이상 그런 자세로는 나가지 않게 됩니다.

노부나가 신이 되다

노부나가가 아즈치성安土城을 완성한 것은 1579년인데, 이 아즈치성의 구조에 대해 아사오 나오히로朝尾直弘의 『천하일통天下一統』은 매우 흥미로운 이야기를 하고 있습니다. 요컨대 정청政庁을 거느린 장대한 천수각의 구축은 이 아즈치성을 효시로 삼고 있는데, 7층으로 되어 있는 이 천수각의 각층에는 가노 에이토쿠狩野永徳[43]의 그림이 그려져 있다. 화제画題로는 풍경과 화조 외에 당나라의 유생들과 선인仙人, 석가와 그의 제자들, 벽에는 삼황오제, 공자의 열 명의 제자, 죽림칠현을 그려 넣음으로써 '천수각의 주인공 노부나가는 무가의 동량으로서 동아시아의 전통적 관념에 나타난 위인들 중 그

43 역자주 – 1543년 교토에서 태어나 활동한 모모야마 시대의 화가로 새로운 시대의 요구에 부합하는 장엄하고 화려한 금벽장벽화를 개척한 가노파 화가이다.

누구보다도 우위에 서있는 최고의 위인이자, 그들이 지닌 정치이념의 훌륭한 계승자로서 천하를 지배함이 마땅하다는 것을 사람들에게 호소하려 하고 있다.'고 지적합니다.

이 설에 따르면 노부나가는 사람들의 생각이나 세계관에 지대한 관심을 가지고 있었고, 그것을 모두 능가하는 위치에 자신을 자리매김하고 싶어했던 셈입니다. 다시 말해 세계를 지배한다는 것은 단순히 무력으로 지배하는 것이 아니라, 사람들의 정신까지도 지배하는 것이라고 생각했던 것입니다. 엔랴쿠지延暦寺를 불태워 토벌하거나 혼간지本願寺 세력을 뿌리 뽑으려고 한 것, 혹은 아즈치성에서 벌인 정토종 및 법화종과의 종론宗論, 아즈치종론으로 법화종을 굴복시킨 것 등, 종교에 대한 노부나가의 정책은 무시무시했습니다. 그것은 거꾸로 종교를 끌어들인 세력이 그로부터 자립하고자 하는 모습의 반영이기도 합니다만…….

그 노부나가가 신이 되려고 했던 것입니다. 아사오 씨의 지적에 따르면 노부나가는 아즈치성과 함께 건립한 소켄지摠見寺의 마쓰리를 개최했는데, 그때의 정경을 기록한 선교사 루이스 프로이스의 보고에 의하면 "노부나가는 자기 스스로가 신체神体이며, 살아있는 신불神仏이고, 세계에 다른 주인은 없으며, 자기 위에는 만물의 조물주도 없다고 하며 지상에서 숭배받기를 원했다.(『예수회일본연보イエズス会日本年報』)"고 합니다. 즉 노부나가는 백성들에게 자신을 숭배하도록 명했다는 것입니다. 프로이스는 이 글을 쓰면서 '노부나가는 악마가 되었다. 머지않아 망할 것이다.'라고 기록했는데, 바로 그 일주일 후에 혼노지의 변本能寺の変[44]을 당했습니다.

노부나가와 마찬가지로 히데요시도 종교에 대해서는 민중의 반란을 대할 때와 마찬가지로 가혹하게 통제해 갔습니다. 그리고 노부나가처럼 신이 되려고 했습니다. 히데요시는 호코지方広寺 의 대불공양에 즈음하여 천승공양千僧供養을 제의했고, 모든 불교 종파를 모아 히데요시 자신을 위해 기도할 것을 강요했습니다. 이는 모든 부처가 히데요시를 위해 존재하며, 히데요시는 그들을 월등히 뛰어넘는다는 것을 보여주려 했던 것은 아닐까요? 이 천승공양에 출사를 거부한 니치렌종日蓮宗 묘가쿠지妙覚寺의 니치오日奥가 훗날 불수부시파不受不施派[45]의 종조가 되고, 이 불수부시파가 에도 시대에 기리시탄[46]과 함께 탄압을 받게 된다는 점은 주목해 두어야 할 것입니다.

히데요시는 선교사 추방령(1587) 제1조에서, '일본은 신국으로서 기리시탄국에서 사법邪法을 받은 것은 심히 있어서는 안될 일'이라 선언합니다. 이 신국이란 것은 제대로 된 신도의 교의에 입각한 것이 아니라, 불교나 기독교보다 뛰어난 일본 특유의 우월성을 갖춘 존재라는 것입니다. 게다가 그 신국의 최고의 신으로 히데요시 자신을 예정하고 있었다고 볼 수 있을 것입니다. 노부나가에 이어 히데요시도 그 이상으로 과대한 자의식을 가지고 천하통일을 도모하고 있었음은 그의 대륙침략을 검토해보면 더 명확해질 것입니다.

44 역자주 – 1582년 6월 2일 일본의 아즈치모모야마 시대(安土桃山時代)에 오다 노부나가(織田信長)의 부하 아케치 미쓰히데(明智光秀)가 반역하여 혼노지에서 오다 노부나가를 자결하게 만든 사건이다.

45 역자주 – 니치렌종의 하나로, 법화경을 믿지 않는 사람에게는 시주를 받지 않고 법을 시행하지 않는 교의에서 유래했다.

46 역자주 – 에도 시대의 크리스천, 즉 기독교 신자를 가리키는 말이다.

히데요시의 야망

히데요시의 대륙침략 야망이 처음 표명된 것은 1585년이었다고 합니다. 앞에서 소개한 아사오 씨에 따르면 히데요시가 관백에 취임한 직후라고 합니다. 관백이란 신하로서 최고의 지위인데, 그런 자리에 오른 것을 의식해서일까요? 자신의 부하인 가토 사쿠나이加藤作内를 질책하는 서한에서—이 편지는 많은 부하들이 읽게 될 것을 예상하고 썼다고 합니다만—히데요시는 "일본국은 말할 것도 없이 중국까지 명을 내릴 생각이다", 즉 너희들을 위해서라면 자신은 일본뿐만이 아니라 중국까지 지배할 의지가 있는데, 너는 도대체 무슨 짓을 한 것이냐고 꾸짖은 것입니다.

히데요시가 당시 아즈마 지방東国은 물론 규슈九州도 아직 다 평정하지 못한 상태에서 이렇게 말한 이유는 전국 평정의 결의와 더불어, 그 목표를 추진하기 위해서는 중국까지 지배하겠다는 목표를 부하들에게 보여줄 필요가 있었기 때문이라는 것입니다. 중국 평정을 위해서 국내는 하루빨리 단결하지 않으면 안 되며, 히데요시의 지휘하에 결속해야 한다는 논리입니다. 내정과 외정은 언제나 연결되어 있는데, 여기에서는 히데요시 가신단의 내정과 더불어 도쿠가와 이에야스와 시마즈島津를 의식한 천하통일이라는 일본의 내정(관백의 입장에서 보면 내정, 히데요시의 가신단 입장에서 보면 외정), 나아가 대륙침략이라는 외정이 연결된 논리입니다.

그렇다 하더라도 20세기에 일본이 일으킨 15년 전쟁만큼이나 황당무계하게 느껴지는 대륙침략을 히데요시는 왜 가능하다고 생각했던 것일까요? 아사오 씨는 1592년 조선 상륙에 즈음하여 히데요시가 썼다고 하는 글을 들어 그 바탕에 있는 일본 특유의 대외 의식을 지적합니다.

"일본처럼 전투가 치열한 나라에서도(日本弓箭きびしき国にてさへ) 나는 오백이니, 천이니 하는 군사로 이렇게 전국을 모두 평정했다. 그대들은 많은 수로 문약한 대명(大明之長袖国)을 향해 앞장서는 것이니 불안해하지 말고 속히 명한 바를 명심하고 행하라."

'弓箭きびしき国'란 무가의 나라, 혹은 군사 국가라는 의미이며, '長袖国'이란 문관의 나라 혹은 문화국가라고 해석해도 될 것입니다. 히데요시는 다른 글에서 명나라를 '처녀 같은 대명국大明国'이라고 표현하는가 하면 "대명국은 물론이고 천축天竺과 남만南蛮도 이러할 것이다"라고 단언했습니다. 요컨대 히데요시는 자신의 권력을 군사 국가로서 세계 제일이라고 철석같이 믿고 있었고, 명나라뿐 아니라 인도나 유럽인까지도 모두 자신의 적수가 아니라고 생각했던 것입니다. 자신의 통일 경험을 토대로 한 과대한 자의식에 사로잡혀 있었다고 할 수 있겠지요. 히데요시는 신국의식과 군사력의 우월함을 가지고 자기를 최고라 생각하는, 그리고 타국을 자기보다 열등한 나라로 간주하는 화이의식, 즉 일본형 화이의식으로 대륙침략을 시작한 것입니다. 그것은 아무런 근거도 없는 지극히 주관적인 자의식인데, 바로 이런 자의식을 출발점으로 삼아 중국 왕조를 중심으로 한 화이질서에서 벗어난, 그러나 마찬가지로 국가에 우열을 가리는 차별적 질서가 구상된 것입니다.

08

화이와 류큐

소수민족문제

2005년 3월에 중국 윈난성雲南省의 쿤밍昆明과 다리大理를 여행했습니다. 이 지역에는 25개 혹은 30개의 소수민족이 살고 있다고 하는데, 중국에서 소수민족이 가장 많은 지역으로도 유명합니다. 그러나 이 25라든가 30이라는 숫자는 지금의 정부가 규정한 수치라서 이전에는 더 많지 않았을까 생각합니다. 지금은 하나로 취급되는 민족이 실은 여러 종족이나 민족으로 나뉘어져 있었을 수도 있습니다. 그것이 하나가 된(하나로 통합당한) 과정이 흥미로웠지만 여행 도중이라 조사를 할 수가 없었습니다.

중국의 혁명은 이렇게 소수민족들이 그동안 당해왔던 차별을 부정하며, 우대 정책을 취해 왔다는 사실은 유명합니다. 한족漢族들 중에는 소수민족을 너무 우대한다느니 역차별이니 하는 목소리도 있지만, 일찌기 저는 그러한 차별 해소 정책에 감탄했었습니다. 그러나 세상 일이란 것이 그렇게 생각대로 되어갈 리 없고, 소수민족들이 놓여 있던 입지조건도 좋지 않았기 때문에 그렇게 급격하게 풍요로워질 수는 없을 것이라고 생각했습니다.

현지를 방문했을 때 현재 중국의 급격한 고도경제성장이 도시와 농촌의 빈부격차를 심화시키고 있는 현상은 이 지역에서도 볼 수 있었지만, 그것이 소수민족들에게 특별히 더 차별적으로 악영향을 끼치고 있는지의 여부는 알 수 없었습니다. 지역 자치를 표방하기 때문에(예를 들면 다리 시는 소수민족인 바이족白族 자치주라고 합니다), 여기에는 바이족 외에도 후이족回族, 이족彝族, 리수족傈僳族, 티베트족, 먀오족苗族 등이 있습니다. 그 중에서 인구 42만 명으로 65%를 차지하는 바이족이 다수파여서 '바이족 자치주'가 되고, 바이족에서 수장이 나오는 것이 당연하다면 당연할 수 있습니다. 하지만 그것이 매회 선거를 통해 선발되는 것이 아니라, 애초부터 바이족에서 나오는 것으로 정해져 있다고 하니, 이런 부분 어디 쯤에 소수민족들 간의 문제가 있는 것은 아닌가 싶습니다. 소수민족 간의 다수파와 소수파라든가, 평야지역의 주민과 산간지역의 주민 등 여러 가지 문제를 생각해보지 않을 수가 없습니다.

민족마다 자치주가 있는 것 같지만, 민족별로 그렇게 명확하게 나누어 살 수 있는 것이 아니라서, 서로 섞여서 사는 경우가 많아진 데다 무엇보다 인구가 소수일 경우에는 행정구역으로 성립이 되지 않습니다. 더군다나 소수민족 우대정책이라는 것도 중국 공산당의 방침에 따라야 한다는 조건과 세트가 되어 있습니다. 근대화정책이니 동화정책 등과 세트가 되어 있을 경우, 기존의 전통적인 문화나 생활양식을 강제로 파괴하게 될 수도 있기 때문에 전부터 내려오던 소수민족차별을 없앨 수도 있겠지만, 오히려 새로운 차별이 생길 가능성도 충분히 있다고 생각합니다. 물론 이런 문제는 여행 중 하루 동안 청취한 정도의 정보로는 도저히 알 수 없는 사항이기에 속단은 삼가해야 하겠지만 문제가 있는 것만은 분명한 것 같습니다.

그러나 이런 소수민족 문제는 국민이라는 개념이 성립된 '근대'의 문제여서, '근대 이전'의 경우는 또 다른 사고방식이 가능하지 않았을까 생각하지만 현재로서는 명확하게 대답할 수 없습니다. 예를 들어 바이족의 경우 처음에는 문자를 가지고 있었지만, 고대에 문자를 빼앗겨 지금도 민족 고유의 말은 있지만 문자는 없다고 들었습니다. 문자를 빼앗은 것이 당 왕조인지, 당 왕조의 지지를 받은 이 지역의 남조국南詔国인지, 혹은 다리국인지는 알 수 없지만 비록 문자가 있다 하더라도 국제관계를 조정하는 기능을 발휘할 수 있는 것은 한자문화 쪽이었을 것이기 때문에, 그것을 근대의 동화정책과 같이 볼 수는 없습니다. 어떤 비석에서 황제의 칙령을 전하는 문자는 한자와 산스크리트가 병용되어 있었습니다. 물론 당시에도 이미 한민족에게 야만시되었기 때문에 그 나름의 차별은 있었겠지만, 전근대에서 볼 수 있는 이런 사례는 어떻게 자리매김하면 좋을까요?

한 바이족에게 이야기를 들을 때 그 일가가 "이 단段 씨는 귀족이었습니다."라는 소개를 듣고 분명 단段이라는 성씨의 지배자가 있었기 때문에 귀족이었겠지만, 그 점을 굳이 들어 이야기하는 이유도 여러 가지로 생각해보지 않을 수 없었습니다.

에미시

일본의 소수민족 문제도 근대에는 아이누, 오키나와인, 재일조선인 등의 문제가 있었는데, 그것은 근대 부분에서 따로 논하기로 하고, 여기에서는 중세에 그렇게 이민족시되었던 존재들이 어떠한 운명에 처했는가 하는 문제를 생각해보려고 합니다. 물론 '이민족시'라 해도, 근대의 그것과는 다르다는 점을 명심해야 합니다만 …….

고대부터 이른바 '이민족시'되어 온 존재로는 하야토隼人, 에미시蝦夷, 류큐琉球가 있습니다. 하야토는 자주 반란을 일으켜 고대국가에 계속 저항했지만, 9세기경부터는 국가의 억압과 회유책이 성공했는지 지배질서에 따라 동질화의 길을 걸었다고 합니다. 하야토는 주로 수렵과 어로에 종사했다고 하는 등 그 차이는 생산양식의 차이에서 기인한 것이지, 종족적으로 다른 것도 아니었기 때문에 동질화가 잘 이루어졌다고 하지만, 그 과정이 그리 순조로웠다고 생각되지는 않습니다. 일본 열도에는 아마 에미시·류큐·하야토 정도의 큰 집단까지는 아니더라도 이민족으로 간주될 만한 특이한 집단들이 더 있었을 것이고, 크건 작건 그들에 대한 차별 현상도 있었으리라 생각되지만, 점차 같은 사회의 구성원으로 취급되어 갔을 것입니다.

에미시에 관해서는 최근의 연구가 괄목할만해서 저 같은 경우는 그 연구성과를 쫓아가기도 버거울 정도입니다. 최근 연구의 특징은 매우 넓은 시야에서 에미시를 파악하게 되었다는 점일 것입니다. 에미시라는 호칭은 7세기경부터 관련된 표기가 보인다고 합니다. 즉 야마토 권력의 지배층이 동북지방 이북에 사는 사람들을 가리켜 한 말인데, 중국의 만이관蛮夷観에서 영향을 받아 붙여진 호칭으로 보입니다. 그러나 동쪽 지방 사람들을 단순히 야만적인 존재로 본 것이 아니라 『고사기』 『일본서기』 등에서는 '거칠다'라든가 '복종하지 않는다'는 형용사가 붙어 있는 점으로 보아 야만적이고 용감하며 반항적이라는 이미지, 즉 멸시와 더불어 공포의 감정이 있었던 것으로 생각됩니다. 그것은 야마토권력의 지배하에 있는 주민들과는 다른 존재라는 인식을 보여주는 것인데, 하야토와 마찬가지로 결코 종족적인 차이를 문제 삼은 것이 아니라(고분문화는 센다이평야仙台平野까지라는 말이 있듯이), 북방에 살면서 야마토 권력에 쉽게 복종하지 않고 농경이 아닌 수렵을 생업으로 한 이들에 대한 호칭이 아닐까 생각됩니다. 따라서 그 안에는 여러 집단이 포함되어 있었다고 보아도 좋을 것입니다. 즉, 속후기조몬인続後期縄文人이라든가 아이누민족의 조상처럼 종족적으로나 생산양식에 있어서 편차가 있는 여러 집단들을 야마토 권력은 '에미시'로 간주했던 것이겠지요.

9세기에서 13세기에 걸쳐 동북지방 북단에서 홋카이도 전역에 걸쳐 사쓰몬문화擦文文化(토기문화의 마지막 단계로, 토기 성형에 나무 주걱으로 문지른 자국이 보인다.)가 번성했다고 하는데, 아이누문화는 그로부터 발전했다고 합니다. 그러나 사쓰몬문화는 아이누만이 담당했던 것은 아니지 않을까요?

'중세 에미시'에 관해서는 『스와다이묘진에코토바諏訪大明神絵詞』에 '히노모토日ノ本' '가라코唐子' '와타리도渡党'라는 세 종류의 에미시가 구별되어 있습니다. '히노모토'는 동쪽, 즉 홋카이도 동부에서 지시마열도千島列島에 이르는 지역의 사람들, '가라코唐子'는 중국과의 관계가 깊다는 뜻으로, 홋카이도 서북부에서 가라후토樺太[47]에 걸쳐 있는 사람들, '와타리도'란 가마쿠라 막부에서 귀양에 처해진 자나 안도 씨安藤氏 지배하에 있던 사람 등 화인和人 또는 화인에 가까운 사람들을 가리킨다고 합니다(佐々木史郎「北海の交易」『岩波講座日本通史』第10巻). 이는 당시 일본의 지배층이 관찰한 바에 따른 분류여서, 사실은 조금 더 달랐을지도 모릅니다.

'아이누'는 더 나중에 만들어진 호칭인데, 아이누 계열의 집단은 여러 가지 차이를 지니면서도 캄차카 반도에서 시베리아 지방까지에 이르는 영역에 확산되어 있었음에 틀림없고, 또 일본 동북지방의 화인 계열이 아이누 집단으로 녹아들어 갔을 가능성은 중국이나 조선에서 온 사람들이 아이누 계열로 녹아들어 간 것 이상으로 컸을 것입니다. 그러나 아마 이 무렵에 아이누의 부족적인 결집이 진행되었으리라 생각됩니다. 원제국(1271~1367)은 일본에 '몽고습래'를 감행한 시기에 아무르와 사할린에도 진출해서 이 지역의 집단(아마도 아이누 집단)과 싸운 후 복속시킨 역사가 있고, 원제국과 아이누 사이에 조공 관계도 맺어졌습니다. 그러나 그것이 아이누 사회에 혼란을 야기했다는 지적도 있기 때문에 한마디로 깔끔하게 정리하기는 어렵지만, 이 13세기는 아이누가 사쓰몬문화를 토대로 아이누문화를 구축하기 시작한 시기이기도 해서 나름대로 집단적인 결집과 그 역량이 발휘되고 있었다고도 할 수 있을 것입니다.

원나라를 대체한 명(1386~1644)은 아이누와의 사이에 책봉관계(명황제가 복속국의 군주를 국왕으로 임명하는 형식을 취한 관

47 역자주－홋카이도 북쪽으로, 남북으로 길게 이어진 섬으로 러시아명은 사할린이다. 오호츠크해와 동해에 둘러싸여 있고, 대륙과의 사이에는 최단 거리 약 8㎞의 다타르 해협이 있다.

계)를 맺게 되었는데, 그 후 이 지역에 여진족이 발흥하여 명나라의 통제가 미치지 않게 되었기 때문에 비교적 자유로운 아이누의 활동기가 찾아왔다고 할 수 있을 지도 모르겠습니다. 아이누 부족이 몇 종류 존재했고, 그들 사이에 어느 정도의 연대와 제휴가 이루어지고 있었으리란 것은 상상할 수 있지만, 그 후 어떻게 자립의 노력이 이루어졌는지는 분명하지 않습니다.

다만 비교적 자유롭게 자립을 이루어간 이 시기에 화인들과의 사이에서 무역을 포함한 교류가 활발히 이루어졌으리라는 점, 그리고 화인들은 아이누에 대해 고대 이래의 멸시관과 두려움을 품고 있었을 터이지만 그것이 차별제도를 낳을 정도까지는 이르지 않았을 것이라 생각합니다. 화인들이 점차 북상을 추진해 홋카이도 남단에도 세력을 떨치기 시작하면서부터 아이누에 대한 억압과 착취의 징후가 나타나기 시작했지만, 아직 차별이 제도화되어 있지는 않았다고 해야 할 것입니다. 물론 다른 우월한 민족이나 권력이 '동화정책'을 전개했다는 이야기도 듣지 못했습니다. 그러나 문자를 갖지 못한 아이누와 관계를 맺는 데 있어 고대 일본에 대해 중국이 그랬던 것처럼 한자가 사용되었을 것이란 점은 분명합니다.

류큐

중세에는 류큐 민족의 활동도 활발해집니다. 중세의 류큐는 12세기부터 15세기까지가 구스쿠 시대입니다. 그중 14세기부터 15세기까지는 삼산三山 분립 시대, 15세기 초부터 1469년까지는 제1상씨왕조시대第一尚氏王朝時代, 1469년부터 1609년까지는 제2상씨왕조시대第二尚氏王朝時代로 시기가 구분되는데, 이 상씨왕조는 과연 고대의 통일국가였을까요?

삼산분립시대, 즉 류큐본도가 삼분되어 각각의 수장에게 지배받던 때부터 각 수장들은 명나라와 책봉관계를 맺고 있었기 때문에 상씨왕조도 류큐의 통일 과정에서 이 책봉 관계를 이용해 자신의 권력을 강화해 나간 것은 야마토 왕조와 같은 방식이었다고 생각해도 좋을 것입니다. 아니, 그보다 류큐왕조는 이 책봉 관계를 이용하여 대무역국가가 되어갔습니다.

명나라는 주변국과의 관계를 이 책봉과 진공進貢의 관계로 통제하고 그 내정에는 간섭하지 않았다고 하는데, 이 통제는 나라마다 달랐습니다. 예컨대 나라마다 중국으로 들어오는 입항지가 달랐는데 류큐는 푸젠성福建省의 취안저우泉州였고, 일본은 닝보寧波였습니다. 도항 빈도도 일본의 경우는 10년에 한 번씩 도항을 허용했지만, 자바는 3년에 한 번, 그리고 류큐는 횟수가 가장 많아서 일 년에 한 번 또는 두 번이나 도항이 허용되었습니다. 당시 중국은 해금정책海禁政策을 실시해 중국인들에게 해외로의 출입이나 무역을 금지하고 있었기 때문에, 진공이라고 하는 특수한 무역 형태를 통해 세계가 갖고 싶어하는 비단이나 도자기 등 중국의 상품을 높은 빈도로 손에 넣을 수 있는 것은 아주 귀중한 기회였던 셈입니다. 즉 류큐왕조는 타국에 비해 훨씬 유리한 조건을 가졌던 것이고, 이를 이용해 일본과 조선을 비롯한 동남아시아 여러 나라와 중국의 상품을 각국으로, 그리고 각국의 상품을 중국으로 수출하는 중계무역을 활발히 실시하게 된 것입니다.

당시의 국제 관계 속에서 류큐는 중심적인 위치에 있었다고 해

도 좋을 것이고, 이 때문에 당시의 류큐를 '해상 실크로드'의 거점이었다고 하는 사람도 있습니다. 최근에는 류큐의 활동상이 다양한 유적과 침몰선의 유품을 통해 자세히 조사되고 있고, 1997년 NHK의 대하드라마 『류큐의 바람琉球の風』도 이 무렵의 류큐 활동을 소재로 한 것이었습니다.

그런데 이러한 무역은 국가에 의해 이루어진 관무역이었고, 류큐왕조에 사무역을 추진하는 상인집단이 따로 성장하지는 않았던 것으로 보입니다. 그러나 다른 한편으로는 왜구의 경우에서 볼 수 있었던 것처럼 중국·조선·일본으로 구성된 선원 집단이나 해적 집단 같은 국제적 연계 현상이 류큐인들에게도 영향을 끼쳤을 가능성은 충분히 생각해볼 수 있지 않을까요?

여기서 문제가 되는 것은 일본 열도의 북쪽에 있던 에미시와 남쪽 류큐에 대한 자리매김, 즉 가마쿠라 막부나 무로마치 막부와의 관계, 혹은 이들 지역에 대한 화인인들이 시각입니다.

무로마치室町 시대에 류큐가 막부에 진공선進貢船을 자주 파견했음은 쇼군 아시카가 요시노리足利義教가 류큐왕에게 보내는 편지 등을 통해서도 분명히 알 수 있는데, 그 편지는 아주 간단합니다.

> 문서는 소상히 읽었습니다. 진상물은 확실하게 받았습니다.
>
> 훌륭합니다.
>
> 에이쿄永享 11년(1439년) 3월 7일
>
> 류큐국 주인에게

문서를 보면 적당한 대응이라는 인상이 듭니다. 류큐를 대등한 교류 상대국이라기보다는 명나라와의 무역의 일환으로서 류큐선을 환영하고 있다는 느낌이 강하다고나 할까요? 그래서 명나라와의 관계에 따라 류큐와의 관계가 결정되는 성격을 가지고 있지 않았을까 생각합니다.

요컨대 에미시든 류큐든 일본의 권력자에게는 야만국이라고 멸시당하고 있었지만, 노골적인 차별정책을 취하는 단계까지는 이르지 않은 채, 나름대로 한 몫을 차지하는 이문화 집단 정도로 취급받고 있었던 것은 아닐까 생각합니다. 그 한 가지 이유는 서로 중국 왕조와 책봉 관계를 맺고 있고 그로부터 이익도 기대할 수 있기 때문이었겠지만, 또 한 가지의 요인은 일본의 권력자가 이러한 주변의 이민족을 일거에 지배하거나 제압할 수 있는 소수민족으로 인식하고 있지 않았다는 데 있지 않았을까요?

주변부의 지배·편성으로

명나라와의 책봉관계 하에서 조선, 대월(베트남) 등 주변국들은 상호 균형을 이루면서도 점차 자립하는 힘을 길러갔습니다. 그러다 명나라가 차츰 쇠약해지면서 주변 국가들 간의 균형이 깨지기 시작했고, 그 중 히데요시처럼 과도한 자신감을 가진 자는 명나라에 반기를 들기 시작했습니다. 히데요시는 무력을 가지고 명나라를 대신할 제국으로 발돋움하려다 실패합니다. 이 실패는 에도 막부의 해금정책, 즉 확대에서 칩거로의 전환이 이루어지는 계기가 됩니다. 그리고 이 때 에도막부는 주변부인 에미시와 류큐를 자신의 지배에 속하는 이민족으로 포섭한 후, 그들을 차별하는 제도를 만든 것입니다. 이 제도에 관해서는 따로 다른 항에서 언급하겠습니다.

09

중세에서 근세로

사회적 분업의 발달

중세가 고대국가의 억압으로부터 여러 계층과 여러 집단이 자립해 가는 과정이었다면, 이렇게 자립한 여러 계층과 집단들의 분립이 극한에 이른 시기가 전국시대였으며, 그들을 억눌러 하나의 질서로 통합한 것이 근세였다고 할 수 있을지도 모르겠습니다. 물론 그것은 개인의 자립이 아니라 집단으로의 자립이기 때문에 무사단이라든가 농촌공동체, 도시공동체, 혹은 직인職人조합 등의 형태를 취했습니다. 그리고 이 계층 및 집단들은 자립을 도모하기 위해 단결이나 질서가 요구되었고, 이 단결이나 질서에 반하는 존재는 배제되어 갔을 것이라는 견해는 앞에서도 말씀드렸습니다. 그런데 차별이 일어나는 그 밖의 요인으로는 한 집단 자체가 사회 전체로부터 멸시당하거나 배제당하는 경우를 들 수 있습니다. 아이누라든가 류큐라는 집단에 대한 차별은 그 사회의 구성이나 생산 양식의 차이로 인해 야마토 권력으로부터 '야만'시 되는 것이 큰 요인이었습니다. 그리고 오늘날 '피차별부락'이라고 불리는 집단도 중세에 원형이 만들어졌다는 설이 지배적인데, 이 경우는 아이누나 류큐처럼 지역적으로 분리된 곳에서 사회를 형성한 것이 아니라, 일반사회 안에서 한 구성원으로서의 지위를 가진 집단이었으며, 인종적으로 차이가 있는 것도 아니었습니다. 그런데 이런 집단이 왜 차별을 받게 되었는지 그 이유를 분석해보면 사회적 분업의 발달을 생각하지 않을 수 없을 것입니다.

사회적 분업의 시작은 앞에서 수렵과 농업, 정신노동과 육체노동의 분리에 관해 이야기했습니다. 이 분업은 농업 기술의 섭취라든가 원시적인 수장이나 무녀 등의 종교인, 지식인, 관료 등의 형태로 나타납니다. 그리고 고대국가에서는 각 관청에 많은 기술을 보유한 전문 부문이 만들어지고 일종의 관직으로서 '장인'이라는 말이 사용되었음을 알 수 있는데, 이들은 국가의 보호에 의존하고 있었으며, 자립적으로 일한 것은 아닙니다. 중세 후기 단계에서는 상품경제의 발전과 생산기술의 발달에 의해, 에도 시대에는 '사농공상士農工商'이라 불리게 되는 사회적 생산 단계의 분업이 발달했다고 볼 수 있습니다. 그러나 중세에 분업이 어느 정도까지 발달했는지는 단정짓기 어렵다고 봅니다. 직업의 자립도가 분업 발달도의 기준이 되겠지만, 자립을 보장해줄 수 있는 수요가 어느 정도 될 것인가는 직종과 지역에 따라 다를 것이기 때문입니다. 예컨대 대장장이가 출현을 해도 곧바로 자립을 할 수 있는 것이 아니라, 초기 단계에서는 국가나 권문세가의 보호를 받는 경우가 많습니다. 혹여 마을에서 자연히 발생한다 해도 그 마을의 수요만으로 영업을 유지해갈 수 없게 되면, 생업의 반은 농업이라든가 다른 수공업을 겸하면서 대장장이 일을 해나가게 됩니다. 그럴 경우 분업은 미성숙한 단계라고 할 수 있습니다. 만약 그 마을만의 일거리로는 먹고 살 수 없어도 다른 마을까지 떠돌아다니면서 오직 대장장이일만으로 생업을 꾸려가게 되면 분업이 성립됐다고 할 수 있을 것입니다. 물론 그럴 경우 돌아다니는 영역을 정해서 일을 안정화시키기 위해서는 그 영역을 정하기 위한 같은 대장장이들끼리의 관계, 즉 '좌座' 라고 하는 조합같은 관계가 형성되게 됩니다.

사회적 분업은 서로 일을 분담한다고 하는 연결 방식과 더불어, 같은 일을 하는 사람들끼리의 연결 방식을 만들어 가는 것입니다. 그리고 이 대장장이의 경우, 전국시대까지는 국가에서 급면전給免田[48]을 보장받았다는 설도 있지만 중세 후기에 국가가 그 정도의 힘을 가지고 있었던 것으로 보이지는 않습니다. 아마 전국시대에는 국가나 군을 단위로 한 범위에서 조합이 생겨나 상당히 자립적으로 일을 하고 있었던 것이 아닐까 생각합니다.

중세 전기의 직인들로는 목수, 대장장이 등 건축과 관련된 기술자들과 주물사鋳物師(대장장이도 포함), 노송나무를 가공해 그릇을 만드는 히모노장인檜物師, 빗을 만드는 장인, 생선장수, 예능민 등 각지를 떠돌아다니는 장인들이 있었습니다. 중세 후기에는 주물사들이 좌를 만들기도 하면서 각지에 정착하게 되었고, 상인이며 사냥꾼, 의사, 화공, 칠기 장색, 다다미 기술자, 벽바르기 장인, 석공, 말을 이용해 짐을 나르는 수송업자, 짐수레꾼, 유녀(게이세이야傾城屋[49]), 시라뵤시白拍子[50] 등이 기록에 등장하게 됩니다(網野善彦『日本中世

48 역자주－장원 영주가 장원 안의 연공 징수와 치안유지 등을 담당하는 쇼칸(荘官), 혹은 장원 관리자인 지토(地頭) 등에게 급부한 면전(免田). 면전이란 장원제에서 장원영주에 대한 연공(年貢)·공사(公事) 등을 면제 받은 농지인데, 사원이나 쇼칸 등에게 영내를 경영한 보수로 주어졌다.

49 역자주－유녀를 둔 유흥업소.

の百姓と職能民』).

직업의 귀천

처음에는 모두가 협동해서 하던 일을 생산력이 발전함에 따라 점차 분담하게 되는 것이 분업이며 직업이기 때문에, 원래 일에 있어서 귀하고 천한 차별이란 있을 수 없습니다. 그랬던 직업의 세계에 차별이 생기게 된 이유는 무엇일까요? 바로 이것이 큰 문제인데, 그 이유는 시대나 직종에 따라서 다를 것이니 여기에서 간단하게 답을 할 수는 없을 것입니다. 다만 지금 단계에서 생각할 수 있는 것은, 원래는 다같이 했던 일이라도 더럽다든가 위험하다든가 힘들다든가 하는 이른바 3D 관련의 일은 사람들이 싫어했을 것임에 틀림없다는 점입니다. 그러나 3D의 내용이나 그 감각은 시대에 따라 다를 것이기 때문에 오늘날의 감각으로 안이하게 유추하는 것은 삼가해야 될 것입니다. 더구나 '오예汚穢란 본질적으로 무질서하며, 절대적 오물이란 있을 수 없다. 오물이란 그것을 보는 사람의 눈 속에 존재하는 것에 불과하다.'(메리 더글러스 『오예와 금기 汚穢と禁忌』)라고 본다면 결국 우리가 지닌 감각의 불안정함이 문제가 됩니다. 예컨대 우리는 더러운 것은 위생적인 관점에서 배제해야 한다고 굳게 믿고 있습니다. 그렇기 때문에 자신들의 거주 공간은 청결해야 하고, 신사나 절은 신성한 장소이기 때문에 특히 더 청결해야 된다는 감각을 가지고 있습니다. 그런데 더글러스는 그 신성

50 역자주 - 헤이안 시대 말기부터 가마쿠라 시대에 걸쳐 유행한 가무, 또는 그런 가무를 행한 유녀.

함과 오예가 모순되지 않고, 같다고 여겨지는 사례를 몇 가지나 들고 있습니다. '존경=오예'의 가장 놀라운, 그리고 자주 부딪히는 사례는 쇠똥을 정화의 수단으로 사용하는 것입니다. 종교의 시대였던 전근대에는 어느 지역에서나 비슷한 현상이 발견되었고, 일본도 예외는 아닙니다.

'중세히닌中世非人' 중에 '기요메清目'라는 직업이 있습니다. 오예나 부정不浄함을 깨끗하게 정화하는 일인데 천황가나 신사, 사찰 등에 직속되어 있는 지닌神人 혹은 이누지닌犬神人(쓰루메소)이라고 불리는 사람들이 담당하는 일 중의 하나입니다. 이 사람들은 자유통행권과 면조권免租権 등의 특권을 부여받고 신성한 제반 종교행사에 종사했습니다. 천황가의 제사 및 신사와 사찰을 위한 운송, 제례 때 신위를 모시는 가마인 미코시神輿 메기, 경비警備 업무, 사체 처리 등 그들이 하는 다양한 일들 가운데 하나가 '기요메'였다고 할 수 있겠지요. 이런 일들은 처음에는 신불을 섬기는 신성한 일이었고, 그것을 행하는 사람도 신성한 사람으로 취급되어 나름대로의 특권도 가졌지만, 어느새 그 일을 하는 사람 자신도 스스로 오염된 사람이라고 여겨지게끔 변해간 것이라 생각됩니다. 그렇지만 지닌들 안에는 여러 경우가 있어서 영주나 무사, 상층 농민에 해당되는 사람들도 있었다고 합니다. 그래서 지닌 집단 안에 계층 질서 같은 것이 생겨나고, 또 집단의 업무도 분업화되어 갔을 것으로 보입니다. 그리고 그 최하층의 지닌 중에 직접적으로 '기요메' 역할을 담당하는 사람들이 있었던 것은 아닐까요? 또한 그 '기요메' 일도 사체 처리, 묘지기, 동물의 처리, 청소 등 광범위하기 때문에 이 일들도 분업화되어 갔을 것이고, 그 일들에 종사하는 사람 중에 '가와라모노河原

者[51]' 혹은 '히닌'도 있지 않았을까 생각합니다. 죽음의 게가레라는 관념이 그러한 '기요메' 일에 꼬리표처럼 붙어다니게 되면서부터 부정탄 일이라는 관념이 생기게 된 것이겠지요. 신성함과 오예가 표리의 관계에 있었던 것입니다.

부락의 원형

중세의 백과사전인 『지리부쿠로塵袋』에는 '기요메를 에타라고 하는 것은 무슨 말인가 하면 근본은 에토리餌取라고 해야될 것이다.…' 등의 설명이 있습니다. '에타'란 '에토리', 즉 매의 먹이감을 잡아 공급하던 사람들을 가리키는 말인데 '에토리'가 사투리 발음으로 변한 것이 '에타'일 것이란 내용입니다. 여기서 주목하고 싶은 것은 '기요메를 에타라고 한다'는 점입니다. 여기에서 말하는 '에타'는 아직 에도 시대의 '에타穢多'처럼 분명한 신분이 아닌, 형태가 정해지지 않은 부정형의 상황에 있던 사람들이라고 생각되는데, 이른바 피차별부락의 원형 같은 존재였다고 할 수 있을 것 같습니다. 부락의 기원에 대해서 자신있게 논할 능력은 없지만 근세에 '에타' 신분으로 정해진 사람들의 주된 일은 죽은 말과 소의 처리를 비롯한 피혁업, 경찰 업무 , 형을 집행하는 행형역行刑役[52] 등이었습니다. 제 생각에 이 일들은 넓은 의미에서 청소역에 해당된다고

51 역자주-중세에 강가에 살던 사람들을 가리키는 말로, 전란이나 천재지변 빈곤 등으로 떠돌다 과세를 피해 강가에 정착해 행상, 도축, 피혁 가공, 염색, 청소, 사체 매장 및 잡다한 예능 등에 종사했다. 에도 시대에는 배우를 비롯한 떠돌이 예인 등을 낮춰 부르는 비어로 사용되었다.

52 역자주-범죄자의 수사와 체포, 형 집행 등을 하는 사람.

할 수 있을 것 같습니다. 우마의 사체 처리는 동물로 인한 죽음의 게가레를 정화하는 일이고, 인간의 장송, 처형 등도 게가레를 정화하는 일이며, 도적의 추포 등 경찰 업무도 범죄라는 사회의 게가레를 없애는 청소라고 할 수 있기 때문입니다. 분업의 발전은 차츰 그 직업이나 역할을 전문적으로 계속 담당하는 집단을 형성해가는 것입니다.

다만 이런 기요메를 하는 사람은 지닌일 때도 있고 '히닌'일 때도 있으며, 또 가와라모노일 때도 있습니다. 가와라모노 안에 '히닌'이나 지닌이 포함되어 있는 경우도 있습니다. 그리고 이 가와라모노 안에는 농촌에서 도망쳐 온 사람 등도 많이 포함되어 있었는데, 잡다한 일에 종사하며 생활을 꾸려가고 있었을 터이므로 중세에는 아직 직업의 전문화가 충분히 진행되지 않았으며, 정해진 집단이 정주定住하고 있었다고도 할 수 없습니다. 한편 '히닌' 집단 중에서 걸식을 전문으로 하는 집단의 경우 통솔자의 지배하에 2중, 3중의 위계 질서가 있었고, 그 가장 밑바닥에 있는 것이 '나병 환자'나 장애인들이었는데, 그들은 기요메를 전문으로 하는 집단과는 다른 집단이었다는 설도 있습니다. 그런 의미에서는 훗날 '에타'가 되는 집단이 중세에 분명히 생겨났었는지의 여부는 명확하지 않다고 해야 할 것입니다. 그러나 이러한 기요메 집단이 차츰 게가레 집단으로서 멸시와 혐오의 대상이 되어 차별받기 시작했으리란 것은 분명하기 때문에, 이것을 부락의 원형이라고 할 수 있을 것입니다. 다만 이 집단들이 부락으로서 어느 정도의 통합성과 정주성定住性을 가졌는지는 의문입니다. 중세 후기부터 전해져오는 계보를 가진 부락도 있지만, 그런 계보 없이 근세 이후에 조성된 것으로 보이는 부락도 있기 때문에 근세의 부락 모두가 중세에 기원을 두고 있다고 할 수는 없습니다.

천황의 권위

근세가 되면 고정화된 신분질서가 형성되어 피차별민, 근세의 천민이 뚜렷이 구별되게 됩니다. 즉 무사 · 평민(농민 · 조닌町人) · 천민이라는 신분차별 체제가 생겼다는 것이 중세와의 차이라 할 수 있겠지요. 전국시대에서 천하통일의 시대로 전환되게 된 것입니다. 그 전환을 가져온 것은 노부나가와 히데요시의 천하통일 정책, 그 중에서도 히데요시의 병농분리가 유명합니다. 그러나 그것은 노부나가나 히데요시의 야망이 성공한 결과라기보다는, 실패한 결과가 근세였다고 해야할 것입니다. 노부나가와 히데요시는 스스로가 천황 혹은 신이 되고자 했고, 나아가서는 세계의 지배자로 군림하고자 했지만, 그것은 실패했습니다.

노부나가와 히데요시가 어디까지 올라가려 했는지, 즉 천황과의 거리를 어떻게 조정하려고 했는지에 대해서는 여러 설들이 무성하고 정설은 없는 것 같습니다만, 아시카가 요시미쓰의 경우는 이미 왕권을 박탈하려는 시도가 있었기 때문에 저는 이 두 사람 모두 천황을 능가하는 권위를 가지려 했다고 보아도 무방하다고 생각합니다. 둘 다 신이 되고자 했던 것도 그렇지만, 그들은 일본을 넘어 외국까지도 지배하려고 했기 때문입니다. 중국 왕조를 무너뜨리고 자신들이 중국 제국의 황제가 되려는 생각을 가졌을 때, 천황 정도로는 눈에 찼을 리가 만무합니다. 그러다 히데요시가 조선 침략에 실패하고, 그 야심이 크게 무너져 내리자 천황의 권위로 되돌아가게 된 것은 아닐까요? 히데요시의 경우는 그 증거가 없지만, 이에야스가 천황을 능가하기 보다는 이용하는 길을 택했다는 점에서 저는 그렇게 상상합니다.

천황제와 차별의 관계에 대해서는 따로 생각해봐야 하겠지만, 대부분의 센고쿠다이묘들은 천황의 권위를 존중하거나, 혹은 이용하고 싶어했다고 생각됩니다. 센고쿠다이묘들은 대부분 자기 영지에서 유일한 지배자, 즉 절대군주였지만 그럼에도 불구하고 완전히 자립적인 지배자는 될 수 없었다는 측면이 있습니다. 분업의 관점에서 보자면 이 무렵의 사회적 분업은 각각의 영지를 초월해 유통하지 않으면 안될 만큼 발달해 있었기 때문입니다. 자신의 영지 내에서 생산되는 것만으로 자급자족이 불가능한 상태였다고나 할까요? 즉 분업간의 전체적인 조정을 개개의 센고쿠다이묘는 할 수가 없었던 것입니다. 전체적인 조정은 신神의 손을 통해 이루어질 수 밖에 없는 것입니다. 신불神佛에 의존하는 다이묘가 나오는 이유도, 그리고 많은 다이묘들이 천황의 권위에 의존하는 이유도 바로 거기에 있다고 저는 생각합니다.

겐무建武의 중흥[53], 이 한 시기를 제외하면 중세는 천황의 정치적 실권이 내내 조락凋落 길을 걷는 과정이었다고 할 수 있습니다. 전국시대의 천황에게 그나마 통치권 비슷한 것이라곤 이제 관위 서임

53 역자주－1333년 고다이고(後醍醐) 천황이 가마쿠라막부를 타도하고 교토로 돌아온 이듬해인 1334년에 겐무(建武)로 연호를 바꾸고 천황 친정을 부활시킨 정치 활동. 1336년 아시카가 다카우지(足利尊氏)의 반역으로 중흥 정부는 붕괴되고 남북조시대가 시작되었다.

권 정도밖에 남아 있지 않았습니다. 그리고 그마저도 노부나가가 오와리尾張 시절에 가즈사노스케上総介를 참칭(제멋대로 자처)했다는 말이 전해지듯이, 극히 무력한 것이었습니다. 그러나 다이묘들이 관위를 참칭하고 싶어하는 것에는 율령적 전통의 원천인 천황의 가치를 인정하고, 그것을 이용하려는 조류가 상당히 강하게 남아 있었다고 해석하지 않을 수 없습니다. 그것은 물론 관위뿐만 아니라, 문화적으로는 여전히 귀족문화의 원천이라는 관념이 천황의 권위를 지탱하고 있었을 것입니다. 노부나가나 히데요시가 그러한 귀족문화에 관심을 기울이면서도 다른 한편으로는 민중적이고 거친 시골문화에, 혹은 남만 등의 이국문화에 호기심을 발휘한 것도 전통적인 권위의 상대화와 아울러 세계 모든 것의 지배자가 되고자 하는 탐욕이 있었기 때문이라고 생각됩니다. 그래서 거기에는 다른 권위 체계가 만들어질 가능성이 있었던 것입니다. 물론 그것이 좋았는가 나빴는가의 여부는 또 다른 문제입니다. 중국 제국을 모방할 때 방대한 이문화를 포괄할 수 있는 또 다른 권위가 요구되었을 것이기 때문입니다. 그러나 그들의 야망은 좌절되었고 근세는 한 걸음 후퇴한 지점에서 출발하지 않을 수 없게 되었습니다.

근세로의 전환

근세를 한 걸음 후퇴한 곳에서 출발했다고 한 이유는 노부나가와 히데요시의 실패를 거울삼아 해외 진출에서 해금정책으로 돌아섰고, 천황의 권위를 부정하는 것이 아니라 이용하는 입장으로 물러나 그 권위구조를 고정화하려고 했기 때문입니다. 물론 노부나가와 히데요시가 남긴 유산으로는 철저한 병농분리와 근세적 신분 질서의 구축을 들 수 있습니다. 즉 분업의 발전을 정리하면서 신분 제도를 통해 동결하려고 했던 것입니다. 근세의 신분제는 재래의 직업을 신분에 따라 고정화하려는 것이었기 때문입니다.

그런 기준 아래 에타 · 히닌 · 예능민 등등의 천민 신분이 창출되어 간 것입니다. 그 구체적인 모습은 나중에 살펴보기로 하고, 천민으로 간주되는 이 사람들이 천황이나 귀족, 사원 등 귀인으로 간주되는 존재와 지속적으로 접점을 가짐으로써 사회의 차별적인 시선으로부터 자신을 보호하려고 했으리라는 것, 그것은 중세부터 존재했던 지닌神人들의 계보가 계속 보존되어 왔다는 사실에 기인하는 것은 아닐까요? 근세에 행해진 천황의 전통적 권위의 이용은 에도막부가 자신의 통치권을 훼손하지 않는 범위 내에서 이루어진 것으로, 막부의 천민정책에 하등 지장을 초래하는 것은 아니었다고 할 수 있을 것입니다.

제3장

근세

10
일본형 화이 의식의 형성

근세 사회의 성립

근세 사회가 언제 성립하였는가 하는 것은 부락의 성립 시기와 마찬가지로 어려운 문제입니다. 근세 사회를 특징짓는 요소는 병농분리兵農分離나 다이코검지太合檢地[54]와 같이 쇼쿠호정권織豊政権[55]에서 만들어집니다. 다만, 에도 막부가 시작된 1603년 이후에도 병농이 모두 분리되거나 기리시탄이 금지된 것이 아니라서 계속되는 소란때문에 직업을 신분으로 고정하는 제도가 안정적인 질서를 갖기까지는 반세기가 필요했다고 생각됩니다. 그러한 질서 형성에 국경을 정하고 구분 짓는 작업이 굉장히 중요한 역할을 합니다. 물론 국경이라고 해도 근대처럼 명확한 선이 그어진 것은 아니기에, 비교적 국경이 명확한 일본이라도 에조지마(홋카이도)나 오가사와라 제도(小笠原諸島)에는 전혀 경계가 보이지 않습니다. 역시 해

54 역자주－도요토미 히데요시가 일본 전역에서 농민을 지배하고 조세를 확보하기 위하여 실시한 정책이다.

55 역자주－오다 노부나가(織田信長)와 도요토미 히데요시(豊臣秀吉) 정권을 가리킨다.

금정책海禁政策의 실시, 이른바 '쇄국' 체제의 성립(1639)이 중요한 분기점이 되는 것이 아닐까요. 이것에 의해서 국경을 넘는 인간의 이동이 금지되고 외부로부터의 자극이 극도로 제한되기 때문에, 그 이전보다는 정적인 질서가 되기 쉽겠지요.

지금까지는 '쇄국제도'로 불려 왔지만, 해외와의 교섭이 전혀 없었다는 인상을 주기 때문에 최근에는 '해금海禁'으로 해야 한다는 의견이 압도적입니다. 한편, 막부가 통제하는 해외와의 교역 창구가 나름대로 있었기에 '해금'이라고 하는 편이 좋을지도 모르겠지만, 교역 창구라고 해도 외교를 행한 것이 아니기에 정치적으로는 막혀있는 '쇄국'이라고 하는 편이 이해하기 쉽다는 의견도 있습니다. 교역 창구는 네 곳으로 각각 조선에 대해서는 쓰시마 섬, 네덜란드·중국에 대해서는 나가사키, 류큐에 대해서는 사쓰마, 아이누에 대해서는 마쓰마에가 담당했습니다. 오가사와라 등 남쪽 지역은 애매한 상황이라 경계를 의식하지 못하고 있습니다. 그러면 이 네 곳의 교역 창구가 어떻게 막부에 의해 통제되어 근세사회의 특징에 관여하게 되는지를 주로 아사오 나오히로朝尾直弘의 『쇄국鎖国』에 의거해서 하나씩 검토해 보고자 합니다.

쓰시마 — 조선

우선 조선과의 관계가 중요합니다. 히데요시는 많은 군사를 파견해 난동을 부리며 경작지의 3분의 1을 망쳤다고 할 정도로 피해를 주었습니다. 그러한 이유 없는 침략에 크게 분노하고 있을 조선에 어떻게 대처할 것인가 하는 문제입니다. 국교는 단절된 상태이기 때문에 이미 전의를 잃어버린 이에야스로서는 어떻게든 조선과의 관계를 안정되게 끌고 가고 싶은 생각이었습니다. 누구보다도 쓰시마 번주인 소宗 씨가 조선과의 교역을 위해 서둘러 강화하려는 노력을 하게 됩니다. 1607년 조선의 광해군은 에도 막부(사실은 쓰시마번)의 통교通交 재개 요청에 응하여 포로 송환을 목적으로 회답겸쇄환사(回答兼刷還使)를 파견한 후 1609년에 이르러 기유조약己酉条約을 맺습니다. 이로써 쓰시마번이 조선과의 외교 실무를 맡으면서 부산 왜관을 거점으로 통상을 하게 됩니다. 그러나 일본군이 끌고 간 5~6만의 포로 가운데 이 시기에 송환한 포로는 만 명이 채 안 된다고 하니 조선 측이 납득한 강화는 아니었을 것입니다.

여기서 문제가 되는 것은 조선왕조와 에도막부의 관계입니다. 조선 측과 일본 측은 전쟁 이후 진정한 화해를 하지 않았기에 여전히 서로를 경계하면서 자신들의 명예를 훼손하지 않으려고 신경을 썼습니다. 그것을 단적으로 보여주는 것이 국서위조 사건입니다. 소 씨의 가신이 조선에 보내는 막부의 편지에 '일본 국주日本国主'로 되어 있던 것을 막부의 허락을 받지 않고 마음대로 무로마치시대 때와 같이 '일본 국왕日本国王'으로 고친 사건입니다. 막부는 '국왕'의 칭호를 인정하기 어려웠으므로 개작 사건의 책임자를 벌하고 이후 쇼군을 '일본국 대군日本国大君'으로 칭합니다. 당시 국제적으로 통용되던 국왕(황제 등)의 호칭과는 달리 일본은 독자적으로 '대군'이라는 칭호를 만들어 막부 말기까지 사용하게 됩니다.

이 문제는 막부와 조선 모두가 교류 방식에 대해 이상하리만큼 신경을 쓰고 있던 상황에서, 중개 역할을 맡은 쓰시마번이 여러 가지로 어려움을 겪었다는 것을 말해줍니다. 그런데 막부가 지금까지와는 다른 칭호를 사용하도록 요구했다는 점은 주목할 필요가 있습니다. 국서 작성의 변경을 요청하여 '대군'으로 고치게 한 것은 지금까지의 국제질서와는 다른 질서의 정점에 일본이 있다는 것을 과시하려 했기 때문입니다. 두 나라의 연호 사용에서도 조선은 이전과 마찬가지로 종주국인 중국 왕조의 연호를 따랐지만, 막부는 일본의 연호를 사용하기로 한 것입니다.

조선통신사

조선통신사는 에도 시대에 모두 12차례 일본에 오게 되는데, 첫 번째 통신사는 1636년 12월입니다. 500명에 가까운 큰 규모의 사절단이 부산에서 배로 쓰시마의 와니우라鰐浦로 건너가 간몬해협關門海峡에서 세토나이카이瀬戸内海를 지나 오사카大坂에서 하선합니다. 그리고 배로 요도가와淀川 강을 교토까지 거슬러 올라가 도카이도東海道와 나카센도中山道 길을 통해 행렬을 지어 에도로 가는 것입니다. 여기서 주목할 것은 막부 뿐만이 아니라 경유하는 세토우치 연안에서나 도카이도에서 여러 번이 매우 정성스럽게 일행을 맞이했다는 점입니다. 그러한 의미에서 조선통신사는 조・일 간의 평화적인 교류를 보여주었고, 그러한 교류가 학자들과 민중들 간에 있었다는 점은 주목할만 합니다. 하지만, 실제로 이국풍의 500명에 가까운 행렬이 에도를 향해 행렬을 지어가는 모습은 일본 민중에게 외국에서의 장군의 위상을 말해주는 것이 됩니다. 또한 일본 측에서 조선으로 사절단을 보낸 적이 없다는 점도 궁금한 부분입니다.

나가사키 — 중국·네덜란드

다음으로 막부가 직접 관리하고 무역을 인정했던 나가사키와 외국과의 관계입니다. 이에야스는 막부가 시작된 직후 나가사키부교長崎奉行[56]를 후다이譜代[57]인 오가사와라 다메무네小笠原為宗에게 명하여 나가사키 무역을 관리하게 합니다. 막부는 1639년 포르투갈인과의 무역을 금지하고, 1641년에는 네덜란드 상관商館을 히라도平戸에서 나가사키의 데지마出島로 옮깁니다. 이후 나가사키는 네덜란드와 중국의 무역 장소로 지정되어 막부가 인정하는 유일한 무역항이 됩니다. 네덜란드 배는 매년 7월에 10척 정도가 입항하여 9월에 출항하고, 중국 배는 1년에 수십 척이 들어와서 중국상인과 선원들 5천 명 정도가 처음에는 나가사키의 마을에 살았다고 합니다. 그러다가 1689년 주젠지무라十善寺村에 중국인 거류지를 만들게 됩니다.

무역은 나가사키에서만 할 수 있게 되면서, 네덜란드인은 데지마 밖으로는 나가지 못했습니다. 다만, 네덜란드 상관장을 매년 교체하도록 의무로서 감사인사를 드리러 가는 에도참부江戸参府[58] 때에는 나올 수 있었습니다. 그리고 이때는 네덜란드의 이국적인 모

56 역자주－에도 시대 나가사키 지역의 정무를 담당하던 관직으로 온고쿠부교(遠国奉行) 중 하나이다.

57 역자주－에도 시대 다이묘 분류의 하나로 도쿠가와 가문 출신이거나 대대로 도쿠가와 가문을 섬긴 최측근 다이묘를 뜻한다.

58 역자주－에도 시대 나가사키의 네덜란드 동인도회사의 상관장이 에도로 상경해서 쇼군을 알현하고 무역의 예를 차리고 헌상물을 제시하는 행사로 1609년에 시작되었다.

습으로 차리고 행렬지어 올라가게 했습니다. 그들이 장군을 알현하는 자리에서 얼마나 굴욕적인 행동을 해야 했는지는 유명합니다. 조선통신사만큼 규모가 크지는 않지만 먼 서양 나라가 장군에게 머리를 조아리러 온 그림을 연출한 것이라 할 수 있겠지요.

사쓰마 — 류큐

류큐는 이미 15세기에 쇼尙 씨가 본도本島를 통일하고 독립된 왕조를 형성하고 있었습니다. 한편, 명나라 황제에게 책봉을 받고 조공무역을 하는 등 중국 · 조선 · 일본 이외에 동남아시아까지 활발한 무역 활동을 확대해 갔습니다. 1590년 히데요시는 사쓰마 번주인 시마즈 요시히사島津義久를 통해 류큐에게 조선 출병을 명하였으나 류큐왕 쇼 씨가 이를 따르지 않았습니다. 이것을 이유로 1606년 시마즈 이에히사島津家久는 이에야스家康에게 류큐 정벌의 허가를 요청하여, 1609년에 3천 명의 병사와 백 척의 배로 류큐를 공격하여 정복합니다. 1611년 시마즈는 검지檢地[59]를 실시함과 동시에 류큐 지배를 위한 규칙 15 개조를 결정합니다. 그러나 한편으로 시마즈는 류큐를 독립국처럼 꾸며서 계속적으로 중국과의 조공무역을하게 하면서 이익을 확보합니다. 중국에서 2년에 한 번씩 류큐에 책봉사가 왔을 때는 샅바에 이르기까지 일본 풍속을 나타내는 것들

59 역자주 – 마을의 범위를 결정하고, 마을 내의 토지에 대해 논 · 밭 · 저택 등의 구별과 그 소재 · 면적 · 지위(등급) · 수확량 등을 조사 · 확정하고, 마을의 생산량을 정하는 것. 전국시대부터 사용된 말로, 도요토미 히데요시가 처음 실시했다.

은 모두 감추게 했습니다.

그리고 막부는 류큐 국왕에게 장군의 교체를 축하하는 경하사慶賀使와 류큐왕 쇼 씨의 교체를 감사하는 사은사謝恩使를 장군 있는 곳으로 파견하도록 요구합니다. 1634년 이에미쓰가 니조성二条城에 와 있을 때에 류큐 사절단 일행이 시마즈 이에히사에 이끌려 10년이나 지난 뒤늦은 축하로 알현한 것이 그 최초입니다. 문제는 이 사신 일행에게는 중국인 복장을 하게 했다는 것입니다. 중국인들도 엎드리는 장군이라는 이미지의 연출이 상상됩니다.

마쓰마에松前 — 에조蝦夷

에조는 아직 국가의 형태를 갖지 못한 부족들이 유대를 맺어 연합하던 단계였습니다. 일본인과 아이누는 주로 연어나 다시마를 교역하면서 접촉이 깊어졌지만, 일본인의 심한 행태에 격앙된 아이누인이 봉기를 일으키게 됩니다. 그것이 바로 15세기에 일어난 코샤마인의 난(1456~1457)[60]입니다. 에조와 강화를 맺은 것은 이 지역의 일본인 호족들을 통일한 마쓰마에松前 씨로, 히데요시는 마쓰마에 씨에게 에조 도주島主의 주인朱印을 지급하고, 이에야스도 막부가 시작된 이듬해인 1604년에 에조와의 교역 독점을 인정하는 주인장朱印状[61]을 부여합니다. 그 주인장에는 "에비스(에조)에 관하

60 역자주 – 1457년 일본인에 대한 홋카이도 원주민인 아이누인의 무장봉기이다. 일본 측은 고전했으나, 결국 진압되고 마쓰마에 번이 형성되는 계기가 되었다.

61 역자주 – 주인(朱印)을 눌러 발급된 전국시대 및 에도 시대의 무가문서. 정무와 군무 등의 명령을 하기 위해 사용했다.

여는 어디로 왕래하든지 자유롭게 할 것(夷の儀は、何方へ往行候とも夷次第たるべき事)"이라고 적혀있어, 에조의 자유를 인정하고 있습니다. 에조는 무역의 상대라 하더라도 결코 지배의 대상이거나 영지의 백성이 아니었다고 하는 것입니다. 마쓰마에 씨는 에조 사람들과 교역하면서 일본인들이 가져온 상품을 에조의 특산물이나 사냥감으로 교환하여 그것을 일본 상인들에게 판 이익금을 지교知行(봉록)로서 취하는 가신들을 거느린 다이묘에 지나지 않습니다. 즉 가신이 에조와의 무역 장소와 권리를 보장하는 것이지, 연공미 수탈의 근거가 되는 토지를 소유한 것이 아닙니다. 마쓰마에는 1만 석의 다이묘로 여겨졌지만, 실은 석고를 가지고 있지 않았습니다. 쇼군에게 매년 매를 헌상하고, 겐나(元和, 1615~1624) 때부터 사금砂金도 바쳤다고 합니다. 이는 쇼군이 이국을 지배하고 있다는 증거라고 할 수 있지만, 그 밖에 이렇다 할 막부의 역할을 담당했다는 기록은 없습니다. 네덜란드인이나 류큐인처럼 에조인들을 장군에게 인사시키려고 한 적은 없었습니다.

일본식 화이 의식

'일본형 화이 의식'이라고 하는 말은 아사오 나오히로朝尾直弘씨의 지적에 의한 것으로 지금은 대부분의 연구자가 인정합니다. 이것은 히데요시가 조선을 침략할 때 '소매가 긴 명나라長袖の大明国'에 대해서 '궁시가 강한 일본弓箭きびしき日本'의 우월성을 강조한 의식에서 볼 수 있듯이, 문화가 아닌 무력의 우월성을 가리키는 것으로 무력으로 나라의 우열을 따지는 것입니다. 즉 히데요시는 문화적으

로는 일본이 중국이나 조선보다 우월하다고 생각하지 않았지만, 무력으로는 세계에서 가장 우수하고 그중에서도 히데요시 자신이 가장 뛰어나다고 의식했고, 그 핵심에는 '일본은 신국神国'이라는 의식이 있었습니다. 일본형 화이 의식이란 그러한 자기중심적인 인식으로서, 타국을 '이夷'라고 하여 오랑캐로 멸시하는 세계질서관이라고 할 수 있습니다. 이것이 바로 조선 침략을 감행했다는 것입니다.

에도 막부가 조선과의 교섭을 시작해도 이러한 의식이 없어진 것은 아닙니다. 이에야스는 명나라나 조선과의 교섭은 포기하더라도 남해 방면으로 자신의 지배를 확장하려는 의욕이 있었습니다. 앞에서 본 국서 위조사건도 막부가 조선 침략을 반성하고 있음을 보여주는 것이 아니라 자신들이 중국 중심의 질서(책봉체제)와는 별개의 질서를 만들고 있음을 과시하려는 것이었습니다. 때마침 명나라 조정이 쇠퇴하면서 조선에서는 후금後金의 군사가 명군을 몰아내 조선왕조는 대청국의 책봉체제에 들어가게 됩니다. 그리고 청군이 북경을 점령한 것이 1644년입니다. 이때 막부는 명나라가 쇠약해지고 멸망하는 시기에 국제적으로 자립을 도모하려 했고, 조선은 청나라에 굴복하면서도 청나라를 야만으로 간주하고 중화문명의 정당한 계승자는 자신들이라는 '소중화 의식'을 갖게 된 것입니다. 아마도 명나라에서 청나라로 넘어가는 이 시기에 중국제국의 국가들에서 중국으로부터 자립하려는 움직임이 있던 것으로 보입니다. 그리고 그것을 가장 선명하게 내세운 것이 일본이었다고 할 수 있습니다.

그러나, 점차 해외 영토를 확장하려는 정책은 시들어 갑니다. 서양 여러 나라의 아시아 진출이 일본 국내에도 영향을 미쳐서, 기리시탄의 동향이 일본 내의 통일을 방해하는 커다란 요인이 된다고 의식되었기 때문입니다. 그것을 계기로 일본형 화이 의식이 형성된 면이 있지만, 국내 질서의 형성을 위해서도 필요했다고 할 수 있습니다.

그런 의미에서 네 곳의 무역 창구의 위치를 보면 각각 다른 점이 주목됩니다. 조선과의 관계는 '통신通信의 나라'라고 하는 명분입니다만, 그것은 일방적으로 조선의 사절단을 수락하는 형태로서, 일본으로부터 정식으로 사절단이 세워지는 것은 아니었습니다. 막부는 통신사를 매우 정중하게 대접합니다만, 그것은 장군이 은혜를 베푼다는 의미였습니다. 나가사키의 중국과 네덜란드는 '통상通商의 나라'이기 때문에 정치적인 관계를 차단한 후 장군의 은혜로 통상이 가능하다는 정치적 연출이 이루어집니다. 생사무역제도糸割符制度[62]가 그 중의 하나입니다. 조선통신사나 네덜란드 상관장, 그리고 류큐사의 에도 참부는 이국의 사신이 장군에게 머리를 조아리며 알현한다는 모습을 전국에 선전한다는 의미에서 큰 효과를 지녔을 것입니다. 해외 정보가 차단된 일본 민중이 장군을 정점으로 한 세계 질서 아래 해외 각국으로부터 장군의 은혜에 감사하는 사신이 온 것으로 당연히 이해됐을 것입니다. 막부가 얼마나 비교검토를 해서 서열화했는지는 확실치 않지만, 에조는 완전히 무시되고 류큐는 인사치레뿐이라 할 수 있는 힘(무력)의 정도에 따라 대우를 하는 위상의 순위가 매겨졌다고 할 수 있습니다.

62 역자주-중국산의 생사를 일부의 상인이 독점적으로 수입하도록 한 제도. 1604년에 도입되었다.

다만 문제는 이러한 해금海禁 시스템이 해외 여러 나라에 대해 막부가 직접 책임을 져야 하는 상황을 초래하지 않도록 쓰시마번이나 사쓰마번, 마쓰마에번 등 완충 역할을 하는 존재를 두고 있었다는 점입니다. 그렇기 때문에 일본형 화이질서관이 얼마나 객관적이고 유효한가에 대한 검증은 미리부터 배제되어 있었습니다. 지극히 주관적이고 이기적인 세계관이 근세 사회를 지배하게 된 것입니다.

국제 질서와 국내 질서

국제 질서와 국내 질서의 본연의 상태는 밀접하게 연결되어 있습니다. 에도 막부는 1606년부터 15년에 걸쳐 모든 사원寺院의 법도法度[63]를 차례로 제정하여 신불神仏보다 월등한 권위를 세우고자 했습니다. 1613년에 바테렌伴天連(신부) 추방령을 내렸고, 이듬해 다카야마 우콘高山右近 등 148명의 신도를 마닐라로 추방합니다. 1624년에는 스페인과 단절하여 기리시탄 탄압이 전국적으로 강해졌고, 1635년에는 제3차 쇄국령이라 불리는 일본인의 해외 왕래 금지령이 내려지면서 슈몬아라타메宗門改(종문호적; 천주교도를 적발하기 위한 종교 조사)제도가 전국적으로 시행되었습니다. 시마바라島原 · 아마쿠사天草의 난[64]이 일어난 것은 1637년입니다. 기리

63 역자주－에도 막부가 승려의 통제를 목적으로 불교 교단에 대하여 제정한 법령의 총칭이다.

64 역자주－1637년 일본 규슈 북부의 시마바라에서 기독교인들이 일으킨 대규모 민란. 막부의 세금 정책과 종교적 성향의 민중 저항적 요소까지 갖추고 있는 사건이었다.

시탄 금교령이 한층 강화된 것은 말할 것도 없습니다. 막부는 국내 질서의 안정을 도모하기 위해 이국으로부터의 영향을 배제하고 민중 통제를 강화해 갔습니다. 그런데 여기서 주의할 것은 이 기리시탄 금교령이 동시에 '일련종 불수불시파日蓮宗不受不施派'에 대한 금교령이었다는 사실입니다. 금교령의 푯말에는 '기리시탄 및 불수불시'라고 병기되어 있었습니다. 니치렌종 불수불시파는 1630년에 신지대론身池對論(사령寺領 문제에 대해 수보시受布施를 주장하는 미노부산 구온지身延山久遠寺와 불수불시不受不施를 주장하는 이케가미 혼몬지池上本門寺 간의 대결 논쟁)에서 패배하여 금지됩니다. 즉, 기리시탄 금교령은 신국神国 관념을 핵으로 하는 화이 의식에 반하는 이단분자의 배제를 나타내는 것이었는데, 타 종교자로부터 시혜를 받지 않겠다는 권력에 굴하지 않는 강한 신념까지도 이단이라고 본 것입니다. 이 불수불시파는 에도 시대에 가혹하게 탄압받으면서, 가쿠레 기리시탄과 마찬가지로 지하에 숨어 들어가 신앙을 유지해갔습니다.

11
일본형 유교 이데올로기

게이안慶安의 촉서

일본형 화이 의식은 중국의 '긴 소매'에 대해 일본의 '활과 화살'이 가진 우월성을 강조하는 것으로 무력을 우열의 기준으로 삼는 질서관입니다. 그런 인식 위에서 국제 질서를 나름대로 처리한다 해도 국내에서는 그것만으로 잘 되지 않을 것입니다. 즉 무력의 강약을 가치 기준으로 삼는 것은 안정된 질서를 유지하는 평화 시에는 유효하지 않습니다. 평화로운 사회를 어떻게 지속할 것인가에 대한 또 다른 가치가 요구됩니다. 그런 의미에서 1649년 기리시탄 봉기를 진압하고 비로소 사회의 안정이 보이기 시작했을 때 나온 '게이안의 어촉서御触書'는 매우 흥미롭습니다. 이것은 고등학교 역사 교과서에 소개되어 있기에 잘 아시겠지만, 막부의 농민지배정책을 단적으로 표현한 것입니다. 전체 32조로 구성된 제1조에서는 막부의 법을 준수하여 영주에게 복종하며 마을 관리인 무라야쿠닌村役人을 부모로 생각하라고 설파한 뒤, 무라야쿠닌의 마음가짐과 농가 경영, 생활상의 세부 지식과 마음가짐을 교도합니다. 주목되는 부분은 어촉서 말미에서, "쌀과 돈 잡곡을 많이 가졌다고 무리하게 지토에게 빼앗기지 않고, 천하태평의 세상이므로 다른 곳에서 강탈하는 자도 없어 자손까지 부유하게 살고, 기근일 때도 처자나 하인들을 안심하고 기를 수 있으니, 연공만 바치고 나면 백성만큼 마음 편할 것도 없다."라고 한 점입니다.

이 "천하태평의 세상이므로 다른 곳에서 강탈하는 자도 없어"라는 구절에는 잇따른 전쟁을 무력으로 극복하고 평화를 수립했다는 자신감이 나타나 있고, 이제는 안심하고 일할 수 있다는 막부의 은혜가 서술되어 있습니다. 즉 무력의 절대성과 함께 막부의 어진 정치를 이야기하는 것입니다. 그러니 막부의 법을 따르는 것도 연공을 바치는 것도 모두 은혜 곧 어진 정치에 대한 봉공이라는 것입니다. 여기에 법의 준수나 권력에 대한 복종, 절약이나 근면 등이 설파되고 있습니다만, 그것들이 어떤 질서관이나 세계관에 근거하는 것인지는 통일적으로 이야기되고 있지 않습니다.

유교의 관학화

에도 막번체제의 지배 이데올로기는 유교나, 신도·유교·불교의 삼교三教라고 이야기합니다. 신도로 보면, 이에야스도 신이 되어 닛코日光의 도쇼구東照宮[65]에 모셔지고 있으니 막부가 신국론神国論을 계승하고 있다고 해도 좋을 것입니다. 또한 불교는 도쿠가와 가문의 보다이쇼菩提所(선조 대대의 위패를 모신 절)로 우에노의 간에이

65 역자주－에도 막부를 세운 도쿠가와 이에야스(德川家康)를 모시는 신사이다. 이후 일본 각지에 그의 위패를 모신 도쇼구가 속속 세워져 에도 시대에는 그 수가 500여 개에 이르렀다.

지寛永寺[66]가 있듯이 장군들은 병 고치기 등에서 그 주술을 이용하기도 합니다. 그런 가운데, 종교교단이 자립성을 높여서 종교 왕국을 형성하려는 기운을 철저히 말살한 노부나가 · 히데요시의 통일 권력은 에도 막부로 계승됩니다. 기리시탄과 함께 현세 권력을 초월한 부처의 권위를 받드는 니치렌종 불수불시파를 금지하고, 지샤부교寺社奉行(절과 신사에 관한 일을 관장하던 직)를 설치하여 신도 · 불교를 체제 내 종교로 통제합니다. 또한 그 절에 호적(슈몬닌베쓰아라타메초宗門人別改帳)을 만들어 민중을 지배하고자 한 것입니다. 이 세 종교 간의 관계가 막부에 의해 얼마나 자각적으로 관련되었는지는 의문이지만, 유교는 중국에서 불교나 도교의 영향을 받아 온 것임이 분명합니다. 청나라 시대에는 도교와 불교의 삼교일치三教 一致를 강조하는 유교의 조류가 나타났기 때문에, 유교 그 자체에도 불교나 신도와 결합할 가능성은 역사적으로나 이론적으로도 컸다고 할 수 있어, 일본 중세에는 삼교일치가 주류를 이루었습니다. 하야시 라잔林羅山의 스승인 후지와라 세이카藤原惺窩[67]는 임제종臨済宗과 깊은 관계가 있고, 라잔에게는 『신도전수神道伝授』라는 신도론이 있습니다. 에도 초기에 유학자들은 '배불론排仏論'을 내걸고 승려들에게 도전했지만, 유교가 막부의 학문으로 공인되자 삼교체제를 인정하게 되었다고 해도 좋을 것입니다.

하지만 이론적으로 보면 불교는 특히 사회체제를 구상하는 것에

66 역자주－1625년에 에도 막부와 만민의 무사 평안을 기원하는 절로서 자안대사 덴카이 대승정에 의해 창건되었다. 에도 시대 쇼군들의 영묘로 유명하며 일본 굴지의 대사원이다.

67 역자주－아즈치모모야마 시대의 유학자이다. 개인의 수양을 중시하고 주자학에 경도하는 것도 불교에 대한 관용이라고 했다.

대해서 부족한 점이 많다고 할 수 있습니다. 또한, 신도는 유교와 불교의 영향을 받아 교의教義를 정비해 나가는 것으로, 신도의 독자적인 이론이 없는 것이나 마찬가지라고 할 수 있습니다. 그 속에서 유교는 12세기에 정이천程伊川[68]과 주희朱熹[69]가 출현하여 이기理気 세계관에 바탕을 둔 장대한 체계인 주자학을 이룹니다. 그리고 '이理'로서의 규범과 명분론을 바탕으로 해서 명·청의 체제를 지탱하는 교학教學인 지배 이데올로기가 되었고, 그것이 일본에 건너와서는 지배 이데올로기로서 맹위를 떨치게 된 것입니다. 유교가 지배 이데올로기의 주요한 부분을 차지하는 점에서 유교를 강조하게 되는 것입니다.

일본형 유교

에도 막부는 유교 속의 주자학을 관학으로 삼습니다. 후지와라 세이카의 천거로 이에야스를 섬기게 된 하야시 라잔이 중용되어 점차 힘을 떨치게 되고, 그 주자학이 막부 이데올로기의 중심이 됩니다. 그러나 중국에서 전해진 주자학에 대해서는 중국과 일본의 경우에서 큰 차이가 있는 것 같습니다. 저는 이 분야의 전문가가 아니기 때문에 자세히 논할 수는 없지만, 차별의 양상에 큰 차이가 있다고 생각하기에 제 나름의 논의를 소개하고자 합니다.

---

68 역자주-중국 북송 시대의 유학자이다. 형인 명도(明道)와 함께 유교에 철학적 기초를 준 사람으로 유명하다.

69 역자주-중국 송대의 유학자이다. 주자학을 집대성하였다. 우주가 형이상학적인 이(理)와 형이하학적인 기(氣)로 구성되어 있다고 보았다.

먼저 중국의 주자학도 지배층의 이데올로기인 셈입니다만, 그 지배층이라고 하는 것은 '사대부' 층을 말하는 것으로, 그 사람들은 무사가 아닌 지식인, 즉 과거科挙에 의해서 관료가 되는 계층입니다. 과거는 공무원 시험과 같아서 시험에 붙기 위해서는 상당한 공부를 해야 하므로 지주들이나 권세가들의 농상農商 등 경제적으로 여유 있는 계층의 자제들이 해당되고, 그러한 계층의 이해를 대변해 주기도 합니다. 그러나 중국의 '사대부'는 일본과 같이 고정된 신분이 아니라, 예를 들어 농부든 어부든 걸인이든 누구나 학문을 할 수 있고 과거에 합격만 하면 된다는 의미에서 자유가 상당히 있었다고 생각됩니다. 주자학은 그 '사대부'를 위한 학문이었습니다만, 일본의 경우는 무사층의 이데올로기로서 수립되어 무사의 존재를 정당화하는 것이었고, 그 무사의 본연의 자세는 고정된 신분으로 가계家系와 석고石高(쌀로 준 무사의 녹봉)로 보장된 존재입니다. 에도막부 말기가 되면 농민이나 조닌들이 돈으로 무사의 직분을 사서 무사를 칭하는 사례가 많이 나옵니다만, 그들도 무사가 되면 그 규범을 지켜야 합니다.

무사란 무력을 행사하는 인간 병사로서, 중국의 사대부가 지식인인 것과는 크게 다릅니다. 유교는 중국에서는 긴 소매, 일본에서는 활과 화살의 이데올로기가 되어 군인의 존재를 합리화하고 정당화합니다. 군국주의를 도덕주의로 정당화하는 이치에 유교가 사용됐다고 하면 너무 지나칠까요? 게다가 흔히 말하듯이 일본 유교에는 역성혁명설易姓革命說이 없습니다. 적어도 극히 희박합니다. 역성이란 천자天子의 성씨가 바뀌는 것, 인의仁義가 없는 천자는 천명에 버림받고, 인망이 높고 덕을 갖춘 왕에게 천명이 옮겨간다는 것으로 그것이 혁명이요, 왕조의 교체를 정당화하는 이치입니다. 일본 유교에서 역성혁명이 빠졌다는 것은 군국주의를 도덕주의로 정당화할 뿐만 아니라, 그러한 질서가 영원한 것이라고 변증하는 것입니다. 도쿠가와 쇼군은 영원한 존재가 되는 것입니다. 그러므로 중국 유교의 가르침인 '충의'는 지극히 계약적인 것으로, 일본의 중세 무사처럼 군주가 그 역할을 완수하지 않으면 충의를 다하지 않아도 되고, 군주를 버려도 좋다는 것입니다. 하지만, 에도 시대의 유교에서는 군주는 절대적이고, '충의'는 일방적인 봉사의 논리가 됩니다. 그 극단적인 예가 야마모토 쓰네토모山本常朝의 『하가쿠레葉隠』[70]입니다. 여기서 쓰네토모는 군주를 향한 충성을 짝사랑의 연애에 비유하고 있을 정도입니다.

하야시 라잔의 세계

하야시 라잔은 일본 주자학파의 시조라고 하지만, 라잔의 학문이 그대로 막번체제의 질서가 된 것은 아닙니다. 라잔이 활약하는 17세기 중엽은 막번체제가 겨우 안정되기 시작한 시기로 이러한 질서를 정당화하기 위해 유교가 이용되었지만, 학문과 현실 사이에 항상 모순과 괴리가 있었습니다. 라잔이 저술한 주자학의 해설서인 『슌칸쇼春鑑抄』를 통해 그의 주자학에 대한 이해를 살펴보겠습니다.

"천지는 만물을 낳는 마음으로 마음을 삼고 있어, 모든 사람은

70 역자주 – 총 11권으로 이루어진 책으로 에도 시대 중기에 쓰여졌다. 무사의 마음가짐에 대해서 설파하며 신하의 도리 등에 대해서도 언급하고 있다.

인의의 마음을 가지고 있다. 예로 인, 의, 예, 지는 모두 하늘이 부여하는 것이다. 인이라고 하는 것은 천리에서 만물을 만들어 내는 마음이다. 사람에게는 자애의 마음이 있다. 자애의 마음은 인이다. 인은 오상五常의 시작이고, 의와 예와 지와 신의 네 가지는 인 안에 깃든다. 그런데 사람은 천리 자연의 성性을 받아들여, 인의의 마음이 없는 사람은 없지만, 자신의 사사로운 인욕에 함닉하여 인의 마음을 상실한다. 인욕에 함닉하면, 사람은 항상 이 인의의 마음에서 조금도 떨어질 수 없기에, 천지만물을 낳는 마음이 끊임없이 만물 초목을 낳고, 우로의 은혜를 베풀지 못할 것이다."

우주를 움직이는 원리나 법칙을 천리天理로 이해하면 그 천리에는 인仁・의義・예礼・지智・신信의 다섯 길이 있는데 그것은 변하지 않는 길이니 오상五常이라고 하여 이는 만물에 갖추어져 있다고 보는 것입니다. 하물며 만물의 영장인 인간에게 있는 것은 당연한 것입니다. 즉 '천리 자연의 성性'은 만물에 있고 만물과 구별되는 '만물의 영장'이라 하더라도 그 성性이 모든 인간에게 갖추어져 있다는 점에서 인간은 평등합니다. 그런데 그 '성'이 '사사로운 인욕에 함닉'한다는 것은 사적인 욕망에 사로잡혀서라는 뜻일까요? 그 욕망 때문에 '성'이 손상된다고 하는 것입니다. 여기서 금욕, 제욕制欲이 중요해집니다. 욕심을 완전히 제어해서 덕을 쌓는 것이 성인 군주이고, 욕심을 제어할 수 없는 정도에 따라 덕의 정도가 좌우됩니다. 즉 신분 질서는 그러한 덕의 정도에 따른 서열이 되는 셈입니다. '성'을 움직이는 것은 '이理'고, 그것을 둘러싸고 '성'을 실현하는 매체는 '기気'가 되는 것입니다. 그 '기'가 맑으면 욕망은 제어되고, '기'가 흐려지면 욕망이 탁해지는 것입니다. 즉 인간은 그

'성'이 선한 점에서 평등한데, 그 '성'을 '이'에 따라서 실현할 때 '기'를 흐리게 하는 정도로 덕이 높고 낮음을 달리하는 덕에 의한 차별인 것입니다.

유교의 차별

차별의 논리에서 중요한 것은 '예礼'입니다. 라잔은 '예는 서序의 한 글자'라 하고, '존비유서' '장유유서'라 합니다. '국가를 다스리는 것은 예절 · 법도를 갖추고, 존비의 차별, 장유의 차제를 나눠 현인을 존경하고 소인을 물리침으로 다스려지는 것'으로 국가의 질서를 논하고 있습니다. 여기서 '현인'은 덕이 높은 사람, '소인'은 덕이 낮은 사람입니다. 그리고 '도덕인의道德仁義'라 하여, "예가 아니면 이루지 못한다"고 합니다. 유교는 '수기치인修己治人'을 본질로 하듯이, 자신이 노력해서 덕을 닦고, 그것을 통해 남을 다스리는 학문입니다. 즉 덕을 닦아서 성인이 되어야 인의의 정치를 할 수 있습니다. 그래서 주자학은 '성인의 길'인 학문이기도 한 셈입니다. 그러므로 도쿠가와 장군은 일본을 다스리는 가장 덕이 높은 존재이자 성인에 가장 가까운 존재여야 합니다. 그 바탕에는 '예'인 차별의 서열이 전개됩니다. '예'는 덕의 서열이고, 차별의 양식인데, 그것이 또한 신분질서와 일치해야 합니다. 차별은 가장 인간적인 예의 양식이 됩니다.

주자학을 일본에서 대성시킨 것이 야마자키 안사이山崎闇斎 학파[71]라고 하는데, 17세기 후반에는 문하생이 6 천명이라고 할 정도로 큰 세력을 가졌습니다. 안사이는 "만물을 검으로 평정하는 것은 옛날 스사노오나 후손인 오나무치와 같이 지금의 장군이 그러하다. 줄곧 신대로부터 일본은 그러하였다."(「신대권강의神代卷講義」) 라고 무력에 의한 천하통일이 신대로부터 내려온 일본적 전통이었다는 점을 내세워 존왕론과 연결시키면서 도쿠가와 가문의 지배를 변증하고 있습니다. 원래는 덕이 있는 성인이 인정仁政을 베풀어 인망 높은 군주가 될 수 있는 것으로 무력과는 정반대에 있는 것인데, 이처럼 존왕론과 연결하면서 도쿠가와 체제를 합리화하여 체제의 영구화를 꾀하고 영속적인 신분제를 덕의 질서로 변증하고 있는 것입니다. 만세일계의 천황의 존재가 선험적으로 영속적인 것으로 설정되어 있다는 점 또한 그 신대神代 이래로 무력에 의한 천하통일이 전통이었다는 점에서, 덕의 지배가 정당화되는 것입니다. 거기에는 무와 덕, 신분과 덕, 영속과 변혁의 모순이 있습니다. 그러한 모순은 이후에 여러 가지 해석을 낳게 됩니다만, 성인 군주를 지지하는 무사층이 그러한 덕의 소유자이자, 농민이나 조닌보다 도덕적으로 우월하다는 데에는 어떠한 근거가 있는 것이 아닙니다.

사농공상

덕을 이룬 정도에 따라 서열이 만들어지고, 거기서 정해진 신분이 고착화된다는 것은 신분에 따라 인간의 가치가 정해져 바꿀 수 없다는 것을 뜻합니다. 태어날 때부터 죽을 때까지 농부는 무사보

71 역자주 - 유학과 일본의 신도를 결합한 신유일치를 주창한 야마자키 안사이의 문하생들로 이루어진 학파. 약 6천명에 이르렀다고 할 정도로 큰 학맥을 이루었다.

다 인간적 가치가 떨어지니 아무리 노력해도 변하지 않습니다. 그러한 서열을 표현한 것이 '사농공상'입니다. '사농공상'은 중국의 고전(『한서漢書』)에도 나옵니다만, 인간이 하는 일의 종류를 가리키는 사회적 분업을 표현한 것이지 신분제를 나타내는 것이 아니었습니다. 그리고 '사士'라는 것도 무사를 의미하지 않습니다. 사농공상은 인민의 구분으로 '사'는 사민四民의 장으로, 군주를 섬길 능력이 있는 존재라는 의미로 사용되었다고 합니다. 일본에서도 중세부터 이 네 글자가 등장합니다만, 그 경우에도 사회적 분업의 의미가 강했다고 생각됩니다. 그것이 히데요시의 병농분리 정책으로, '사'와 '농공상'이 분리되고 '사'가 무사로 명확한 의미를 얻게 됨과 동시에 신분화되어 갔습니다. 그러므로 사농공상은 '사'와 '농공상'의 구별이라는 차별이 중요한 것이지, '농공상' 사이에 명확한 차별이 있었던 것은 아니라고 생각됩니다. 단지, 유교에는 금욕적인 윤리가 있으므로, 욕망을 부추기고 물건을 생산하지 않고 이익을 추구할 뿐이라고만 여겨지는 상업에 대한 멸시관은 잠재해 있었다고 볼 수 있습니다. 그것이 커지는 것은 에도 후기부터로 상품경제의 발전이 커다란 사회적인 모순을 만들면서 상업 억제 정책이 주장되는 시기가 아닐까 생각됩니다.

문제는 사농공상을 사회적 분업의 표현으로서 사민四民을 볼 때, 그 범주에 들지 않는 사람들이 있다는 것입니다. 17세기의 가나조시仮名草子 『가쇼키可笑記』[72]에는 "그 천하에 보배가 많다고 하는데, 사람을 제 일로 여긴다. 사람 중에도 사농공상의 사민을 보배라 한

72 역자주 – 사물을 무상관에 사로잡히는 일 없이 전체적으로 밝고 현실적으로 파악하려는 경향을 갖고 근세 수필 문학의 새로운 길을 열었다고 평가받는다.

다. …… 이 밖의 자는 유민遊民이라 하여 아무 쓸모가 없고 그저 쥐와 같다.”라고 합니다. 그 무렵의 사회 통념을 말하는 게 아닐까요.

그런데 앞에서 이야기한 이기론理気論[73]에서 ‘기気’가 맑아지고 깨끗해지는 정도가 문제가 되었는데, 그러한 사고방식은 불교의 정부정浄不浄, 신도의 게가레ケガレ 관념과 통합니다. 물론 무엇을 부정不浄하고 게가레로 볼 것인가는 다양한 측면이 있지만, 덕의 정도가 낮을수록 게가레의 정도가 높다는 이기론은 받아들이기 쉬운 기반을 가지고 있었다고 할 수 있습니다. 근세에서 가장 크게 차별을 받은 신분은 ‘에타エタ·히닌非人’등의 천민이었는데, 그들은 또한 가장 부정한 존재로 간주되었던 것입니다. 다음에서 에도 시대의 천민 형성에 대해 생각해보고자 합니다.

73 역자주 – 이(理)와 기(氣), 그리고 그 관계를 통해 우주와 인간의 존재 구조와 그 생성 근원을 유기적으로 설명하는 성리학 이론이다.

12
근세 '천민'제의 형성

'천민'제의 '확립'

일본 근세 사회는 신분제를 중심으로 한 차별 사회였습니다. 사농공상의 신분은 사회적 분업(직업)과 토지긴박土地緊縛[74]에 의해 지탱되었는데, 이는 직업과 거주지뿐만 아니라 옷차림과 생활양식에 이르기까지 차별의 양식을 만들어 내고 사람들을 규제했습니다. 이러한 사농공상보다 상위의 신분으로 장군과 다이묘(영주)가 있고, 그 위에 천황과 귀족公家이 있었습니다. 실질적으로는 무력을 가진 장군이 최고의 지배권력자이자 '공의公義'로서 사회적 권위를 가지고 있었습니다. 하지만, 고대 율령제의 영향과 더불어 아마테라스 오미카미天照大神[75]나 대일여래大日如來[76] 등의 신위神威를 계보로 갖게 된 천황이 장군의 권위를 보장한다는 형식하에서 신분제 전체의 권위는 그러한 신위와 천황에 의해 유지되었다고 할 수 있습

74 역자주-중세 유럽의 장원제처럼, 농민이 이동의 자유가 없이 토지에 얽매여 있는 상태를 말한다.

75 역자주-일본신화에 등장하는 태양신으로, 일본 천황의 조상신로 알려져 있다.

76 역자주-밀교에서 설하는 우주의 실상을 불격화(佛格化)한 근본불로서, 모든 부처와 보살이 출생하는 본원이며 궁극의 귀결처이다.

니다. 그리고 그 최하층의 존재로서 '천민'을 두게 됩니다. 에도 막부가 '천민'이라고 호칭하여 그 존재를 의식적으로 신분제의 말단에 포함시켰다는 것에 관한 명확한 문서가 있는 것은 아닙니다. 그러나 1722년 막부 앞에서 '에타가시라穢多頭 단자에몬弾左衛門'[77]이 '히닌가시라非人頭' 구루마젠시치車善七[78]와의 논쟁에서 이겨 천민을 통제하는 시하이가시라支配頭에 임명된 것이 오늘날 이야기하는 '천민'제의 '확립'이 아닐까 생각합니다.

이 논쟁에서 단자에몬이 쓴 '유래서由緒書'(1719)에 의하면, 그때 그가 지배하던 좌座의 종류는 '조리長吏' '자토座頭' '마이마이舞々' '사루가쿠猿楽' '온묘지陰陽師' '가베누리壁塗' '도나베土鍋' '이모지鋳物師' '쓰지메쿠라辻目暗' '히닌非人' '사루히키猿引' '하치타타키鉢扣' '쓰루사시弦指' '이시키리石切' '가와라케시土器師' '호카放下' '가사누이笠縫' '와타시모리渡守' '야마모리山守' '아오야青屋' '쓰보타테坪立' '후데유이筆結' '스미시墨師' '세키모리関守' '가네우치鐘打' '시시마이獅子舞' '미쓰쿠리蓑作' '쿠구쓰시傀儡師' '게이세이야傾城屋'의 29종이었다고 합니다. 여러 종류의 유래서가 있어, 각각의 '유래서'에 따라 지배하는 좌의 종류가 그 외에도 33종에서 52종까지 있어, 거기에는 허실이 뒤섞여 있습니다. 다만, 여기에서 지적하고 싶은 것은 이와 같이 여러 가지 '잡업'을 하는 자들이 단자에몬에 의해 총괄된 점, 그로 인해 그 지배하에 있는 사람들이 '천민'으로 여겨진 점, 그

77 역자주-에도 시대의 피차별민이었던 에타(穢多), 히닌(非人) 신분의 수령을 뜻한다.

78 역자주-에도 시대의 에도 아사쿠사의 히닌의 수령이 대대로 세습했던 이름을 뜻한다.

러한 체제가 막부에 의해 공식적으로 인정되었다는 점, 이 체제가 그 후 여러가지 내적 변화를 낳으면서도 그 형태가 막부 말기까지 계속된다는 점에서 그것을 '천민'제의 '확립'이라고 간주해도 좋을 것입니다.

'천민'제의 '성립'

'천민' 제도의 단서는 닌베쓰시라베人別調[79]에서 볼 수 있습니다. 16세기 말부터 17세기 초에 나타나는 '진치쿠아라타메초人畜改帳'는 전쟁을 예상해서 인부나 우마牛馬의 징발을 목적으로 했습니다. 우마의 소재 확인과 함께 인간에 대해서는 남성을 중시하고, 병자·장애인의 구별을 '병자' '울화병자' '장님' '벙어리' '팔병신' 등으로 주기하고 있습니다. 권력으로 일반인과 병자·장애인을 차별하려고 한 의도는 분명합니다. 그러나 무엇보다도 신분제의 '성립'이야말로 '천민'제를 성립시키는 것입니다. 그런 의미에서 병농분리와 다이코 검지太閤検地가 신분제를 만들고, 빈민을 만들어 내는 제도적인 첫걸음이라고 할 수 있습니다.

병농분리는 '병'과 '농'의 분리이며, '병농'과 그 이외의 것과의 분리입니다. 그리고 도시에도 마을이 생겨 촌락에 있는 것과 비슷한 '자치'적인 공동체가 활동하게 되면서 '농'은 '농공상'의 의미를 갖게 됩니다. 슈몬닌베쓰초宗門人別帳를 통해 그러한 마을 공동체의 구성원을 확인하게 됩니다. 세상이 안정되어 가는(소농 자립 경영

79 역자주-에도 시대의 호적과 같은 역할을 한 문서이다.

이 일반적으로 성립되는) 17세기 후기의 '슈몬닌베쓰초'에서는 지역에 따라 차이가 있습니다만, 병자 · 장애인을 특기하는 것이 없어지고 대신에 '유민遊民' '잡업민雜業民'을 표시하는 경향이 강해집니다. 이른바 사농공상 이외의 존재로 촌락이나 마을의 구성원으로부터 배제된 사람들입니다.

'유민' '잡업민'의 내용도 시기에 따라 변합니다만, 막부 말기 『근세풍속지近世風俗志』[80]의 직업 안내에서 '잡업'으로 소개되고 있는 것은 다음과 같습니다. '신도자神道者' '와이와이텐노わいわい天王' '가시마노 고토후레鹿島の事触' '고무소虚無僧' '다이카구라太楽神' '오보쿠레보즈おぼくれ坊主' '한다교진半田行人' '마카쇼まかしょ' '고신노 다이마치庚申の代待' '고무네乞胸' '사루와카猿若' '조루리浄瑠璃' '셋쿄説経' '모노마네物真似' '시카타노仕形能' '모노가타리物語' '고샤쿠講釈' '쓰지칸진辻勧進' '시시마이獅子舞' '구비카케시바이首賭け芝居' '가사이오도리葛西踊' '사이코쿠준레이西国巡礼' '시코쿠헨로四国遍路' '히닌非人' '에타穢多' '이누히로이犬拾ひ' '사루히키猿曳' '세키조로節季候' '도리오이鳥追' '스나에砂画' '소지掃除' '히토리즈모一人相撲' '고지키시바이乞食芝居' …… 재미 있어서 그만 길게 인용했습니다만, 이것을 민중문화라고 해도 좋을 것 같습니다. 막부 말기에 이르러 그 종사하는 자들이 더욱 다양해졌습니다만(민중문화의 성숙), '유민', '잡업민'으로 멸시받았던 것으로 보입니다. 그리고 이들 중 상당수가 '천민'의 차별을 받게 됩니다. 에타가시라 단자에몬 지배하의 좌의 형성에 대해서는 두세 가지 예를 살펴 보겠습니다.

80 역자주 – 에도 시대 말기에 기타가와 모리사다(喜田川守貞)가 집필한 당시의 풍속을 담은 수필집.

자토座頭[81]

예를 들어 '자토'라고 하는 것은 맹인을 가리키는데, 그냥 맹인이 아닌 맹인 무리를 가리킵니다. 중세에는 헤이케 모노가타리平家物語[82]를 이야기하는 비파법사의 활동이 유명합니다('자토'에 속하지 않는 맹인도 많이 있었는데, 그 대부분은 집에서 돌봐주거나 집안 일을 하거나 때로는 가장으로서 활약하는 사람도 볼 수 있습니다). 헤이케 모노가타리의 이야기는 16세기에 점차 쇠퇴해갑니다만, 그 후, 샤미센이나 고토琴 등의 새로운 악기로 조루리浄瑠璃나 유행가, 민요 등이 연주될 때에 맹인이 큰 역할을 합니다. 그들은 귀족이나 무사, 거상들의 저택, 또는 유곽의 문화 살롱에서 활약함과 동시에 민중들의 관혼상제의 축하 의식이나 거리곡예, 가도즈케놀이門付け芸에서도 춤이나 가벼운 곡예 등을 수반하면서 활동해 나갔습니다.

맹인의 역사에 대해서는 가토 야스아키加藤康昭 씨의 노작労作『일본맹인사회사연구日本盲人社会史研究』을 통해 알게 된 것이 많습니다. 자토에 조직되는 사람이 증가하여, 겐교検校[83]·고토勾当[84]·자토라고 하는 계급제가 만들어지는 것은 14세기경이라고 합니다. 그것들은 관직(맹관盲官·고관瞽官)으로서 맹인의 예능 능력과 사회적

81 역자주–에도 시대 맹인 계급의 하나이다.

82 역자주–13세기 초에 성립한 작자 미상의 군기모노가타리이다. 무사 계급으로서 최초로 권력을 장악한 헤이케(平家) 일족의 대두에서 몰락까지를 그린 작품이다.

83 역자주–에도 시대 맹인에게 줄 수 있었던 최고의 벼슬이다.

84 역자주–에도 시대 맹인에게 줄 수 있었던 벼슬 중에 겐교 다음으로 높은 벼슬이다.

지위의 기능을 가지게 됩니다. 그러므로 '자토'라고 하는 것은 관직을 나타낼 때와 예능인으로서 맹인 일반을 가리킬 때가 있습니다. 그리고 이들 예능인 맹인의 좌를 '도도자当道座'라고 했는데, 이들은 히요시 신사日吉神社나 나카노인中院家 · 고가케久我家 등을 보호자本所로 하여 천황의 윤지를 받은 권위가 있었습니다. 그러나 16세기 중엽에는 이러한 보호자로부터 완전히 자립하게 됩니다.

에도 막부의 경우, 비파법사를 애호한 이에야스가 좌座를 승인하고, 1634년 이에미쓰家光 때에 '도도시키모쿠当道式目'가 제정되었습니다. 이 시키모쿠를 분석한 가토 야스아키 씨는 "예능좌로서의 도도자當道座의 본질이 상실되어, 겐교検校 · 고토勾当 · 자토座頭 등의 등급의 수여와 그에 따른 관전官銭의 수입 및 배당이 좌의 중심적인 기능이 된다"고 하여, 예능의 관계에서 경제적 관계로 변질되어 갔다고 지적하고 있습니다. 그러나 맹인들은 맹인 무녀나 맹인 승려들의 종교 활동이나 조루리, 민요, 고토, 샤미센 등의 예능 활동뿐만 아니라 침구鍼灸나 안마 등의 의료업, 혹은 부여받은 관금官金을 대부하여 이자를 받는 등 고리대금업에도 진출하여 축재하는 사람이 나옵니다. 그렇긴 하지만 좌에 대한 통제가 강한 세계에서 그들이 자유롭게 행할 수 있었던 것은 아닙니다. 겐교 등 관위가 높은 사람들은 무사나 호상들과 결탁하거나 혹은 하층의 자토나 고제瞽女[85]로부터 세금을 받아 부를 쌓고 있었지만, 하층 사람들은 일반 사회로부터 차별과 멸시를 받아 제대로 생활을 하지 못하는 사람이 많았습니다.

85 역자주－일본 여성 맹인 중에 예능인을 의미하는 역사적 명칭이다.

음양사

최근에는 만화에서 아베노 세이메이安倍晴明[86]가 다뤄지면서 음양사 붐이 일어나 여러분도 관심을 가지게 되었겠죠. 음양도란 음양오행설을 배경으로 하는 특수한 점술로써 길흉화복을 판단하는 방술方術입니다. 고대 중국에서 전해져 율령제 하에서 음양료陰陽寮[87]가 설치되어 점차 궁중 귀족들의 주술과 금기禁氣에 큰 세력을 미치게 되면서 아베노 세이메이가 등장합니다. 가마쿠라 시대가 되면서 궁정 음양도와 함께 수행자들인 야마부시山伏[88]가 무사사회나 농촌으로 퍼져나갔습니다. 그러한 민중적인 음양사들이 좌를 결성하는 것이 중세 말기였다고 생각됩니다. 1683년에 료겐 천황霊元天皇이 쓰치미카도土御門 가문에게 '음양도 지배'의 윤지를 내리고, 쇼군 쓰나요시綱吉가 주인장朱印状으로 이를 공인하자 쓰치미카도 가문이 전국의 음양사 편성에 나섰습니다. 에도 중기에 쓰치미카도 가문은 수만 명의 음양사를 지배하여, 지방에 후레가시라触頭와 단속 관리자를 두어 면허장을 주고 그 대신 매년 세금을 거두어들였습니다.

86 역자주-헤이안 시대 중후반에 활동한 일본의 대표적인 음양사. 뛰어난 음양술로 많은 설화와 전설의 주인공이 되었다.

87 역자주-일본의 율령제 기관 중의 하나로, 운세와 천문, 시, 달력의 제작 등을 담당했던 부서이다.

88 역자주-산 속에 들어가서 수행을 하는 수험도(修験道)의 도자(道者)를 뜻한다.

'에타'

피차별 부락민 '에타'에 대해서는 많은 연구가 이루어졌고 그 형성사에 대해서 여러 의견이 있습니다. 최근 논의를 살펴보면, 다카기 쇼사쿠高木昭作는 『일본 근세 국가사 연구日本近世国家史の研究』에서 농공상의 신분은 국역国役의 부담에 의해 편성되었다고 지적하고, 아사오 나오히로朝尾直弘는 「근세의 신분과 그 변용近世の身分とその変容」에서 '지연적・직업적 신분공동체'가 그에 속하는 신분을 결정했다고 주장합니다. 미네기시 겐타로峯岸賢太郎는 『부락문제의 역사와 국민융합部落問題の歴史と国民融合』에서 '신분은 만들어지는 것이 아니라 태어나는 것이다'라며 '습속적 차별'을 강조합니다. 또한, 중세 정치 기원설을 주장하는 우에스기 사토시上杉聰의 『부락사가 바뀐다部落史がかわる』와 근세 정치 기원설을 주장하는 데라키 노부아키寺木伸明의 『근세 신분과 피차별민의 제상近世身分と被差別民の諸相』과의 사이에 논쟁이 있습니다. 저는 이러한 여러 설들을 잘 정리할 수는 없지만, 주장의 차이가 부락에 대한 정의의 차이라든가 강조점의 차이를 이야기하는 것들이 많아서 어느 정도 설명이 가능합니다.

많은 사람들이 지적하듯이 13세기 후기의 『지리부쿠로塵袋』 시기에는 '히닌', '에타' 즉 '기요메'를 맡은 집단이 '나병자' 집단과 함께 사회에서 배제되는 현상이 있었는데, 그것이 부락部落의 원형이 되었다고 생각합니다. 중세 시대에 교토에서 게비이시検非違使[89]에 의해 사역

89 역자주 – 일본의 율령제에서 교토의 치안유지와 민정을 소관한 직책을 뜻한다.

을 했던 '가와라모노河原者'[90] 집단과 나라에서 고후쿠지興福寺 아래 부근에서 형벌을 집행하거나 죽은 사슴의 처리역을 담당했던 집단이 '기요메'역으로 활약했습니다. 이들이 점차 광범위한 지역의 네트워크를 형성하면서 집단으로서 자립하기 시작하는 것은 전국시대라고 생각합니다.

그리고 거기에는 지금까지와는 또 다른 '가와타' 계열의 부락이 출현했을 것으로 추정됩니다. 즉 피혁업 집단의 출현입니다. 1526년 이마가와今川 씨의 주인장에 '가와타 히코하치かわた 彦八'라는 글귀가 있어, 이것을 '가와타'의 초출로 봅니다. 16세기 후반에 총포가 전래되어 집단전쟁으로 전환되면서 갑옷 등 무구武具 에 필요한 가죽의 수요가 증대되면서 피혁업 집단(가와타 집단)이 전국 다이묘의 보호를 받게 됩니다.

'에타가시라' 단자에몬은 이러한 전국 시대에 세력을 뻗쳐, 도쿠가와 이에야스의 비호하에서 간토関東 일대에 네트워크를 만들었다고 생각됩니다. 그러나 그들도 죽은 동물의 더러움인 '사예死穢'를 접촉한 존재로서 '기요메'역과 같은 차별을 받게 됩니다. 아마도 근세의 '에타', '가와타'로 여긴 피차별 부락은 이 두 개의 계보가 합쳐져 정리된 것이라고 생각합니다.

귀족 혈통과 특권

이상, '에타가시라' 단자에몬 지배하에 있는 몇 개의 좌에 대하

90 역자주 – 중세 일본의 대표적인 피차별민이다. 주로 도축이나 피혁 가공 등의 직종에 종사했다.

여 그 형성사를 개관해봤습니다. 이것만으로도 좌가 얼마나 다종다양하고 형성사의 내용이 다양한지 알 수 있습니다만, 그들에게 공통되는 것은 대부분 천황－귀족－지사寺社와의 관계(천황의 윤지나 관위, 면허장 등)를 가짐과 동시에 막부의 승인을 필요로 한다는 점입니다. 즉, 천황과 귀족의 관계를 통해 이들로부터 벼슬을 얻거나 급여, 세금면제 등의 비호와 함께 세상의 멸시, 기피에 대하여 '귀족 혈통의 권위'로 방어하려 했던 것이 아닌가 생각됩니다.

단자에몬의 경우는 다른 가와라모노의 유래서에서 일본인은 모두 신의 자손이라고 선언하고, '에타'도 예외가 아니며 모두 동일하다고 주장하는 부분이 있어 주목됩니다. 거기서 자신들의 조상을 무라카미村上 천황이나 스자쿠朱雀 천황과 관련지어 천황의 선지로 허락된 특권을 기록하거나, 혹은 에타를 지배하는 직종을 정한 것이 미나모토노 요리토모源頼朝로서 도쿠가와 이에야스徳川家康에 의한 비호를 강조하고 있습니다. 여기에는 허실이 뒤섞여 있습니다만, 문제는 단자에몬 또한 그러한 귀인 혈통의 권위와 현실의 권력을 최대한 이용하려는 태도였다는 것입니다(와키타 오사무脇田修 『가와라 마키모노의 세계河原巻物の世界』).

보시와 질서

그런데 천민은 각자의 좌에서 일을 하면서도 먹고 살기 힘든 사람이 많고, '히닌'을 비롯하여 구걸을 주로 하는 사람들이 있어서, 그들에게는 제례나 제사가 보시를 받을 수 있는 절호의 기회였습니다. 그러한 관습 아래 한창 보시가 이루어지고 있었던 것입니다.

다음에 인용하는 글은 1604년 에도 막부가 시작된 이듬해 교토의 도요쿠니 신사豊國神社에서 히데요시秀吉의 7주기 제사가 거행되었을 때의 보시하는 모습을 묘사한 것입니다.

"거지乞食, 히닌非人, 하치타타키鉢拱, 쇼몬시唱門師, 사루쓰카이猿使, 맹인, 앉은뱅이居去, 고시히키腰引, 모노이와즈物イハズ, 에타, 가와하기皮剥, 간진노히지리諸勧進之聖, 이류이형イルイ異形, 어중이 떠중이 모여든 자들이 얼마나 많은지 그 수를 헤아리지 못한다. 위에서 자비를 내리시니 고맙다, 황공하다 소리치는 것이 눈 뜨고 볼 수 없는 처량한 모습이었다.".

적은 양의 시주라도 받기 위해 각종 하층 천민들이 모여들었다고 하니, 그것은 '눈 뜨고 볼 수 없는' 처량한 광경이면서도 교토의 도시 질서를 어지럽히는 위험한 상황을 만든 것이 아니었나 추측됩니다. 그들 중에는 잡기를 연기해 시주를 구하려는 사람도 있었을 것입니다만, 글에서는 '고맙다' '황송하다'라며 시주만을 얻기 위해서 모인 기색이 농후합니다. 이러한 기운이 곳곳에서 고조되면서 지배층이나 좌의 상층부에 불안을 주어 그들의 통제를 강화하려는 움직임이 생겨납니다. 가토의 전계서에 의하면, 1672년에 소켄교惣検校[91]가 자토들에게 포고하여 이러한 보시 시행에는 '예절'을 지킬 것, 시주를 받고자 하여 하루에 왕복 가능한 거리 이상의 먼 지방으로 나가서는 안 될 것, 다수가 가는 것이 아니라 대표가 갈 것, 시주만 받으려고 하는 자가 많은데 가능한 한 가업에 힘쓸 것 등의 명령이 내려져 이를 어기면 제명당하거나 사형에 처해

91 역자주 – 겐교(検校)를 총괄하는 직명이다.

졌다고 합니다.

아마도 이러한 움직임은 자토에게만 해당되는 것이 아니었을 것입니다. 하층 천민들에게 제례와 제사, 걸립乞粒의 시주는 필수적인 수입원이었지만, 이것이 질서 있게 이루어지기 위해 각 좌에서 엄격한 규율이 시작되었습니다. 막부를 대신하여 그것들을 전체적으로 총괄 · 지배하는 존재로서 '히닌가시라'와 '에타가시라'가 활약하게 되어, 마침내 단자에몬이 그 전체의 총괄자가 됩니다. 그가 천민 전체의 총괄자가 되는 데는 다른 이유도 있겠지만, 가장 큰 요인은 천민들에 의해 질서 붕괴의 위기가 고조되면서 강력하고 통일적인 총괄자가 필요하기 때문입니다. 그는 지배하에 있는 구성원들에게 대한 징세권과 함께 재판권과 처벌권을 갖게 됩니다. 즉 중세 후기에 천민들이 각종 좌를 결성하여 자립하기 시작합니다만, 병농분리 · 다이코 검지를 통해 신분제 틀이 만들어지면서, 그 체제의 애물들로서 '유민', '잡업민'이 차별받는 '천민'제가 '성립'하게 됩니다. 그리고 그 체제가 확립하기까지 그로부터 한 세기가 더 지나야 했습니다.

13

여러 가지 차별

애매한 영역

천민제의 '확립'이라고 해도, 그것이 완전한 형태를 띠지는 않았습니다. 이 시기에 '천민'을 어떻게 구별했는가에 대해서는 현재 역사학에서도 뚜렷한 구분이 없습니다. '에타가시라' 단자에몬이 지배한 지역은 에도를 중심으로 한 간핫슈關八州[92]와 그 밖의 몇몇 지역은 분명하지만, 그 외에 어느 정도 전국에 걸쳐 있는지 알 수 없고, 29종의 좌를 지배했다는 것도 과거의 업적을 자랑하며 열거한 것으로 허실이 뒤섞여 있어 얼마나 정확한지는 알 수 없습니다. 예를 들면 자토는 이미 18세기에 '에타가시라' 단자에몬의 지배에서 벗어나 그들만의 독자적인 규칙하에 '천민' 취급이 아닌 권력으로부터 배당과 신분을 보장받았다고 할 수 있습니다. 겐교 · 고토 · 자토 등 관직을 얻은 특권적인 자토들은 신관 승려와 같은 신분으로 취급되어 지사 부교寺社奉行의 관할하에 편입되었습니다. 그러나 압

92 역자주－에도 시대 간토(関東) 8개 지방의 총칭으로 사가미(さがみ) · 무사시(むさし) · 아와(あわ) · 가즈사(かずさ) · 시모사(しもうさ) · 히타치(ひたち) · 고즈케(こうずけ) · 시모츠케(しもつけ)의 8개 지역이다.

도적으로 다수를 차지하는 하층 자토들은 이러한 계급의 지배하에서 그들에게서 관금을 얻어 연명하거나, 가토즈케 예능이나 안마업을 통해 간신히 생활하는 맹인들이 있었습니다. 즉, 가난한 맹인들은 천민과 유사한 차별을 받고 있었다고 할 수 있습니다. 그렇다고 해도 내 집에서 안마업과 같은 가업을 하는 맹인은 조닌 취급을 받았다고 하니 하층 자토라고 해도 여러 형태가 존재했고, 거기에는 세상의 복잡한 시선이 있었습니다. 같은 맹인이라도 집을 소유한자는 조닌 취급을 받는가 하면, 차별의 시선과 제구실 못하는 병자·장애인에 대한 멸시의 시선 등이 존재했습니다.

천민을 벗어나는 사람들

그러한 사람들의 좌는 과거에는 단자에몬의 지배하에 있었지만, 겐쿄들의 조직이 확립됨에 따라 그 통제 아래로 편입되게 됩니다. 그러므로 단자에몬의 지배하에서 '천민'으로 간주되던 사람들과 그 지배에서 벗어난 하층 자토들과는 신분적으로 다른 점이 있습니다. 다만, 자토들이 '천민으로부터 벗어났다'고는 하지만, 맹인으로서 멸시받는 풍조가 없어진 것이 아니기에 극히 애매한 상황이 있었다고 할 수 있습니다.

이에야스가 썼다고 한「도쿠가와 성헌 백개조徳川成憲百箇条」는 위서입니다만, 에도 후기에 일반인들에게 유포되었습니다. 거기에는 "사민 외에, 에타, 호이토哺啜[93], 맹인 남자, 맹인 여자, 무연고자들,

93 역자주－식객(食客)을 의미한다.

고래로부터 이들을 가엾게 여겨 도움을 베풀어주었다. 이것을 인정의 시작으로 알아야 할 것"이라고 기록되어 있습니다. 도쿠가와 미쓰쿠니徳川光圀[94]의 "고샤瞽者(맹인)의 겐쿄, 고토는 모두 같은 부류의 계급이며, 외부에서 보면 모두 걸식하는 자이다"(「세이잔코즈이히쓰西山公随筆」)는 언설도 17세기에 이루어졌지만, 이러한 지배층의 인식이 일반 민중들에게도 확산되어 두고두고 강한 힘을 갖게 되는 것이 아닐까요.

유래서 29조에는 자토에 이어 '마이마이舞々 · 사루가쿠猿楽'가 있고, 그 밖에 '조루리카타리浄瑠璃語'를 예로 들고 있는 것도 있습니다. 가부키는 이즈모出雲의 오쿠니阿国[95]가 창시했다고 알려져 있습니다만, 그 흥행은 교토 시조가와라四条河原에서 행해져 가와라모노가 담당했다고 합니다. 사루가쿠와 가부키 등의 예능은 가와라모노의 예능으로 지목받아 온 점에서 멸시받은 역사를 가지고 있습니다. 가부키 배우도 멸시당하고 막부로부터 자주 탄압 받았습니다. 그러나, 가부키는 온나가부키에서 오토코가부키로 변신하여 점차 세상에서 인정받으며 성장해, 겐로쿠기(1688~1704년)에는 겐로쿠 가부키元禄歌舞伎라고 불릴 정도로 번성했습니다. 즉, 에도 · 오사카 조닌들의 지지를 받은 문화로서 가부키가 큰 세력을 갖기에 이른 것입니다.

---

94 역자주－일본 에도(江戶)시대 전기 미토번(水戶落)의 제2대 번주(藩主). 사국(史局)인 쇼코칸을 개설하고『대일본사』편찬에 착수하였다. 사사(社寺)의 철저한 개혁을 단행하였고 고전의 편주에도 힘을 쏟았다.

95 역자주－전국을 돌아다니며 춤을 추었다고 하며, 전설에는 나카무라 산에몬의 딸로 이즈모 대사의 무녀가 되어 이즈모 대사의 권리를 위해 일본 전역을 순회하여 좋은 평판을 얻었다고 한다.

그러던 중 1708년에 가치오기勝扇子 사건[96]이 발생했습니다. 가부키 배우들이 '에타가시라' 단자에몬에게 그때까지 지불하던 흥행의 조세 지불을 거부한 것입니다. 이것에 대해 천민들이 소란을 일으켜, 소동으로 발전하는데, 막부가 이것에 대하여 가부키 배우의 주장을 인정하는 판결을 내린 사건입니다. 이것은 가부키 배우의 천민 해방운동으로 유명합니다. 유력한 가부키 배우들은 집을 가짐으로써 조닌으로 대우받게 됩니다만, 그것은 그때까지 단자에몬에 지배되고 있었다는 것을 증명하는 것이기도 합니다. 가치오기 사건으로 인해 유래서에는 가부키 배우를 예로 들고 있지는 않습니다. 그러나 가부키 배우들이 조닌 취급을 받아도, 다른 한편으로는 여전히 가와라모노로 취급당하며 끝까지 멸시받았다는 점과 그것이 메이지 이후로도 이어져 배우를 멸시하는 시선이 되었다는 점을 명기해 두어야 합니다.

후쿠자와 유키치 『규한조舊藩情』

근세 차별의 실상에 관한 서술로는 후쿠자와 유키치福澤諭吉[97]의 『규한조舊藩情』가 유명합니다. 거기에는 옛 나카쓰中津 번사藩士 1,500명에 대해 '신분과 직명이 백 여급'으로 나뉘어, "상등上等 중에서 다이신大臣[98]과 고쇼구미小姓組[99]를 비교하고, 하등下等 중에서

96 역자주－가부키 배우의 천민 해방운동 뿐만 아니라, 공적인 신분 보증으로 이어지는 사건이었다.

97 역자주－에도·메이지 시대의 계몽 사상가이다. 봉건 시대의 타파와 서구 문명의 도입을 주장하였다. 특히 자연과학과 국민계몽의 중요성을 강조하여 일본이 근대로 나아가는 데 큰 역할을 하였다.

유이히쓰祐筆와 아시가루足軽를 비교하면, 그 신분의 차이는 본래 크지만, 상하 양등 사이에 확실한 분계를 그어야 한다."라고 합니다. 무사 계급 중에도 백 여개의 신분 차이가 있어, 그 사이에 상하의 차별이 있지만 가장 크고 명확한 차별은 상급무사와 하급무사 사이에 있었다는 점을 강조하고 있습니다.

번사의 3분의 2를 차지하는 하등 무사는 "어떠한 공적과 재력이 있어도 결코 상등 자리로 승진하지 못한다", "아시가루는 일반적으로 상등 사족士族[100]에 대해 게자下座[101]라고 하여, 우중 왕래 시 만나러 갈 때는 게타下駄를 벗고 길가에 평복하는 법도가 있다", "하사下士가 상사上士의 집에 가면 먼저 다른 방에서 인사한 후에 실내로 들어가고, 상사가 하사의 집에 가면 객실까지 칼을 차고 들어오는 것을 법으로 한다", "상등 사족士族을 규닌給人이라 칭하고, 하등 사족을 가치徒士 또는 고야쿠닌小役人이라고 하여, 규닌 이상과 가치 이하는 어떠한 사정이 있어도 인연을 맺을 수 없다"는 등 하급 무사가 얼마나 차별받고 있는지를 지적하고 있습니다. 또한, "다음 조항들과 같이 상하 양등의 사족은 권리를 달리하고 골육의 연을 달리하며, 빈부를 달리하고 교육을 달리하여 재산 생계의 정취와 풍속관습을 달리하는 자이므로 저절로 그 명예의 소재도 다르고, 이해의 소관도 다르지 않을 수 없다. 영예와 이해를 달리하면 또한 동

98 역자주 – 에도 막부의 최고위의 벼슬로 다이조다이신(太政大臣), 사다이신(左大臣), 우다이신(右大臣), 나이다이신(内大臣) 4명이 존재한다.

99 역자주 – 에도 막부의 친위대에 해당하는 벼슬이다.

100 역자주 – 메이지유신 이후, 에도 시대의 구 무사계급 중에 화족이 되지 못한 자에게 주어진 계급이다.

101 역자주 – 말석, 아랫자리의 의미이다.

정하고 연민하는 마음도 서로 후박하지 않을 수 없다."고 합니다. 후쿠자와는 이러한 신분 차별에 대해 "문벌 제도는 부모의 원수"(『후쿠오지덴福翁自伝』)라고 했습니다. 물론 여기서도 "다이신과 고쇼구미와의 신분은 크게 다르지만, 고쇼구미가 입신하여 요닌用人[102]이 된 사례는 드물지 않다. 또한 하등의 나카코쇼中小姓[103]와 아시가루 사이에도 심한 구별이 있지만, 아시가루가 고야쿠닌에 입신하여 또는 나카코쇼가 되는 것은 매우 쉽다"고 하여, 신분 이동의 가능성을 논하고 있습니다. 거기서는 "게다가 햐쿠쇼百姓[104]가 주겐中間[105]이 되고, 주겐이 고가시라小頭가 되고, 고가시라의 아들이 고야쿠닌이 되면, 하등 사족 중에도 부끄럽지 않은 지위를 점할 수 있다"고 하여 농민이 무사가 될 가능성까지 지적하고 있습니다. 에도막부 말기가 되면 실제로 농민이나 조닌 신분의 부유한 사람이 무사 신분을 사거나 양자로 들어가 무사 신분으로 이동하는 경우가 증가했으므로 여기에도 신분 간의 애매한 영역이 있습니다.

하급 무사와 농공상의 평민 사이, 농공상과 천민과의 사이에서는 신분 이동이 있었다고 볼 수 있습니다. 그러나 그것은 매우 극소수에 불과했고, 또한 그 것과 신분의 상하에 따른 불평등, 차별이 엄연히 존재했던 것과는 별개입니다. 바로 그러한 차별이 존재했기 때문에 조금이라도 차별이 약해지는 높은 신분으로의 이동을

102 역자주－에도 시대에 다이묘 밑에서 서무와 출납 등을 맡아 하던 자를 뜻한다.

103 역자주－에도 시대에 아시가루와 사무라이의 중간에 위치한 계급을 의미한다.

104 역자주－에도 시대에 귀족이나 관료, 하층의 부민이나 노비를 제외한 모든 이를 뜻한다.

105 역자주－에도 시대에 사무라이나 관료를 섬기던 중간 계급에 속한 이를 뜻한다.

꾀하려고 했습니다. 그리고, 축재하여 돈의 위력을 발휘하려는 농공상의 사람들이 나타나면, 그러한 신분 상승에 대한 충동이 강해집니다. 이미 겐로쿠 시기에 지카마쓰몬자에몬近松門左衛門[106]은 다양한 작품에서 무사를 '축생畜生'이라고 부르고 있습니다만, 그것은 부를 축적해가는 조닌들의 무사의 횡포에 대한 비판의 소리였고, 차별에 대한 저항이었던 셈입니다만, 그것이 신분에 대한 상승 욕구를 없앤 것은 아니었습니다.

공동체와 '이에家'

근세 사회는 기본적으로 각자의 직업을 중심으로 한 공동체와 혈연을 중심으로 하는 직계의 가부장제 가족이 구성되었습니다. 가족은 상대적으로 자립한 '이에家'를 구성하지만, 가신단(가추家中) 공동체나 읍・촌의 공동체에 의거하거나 규제 속에서 경영되므로 공동체에 대한 권리와 의무를 갖게 됩니다. 그러므로 공동체 구성원으로서의 자격이 있어야 하고, 그 자격의 정도에 따라 상하 관계가 형성되기에, 자격이 없으면 배제됩니다. 잘 알려진 '무라하치부村八分'[107]의 차별이란 공의법이나 마을의 규약을 어긴 자의 '이에'에 대해서 마을 전체가 교제나 거래를 정지하는 처분을 말합니다. 자립적인 소농 경영을 영위하는 자작농本百姓[108]이 광범위하게 형성

106 역자주 – 일본의 닌교조루리, 가부키 극작가이다. 가장 유명한 작품들은 연인의 동반 자살을 다루고 있다.

107 역자주 – 에도 시대에 촌락 공동체의 규칙 및 질서를 어긴 자에 대해 집단이 가하는 제재행위를 가리키는 속칭이다.

108 역자주 – 에도 시대에 다이묘에게 세금 등을 납부해, 촌락의 정규 일원으로 인

된 촌청제村請制 하에서 공동체를 지탱하는 '이에' 체제의 확립이 '천민'제가 확립되는 시기에 대응한다고 생각합니다. 그러나, 그러한 체제하에서는 나누시名主[109]・무라야쿠닌村役人[110] 층이 상급 무사라면 자작농은 하급무사로, 아시가루・가치 층은 빈농인 미즈노미햐쿠쇼水呑百姓[111]나 예속 농민(나고名子・가카에抱え・히칸被官・게닌下人・호코닌奉公人)에 해당될까요. 그 중에서 자작농 이상이 공동체를 구성하는 주체이며, 그 사이에는 일정한 평등 원리가 작용하지만, 미즈노미햐쿠쇼 이하인 사람들은 '이에'가 없거나 극히 불안정하기 때문에 차별되어 공동체의 운영에 관여할 수 없습니다. 근세의 가부장 제도가 봉건적 차별의 상징처럼 여겨집니다만, 그 기반인 '이에'조차 가질 수 없었던 극빈층은 상당히 많았을 것으로 생각합니다.

'이에'는 가부장이 총괄하는 집단이지만, 그 구성원인 가족에게는 일정한 대등성과 차별성이 존재합니다. 가부장은 '이에'의 총괄자・관리자이며, '이에'의 조상제사의 주재자이자 외부에 대한 대표자입니다. 그러한 의미에서 가부장이 마치 큰 권한을 가진 가내의 절대 군주처럼 여겨지지만, 가족에 대해 자의적으로 무엇이든 할 수 있는 것이 아니기에 관청이나 공동체의 규약에 따라야만 했습니다. 거기에는 공동체나 친족의 양해가 필요합니다. 이혼 하나만 보더라도 그렇게 자유롭지 않았습니다. 신분에 따라 차이가 크

정받고 있던 이를 뜻한다.

109 역자주 – 에도 시대에 촌락의 관리인으로 농업경영자에 가까운 직책이다.

110 역자주 – 에도 시대에 촌락에서 농민의 신분으로서 행정을 담당했던 직책이다.

111 역자주 – 에도 시대에 밭이나 논을 소유하지 못한 농민을 의미한다.

지만, 무사의 가부장은 군주에 대한 봉공이 직분으로 가사와 분리되어 있는 것이 근대의 직주분리職住分離[112]의 원형을 보여주고 있지만, 군주에 대한 봉공이라는 점에서 가족들을 통제 관리하게 됩니다. 이렇듯 가부장은 강한 절대적인 성격을 가집니다. 가계의 유지를 최대 목표로 하기에, 가독 상속자(주로 장남)가 다른 형제에 비해 우대받고, 다른 형제는 양자로 나가는 것 이외에는 평생 집 살이를 할 운명을 가집니다. 이에 비해 평민들은 직장과 주거지가 같으므로 한 집안에서 가족이 직업과 집안일을 함께 하게 되고, 바깥에서는 가부장의 위엄을 지켜야겠지만, 실제로는 '마누라 천하'가 되는 경우가 많습니다. 근세 초기에는 형제가 함께 재산(전답)을 분할하는 풍습도 강했습니다. 그러나 분지제한령分地制限令(1663)[113] 이후로는 점차 한 자녀 상속이 되고, 가독 상속자가 '이에'의 총괄·관리자가 되면서 가부장의 권한이 강화되었습니다. 마을에는 와카모노야도若者宿[114]나 무스메야도娘宿[115]가 있어서, 청년공동체가 혼인에 간섭하는 일이 있었지만, 근세 후기에 이르러서는 가부장이 혼인(더욱이 딸을 매도하는)에 대한 결정권을 가지게 됩니다.

112 역자주－직장과 주거가 일정 이상의 거리에 위치하고 통근하는 상황, 혹은 그러한 도시 구조를 가리킨다.

113 역자주－에도 시대에 농민에 의한 전답의 분할 상속을 제한하기 위해 막부가 내놓은 법령이다.

114 역자주－마을의 젊은이들이 저녁에 모여서 일도 하고 잠도 자고 하는 집회소를 뜻한다.

115 역자주－성년식을 마친 여성이 모여서 일도 하고 잠도 자고 하는 집회소를 뜻한다.

『여대학女大学』

가이바라 에키켄貝原益軒[116]의 저술로 여겨지는 『여대학』(1733)은 근세 시대에 여성이 얼마나 멸시받고 차별받았는지를 나타내는 언설로 유명합니다. 가령 "무릇 여자의 나쁜 품성으로 생긴 병은 순종하지 않는 것, 분노하고 원망하는 것, 남을 비방하는 것, 질투하는 것, 지혜롭지 못한 것이다. 이 다섯 가지 병은 열에 일곱 여덟은 반드시 있다. 이 점이 여자가 남자보다 못한 점이다. …… 여자는 음기이다. 음기는 밤이고 어둡다. 그러므로 여자는 남자에 비해 어리석고, 눈앞의 마땅한 일도 모른다. ……"

유교는 성선설이 기본인데, 이것은 성악설입니다. 여자는 원래 이렇게 나쁜 성격이 있으니까 남자보다 못한 것이고 고쳐야 한다, 그러므로 '삼종三従'(부모를 따르고, 남편을 따르고, 자식을 따른다)과 여자를 내쫓는 일곱 가지 이유가 되는 '칠거七去'(시부모에게 순종하지 않음, 자식이 없음, 음행이 있음, 투기함, 나쁜 병이 있음, 말이 많음, 도둑질함)에 대한 가르침을 지켜야 한다고 설명합니다. 여기에는 '촉예触穢'라는 더러움에 접촉하면 전염이 된다는 사고방식에 의한 여성 멸시관이 강하게 작용하고 있어서 근세 중기부터 차별 사상의 강조와 함께 널리 유포됩니다. 중세부터 촉예사상에 유교적인 여성 멸시관이 겹쳐져 여성은 가독 상속자를 낳거나, 아니면 성적 도구로서 유녀의 성격이 요구되었습니다. 상품경제의 발전과 함께 유곽이 번성하면서 메시모리온나

116 역자주 – 일본 근세 전기의 유학자이자 교육자로, 후쿠오카번에 등용되어 번의 지식사업과 교육에 깊이 관여하였다.

飯盛女[117] · 요타카夜鷹[118]와 같은 하급 유녀가 늘어갔던 것입니다.

그러나 다른 한편으로는 다나카 규구田中丘隅의『민간성요民間省要』(1721)에서는 "산촌의 부녀자는 남편과 함께 여러 가지 채집을 하는데, 몸에는 굵은 태포太布라는 것을 허리까지 짤막하게 입고, 짚신 신고 각반을 단단히 감고서, 도끼 · 손도끼 · 낫 등을 허리에 차고는 무거운 짐을 실은 소 말을 끌고, 머리에 이거나 등에 짐 짊어진 것이 남자보다 못할 게 없다. 힘이 세고 몸이 가볍고 남자 다름없다."라는 문장을 볼 수 있습니다. 산촌의 여성은 남성과 같은 일을 하며 남성보다 못할 것이 없다고 단정하고 있습니다. 그것을 나누시名主를 맡은 남성이 썼다는 것입니다. 아마도 노동면에서 여성이 남성에 비해 가사나 가업을 처리해야 했고, 상급 무사의 아내처럼 가사는 하녀에게 맡기는 여성이 적었을테니, 일반적으로는 여성 활동의 중요성과 유능함이 인정되었다고 생각됩니다. 그럼에도 불구하고, 예를 들어 여자 봉공인의 임금은 직종이나 지역에 따라 차이가 있었지만, 남자 봉공인보다 훨씬 적어 전체적으로 남자의 절반 수준이었습니다.『여대학』은 '이에'의 아내를 모델로 삼아 그 이상적인 모습을 설명한 것으로, 실제로는 상급 무사나 상급 농민 또는 조닌이 대상이 됩니다. 즉, 이들 계층에게 아내 역할의 첫번째로는, '이에'의 후계자를 낳는 일이었습니다. 그러나 여성을 이렇게 나쁘게 말하는 언설을 당시 사람들이 얼마나 믿고 행동했느냐 하는 것은 다른 문제입니다. 오늘날에도 폭력적이고 제멋대로인

117 역자주－일본 근세의 숙박업소에서 일하는 여성으로 숙박 전반에 걸쳐서 고객에게 도움을 주었다.

118 역자주－유녀 중에서도 가장 낮은 계급에 속하는 여성을 뜻한다.

남편이 있듯이, 이 시대에도 마음씨 좋은 남편이 있고 대등하고 부부 사이가 좋은 가족이 얼마든지 있었을 것입니다. 그러나 앞서 언급했듯이 가부장에게는 사회적 규범을 준수하는 역할이 있기에 그 규범으로서 『여대학』의 언설이 퍼지면 집안에서는 친절히 대해도 세상적으로는 가장의 권위를 지켜야 하고 또는 이를 내세워 폭력을 휘두르는 경우도 빈번했습니다. 그리고 다른 한편으로는 인신매매를 수반한 유녀에 대한 노예 취급이 공공연하게 인정되어 낮은 노동임금과 여성 멸시가 강해졌다고 생각됩니다. 여성에 대한 멸시와 차별은 신분을 넘어 상급 무사나 천민 사회에도 관철되는 측면이 있지만, 상인의 아내와 같이 그 일에 따라 상대적으로 경의를 받는 경우가 있기에, 일률적으로는 말할 수 없습니다. 다만, 가부장제의 시스템과 유교적 멸시관, 촉예사상에 의한 차별은 광범위하게 사회를 둘러싸고 있었다고 해야겠지요.

14

차별에의 항거

근세 사회의 차별

근세 사회는 신분제 사회입니다. 신분의 상하가 인간의 귀천을 나타내는 것으로 여겨져, 상하관계의 차별을 기본으로 하여 거기에 성차별, 연령차별, 신체, 혈통에 의한 차별 등이 얽혀졌습니다. 유교를 중심으로 한 삼교三教의 가르침이 그 차별을 정당화하고, 단순화해서 도덕적인 질서로 변증하는 것이었다고 할 수 있습니다. 18세기에 이르러 신분제・천민제의 확립과 함께 안정된 차별사회를 형성하면서 사람들도 그것을 '자연'적인 것으로 간주하게 됩니다. '차별'이야말로 인간 본연의 상태라고 하는 의식이 지배적으로 되어 갔습니다. 여성이 잘난 척하거나 참견하면 부자연스럽고, 여성스럽지 않으며, 인간적이지 못한 것으로, 연장자에게 대들면 예의를 모르는 것이 되고, 장애인이나 병자에 대해서는 전생의 업보로 생긴 것이므로 멸시와 공포의 눈으로 바라봤습니다.

특히 천민은 '신분 밖의 신분'으로서 '사농공상'의 일반 사회로부터 소외되고 배제되었습니다. '통혼通婚'과 '동화공식同火共食'이 거부되어 평민의 집에 들어가는 것도 금지되었습니다.

그러한 차별을 당연하게 여기고 인간적이며 자연스러운 것으로 이해했던 사람들로부터 그것은 차별이니 안 된다고 생각하거나 혹은 차별로 자각하지 않더라도 '이상하다'고 느껴져 그에 대한 비판이나 분쟁이 생겨나는 것은 어떠한 상황에서였을까요. 사람마다 다르고 경우에 따라 여러 가지가 있겠지만, 그 대부분은 그 사람들이 놓인 상황이 변했을 때, 그중에서도 그 변화가 큰 이해관계를 낳을 때일 것입니다.

그 변화는 개개인이 다르다고 하더라도 상품경제의 발전이 사회적 모순을 만들면서 생기는 문제가 가장 컸다고 생각됩니다. 앞 절에서 살펴본 자토나 음양사, 가부키 배우들의 '천민 해방'은 17세기 말에서 18세기 초의 천민제 확립기의 일입니다. 그 외에도 야마모리山守[119], 세키모리関守[120], 다이도게이닌大道芸人[121]으로 '고무네乞胸'[122]라 불렸던 사람들이 이 시기에 단자에몬의 지배에서 벗어나 천민으로부터 해방되었습니다. 겐로쿠 시대(1688~1704)의 상품경제 고양기에 이들 그룹이 경제적 실력을 몸에 익혔다는 점과 평민들의 요청이나 평가가 높아졌다는 점, 그리고 자토나 음양사에서 살펴봤듯이 천황이나 귀족의 권위를 이용해 천민에서 벗어나려는 노력이 있었기 때문입니다. 또한 게가레와 무능으로 차별받던 여성들도 가정과 가업의 일꾼으로서 능력을 발휘하여 신분제 테두

119 역자주–에도 시대에 삼림을 산불이나 도적으로부터 지키던 천민을 가리킨다.

120 역자주–에도 시대에 관소를 관리하던 '히닌'을 부르던 호칭이다.

121 역자주–에도 시대에 거리나 빈 터 등에서 여러 가지 공연을 하던 예능인을 뜻한다.

122 역자주–에도 시대에 곡예, 춤 등, 다양한 예능으로 금전을 구걸하는 이를 뜻한다.

리 안에서 일정한 권한을 획득해가고 있었습니다. 그리고 마을이나 집으로부터 도망쳐 봉공인이 되는 것이나 신주心中[123] 또는 남편을 살해한 것조차도 의식과는 별개로 가부장제로부터의 피난이며, 가부장적 억압에 대한 하나의 저항이라고 할 수 있습니다. 이러한 노력은 결코 신분제 자체를 부정하는 것은 아니었고, 오히려 신분제를 전제로 한 것이었지만, 그들의 필사적인 노력, 즉 그 달리 방법이 보이지 않았던 상황에서의 노력으로 볼 수 있으리라 생각합니다.

'에타'와 '히닌'

천민 중에서도 가장 심하게 차별받은 것이 '에타'와 '히닌'이었습니다. 다만, 모든 차별의 정도를 가늠할 수 있는 것은 아닙니다. 가령 상급 무사에게 시집간 아내가 남편이나 시부모에게 구박을 받아 정신이 이상해질 정도에 비하면 천민의 아내라도 일가족이 사이좋게 지낼 수 있는 편이 마음 편하고 풍요롭다고 할 수 있습니다. 그러므로 여기서 말하는 '심하게 차별받았다'고 하는 것은 객관적인 사회적 차별의 정도를 말하는 것으로 생활의 확대나 자유, 다른 신분과의 교류, 즉 사회로부터 얼마나 배제되어 있는가 하는 것을 의미합니다. '에타'나 '히닌'도 사회로부터 완전히 배제된 것은 아니어서 오히려 중요한 사회적 역할이 주어진 불가결한 존재였습니다. '에타'는 죽은 우마의 처리, 도적 감찰, 처형장 역할 등이

123 역자주－남녀가 그 애정의 변함이 없는 것에 대한 맹세의 증거로서, 두 사람 내지 몇 명의 친한 관계에 있는 사람들이 합의상에서 함께 자살하는 것을 말한다.

맡겨져 이를 기요메역할이라고 이해할 수 있고, 이러한 역할과 함께 농사를 짓거나 대나무 세공, 셋타雪駄 만들기[124], 또는 피혁업 등의 잡종 일에 종사했습니다. '히닌'은 도적 감찰, 처형장 역할, 노히닌野非人('히닌'이 아닌 걸인)의 단속 역할 등을 맡았고(이것도 기요메역이라고 할 수 있습니다), 그 밖에 걸인, 혹은 관혼상제 등의 장소에서 축의금 · 부의금을 받거나 도리오이鳥追나 춤으로 돈을 받기도 했습니다. 대부분의 천민은 가난했지만, 단나바檀那場('에타')나 간진바勧進場('히닌')와 같이 각기 특권적으로 인정된 활동 영역이 있어서, 단자에몬이나 구루마젠시치車善七 등의 우두머리들은 성씨와 칼을 차는 것이 허락되어 고다이묘小大名와 같은 생활을 하고 있었습니다. 천만 중에도 피혁업 등 잡일의 수입으로 갑부가 된 사람이 적지 않았는데, 오사카 와타나베무라渡辺村의 다이코야太鼓屋 마타베又兵衛는 70만 냥의 부자라고 불렸습니다.

'히닌'에는 ① '혈통적 히닌'이나 '가카에히닌'이라고 불리는 부모 자식 대대로 '히닌'인 자 ② 신주 실패자나 범죄자가 '히닌'이 된 자 ③ 나병 등의 병자나 장애자, 혹은 농민이나 조닌이 몰락해 '히닌'이 된 자의 세 종류가 있습니다. 그 중 '혈통적 히닌' 이외에는 10년 이내에 평민으로 돌아가는 것이 가능했습니다. 확실한 신원보증인이 있으면 '발 씻기足洗い'라는 기요메 의식을 통해 평민으로 돌아갈 수 있었습니다. 이에 비해 '에타'는 '혈통적 에타' 즉 부모자식 대대로 혈연관계인 자들의 집단이라는 표식이 숙명적으로 인식되어 도망칠 길이 없었습니다. '히닌'은 그 집단에서 탈출할 가

124 역자주 – 대나무 짚신의 반대 면에 껍질을 붙이고 발꿈치 부분에 철을 덧댄 일본의 전통적인 신발.

능성이 있었는데, '에타'는 신분 이동의 자유가 없었던 것입니다.

다만, 근세 초기에는 그 구성원의 이동이 상당히 자유로웠던 것 같습니다. 막부가 처음 정식으로 차별령을 내렸다고 하는 1778년의 고시문 '오후레가키御触書'[125]에도 "근래, 에타 · 히닌 부류의 풍속이 악하여 햐쿠쇼 · 조닌에게 터무니없는 행동을 하거나, 혹은 햐쿠쇼인 것처럼 행동하고, …… 햐쿠쇼 · 조닌이 체면상 용서하고 내버려 두니 그 거만함이 더 심해졌다 …… 엄하게 처벌할 것이다."는 문장이 있어, 천민의 평민화 움직임이 막부에 불안을 줄 정도가 되었음을 말해줍니다. 근세 후기가 되어서 막부에 의해 '에타 적발'이 행해졌던 것은 부락에서 신분을 숨기고 권세가나 마을에 잠입해 봉공인이 되는 사람이 많았기 때문일 것입니다. 메이지 초기의 통계에 의하면, '에타' 44만 3천 92명, '히닌' 7만 7천 358명, 총 52만 4백 51명(「부번현별 · 신분별 인원표」)이라는 숫자가 있습니다. 이것이 정확한 숫자라고는 단정하기 어렵지만, 대략적인 짐작은 할 수 있습니다. 천민 중에서 '에타'가 가장 많고 조직적이며 자립적입니다.

시부소메渋染 봉기

아마도 천민이나 부락민이 집단적으로 차별에 저항했던 근세 최대의 운동은 1856년에 일어난 시부소메渋染 봉기일 것입니다. 오카야마번岡山藩의 신분 차별 강화에 반대한 운동으로 번 내 53개 부락

125 역자주-근대 이전의 일본에서 사용된 법률의 형식의 하나로, 지배자로부터 일반에 대하여 법령의 내용을 알리기 위해서 사용되었다.

의 민중이 결속해 전 영토의 싸움으로 번져간 결과, 어느 정도 요구에 대한 수락을 얻습니다만, 지도자 12명이 투옥되고 그중 6명이 옥사했습니다.

오카야마 번의 차별 강화는 에도 막부 말기에 전국적으로 행해진 차별 강화 정책의 하나였습니다. 1855년 12월에 29개조의 검약령倹約令[126]을 선포하고 그 마지막 5 개조에 부락민에게만 해당되는 금지령을 덧붙인 것입니다. 고시告示에 따르면, 부락민은 "원래 신분이 천한 자이므로, 평민인 햐쿠쇼에 대해서 자신의 자세를 낮추고, 만사에 삼가하여 아뢰는 것이 당연하다"고 했습니다. 또한, 시부소메渋染·아이조메藍染 등 감물이나 쪽빛으로 물들인 옷 이외에는 입어서는 안 된다, 문양 있는 옷을 입어서는 안 된다, 나들이에 게다를 신어서는 안 된다 등의 노골적인 금지령을 명했습니다. 그리고 그것을 따르겠다는 수락서에 도장을 찍는 '우케쇼인교請書印形' 즉 금지령을 지키겠다는 서약서를 각 부락으로부터 거두려고 했던 것입니다.

부락민은 소요리아이惣寄合 전체 모임에서 서약서 제출을 거부하고 금지령 철회를 위한 탄원 운동을 진행하기로 했습니다. 번에서는 서약서를 제출하게 하려고 협박과 고문으로 압력을 가해 어쩔 수 없이 굴복하는 부락도 나옵니다만, 운동은 점차 탄원에서 강소強訴[127]로 발전해갑니다. 최고 가로筆頭家老가 있는 무시아게진야虫明陣屋[128]로 천 오백 명의 부락민이 몰려든 결과, 마침내 탄원서를 수락

126 역자주—에도 막부가 계급을 불문하고 발령한 사치를 금지하는 법령이다.

127 역자주—강하게 무리를 지어 호소한다는 의미이다.

128 역자주—오카야마번 세토우치시에 위치한다.

하게 합니다. 그러나, "차차 연민의 마음이 있으니", 어쨌든 지금은 서약서를 내라는 관리의 설득에 굴복하게 됩니다. 그리고는 주모자 검거가 시작되었습니다.

이 봉기가 부락민이 차별정책에 반대했던 에도막부 말기 최대의 데모였다는 점에서 지금까지 많은 연구가 이루어져 왔습니다. 그 중에는 『긴부쿠쇼탄탄소키禁服訟欺難訴記』『셋샤초호키屑者重宝記』 등 부락민이 써서 남긴 자세한 기록을 근거로 차별에 대한 부락민의 의식을 다룬 논의가 이루어져 왔습니다. 부락민에게 '햐쿠쇼 의식'이 있어 평등사상이 있었다고 하는 높은 평가가 주류라고 생각됩니다. 그 논의를 검토할 여유는 없지만, 부락민이 금지령 철회에 맞선 이유는 부락민의 정체성을 부정하려 했기 때문이었다고 생각합니다.

첫째로 주목되는 것은 번 권력이 '햐쿠쇼'에 비해 부락민을 '신분이 천한 자'로 보고 차별 강화를 꾀하려 한 것에 대해 '햐쿠쇼와 동일'하게 해 달라고 탄원한 점입니다. 1842년 검약령에서는 '햐쿠쇼'와 동일하지 않았는가, 무엇보다 자기들은 '햐쿠쇼와 마찬가지로 구라모토의 연공'을 납부하고 있으니 이런 '차별'을 받을 이유가 없다는 것입니다. 여기에는 자신들이 '햐쿠쇼'와 같다는 의식이 나타나 있기에, 이 '하쿠쇼 의식'이야말로 평등을 요구하는 평등사상이라고 높이 평가되어왔습니다. 하지만, 부락민의 탄원서를 보면, 자신들이 하쿠쇼와 같이 연공을 상납하고 있으니 차별하는 것은 잘못이라고 말하지만, 자신들을 햐쿠쇼라고는 말하지 않습니다. 오히려, "넓은 신분의 햐쿠쇼와는 다른 협소한 에타 마을이기에"라고 자칭하고 있습니다. 그리고 다른 한편으로, "또는 야쿠닌

무라로 불리고 있다", "목숨과 관계되는 일도 두려워하지 않고 임무에 충실하게 임하며 섬긴다"라며 '에타'역을 담당하고 있는 것을 과시합니다. 그러한 도적 단속의 임무를 맡은 자신들이 눈에 띄는 감색의 물 들인 옷을 입고 있어서는 임무를 완수할 수 없다는 것입니다. 겸손한 표현을 쓰면서도 탄원서는 자신들이 햐쿠쇼와 동격이고, 더욱이 '에타' 역할을 하는 훌륭한 영민領民이므로 차별을 당할 이유가 없다고 당당히 주장합니다. 탄원서에는 부락민이 사회적으로 불가피한 독자적인 존재라는 자부심이 나타나 있습니다.

부락민의 '천민 해방'에 대한 노력은 다양한 형식으로 나타나기 시작하여, 부락을 탈출해 대도시에 잠입하는 사람들도 있었습니다. 많은 부락은 '에다무라枝村'[129]란 불리한 조건하에서도 농업 생산에 힘을 쏟아 '햐쿠쇼' 수준의 생활을 얻으려고 노력했습니다. 언젠가 햐쿠쇼처럼 대우받을 거라는 기대도 포함됐을 겁니다. 혹은 '에타 · 히닌 출입금지'라는 햐쿠쇼 마을의 팻말에 대해서, "에타라는 자는 햐쿠쇼라고 하지 않고, 녹을 받지 않으며, …… 죽은 소, 말, 사슴 등 그 외에 더러운 것을 처리하는, 즉 에타라고 하는 자"로서, 자신들은 그렇지 않고, '가와타かわた'라는 주장(1812년, 단바丹波 지방 다카야高屋 마을)을 볼 수 있었습니다. 이것도 '에타'라는 존재를 인정하지만, 그들과는 다르다고 말하는 자기 방위 또는 천민에서 벗어나려는 행위였다고 할 수 있습니다. 이러한 천민 탈출 방법들은 신분제를 바꾸려는 것은 아니었고, 다른 천민들을 발판으로 삼으려는 점에서 크게 평가하지는 않습니다만, 다른 방

129 역자주–에도 시대에 개척 등의 활동으로 분리된 마을을 뜻한다.

법을 찾지 못하는 상황에서 그들의 노력을 비난할 수는 없을 것입니다. 다른 많은 부락민의 천민 탈출 방법이나 농업 생산을 높여 농부가 되려는 방법, 부락으로부터 도망가는 방법도 '에타'에 대한 차별 자체를 부정하는 것은 아니었습니다.

그러나 시부소메 봉기의 탄원서는 그러한 지금까지의 방향이 아닌 '에타'역의 중요성을 확실히 자각하고, 거기에 자신들의 임무가 있음을 차별 반대의 논거로 삼고 있는 점에서 획기적이라고 말해야 하지 않을까요. '기요메'역 자체를 평가하고 있다기보다는 번주가 명한 임무라는 점을 강조하고 있는 것은 문제로 남습니다만.

연대와 대립

시부소메 봉기에서 주목받는 또 하나의 점은 농민과의 연대라고 하는 것입니다. 천 수백 명의 봉기 세력이 오카야마岡山와 각 부락에서 무시아케虫明까지 밀려왔을 때, 그 길거리의 햐쿠쇼들은 "모두 문을 닫고 창문을 막고서 두려움 속에 있었다."고 하지만, 그중에는 "햐쿠쇼의 집이 있었는데, 작은 찻집을 운영하던 인심 있는 자였던가, 이 염천에 가와타들도 이틀 밤 사흘 동안 바깥에서 지새며, 필경 고통스러울테니 기요미즈清水[130]를 해야겠다며 젊은이 4, 5인을 고용하여 그들에게 물을 뿌렸더니 모두 기뻐하며 절을 했다"는 이야기가 있습니다. 지쳐있는 봉기인들에게 물을 주었을 뿐인 이야기지만, '동화공식同火共食'을 사회적 금기로 삼았던 당시에 있어

130 역자주 – 깨끗한 물로 정화하는 것.

서는 대단한 금기를 깬 셈입니다. 햐쿠쇼 중에도 그들에게 동정하는 자들이 있었고, 금기를 깨면서까지 지원하는 자들이 있었다는 것입니다.

부락민과 평민과의 교류는 여러 금기와 편견으로 인해 방해를 받았으나 상품경제의 발전으로 사람들의 교류가 잦아지면서 그 벽을 깨는 사람들이 생겨납니다. 18세기 후기에 이르러 신분 차별을 깨는 움직임이 활발해지자 신분제를 강화하려는 현상이 두드러지기도 합니다. 조슈번長州藩에서는 조닌과 부락민들이 친하게 지냈다는 이유로 조닌들을 거주지에서 추방하라는 명령을 내립니다. 조닌과 부락민이 밀통했다고 해서 그 조닌을 '에타' 신분으로 떨어뜨리는 처벌도 있었습니다. 또한 이것은 차별에 항거한 개인적인 행동입니다만, 햐쿠쇼 봉기에 부락민이 참가한 사례를 각지에서 볼 수 있습니다. 오카야마 번 옆의 쓰야마번津山藩에서 1866년에 개정 봉기가 일어났는데, 거기에서는 "에타가 함께 어울리며, 다양한 의견을 나누고, 또는 밥 등도 스스로 섭취하고, 절임통에 손을 넣고, 움켜쥐고 꺼내 먹었다"는 풍경을 볼 수 있었습니다. 몸이 접촉하는 것만으로도 게가레가 옮는다는 촉예를 기피하는 사회 통념 속에서 햐쿠쇼의 봉기에 부락민이 참여하여 함께 음식을 먹었던 것입니다.

부락민의 농업 진출은 농민 마을의 황폐한 논밭을 가꾸고 황무지 개간으로 이뤄지는 경우가 많기에 햐쿠쇼와 협동하고 협력할 기회가 많았을 것입니다. 어쩌면 봉기라고 하는 일상성이 깨지는 공간에서 사회적 금기를 쉽게 극복했던 점도 있었을 것입니다. 에도막부 말기에 사회 불안이 높아지는 가운데 이와 같이 천민과 평민이 연대하는 싹이 보인 것은 결코 시부소메 봉기만이 아니었습니다.

그러나 다른 한편으로 천민과 평민과의 대립이 격화되는 것도 막부 말기입니다. 물론 그 이전부터도 있었기에, 신분 차별이 갖는 '대립'은 작은 일을 계기로 폭발하곤 했습니다. 부락민의 농업 진출은 연대의 필요를 만듦과 동시에 다른 한편으로는 산림·입회지의 이용과 논밭의 사용권을 둘러싼 분쟁을 촉발하게 하여, 상품경제가 발전하면서 상거래의 분쟁을 낳게 됩니다. 대규모 분쟁으로는 1843년 부슈武州의 하나오 소동鼻緒騷動이 있습니다. 부락의 청년이 팔던 끈의 가격을 후려친 것이 계기가 되어 폭력으로 얼룩지고 거기에 부락민 6 백 명, 하쿠쇼가 천명 정도 모이게 되었습니다. 서로 대치하여 대난투극이 될뻔한 상황에 중재가 이루어져 겨우 해산하게 됩니다. 하지만, 후에 이 일에 대한 책임을 요구하여, 부락민 252명을 구속하고, 97명을 에도에 보냈는데, 그 가운데 절반이 옥사했습니다.

또한 부락민의 이러한 천민 탈출의 의향을 권력이 이용하는 경향이 현저해집니다. 가장 유명한 사례가 조슈번의 부락민 군대 징집입니다. 1863년 외국과의 전쟁을 예기하여 부락민을 대상으로 "전장에 나가기 원하는 자"를 모집하면서, 군대에 입대하면, '에타의 명목에서 뺀다'는 즉 평민으로 해준다고 한 것입니다. 이렇게 구성된 부대는 1866년 제2차 조슈 전쟁에서 활약합니다만, 그 활약이 소문으로 퍼졌는지, 권력이 부락민을 전쟁이나 농민 폭동 진압에 이용하려는 움직임이 현저해집니다. 도사번土佐藩 부락민이나 와타나베 마을渡辺村 부락민의 신분 상승 운동, 1868년 정월의 '에타가시라' 단자에몬의 신분 상승은 이러한 움직임을 배경으로 하고 있습니다.

이와 같이 에도 막부 말기의 상황에서 차별을 물리치려는 천민 노력의 고양과 평민들과의 연대 가능성, 이와 반대로 차별을 강화하여 질서 회복을 도모하려는 권력과 평민들의 차별 강화 움직임이 주목됩니다.

15

근세의 평등 사상

저류하는 평등 관념

근세 사회에서 '차별'은 자연스런 일로 여겨졌습니다. 그러나 사람들의 마음속 깊은 곳에는 인간 평등이라는 생각이 있었을 것입니다. 그것을 실증하는 것은 매우 어려운 일이지만, 그렇지 않았을까 생각합니다. 근대적인 권리나 의무의 개념을 동반한 것은 아니라 하더라도 인간은 모두 같다는 막연한 생각이나 감각 그리고 희구라는 것은 예부터 있던 것이 아닐까요. 공동체의 상호부조의 필요성에서 평등에 관한 관념은 원시공동체나 중세, 그리고 근세의 도시와 시골공동체 등에서 볼 수 있지만, 그러한 공동체를 초월하여 사람들이 관계를 맺을 때 나오는 평등의 관념은 언제 생겨난 것인가 하는 점에 대해 생각해보고자 합니다.

8세기 교기行基[131]의 광범위한 민중 구제 활동은 '부처 앞에서의 평등'이라는 관념 없이는 생각할 수 없고, 10세기 교토에서 돌연 일어났던 시다라가미設楽神[132] 운동도 모든 인간이 동등하다는 관념

131 역자주－민중에게 불교를 직접 포교하는 것을 금지하고 있었던 당시, 금기를 깨고 민중이나 호족 등 계층을 불문하고 널리 사람들에게 불교를 설파했다.

이 기능하고 있다는 생각을 금할 수 없습니다. 13세기 신란親鸞[133]의 가르침에는 '부처 앞의 평등'이라는 이미지가 더 구체화된 가르침으로 서술됩니다. 원리적으로는 현세의 모든 권력과 권위에 의한 질서(그것은 항상 차별적 질서인 셈입니다만)를 초월한 신불의 권위가 다양한 차이를 넘어 모든 인간으로부터 나아가 생명 있는 모든 존재에 미침으로써 모든 것을 초월하게 되는 것입니다. 그리고 거기에는 항상 인간 평등이라는 관념이 잠재되어 있어, 종교적 고양 속에서 분출하게 됩니다. 다만, 신란조차도 세속적 권위를 초월하지 못하여 왕법과 불법을 구별하거나 타협하고, 현세의 인간 평등의 관념을 정립하지 못했듯이 그것이 차별과 정면 대결하는 관념으로 발전하기는 무척 어려웠다고 할 수 있습니다.

근세의 그러한 종교적 고양에는 인간 평등의 관념이 나타나, 종종 현세의 차별 질서를 타파하려는 것이 됩니다. 가장 빠른 사례로는 후지코富士講[134] 수행자의 가르침이 있습니다. 18세기에 후지코 6세 수행자 지키교 미로쿠食行身禄[135]가 세상을 구원할 이상을 요구하며 '미로쿠의 세상'이 도래할 것을 예언하고, 그것을 맞이하기 위해 에도 사람들에게 새로운 생활 방식을 말한 것입니다. 그 가르침에는 "천지의 축제에 필적한 것은 사농공상의 사민이라 …… 사민

132 역자주－농업의 신이기도 하며, 역병의 유행을 피하기 위해서 민중이 믿었던 신이다.

133 역자주－일본 가마쿠라 시대의 불교 승려로 악인정기설(惡人正機說)을 주장하며 새로이 정토진종(淨土眞宗)을 열었다.

134 역자주－후지산(富士山)을 신앙의 대상으로 하는 사람들이 모인 조직을 뜻한다.

135 역자주－일본의 종교가로 후지코의 지도자였다. 정직과 자비로 근로에 힘쓰는 것을 신앙의 원점으로 삼았다.

중 높은 자리에서 많은 녹봉을 받는 사람으로부터 무위 무관의 하층에 이르기까지, 원래는 하나인 것이다. …… 인간 남녀를 차별하고 여자는 죄업이 깊은 오장五障 삼종三従[136]이 있다는 것에 대해, 신불의 법에서 첫 번째로 설문하고 있다. 이것은 교화하기 위한 방편설이다. 여자가 악할 수 없는 것, 악하다는 근거가 없다. 여자가 선을 행하면 이것은 선이다, 남자가 악을 행하면 이것은 악이다. …… 오직 이 가르침에 따라 사악함을 제하고 마음을 정결하게 하는 것에 남녀 구분이 있겠는가, 모두 같은 인간이다"('31일의 권三十一日の御巻' 1733년)라는 구절이 있습니다. 이는 남녀 차별을 비판한 것입니다만, 동시에 인간 평등을 말한 것입니다. 다만, '사농공상'이라는 한정에 천민이 포함되지 않았다는 문제가 있습니다.

사람들의 교류와 시야의 확대

많은 사람이 공동체 세계에서 바깥 세계로 교류를 넓히고 시야를 확대해 나가는 것은 상품 경제의 발전에 힘입은 바 큽니다. 게다가 상품경제의 원리로는 사람의 신분에 의해서 상품의 가치를 바꾸는 것이 아니고, 누구에게나 같은 가격으로 파는 것을 원칙으로 하기에, 간접적으로 돈 앞에서는 인간 평등이라고 하는 것을 가르치게 됩니다. 무엇보다 근세 봉건제에서는 경제 외 강제가 있기에 원리대로는 되지 않습니다만.

상품경제의 발전은 사람들의 교류와 시야를 확대해 갔습니다.

136 역자주-여성에게는 태어나면서부터 다섯 가지의 장해가 있으며, 평생 세 사람에게 복종하며 살 것을 말하는 불교용어이다.

촌이나 마을을 나가기 위해서는 관리로부터 허가증을 받아야 하는데, 근세 중기에서 후기에 걸쳐서 민중의 여행이 점차 증가하는 현상이 그것을 단적으로 보여주고 있습니다. 예를 들어 1771년 이세신궁에 참배한 오카게마이리おかげ参り[137]의 숫자는 연간 2백만 명이었지만, 1830년의 오카게마이리 참배에는 5백만 명이 참가했다고 합니다. 60년을 주기로 폭발적으로 유행한 참배가 일반적인 여행이라고는 할 수 없지만, 이세신궁 참배나 순례 등 사찰 참배를 명목으로 한 여행이 급속히 확대되었다고 할 수 있습니다. 사람들은 다양한 명소 고적과 진귀한 풍경에 마음이 설렜겠지만, 또한 한편으로는 어디를 가도 똑같은 세상이 있다는 사실을 깨달았을 겁니다. 다수의 가난한 사람들과 극소수의 부자나 권력자가 존재하는 구도는 어디나 같았고, 때로는 사기나 도둑질을 당하는 일이 있어도 가난한 사람들 간의 세심한 인정이나 권력자나 부자에겐 언제나 부정 불의의 소문이 따라다닌다는 것도 어디나 공통된 일이었겠지요. 이러한 경험은 근세 후기부터 성행하는 판본·판화의 인쇄물이나 연극, 흥행물見世物을 매개로 하여 민중의 문화로 확산되어 갑니다. 거기에는 어디나 인간은 똑같다는 이미지 혹은 감각의 확대를 상정할 수 있겠지요.

이러한 사람들의 교류와 시야가 확대됨과 동시에 한편으로는 차별에 대한 질서나 감각 또한 당연히 강화되었기 때문에 단순히 과대평가를 할 수는 없을 것입니다. 그러나 그러한 문화적인 공통성에 대한 자각이 향토 의식을 불러일으키면서 '일본'이라는 체제에

137 역자주—에도 시대에 일어난 이세신궁 집단참배를 뜻한다.

대한 의식, 내셔널리즘의 맹아와 같은 것을 창조해 갔다고 생각할 수 있습니다. 이전부터 지배층에 있던 일본 혹은 신국 의식은 에도 중기부터 중간계층인 호농호상豪農豪商 층에도 국학国学[138]이나 미토학水戸学[139]을 통해서 확산되어 강화되어 갔다고 할 수 있습니다. 일반 서민에게 그러한 내셔널리즘의 싹이 나타나는 것은 에도막부 말기라고 생각됩니다.

통속 도덕의 침투

한편으로 상품경제의 발전은 '만사가 돈인 세상'이 되어 빈부의 차를 벌립니다. 약간의 방심으로 집안의 몰락을 자초하는 일이 자주 있습니다. 그것은 자급자족하던 농촌지역에도 영향을 미쳐서 근세 후기에는 농촌 황폐에 따른 빈궁 분해(貧窮分解)와 몰락한 농민들을 대량으로 만들어 내게 됩니다. 후지코富士講도 그 하나입니다만, 병 고치기나 일가 번성의 현세 이익을 구하는 여러 신앙이 유행하게 되는 것과 동시에, 지금까지의 생활에 대해 다시금 가업의 유지와 번영을 도모하는 노력이 요구됩니다. 그 대표적인 가르침이 이시다 바이간石田梅岩[140]을 시조로 하는 세키몬 심학

138 역자주－에도 시대 중반인 17세기 말부터 생겨난 학문이다. 불교나 유학과 같은 외래 종교와 학문을 배격하고 일본의 고전을 연구하여 일본 고유의 문화와 정신을 찾으려는 학문이다.

139 역자주－일본에서 파생된 유학 사상이다. 후기 미토학은 존왕사상을 주장했지만, 에도 막부를 반대하던 토막파의 존왕양이 사상과는 달리 천황의 권위를 바탕으로 막부 중심의 정치 개혁을 시행해야 한다고 주장했다.

140 역자주－평이하고 서민적인 학문으로 상업 활동의 정통성을 주장하여 상인 계급의 큰 지지를 받았다.

石門心学[141]일 것입니다. 바이간은 교토에서 조닌을 상대로 고세키講席[142]를 마련하고, 생활 태도의 변혁, 마음의 변혁을 설명하기 시작했습니다. 그것은 신·유·불의 가르침을 융합하여 평이하게 설파한 것으로, 생활 윤리의 변혁과 엄격한 실천을 요구하는 것이었습니다. 그 가르침 자체는 가업의 사회적 역할을 자각하고, 그것의 번영을 위해(집의 존속을 위해서), '효행·유순·화합·성실·근면·검약' 등의 '통속 도덕'을 진지하게 실천해야 한다는 것으로, 확실히 봉건적 질서, 신분 차별 질서를 아래로부터 지지하는 이데올로기입니다. 그 엄격한 실천을 위해서는 긴장된 정신이 요구되고, '심학'이라고 부르듯이 무엇보다 마음의 자세가 문제가 됐습니다. 이 가르침은 바이간의 제자들에 의해 도시를 중심으로 전국으로 퍼져갑니다. 에도의 서민을 상대로 한 지키교 미로쿠食行身禄의 가르침도 그 종교색을 제외하면 기본적으로는 바이간과 공통됩니다. 근세 후기에 이르면 오하라大原 유학幽学[143]이나 니노미야 손토쿠二宮尊徳[144] 등의 열혈 농가篤農家 들에 의해서 농민 전용의 실천 윤리가 전해지면서 농촌지역으로 확대되어 갑니다.

이러한 '통속 도덕'의 조류야말로 근세 일본 민중의 주체 형성에 주류가 되었다고 야스마루 요시오安丸良夫 씨가 제기(『일본의 근대

141 역자주－서민을 위한 생활 철학의 시조로, 상인도 '재물을 유통시키는 사람'으로서 그 역할을 다하면, 무사와 동등하게 사회적 존재의 의의를 갖는다고 주장하였다.

142 역자주－강의 또는 강연을 하는 장소를 뜻한다.

143 역자주－에도 시대 후기의 농정학자이자 농민지도자이다. 세계 최초로 농업협동 조합을 창설했다.

144 역자주－에도 시대 후기의 농정학자이자 사상가이다. 경세제민을 목표로 농촌부흥정책을 지도했다.

화와 민중 사상日本の近代化と民衆思想』)한 이래, 민중 사상사의 연구는 큰 비약을 가져왔습니다. 저도 그 설에 따라 평등사상과의 관련에서 생각해보고자 합니다. 바이간은 당시 돈벌이에만 급급한 천한 일로 여겨졌던 상업의 사회적 의의에 대한 자각과 그 중시를 강조(박리다매 등)하게 됩니다만, 거기에는 직업에 귀천이 없다는 사회적 분업의 한 부분을 담당하는 훌륭한 역할이라는 주장이 있습니다. 그것은 오하라 유학이나 손토쿠의 농업에 대한 자세와도 같습니다. 게다가 '심학', 즉 마음을 단련함으로써 누구에게도 지지 않는 힘을 얻을 수 있고, 모든 일은 마음에 달렸다는 유심론적 세계관에서는 '마음'을 가진 사람은 생각이 기초가 됩니다. 이와 유사한 생각은 지카마쓰몬자에몬近松門左衛門의 작품에 "사무라이라고 해서 귀하지 않고, 조닌이라고 해서 천하지 않다, 고귀한 것은 이 마음 하나"(『유우기리 아와노나루토夕霧阿波鳴渡』)라는 표현이 있는 것을 보더라도 그 '마음'이 모든 것을 결정하는 것입니다. "마음을 세세하게 잘 다스리면 사도의 금광이 여기에 있다."(바이간), "부귀 빈천은 원래 하늘에 있는 것이 아니다. …… 각자의 마음에 있다."(손토쿠)라고 한 마음에 대한 확신은 에도 막부 말기가 되면 "지금 이곳과 아즈마가 멀리 떨어져 있어도 마음은 한가지로 ○ 하다"(구로즈미쿄黒住教 교주 · 구로즈미 무네타다黒住宗忠)와 같이 '마음'의 공통성에 이르게 됩니다. '마음'을 가진 인간은 모두 같다는 인식입니다. 이러한 정신주의는 주관적으로는 극히 약한 면모를 가지고 있지만, 그 실천이 인격화되면 강력한 자기 확신을 낳게 됩니다. 가업을 기반으로 한 강력한 정체성이 생긴다고 할 수 있습니다. 이 조류는 천민으로 확산되고 있었기에, 앞에서 언급한 시부소메 봉기 지도자의 언설에서 보는 부락민의 의식도 그 일례라고 할 수 있습니다.

근세 민중 투쟁의 대표적인 농민 봉기는 근세를 통해 3천 건이 넘습니다만, 근세 후기가 되면서 더욱 증가하여 광역화되어갑니다. 후기에 이를수록 농민의 언설에 지배자인 무사를 비판하는 의연한 태도가 현저하게 나타납니다. "당신들을 관리로 생각하면, 관리는 없고 개다."(「분세이 강소기文政強訴記」 1825), "자신의 전답 일을 즐겨라 하면서, 햐쿠쇼를 단속하는 것은 못된 일의 극치다"(「단고의 하쿠쇼 봉기丹後の百姓一揆」)라는 표현은 결코 드물지 않습니다. 에도 막부 말기의 사회 개혁에 대한 봉기에 이르러서는 "일본의 가난한 백성을 구하기 위해서"((「부슈질부농민도당일건武州秩父農民徒党一件」 1866년)라는 주장이 내세워지면서 공동체의 틀을 넘어선 평등 의식과 평등에 대한 요구가 등장합니다. "햐쿠쇼들을 향해 껄껄 웃어대며, 네 놈 햐쿠쇼 라며 우습게 보는 것은 잘못된 마음가짐이다. 햐쿠쇼의 말을 잘 들어라. 사농공상 천하의 유민 모두 겐페이토키쓰源平藤橘[145]의 4개의 성姓을 벗어나지 않고, 천하 제민 모두가 하쿠쇼인 것이다"라는 『도노토니네 모노가타리遠野唐丹寝物語』의 표현에서는 천민까지 포함한 평등관을 엿볼 수 있습니다.

고투하는 사상가들

근세 사회는 차별 이데올로기에 압도적으로 지배되었지만, 그럼

145 역자주－나라 시대 이후로 가문이 크게 번영한 적이 있는 겐지(源氏)・헤이지(平氏)・후지와라씨(藤原氏)・다치바나씨(橘氏)의 성씨을 말한다.

에도 불구하고 민중 의식의 저변에는 평등 의식이 흐르고 있었고, 그것이 점차 확대되어 때로는 분출하게 되었다고 이야기했습니다. 그러한 상황에 대해 당시 지식인들은 어떻게 대응했을까요. 많은 지식인은 그러한 민중의 충동에 위기감을 느끼고, 권력자들과 같이 도덕적 질서의 강화, 즉 차별을 강화함으로써 해결하려고 합니다. 그것은 농본주의적인 방향(고학, 미토학)과 중상주의적인 방향(경세학)으로 나뉘는데, 함께 민중의 에너지를 중시하고 그것을 어떻게 효율적으로 조직하고 통제할 것인가를 부심하고 있습니다.

유교에는 '천리天理'와 '성性'이 같으며, '성'은 만인이 갖추고 있다는 인식이 있어서 그것이 성선설과 함께 인간 평등의 관념을 만들어 발전시킬 가능성이 있다고 해야 하겠지만, 유학자들이 인간 평등을 명확하게 표현한 것에 대해서는 잘 알지 못합니다. 그런 표현이 등장한 가장 빠른 예로 시바 고칸司馬江漢의 유명한 "상천자上天子 장군으로부터 하사 농공상 히닌 거지에 이르기까지 모두 인간이다"(「슌파로힛키春波楼筆記」, 811년)라는 기술이 있습니다. 서양화의 선구자이기도 한 고칸은 히라가 겐나이平賀源内[146]와 마에노 료타쿠前野良沢[147]로부터 난학蘭学[148]의 영향을 받아 에칭etching이나 유화를 시도하고 궁리학窮理学에 흥미를 가져 지동설을 소개하는 등 이색적인 사상가로 알려져 있지만, 그의 평등론은 서양 근대문명에서 촉

146 역자주－유학, 문학, 본초학, 의학, 광물학 등 다양한 방면을 탐구했던 학자로, 특히 서양 학문과 기술에 관심이 많았다. 자신의 학문적 열정을 직접 실천으로 옮긴 인물이다.

147 역자주－의사이자 난학자로 에도 막부의 막신이기도 했다. 『해체신서』의 주간 번역자이다.

148 역자주－에도 시대에 네덜란드에서 전래된 지식을 연구한 학문이다.

발된 산물인 점이 주목됩니다. 그는 에도의 조닌으로 태어나 그림의 재능을 주목받아 센다이 번주에게 초대되기도 합니다. 그의 여행 일기에는 가난한 민중과의 접촉이 꼼꼼하게 기록되어 있고, 그러한 경험이 서양 근대의 합리주의와 자유 평등 사상과 만나서 평등관을 표출시켰다고 할 수 있습니다. 많은 지식인이 서민과 천민을 멸시하는 가운데, "히닌 거지에 이르기까지"라고 단언하는 것은 그에게 무거운 인생 경험이 있었다는 것을 말해줍니다. 난학의 영향으로 인간 평등관을 표명한 사상가로는 마에노 료타쿠와 함께 『해체신서解体新書』를 써서 육체의 관찰로부터 인간을 재검토한 스기타 겐파쿠杉田玄白[149]와 신불을 부정한 것으로 유명한 조닌 학자인 야마가타 반토山片蟠桃[150]도 들 수 있습니다.

그러나 무엇보다도 인간 평등을 체계적으로 설파한 독창적 사상가로 『자연진영도自然真営道』(1753)[151]를 저술한 안도 쇼에키安藤昌益[152]가 있습니다. '잊혀진 사상가'로도 불리는 쇼에키는 1899년 가노 고키치狩野亨吉에 의해 처음 세상에 소개되었습니다. 근세에는 거의 알

149 역자주 – 네덜란드에서 전래된 의학을 접하고 그 우수함을 깨달아, 해부학과 관련된 『해체신서』라는 의학 번역서를 내었다. 인체 해부학이 의학의 요체라고 주장하여 일본에서 난학 발전에 큰 영향을 끼쳤다.

150 역자주 – 에도 시대 후기의 상인이자 유학자이다. 농민의 아들로 태어나 오사카의 미곡상인 마스야에서 일하면서 상업에 뛰어난 수완을 보여, 마스야 본가를 재정 위기에서 구해낸 일등공신이 되었다.

151 역자주 – 신분과 계급을 부정하고 모두가 노동해야 한다는 철저한 평등사상을 제창한 서적이다.

152 역자주 – 에도 시대의 농본사상가이다. 도호쿠 지방을 강타한 대기근의 참상을 겪으면서 의사에서 사상가로 거듭났다. 봉건신분제를 통렬하게 비판하였고, '직접 경작 활동을 통하지 않고 사는 것은 탐욕이며, 그런 이들은 '강도'와 다름없다'고 하였다.

려지지 않았던 것입니다. 쇼에키는 『자연진영도』를 요약한 『통도진전統道真伝』에서 다음과 같이 말합니다. "성인은 경작하지 않으면서, 중인의 직경直耕과 전업의 곡식을 탐하고, 구설로써 직경 전직의 전자轉子(天子천자. 인용자 주)인 중인을 속여 자연의 전하転下를 훔치고, 위에 서서 왕이라 칭한다", 지배자의 농민 수탈을 비판하고, "인륜은 만인이 한 사람", "전정転定(천지. 인용자 주)에 일체요, 남녀 또한 한 사람이다"라고, 인간 평등, 남녀평등을 주장합니다. "농민은 직경 · 직직直織 · 안식安食 · 안의安衣 · 무욕無欲 · 무란無乱하여 자연의 천자이다. 그러므로 귀하거나 천하지 않으며, 위 아래가 없고, 현명하거나 어리석지 않다. 천지에 사심이 없는 자다", 그에게 본래 있어야 할 인간의 모습은 '농민'이었습니다. 그 자연과 공생하고 생산노동에 힘쓰는 것이야말로 인간 본래의 모습이며, 일하지 않는 성인 · 군주 · 무사 · 학자들은 '불경탐식不耕貪食'하는 부정되어야 할 존재, 상인 또한 '망리욕해妄利欲害하는 자'로 여겼습니다. 그는 불교와 유교를 배웠지만, 그 학문을 비판하고 농업공동체를 이상으로 삼았습니다.

그의 사상을 농본주의라든지 에코로지스트ecologist로서 보는 해석은 다양하지만, 제게는 원시적인 농업공동체를 유토피아의 이미지로 내세워 차별사회, 자연파괴 사회의 비인간성을 근원적으로 비판하고 규탄하는 혁명적인 사상가라는 이미지가 선명합니다. 거기에는 인간을 개인으로서 파악한 것이 아니라, 혈연 공동체로서 '일체'의 존재로 파악한 점에서 자연의 운동이 관철하는 사고관이 엿보입니다. 오늘날 생각해보면 문제는 많이 엿보입니다만, 이렇게 유토피아상을 내세워 차별을 근본으로부터 비판하는 사상(그것은 '미륵의 세상'이라는 유토피아상을 내걸고 현세의 권력을 비판하는 민중적 전통과 통하는 것이기도 하지만)이 여기서 처음 등장했다는 의미는 굉장히 크다고 할 수 있습니다. 쇼에키의 경력에 대해서는 불투명한 부분이 많습니다만, 현재의 아키타현秋田県 오다테시大館市에서 태어나 선사禅寺에서 수행하였고, 후에 의학을 수련하여 하치노헤八戸에서 의사로서 10년 정도 있다가 오다테로 돌아왔다고 합니다. 이 하치노헤 거주 시기에 『자연진영도』」를 저술했습니다. 의학 수련에서 난학을 접했다는 점과 도호쿠東北 지방의 가난한 민중들 사이에서 의사로 활동했다는 점이 그의 사상 창출에 중요한 의미를 지닌다고 생각합니다.

제4장

문명개화와 차별

16

근대 일본의 인간평등 선언

후쿠자와 유키치福澤諭吉의 인간평등 선언

근대 일본에서 누가 최초로 인간평등을 주창했는가는 난해한 문제입니다. 하지만 당시 사람들에게 가장 강렬하게 어필한 것은 후쿠자와 유키치의 인간 평등 선언 소개입니다. 『학문의 권장学問のすすめ 초편』(1872) 첫머리에 내건 '하늘은 사람 위에 사람을 만들지 않고 사람 밑에 사람을 만들지 않는다고 한다'라는 글귀입니다. 이 글귀는 후세까지 널리 사람들 입에 회자되는데, 『학문의 권장』이 베스트셀러가 되고 해적판까지 나온 점, 그리고 사람들이 무슨 일이 있을 때마다 이 글귀를 인용한 점에서 지대한 영향력을 엿볼 수 있습니다.

『학문의 권장』은 대단히 잘 팔려서 제2편, 제3편을 쓰고, 결국 제17편(1876)까지 이어지는 시리즈가 되는데, 그 출판 합계가 340만 권이었다고 후쿠자와는 말합니다(『전집 제언全集緖言』 1897). 1편당 20만 권이지만 사실은 편을 낼 때마다 판매가 감소하여 초편이 압도적으로 많았습니다. 당시 초등학교小学校 교과서로도 사용되었습니다. 더구나 해적판이 나왔습니다. 따라서 해적판을 더하면 초편만 50만 권이 훨씬 넘었다고 추정됩니다.

메이지 초년 일본의 인구는 약 3천 5백만 명으로 당시의 식자율은 약 30%, 『학문의 권장』을 읽을 정도는 20%도 안 되지만, 거기에서 15세 이상의 아이들 약 30%를 빼면 어림잡아 5백만 명이 읽었을 가능성도 있습니다. 결국 열 사람에 한 사람의 비율입니다. 게다가 당시는 1권의 서적을 몇 명이 돌려가며 읽거나 읽지 못하는 사람들에게 읽어주는 습관이 있었습니다. 특히 새로운 시대를 맞이해 지식욕이 높아진 시기여서 50만 권은 실제로 백만 권, 2백만 권이 넘는 역할을 했다고 할 수 있습니다.

사람들 입에 회자된 문명개화를 설파하는, 당시의 통속적인 서적 오가와 다메지小川為治의 『개화문답開花問答』(1874)에는 이 글귀와 함께 『학문의 권장』에서 그대로 인용한 듯한 문장이 도처에 있습니다. 후쿠자와의 제자 우에키 에모리植木枝盛가 만든 '민권 숫자 세기 노래民権数え歌'에는 "사람 위에 사람 없고 사람 밑에 사람 없다, 귀족 부호를 부러워 마라, 나도 사람이고 그도 사람이다"라고 노래하고, 그의 『민권자유론民権自由論』(1879)에서도 "인간은 모두 같고 하늘이 만든 동등한 사람이다"라는 표현을 볼 수 있습니다. 고지마 쇼지児島彰二 편 『민권문답民権問答』(1877)에서도 "하늘이 사람을 창조하기 전 태초부터 상하 구별, 군신의 의義라는 것은 없었다"라는 표현이 있습니다. 민주주의 분위기가 고조되면 반드시 이 글귀가 떠오릅니다. 자유민권기(期)가 그렇고 다이쇼 데모크라시기가 그렇고, 전후 민주주의기가 그렇습니다. 저는 전후戦後 직후 NHK 라디오의 연속 드라마 첫 부분에 매일 밤 이 글귀가 반복되었던 일이 굉장히 인상에 남습니다. 당시 가는 곳마다 보이는 낙서에도 여기

저기 한창 이 글귀가 쓰여 있었습니다.

평등에 대한 희구

인간평등의 담론이 이렇게 급속하게 퍼진 것은 말할 것도 없이 평등에 대한 희구가 사회적으로 높아졌기 때문입니다. 근세 신분제의 모순이 깊어지고 민중 봉기百姓一揆·때려부수기 등의 민중운동과 민중종교운동이 증가했습니다. 더욱이 메이지 정부도 국민형성을 위하여 그 방향을 내세우며 '일시동인一視同仁'이라든가 '사민평등四民平等'의 선언을 한 것이, 기세 오른 사람들을 한 발 더 앞으로 전진하게 하는 동력이 되었습니다. 주거·왕래의 자유, 혼인의 자유가 인정되고 폐번치현(1871), 서양문명 섭취를 위한 모든 개혁이 평등에 대한 희구를 고조시켜 '하늘은 사람 위에 사람을 만들지 않고'라는 글귀를 받아들이게 하고, 그 글귀에 기대를 품게 되었습니다.

'라고 말한다'의 문제

그런데 "하늘은 사람 위에 사람을 만들지 않고 ……라고 한다"의 '라고 한다'는 '라고 말했다' 또는 '라고 말한다'라는 의미로 이해할 수 있습니다. 전언伝聞입니다. '라고 말한다'를 무시한 『학문의 권장』 해설서가 상당히 있습니다. 그러나 이를 무시하면 후쿠자와 유키치가 처음 말한 것이 됩니다. 후쿠자와가 창조한 인간평등 선언이 되어 버리고 맙니다. 그러나 후쿠자와는 제대로 정직하게 전언으로 소개하고 있습니다. 그렇다면 누가 말한 전언일까요?

지금까지는 이 글귀가 미국독립선언(1866)에서 취한 것이라는 게 통설입니다. 분명 후쿠자와는 『서양사정 초편』(1866)에서 미국독립선언을 번역해 소개하고 있습니다. 그 번역문은 "하늘이 사람을 낳은 것은 모두 억조億兆 동일한 과정으로 이것을 부여함에 움직일 수 없는 세상의 도리를 가지고 한다 ……"로 시작하고, 이 부분이 특히 후쿠자와 나름의 숙고에 의해 "하늘은 사람 위에 사람을 만들지 않고 ……"의 표현이 되었다고 생각됩니다. 따라서 이 표현 자체는 후쿠자와가 강조한 것입니다. 따라서 후쿠자와의 고심과 통찰은 인정해야 하지만 원전은 미국독립선언입니다. 따라서 그는 정직하게 '라고 말한다'라고 표현한 것입니다.

미국독립선언은 프랑스혁명의 인권선언(1789)과 함께 근대를 알리는 인간평등 선언으로 유명합니다. 이는 곧 세계로 퍼져갔습니다. 그러나 이 독립선언은 영국 식민지로부터의 독립을 도모한 때로 영국 본국에 대한 저항 의식이 강하게 작용하고 있습니다. 역으로 자국에 대해서는 당연히 단결하는 존재로서의 자의식 아래 깊은 성찰이 되었다고는 말하기 어렵습니다. 주지하듯이, 당시 미국의 흑인노예제에 대해서는 어떠한 반성도 이루어지지 않았습니다. 이 독립선언의 초안자로서 유명한 토마스 제퍼슨Thomas Jefferson도 흑인노예제를 당연한 것으로 인정하고 있습니다. 미국 영화 『젊은 대통령의 사랑』은 제퍼슨이 유럽에서 귀부인과 사랑했는데, 그가 흑인 소녀를 성노예로 취급한 것이 알려져 귀부인으로부터 버림을 받는다는 내용입니다. 그러나 그는 최후까지 버림받은 이유를 알지 못했습니다. 이 이야기가 어디까지 사실史実에 충실한 것인지를 떠나서, 당시 독립선언을 지지한 초대 대통령 워싱턴을 비롯한 사람들이 흑인노예제를 당연시하고 평등 선언과 모순되지 않는다고 생각한 것은 확실합니다. 결국 그들은 흑인을 인간으로 간주하지 않았습니다.

가장 전형적인 근대 혁명이라는 프랑스혁명의 인권선언도 그 인권에 여성이 포함되지 않은 점이 자주 지적됩니다. 프랑스혁명에 열광적으로 참가한, 문자도 읽지 못했다고 알려진 올랭프 드 구주Olympe de Gouges가 '인권선언'에 저항하고 '여성 및 여성 시민의 권리선언'을 발표한 해가 1791년입니다. 하지만 그는 혁명에 참가해 지롱드파의 지도자로 활약한 롤랑 부인과 함께 1793년 반혁명 죄로 처형되었습니다. 그것은 '인권선언'이 말하는 '인간'에 여성은 포함되지 않았음을 단적으로 말하는 사건이라고 할 수 있습니다.

그러나 프랑스혁명 지도자들은 자신들의 '인권선언'이 전 세계에 통용되는 보편적인 것으로 믿고 싶어 한 흔적이 있습니다. 혁명의 절정기에 아나카르시스 클루츠Anacharsis Clootz는 "런던과 파리에 나부끼는 프랑스인의 깃발은 반드시 지구를 일주할 것이다 ……. 그 때에는 속주屬州도 군대도 패자도 승자도 없어질 것이다. (중략) 파리는 평화로 인해 세계의 수도가 될 것이다"라며, 이에 공감한 카미유 데물렝Lucie Simplice Camille Benoist Desmoulins이 "이성이 프랑스에서 전제주의를 탐닉시킨 것만으로는 충분하지 않다. 지구 전체가 물에 잠겨 왕과 티베트 라마들의 모든 왕좌가 기초부터 뒤엎어져 이 홍수 속에 떠야 한다. 스웨덴에서 일본까지, 그것은 얼마나 훌륭한 광경인가!"라고 연설했다고 합니다.(安達正勝『ナポレオンを創った女たち』). 그러한 발언에는 프랑스 중심주의와 제국주의의

냄새가 느껴집니다. 자유 평등의 관념이 국경도 철폐해 세계를 해방한다는 보편적인 이상주의에 그들이 흥분해 있었음을 말해주는 것이 아닐까 합니다. 그리고 그들의 믿음 이상으로 이 자유 평등의 관념은 세계인들에게 나아가야 할 방향을 제시해 많은 희망과 환상을 가져다주었다고 할 수 있습니다. 이것은 제2의 세계화의 물결을 나타내는 것이기도 합니다. 결국, 프랑스혁명이나 미국독립선언이 내건 인간평등의 관념은, 모든 인간의 평등이라는 의미와 백인 남성만의 평등이라는 양의적인 성격을 띠며 금세 지구를 누볐다고 말할 수 있을 것입니다.

후쿠자와의 평등론

후쿠자와로 돌아가 봅시다. 후쿠자와는 이렇게 인간평등 선언을 소개합니다. 그것이 1776년 미국독립선언으로부터 채택한 글귀라고 해도, 당시 그대로의 의미를 지녔다고는 할 수 없습니다. 후쿠자와는 이미 독립선언을 소개한 『서양사정 초편』에서 미국의 역사를 요약하고, "북부의 정론正論에 흑노黑奴라 할지라도 동일한 인류임에 이것을 우마牛馬와 같이 취급하여 인간의 인간다운 도리通義 허용하지 않는 것은 하늘의 이치에 반한다"는 논의를 소개하면서 남북전쟁을 설명하고 있습니다. 링컨의 노예해방선언은 1863년이므로 『학문의 권장 초편』을 쓸 때에 그는 그 사실을 알고 있었습니다. 즉, 후쿠자와는 구미欧米가 낳은 인간평등 관념의 역사를 짊어지고, 이 선언을 소개하고 있는 것입니다.

그러나 여기서 주의하고 싶은 것은 이 '…라고 한다'에는 구미欧

米의 인간평등 관념에서의 소개이기는 하나, 일본 역사에서 그때까지 다양한 형태로 생겨난 인간평등 관념은 되돌아보지 못했습니다. 민중운동이나 민중종교 나아가 시바 고칸司馬江漢이나 안도 쇼에키安藤昌益에게 보이는 인간평등 관념은 전혀 되돌아보지 못한 것입니다. 이 점은 다시 나중에 언급하겠지만, 당시 후쿠자와가 일본의 민중적 전통에 관심을 두지 않았다는 점과 함께, 그의 평등론은 개인의 독립을 기초로 한 것입니다. 그에 반해, 지금까지의 전통적인 평등 관념 대부분은 공동체를 기반으로 한 것이라는 차이가 있습니다.

그렇더라도 여기서 후루타 다케히코古田武彦 씨의 이의 제기는 소개해야겠습니다. 후루타 씨는 도호쿠 지방의 농민 집안에 남겨진 와다가문서和田家文書에 "쓰가루 선조 이후津軽祖来의 아베 일족安倍一族을 에미시蝦夷라고 일컬은 것은 도시인都市人의 통칭이지만 에미시란 무엇인가. (중략) 우리 일족의 혈육은 사람 위에 사람을 만들지 않고 사람 밑에 사람을 만들지 않으며, 평등한 상호간의 생활을 선조 이래의 업으로 여기고 …….(秋田頼季「恨言述書」 1697년 7월. 『東日流外三郡誌』)"라는 구절이 있다는 것, 그것을 와다 가문의 후손 와다 스에요시和田末吉가 후쿠자와에게 가르쳤다는 점, "우리 학지学志(학문상의 동지)인 후쿠자와 씨의 청원請願에 따라 아라하바키신荒覇吐神 의 대요大要를 고하면, 그가 세상에 저술한 첫 줄에 인용이 있다. 『학문의 권장』이라 제목 붙인 책 첫머리에 '하늘은 사람 위에 사람을 만들지 않고, 사람 밑에 사람을 만들지 않는다'라고, 우리 일족의 조상의 가르침을 적고 있다."(『中山秘問帳』 和田長三郎末吉 1887년 3월 4일), 그럼에도 불구하고 후쿠자와에게서 어떠한 인사도 없었

다는 점을 지적하고 있습니다(古田武彦『失われた日本』). 이것은 다분히 사실입니다. 거기에 대단히 중요한 문제가 있지만, 그 점은 그 문서를 직접 보고 나서 말하겠습니다. 다만 현재 생각할 수 있는 것은 후쿠자와가 "하늘은 사람 위에 사람을 만들지 않고……"의 표현을 거기에서 취했을 것이라는 점, "고심苦心과 재주才覚"는 와다 가훈으로부터 배운 것이라는 점입니다. 그러나 그 의미는 와다 가훈으로부터 배운 것이 아니라 표현을 훔친 것이고 의미는 미국독립선언의 것일 겁니다. 후쿠자와의 평등론은 개인주의적이고, 와다 가훈의 평등관은 공동체적인 것입니다.

천부인권론

『학문의 권장 초편』은 "하늘은 사람 위에 사람을 만들지 않고……"라고 소개하고 이어 그 의미를 설명해 나갑니다. 하늘이 인간을 평등하게 만든 이유는 인간이 "만물의 영된 몸과 마음의 작용으로 천지간에 있는 모든 만물을 취하고, 이로써 의식주를 해결하고 자유자재, 서로 사람의 방해를 받지 않고 각자 안락하게 이 세상을 살아가게 하는 취지이다." 결국 인간이 자신의 능력에 따라 행복을 추구할 수 있도록 하늘이 인간에게 자유 평등의 권리를 주었다는 것으로, 이러한 생각은 '천부인권설'이라고 합니다.

당시 메이로쿠샤明六社에 모인 일류 양학자들은 유럽의 근대 혁명을 준비한 18세기 계몽사상을 섭취해 유신 변혁에 대응하고자 했던 것입니다. 물론 그들이 섭취한 구미 사상은 18세기 계몽사상 그 자체는 아닙니다. 그러나 봉건의 암흑에 덮인 민중을 이성의 빛으로 비추기 위한 계몽의 논리는, 구미 근대를 일본 민중에게 소개하고 계몽해야 하는 양학자들에게 매우 적합했다고 해야겠습니다. 그들은 그 논리로 일본의 문명개화를 설파합니다.

또한 후쿠자와는 "자유 독립은 사람의 한 몸뿐만 아니라 한 나라에도 있는 것이다."라고 주장합니다. 이 무렵의 후쿠자와는 나라는 개인의 집합체라는 원자론적 사회관이었기 때문에 개인 본연의 모습이 그대로 국가 본연의 모습에 통용된다고 보았습니다. 그리고 지구상의 국가는 모두 "같은 천지에 있고, 같은 태양을 쬐고…… 함께 공기를 마시고 서로 마음이 맞는 인민人民"이기에 "서로 편의를 도모하고 서로 행운을 기원하고 사이좋게 행복을 추구해야 한다." 즉 개인과 개인의 관계와 마찬가지로 국가와 국가의 관계에 대해서도 "천리天理와 인도人道에 따라 서로 관계를 맺고, 이치를 위해서는 『아프리카』의 흑인도 어려워하고, 도를 위해서는 영국, 미국의 군함도 두려워하지 않고, 국가의 치욕에서는 일본국 인민 한 명도 남김없이 목숨을 버려 국가의 권위를 떨어뜨리지 않아야 일국의 자유 독립도 말할 수 있다"라는 문장이 기록되어 있습니다.

이 문장은 현재에서 보면 여러 가지 문제가 있지만, 당시 근대 국가의 내셔널리즘 표현으로서는 국가 간의 자유 평등을 주장하는 명문이었다고 말할 수 있지 않을까 합니다. '아프리카 검둥이黑奴'와 영국·미국과의 균형 잡힌 시각에서 명문이라고 생각됩니다. 그것은 미국독립선언 차원에서는 나올 수 없는 문장으로, 바로 후쿠자와가 링컨을 경유했다는 사실을 보여주는 것입니다.

그렇다고 해도 이 시기에 '아프리카의 검둥이'라고 하는 것은 후쿠자와가 '이理'를 주장하는 주체가 현실의 '검둥이'에 존재한다고 보는 것은 아니며, 가상 이외의 그 무엇도 아닙니다. 가상인 까닭에 세계에서 가장 무력한 존재와 최강이었던 미국·영국과의 대비가 두드러졌다고 할 수 있습니다. 하지만 가상은 어디까지나 가상일 뿐이라는 것을 후쿠자와가 얼마나 자각했는지가 문제일 것입니다.

17
문명과 야만의 분할

학문에 의한 차별인가

여기서도 후쿠자와 유키치의 『학문의 권장 초편』(1872)을 문제 삼고 싶습니다. 이 책은 일본 근대화의 방향을 명확히 제시하여 가장 영향력을 발휘한 계몽서로, 천부인권론에서 자유 평등을 주장하고 "일신一身 독립하여 일국一国 독립한다"를 내세우는 동시에, 근대적 차별 논리의 원형을 제시한 점도 주목해 볼 만 하기 때문입니다.

후쿠자와는 "하늘은 사람 위에 사람을 만들지 않는다"며 천부인권론의 원리를 설파한 후 말합니다. "하지만 지금 널리 이 인간 세상을 바라보니, 지혜로운 이가 있고, 어리석은 이가 있고, 가난한 이도 있고, 부유한 이도 있고, 귀인도 있고, 하인도 있는데, 그 모습이 천양지차인 것은 무엇이냐. 그 이유는 대단히 명확하다. 교훈서 실어교実語教[153]에 사람이 배우지 않으면 지혜가 없고, 지혜가 없으면 어리석은 이가 된다. 그러면 현인賢人과 우인愚人의 구별은 배움

153 역자주 – 헤이안 시대 말부터 메이지 시대 초기까지 인기가 있었던 초등 교과서로, 서민 또는 어린이를 위한 교훈과 가르침이 들어있다. 저자는 알려져 있지 않으나, 불교계였을 것으로 추정된다.

과 못 배움에 따라 생기는 것이다. …… 신분이 높고 귀하면 그 집도 부유하고, 미천한 사람이 보면 미치지 못하겠지만 근본을 보면 단지 그 사람에게 학문의 힘이 있는지 없는지에 따라 그 차이도 생기는 것일 뿐, 하늘로부터 정해진 약속은 아니다. …… 사람은 태어나면서부터 빈부 귀천의 구별이 없다. 오직 학문을 정진해 사물을 잘 아는 자는 귀인貴人이 되고 부자가 되며, 무학無学인 자는 빈자가 되고 하인下人이 되는 것이다."

즉 인간은 태어날 때는 평등하지만 현실에서 빈부귀천의 차이가 있는 것은 왜인가, 그것은 학문을 하느냐 마느냐에 달려 있기 때문입니다. 이런 까닭에 후쿠자와가 학문에 의한 차별을 하고 있다고 보는 사람이 있습니다. 하지만 좀 더 차분하게 검토해볼 필요가 있습니다. 학문의 효용을 강조한 나머지 지나친 표현에 불과하다고 동정적으로 볼 수도 있기 때문입니다.

우선 주목해야 할 것은 빈부귀천은 "하늘로부터 결정된 약속이 아니다"라는 점입니다. 이는 니노미야 손토쿠二宮尊德의 "빈부귀천은 원래 하늘에 있는 것이 아니다 …… 각각의 마음에 있다"는 문구와 매우 유사합니다. 결국 인간의 노력이 운명을 좌우한다는 것입니다. 이러한 표현이 유행했을 것으로는 생각되지만, 손토쿠와 후쿠자와의 차이는 손토쿠에게는 신분 질서가 불변이라는 전제 아래, '마음'의 위력을 강조하고 있는 반면, 후쿠자와는 신분 질서가 붕괴되어 인간평등이 된 것을 전제로 하고 있다는 점, 그리고 정신주의가 아닌 과학을 무기로 싸우려고 한다는 점이 다릅니다. 근대적 인간상의 출현이라고 해도 좋을 것입니다. 따라서 손토쿠는 하늘이 정해준 신분을 바꿀 수 없지만, 후쿠자와는 인간의 노력이 결정적입니다. 인간의 노력은 무한합니다. 그만큼 자기책임도 전적으로 지게 됩니다.

그런데 여기서 주의할 점은 천부인권론은 인간에게 자유 평등의 권리를 자연권으로 부여했지만, 그것을 사회적으로 보장하는 것에 대해서는 언급하지 않고 있습니다. 후쿠자와는 그 부분을 직접 언급하지 않고 현실의 빈부 격차가 일어나는 원인에 대해 논의를 진전시키고 있습니다. 메이지 초기 현실의 빈부귀천 차이는 잘 생각해보면, 에도 시대의 신분제도와 상품 경제의 발달 속에서 생겨난 것이고 게다가 부모들이 축척한 유산의 문제입니다. 즉, 학문에 따라 빈부의 차이가 결정되기 위해서는 모두가 평등한 지점에서 준비하고 일제히 출발해 개인의 학문적 차이가 보여야 합니다. 하지만 이미 에도 시대부터 존재하던 빈부의 차이가 메이지유신으로 청산된 것은 아닙니다. 후쿠자와는 "태어나면서 상하귀천의 차별 없이"라고 하지만 인간은 태어날 때부터 그 환경은 불평등했습니다. 프랑스혁명과 같이, 적어도 토지 혁명과 같은 평등화의 과정이 있으면 모르되, 에도시대 빈부의 모습은 유신변혁으로 청산되지 않고, 수정되지 않고, 그대로 메이지로 넘어갔습니다.

유신 정부는 평등을 보장했는가?

더구나 후쿠자와는 메이지 정부의 모습을 전제로 인간평등이 되었기에 앞으로는 학문하기 나름이라고 말한 것입니다. 후쿠자와는 처음부터 메이지 정부를 신용하지 않았습니다. 그는 메이지 정부가 양이파攘夷派라고 크게 경계하고 있었습니다. 그래서 정부로부터의 관직 요청을 계속 거절합니다. 막부의 번서조소蕃書調所 등에 있던 후쿠자와 동료들 가토 히로유키加藤弘之, 쓰다 마미치津田眞道, 니시무라 시게키西村茂樹 등 당시의 일류 양학자들은 대부분 메이지 정부의 관리, 고용雇用 학자로 자리를 옮겼습니다. 그러나 후쿠자와는 그 전에 나카쓰번中津藩이나 막부에 녹미를 돌려주고 게이오의숙慶應義塾을 설립해 자력으로 먹고살 궁리를 하고 있었습니다. 그래서 메이지 정부의 강경한 권유에 대해서 거절할 수 있었습니다. 하지만 양이파로 서양문명을 배격한다고 생각한 메이지 정부가 문명개화 정책을 취하기 시작합니다. 특히 1871년 폐번치현은 후쿠자와의 정부에 대한 인식을 바꾸는 데 결정적이었습니다. 그래서 그는 말합니다. "군주제가 한 번 새롭게 태어난 이래 우리 일본의 정치 풍토는 크게 개혁되고 밖으로는 만국의 공법公法으로써 외국과 교류하고 안으로는 인민에게 자유 독립의 취지를 알리고, 이미 평민에게 성, 승마를 허가한 것과 같은 것은 개벽 이래 일대 미사美事로, 사농공상 사민四民의 지위를 통일하는 토대로 정했다고 해야 할 것이다."(『초편』)

"원래 인민과 정부 관계는 본디 동일체로 그 직분을 구별하고 정부는 인민의 대리자가 되어 법을 베풀고 인민은 반드시 이 법을 지키리라고 굳게 약속한 것이다. 예를 들면 지금 일본 내에서 메이지 연호를 받드는 자는 지금 정부를 따른다고 약속을 맺은 인민이다. 그런 까닭에 한번 국법이라고 정한 것은 비록 인민 한 개인이기에 불편함이 있지만, 그 개혁까지는 이를 바꿀 수 없다. 조심스럽고 정중하게 지키지 않을 수 없다"(『학문의 권장』 제2편).

결국 그는 정부와 인민이 이미 계약(이라고 해도 인민 간에 서로 맺는 사회계약이 아니라 지배자가 인민과 맺은 통치계약)을 굳게 맺었다고 여깁니다. 실제로 정부와 인민 사이에는 아무런 약속도 맺지 않았음에도 불구하고 말입니다. 후쿠자와는 메이지 정부에 의해 자유 독립의 권리가 보장되었기 때문에, 인민은 분발해야 한다는 것입니다. 후쿠자와는 메이지 정부에 대한 기대와 환상을 너무 많이 가지고 있었다고 할 수 있습니다. 정부는 분명히 왕래의 자유, 통혼通婚의 자유, 천민제의 폐지 등 문명개화를 향해 크게 내디뎠지만, 여전히 남존여비의 가부장적 질서를 바꾸려 하지 않았습니다. 새로운 화족 · 사족 · 평민의 신분제를 만들고 형법도 화 · 사족과 평민에게 그 적용을 달리했습니다. 무엇보다 언론의 자유가 제한되었기에 도저히 인민에게 자유 평등의 기초를 세웠다고는 말할 수 없는 상태였습니다. 그럼에도 불구하고 그는 그 미래에 기대를 걸었으므로 자유 평등을 가정한 것이라고 말해도 좋을지도 모릅니다. 후쿠자와는 다른 한편으로, "일본에는 유일한 정부가 있고 아직 국민은 없다고 말해도 좋다"(『제4편』)라고 합니다. 국민이 성립되지 않는다고 인식하고 있는데, 정부와 계약을 한 것이 아닙니다. 그래서 후쿠자와는 국민을 창출하려고 기를 쓰고 계몽 의욕을 북돋운 것입니다. 후쿠자와의 이러한 모순된 가정은 정부에 대한 기대 과잉이라기보다 가정함으로써 인민을 질타하고 격려하려는 전략이었을지도 모릅니다.

그렇게 보면 학문에 따라 빈부가 결정된다는 것도 후쿠자와의 전략이었다고 할 수 있습니다. 후쿠자와는 진심으로 학문의 힘을 그렇게 믿고 있었던 것은 아닐까 합니다. 아니, 후쿠자와가 이렇게 말할 수 있는 것은 그 자신이 그것을 실현하고 있다는 자신이 있었기 때문이라고도 할 수 있습니다. 그는 에도 막부 말기에 양학을 공부하고 세 차례의 양행洋行을 거쳐 막부의 직속 무사가 되고, 『서양사정西洋事情』, 『세계국진世界国尽』 등 서양문명의 번역 · 소개 저서를 차례차례 내놓았습니다. 동시에, 게이오의숙을 설립해 일본에서 최초로 수업료 제도를 도입하는 등, 학문으로 입신출세하였습니다. 그렇게 막부나 나카쓰번에서 녹미를 받지 않고도 자립할 수 있게 되었기에 학문에 따라 빈부귀천이 결정됨을 몸소 보여준 것이라 할 수 있습니다.

이 자신감과 '문벌文閥 제도는 부모의 원수'라는 원한이 결합되면 메이지 정부를 향해 그 차별정책을 비판해 나감으로써 국민계몽을 꾀하는 길도 선택할 수 있었을 것입니다. 후쿠자와가 정부를 섬긴 양학자들의 독립심 결여를 비판했기 때문입니다(「학자의 직분을 논하다」『학문의 권장』 제4편, 1874). 하지만 그는 그 길을 택하지 않고 정부의 문명개화 정책을 긍정하고, 이를 등에 업고 국민에게 계몽하는 길을 택했습니다. 국민의 노력과 책임을 물은 것입니다. 학문하라, 그러면 구원을 받을 것이라고.

어떤 학문을 권장했는가?

그 학문이란 무엇일까요? 지금까지 일말의 보탬도 안 되는 유교나 국학이 아니라, 실제로 도움이 되는 서양의 학문을 말합니다.

"오로지 정진해야 할 것은 인간 보통 일상에 가까운 실학이다"라고 하여 "비유하면 이로하 47문자[154]를 배우고, 편지의 문구, 장부 기장법, 주판 학습, ……" 등의 기초 위에, 지리학, 구리학(물리학, 역자주), 역사학, 경제학 등, "이러한 학문을 함에 있어 모든 서양의 번역서를 뒤지고, …… 사물의 도를 구하여 오늘날의 용도에 통달해야 한다. 오른쪽은 인간 보통의 실학이고, 사람된 자는 상하 귀천의 구별 없이 모두 다 지켜야 할 마음가짐이니, 이를 알고 나중에 사농공상 각자의 직분을 다해 제각기 가업을 이루며, 몸도 독립하고 집도 독립하고 천하 국가도 독립해야 한다."

결국 국민 전체에 대해, 서양 과학의 성과에서 배우고 합리적인 정신을 몸에 익혀 생활을 건설해서 독립할 것, 문명인이 될 것을 요구한 것입니다. 그리고 그것이 바로 일본의 독립을 지탱시킨다는 것입니다. 지금까지 근대 문명에서 격리되었던 일본인에게 그것을 섭취하려면 학문을 할 수밖에 없는 것입니다. 서양 사람들과 일상생활의 교류 속에서 자연스럽게 익혀간다는 것은 도저히 생각할 수 없습니다. 국민 전체가 외국 유학을 갈 수는 없습니다. 선진적인 서양문명은 책을 통해 배울 수밖에 없습니다. 후진국이 학문 편중될 수밖에 없는 필연성이 여기에 있습니다. 학문은 문명인으로서는 필수적인 일, "모두 빠짐없이 배워야 하는" 것입니다. 그것을 몸에 익히지 않으면 문명인이 아닌, 제 몫의 인간이 아닙니다. 그래서 또 이렇게 말한 것입니다.

무학문맹은 자기 책임

"무릇 세상에 무지 문맹한 백성만큼 가엾고 딱한 자도 없다. 지

154 역자주－이로하는 모든 가나의 문자에서 'ん'을 제외한 47개 문자를 한 번씩만 사용하여 만든 노래이다. 문자 학습용으로도 많이 사용된다.

혜가 없는 고로 부끄러움을 모르고, 무지함으로 궁핍과 배고픔, 헐벗음에도 자기 책임으로 여기지 않고 오히려 주위의 부유한 사람을 원망하고 심하게는 작당하여 강소強訴, 봉기의 행패를 일으켜 난폭함에 이른다. 부끄러움을 모른다고 하지 않을 수 없고 법을 두려워하지 않는다고 하지 않을 수 없다. 천하의 법도를 의지해 일신의 안전을 지키고 세상을 살아가면서 의지할 곳만을 의지하며 자기의 사리사욕을 위해서는 또한 이것을 어기는, 앞뒤가 이치에 맞지 않지 않은가. …… 이러한 우민愚民을 지배하려면 아무래도 도리로서 깨우치게 하는 방편이 아니면 오로지 위엄으로 제압하는 수밖에 없다."

후쿠자와가 이렇게 과격하게 말하는 심정을 이해 못 할 바는 아닙니다. 봉건적 우미한 민중을 서양문명을 익힌 근대적 국민으로 키우기 위해, 법치국가로 만들기 위해 이러한 협박적 언사가 나올 수밖에 없었을지도 모릅니다.

그러나 이때 후쿠자와는 지배자의 입장에 서 있는 것입니다. 법을 어기는 것은 모두 '사리사욕을 위해서'로 간주함으로써 민중의 사정을 이해할 수 있는 길을 닫고 있는 것입니다. 예를 들어, 백성들의 봉기는 수백 년에 걸친 역사를 통해 농민들이 '학문'해 온 성과 중 하나가 아닐까 합니다. 농민은 봉기라는 방법으로 생활을 지키고 평등을 호소하려 했고, 그것은 또한 지배층과 대화의 방법이기도 했습니다. 그래서 지배층은 봉기에 대해 주모자를 처벌하는 한편, 연공 감면이나 구호미를 내는 등 다소의 타협을 하지 않을 수 없었던 것입니다. 농민의 지혜가 만들어낸 지배층과의 커뮤니케이션 방법이었던 것입니다. 후쿠자와가 농민에 대해 무지했다는 것도 있었을 것입니다. 그것을 통감한 후쿠자와는 1874년에 지방 사정을 알기 위해『민간잡지民間雜誌』를 창간했습니다. 그러나 이 시기는 농민에게 그다지 친절하지 않았습니다. 그래서인지 그는 지금까지의 전통을 '무학문맹'의 결과로 간주함으로써 문명의 대척점에 있는 야만의 세계로 몰아넣고 말았습니다. 그럼으로써 상대방을 이해하려는 노력을 포기하고 의사소통을 할 수 없는 존재로 간주하게 됩니다. 설득이 아니라 '위력으로' 강권적으로 억누르게 됩니다. 도리가 통하지 않으면 힘으로 라는 식으로, 게다가 그것은 서양문명의 도리이지 일본 농민이 만들어 온 도리가 아닙니다. 후쿠자와뿐만 아니라, 계몽주의는 이러한 폭력적인 성격을 기본적으로 가지고 있다고 말할 수 있습니다.

국제 관계도 학문 나름인가

이는 국제 관계에서도 볼 수 있습니다. 그가 노래한 명문 "이理를 위해서는 '아프리카' 검둥이도 두려워하고, 도를 위해서는 영국, 미국 군함도 두려워하지 않고" 문장 뒤에 다음과 같은 문장이 이어집니다. "그래도 중국인처럼 자기 나라 바깥에 나라가 없듯이, 외국 사람을 보면 한 마디로 야만인夷狄이라고 부르고, 네 발로 걷는 짐승처럼 천시하고 싫어하며 자국의 힘도 헤아리지 않고 함부로 외국인을 쫓아버리려고 하다 오히려 그 야만인에게 당하는 결과는 실로 나라의 본분을 모르는……".

당시 중국에 중화 의식이 강렬하게 있었던 것은 확실합니다. 하지만 여기 거론된 예는 아편전쟁을 가리키는 것이 분명합니다. 아편전쟁에서 청국의 패배는 막부 말기 일본에 큰 충격을 주었습니다. 서양 열강의 '문명 도리'에 반한 아시아 침략이 대국 청나라도 무너뜨릴 정도로 강한 것에, 일본의 유지들은 절박한 위기를 느끼지 않을 수 없었습니다. 후쿠자와도 마찬가지였음이 틀림없습니다. 후쿠자와는 당시의 일본 양이파를 증오했지만, 서양 열강의 침략 위기에 무지했던 것은 아닙니다. 그런 후쿠자와가 "도를 위해서는 영국, 미국 군함을 두려워하지 않는다"고 아편의 침입을 막기 위해 싸운 청국을 어떻게 "함부로 외국인을 쫓"는 행위로 폄하할 수 있겠습니까. 청나라는 패배하고 굴욕적인 조약을 맺게 되었지만, 그래도 만약 싸우지 않았다면 더 혹독한 상태를 낳았을 것입니다.

후쿠자와가 그 청나라를 이렇게 비판하는 근거는 문명의 "도리道理"에서가 아니라 "나라의 분수를 모르고", 즉 국력을 헤아리지 않는 점에 기인했습니다. 따라서 여기에서 후쿠자와는 국제관계도 천리인도天理人道를 따라야 한다고 말합니다. 그 때문에 "나라의 치욕에서는 일본 안의 인민 한 사람도 남김없이 목숨을 버려 나라의 위신을 떨어뜨리지 않는 것이야말로 일국의 자유 독립"이라고 외치며 그렇게 싸운 청국을 비난하고 있습니다. 어느새 힘 앞에는 굴복해야 할 Might is Right(힘이 정의)의 발상이 들어가 있다고 할 수밖에 없습니다. 아니면 영국은 문명국이고 청국은 야만국이라는 구별이, 문명의 도리는 영국에 있다고 판단한 것인지 모릅니다. 서양의 학문을 권장하고 서양문명을 모델로 문명인이 되도록 깨우치는 구상에서 말하자면, 다소 무리가 있더라도 문명국에 대한 야만적인 청국의 이미지를 내세워 일본 국민을 분발시키고자 한 문장이라고 읽는 편이 좋을지도 모릅니다. 그러나 그것은 청국멸시와 서양문명 지상주의를 대가로 한 것이었습니다.

근대적 차별의 원리

후쿠자와는 인간평등의 권리를 설파하고, 서양에서 배워 문명인으로서 자립할 것을 일본 국민에게 요청했습니다. 그러한 생각이 강력해서인지 문명을 배우지 않으면 자립할 수 없는, 그리고 일본국을 독립시킬 수 없다는 논란을 일으켰습니다. "무학문맹"이나 "분수를 모르고"나 야만적인 존재로서, 한 사람 몫의 인간으로 취급할 필요가 없는, 어엿한 국가로서 취급되지 않아도 좋은, 인간평등의 권리를 인정할 필요가 없다고 본 것입니다. 문명, 그것도 서양문명을 기준으로 인간과 국가의 가치를 매기는 것으로 나타났습니다. 여기에 근대에서의 차별 원리가 표명되어 있다고 할 수 있습니다.

18

문명개화 정책의 전개

천황 권위의 선양

유신 권력에 의한 변혁은 '왕정복고의 대호령大号令'에서 시작하여 '5개조 서문五箇条の誓文'[155]에서 그 방향을 제시하고, 폐번치현을 강행해 중앙 집권 체제를 만듦과 동시에 전면적인 문명개화 정책을 전개합니다.

'왕정복고의 대호령'(1867년 12월 9일)은 천황이 새로운 권력의 정당성과 막부의 부정을 선언하는 것으로 "구래의 허영과 나태한 악습을 끊고" "모든 것이 진무神武 천황의 창업에 기본을 두고" "공의에 기초하여" 정치를 행하는 것입니다. '5개조 서문'(1868년 3월 14일)은 천황이 인민에 대한 것이 아니라 '천신지기天神地'를 향해 맹세한 것인데, "널리 회의를 일으켜 천하의 정치는 여론에 따라 정해라"라며 '여론'에 따른 정치를 강조함과 동시에 "지식을 세계

155 역자주 – 에도 막부에 의한 대정봉환을 받아들여, 왕정복고에 의해 발족된 메이지 유신 신정부의 방침이다. 1868년 교토 어소에서 메이지 천황에 의해 제정되었다. 종래의 막부, 섭관의 폐지 등을 골자로 한 천황친정(天皇親政)을 기본으로 구미 열강을 따라잡기 위한 개혁을 모색하는 것이 주된 내용이었다.

에 구하여 크게 황기皇基를 일으켜라"라고 서양문명 섭취의 방향과 황실의 번영을 목표로 한 것이었습니다. 유신 정권은 안으로 메이지 정부에 불만을 품은 불평사족不平士族과 백성봉기의 고조에 직면하면서, 인민을 통합하고 자발적으로 국가에 봉사하는 근대적 국민으로 키우는 과제와 밖으로는 서양 열강의 압력에 견딜 수 있는 문명적인 국가를 창출하고 독립을 도모하지 않으면 안 되는 과제를 떠맡았습니다. 그 과제에 몰두하려면 아무래도 천황의 권위가 필요하다고 생각했습니다. 유신 정권 수뇌부 오쿠보 도시미치大久保利通 는 정권 출범 초에 이렇게 말합니다.

(교토) "낡은 인습의 썩은 냄새를 일신하고, 문무의 구별을 없애고, 국내 일심동체同心合体하여야 한다. 하늘의 주인[156]은 이렇게까지 감사한 것이며, 백성下蒼生은 이렇게까지 믿음직한 것이다. 상하 일관하여 천하 만인이 감동하여 눈물 흘릴 정도로 실행[157]을 하시는 것이야말로 오늘날 급무 중에서도 가장 시급한 것이다"(1868년 정월)

즉 일군만민一君万民의 일치단결이 필요하고, 그러기 위해서도 지대한 천황의 권위를 창출함이 급선무라고 말하는 것입니다. 천황은 반드시 일본 인민의 모든 것을 잘 알고 있는 존재가 아니었고, 또 그동안의 천황 이미지만으로는 곤란했습니다. 새로운 천황상을 창출할 필요가 있었습니다. "왕정복고의 대호령"을 비롯하여 잇달아 발표되는 유신 정권의 선언이나 포고는 천황의 이름으로 이루어져 천황이 새로운 군주임을 과시합니다. 또 인민고유人民告諭[158]에

156 역자주 – 천황

157 역자주 – 천도

158 역자주 – 천황의 지배와 그 정당성을 강조하는 문서로 메이지 초기에 백성들에

따라 천황의 존재가 알기 쉬운 표현으로 정중히 설명되는 것도 유사 이래의 일이었다고 할 수 있습니다. 인민고유에는 천황은 "아마테라스 오미카미의 자손"이자 "일본국의 부모", "이 나라 모든 만물"의 소유자, "진문 창업" 이후 "만세일계"의 군주라고 설명하는 동시에, 그 천황은 "만민 도탄 괴로움"의 구제자, "구폐 일소一洗"를 꾀하고 "헌정체立憲政体"를 만드는 문명의 선구자라고 설파합니다.

그런 설명은 메이지 초기의 신권적神権的, 인군적仁君的 성격의 강조로 변화하지만 만세일계의 전통성 문명의 선구자, 민족국가의 대표성을 갖춘 천황상이라는 점에서는 일관되었다고 할 수 있습니다.

만세일계

제2의 글로벌리즘인 근대 서양문명의 물결에 항거하여 일본의 독립을 도모하기 위해서는 근대 서양문명을 섭취함과 동시에 일본의 독자성을 가지고 그 물결에 휩쓸리지 않도록 해야 합니다. 그 독자성은 지금까지의 전통적인 문화를 씨앗으로 만들어내는 것이 가장 손쉬운 방법이어서, 민중에 의지할 곳이 없었던 유신의 지도자들은 천황의 전통성에 의지할 수밖에 없었던 것입니다. 그 전통성은 앞서 언급한 바와 같이 신국神国의 창업자라든가 신의 후손이라든가 여러 가지 표현이 되었지만, 그 후 압도적으로 사용된 것이 '만세일계'라는 표현입니다. 즉 세계 어느 나라에서도 우월한 가치

게 많이 배포되었다.

를 나타내는 일본의 독자성으로 천황이 '만세일계'의 존재라는 것이 강조되었습니다. 그것은 15년 전쟁기에 가장 강조되었던 것이지만 오늘날에도 여전히 강한 주장으로 남아 있습니다.

계몽사상가들은 합리주의자였기 때문에 신국이니 신의 자손이니, 군주적인 천황상에는 비판적이었습니다. 후쿠자와 유키치는 그 각서覚書에 "어진 천황, 착한 신하, 고마운 천황의 치세, 유쾌한 정부는 원래 무엇을 가리켜 하는 말인가. 거짓이 아니고 무엇이냐. 교활이 아니고 무엇이냐. 민심의 어리석음으로 보아야 한다"(1867)라고 적고 있습니다. 가토 히로유키加藤弘行도 "우리 인민도 또한 천황과 마찬가지로 인류이니, 각자 우리 마음을 갖추고 자유의 정신을 가진 자이다"(『국체신론国体新論』 1875)라고 국학자류의 존왕론을 격렬하게 비판하고 있습니다.

그러나 그러한 가토가 "황국이 만국보다 탁월한 까닭은 수억만 년이 지난 오늘에 이르기까지 황통皇統 일성一姓이 결코 다른 성을 받들어 군주로 삼은 적이 없다는 점으로, 실로 이토록 귀한 일이 없사옵니다"(『진정대의真政大意』 1870)라고 한 것입니다.

후쿠자와는 과연 계몽기에 있어서 "황통의 연면을 지속하는 것은 쉬운 일 중에서도 아주 쉬운 일"(『문명논의 개략文明論之概略』 1875)이라며 우월성의 근거를 거기에 두려고 하지 않았습니다. 하지만 정부가 강조할 뿐만 아니라 많은 문명적 지식인도 이로써 일본 우월성의 근거로 삼았습니다.

그러나 '천황'의 칭호는 정부가 끊임없이 사용할 정도로 일반적이지는 않습니다. 자유민권기에 천황은 종종 '황제'라든가 '제왕', '국왕'이라는 칭호로 불리며, 운동의 고양기에 나온 민간의 많은 헌법 초안에도 그러한 칭호가 사용되고 있습니다. 정부는 '천황'을 '만세일계'의 세계에서 가장 뛰어난 군주로 과시하기 위해 그 특이한 칭호를 외교문서에도 사용하고자 했으나, 모든 열강은 다른 군주와 다른 유일한 칭호의 사용을 인정할 수 없어 교섭에 난항을 겪었습니다. 1869년부터 5년이나 걸려 마침내 정부는 굽혀 1873년부터 '황제 폐하'(Emperor)의 칭호를 사용하기에 이르렀지만, 국내용으로는 '천황'이라는 칭호를 계속 사용하여 일본의 우월성을 부각시키려 힘썼습니다. 과장해서 말하자면, 여기에 서양 열강에 대한 표현과 내국인에 대한 표현의 분열, 이중구조가 만들어지게 된 것입니다. 모든 외국에서는 한낱 후진국의 군주로밖에 여겨지지 않더라도 국내 인민에게는 세계에서 가장 탁월한 군주로 각인시키는 일이 될 것입니다.

혈통에 의한 차별

'만세일계'를 이렇게 우월성의 근거로 삼는 것은 혈통에 따른 차별의 논리입니다. 혈통에 따라 인간을 평가하는 것, 그에 따라 인간을 차별하는 논리가 됩니다. 천황가의 혈통이 성스러운 것으로 존중되고 그것에 가까운 혈통이 다음으로 중시되어 거기에 인간의 서열이 만들어지게 됩니다. 물론 근대 사회는 복잡하기에 혈통만으로 처리할 수는 없습니다. 최근의 기코紀子 씨의 임신 소식이 황실전범 개정(여성 천황 용인안)의 기세를 멈추고, 지금까지의 남계계승을 유지하려고 하는 설이 세력를 얻고 있다는 이야기입니다만, 이는 실로 여성을 바보 취급한 이야기이고 여성 천황의 역사에 무지하고 남계가 아니면 '만세일계'를 유지할 수 없다는 이야기도 우스울 수밖에 없습니다. 이러한 혈통 존중의 이야기는 현대에서조차도 차별의 논리로 존재하고 있습니다.

어쨌든 천황 권위의 선양은 '일군만민'이라든가 '일시동인'이라는 말로 천황의 초월적 권위를 강조하는 한편 '황족'이나 '화족華族'[159]을 만들어 천황 권위를 보조하려는 노력을 낳습니다. 이미 1869년에 '구게公家・제후諸侯'[160]를 '화족'이라고 칭한다고 결정되어, 1873년의 징병령 때 만들어진 '사민론四民論'에서는 "황족은 황실을 보좌해야 한다"라고 "화족은 선조부터 국가에 진력하고 …… 선조의 은덕을 입어 일족과 녹봉을 받았다"라고 하고 있습니다. '화족', '사족', '평민'의 신분이 호적에 기록되어 새로운 신분제가 만들어지게 되었습니다. 정식의 화족령華族令은 10년 후, 1884년에 제정되고 거기에서는 '유신 공신'도 '화족'에 추가되지만, 기본은 천황에게 얼마나 충성했는지를 혈통에 의해 보여주고 있습니다. '화족'과 함께 무사는 '사족'이라고 칭하며 각각의 특권을 인정받지만, '사족'은 차례차례로 특권이 삭감되어 형법상의 특권도 1882년 시행된 형법에서 없어집니다. 그러나 '사족'의 호칭은 이후에도 남아 '평민'에 대한 우월적 의식을 끊임없이 재생산합니다.

159 역자주 – 화족은 1869년부터 1947년까지 존재했던 일본제국 귀족계급을 하사받은 사람들을 말한다. 당시 화족들은 정부로부터 백작, 자작 등의 서양식 귀족계급을 받았다.

160 역자주 – 구게(公家)는 일본의 조정에서 봉직하는 귀족과 관리로 주로 문신을 뜻한다. 제후는 하사받은 일정한 영토를 다스리던 봉신을 뜻한다.

문명개화 정책의 전개

폐번치현 이후 본격적인 문명개화 정책, 서양 선진 문명의 모방 · 섭취 정책이 전개됩니다. 문명개화는 시대의 슬로건이 되어 갑니다. 그것은 '학제', '징병령', '토지세 개정'으로 대표되듯이 지금까지 사회 조직의 근본적인 개혁이고 나아가 사람들의 풍속, 습관에까지 미칩니다. 그 정책의 주요 사항을 다음 페이지에 연표로 했습니다.

이러한 여러 개혁은 천황의 이름으로 단행되고 더 나아가 천황이 솔선수범하여 양복을 입고, 단발하고, 육식하며, 서양문명 섭취의 선구자가 됨과 동시에 서양문명의 후광을 입고 인민 앞에 등장합니다. 실제로 1874년, 이탈리아의 화가인 우골리니에 의해 천황의 초상화가 그려졌지만, 그것은 서양의 황제들을 닮은 군복의 모습이었습니다. 1879년 다카하시 유이치高橋由一의 천황 초상화도, 궁내성이 천황의 어진영으로 키오소네Edoardo Chiossone에게 그리게 한 1888년 초상화도 서양 황제를 닮은 군복 차림입니다. 니시키에錦絵[161]에 천황이 등장하는 것은 더 일찍부터이지만, 1870년의 「대대조련지도大隊調練之図」에서 군대의 행진을 지휘하는 천황의 '어좌소御座所'[162]가 그려져 있고, 1877년 내국권업박람회内国勧業博覧会의 「개장어식지도開章御式之図」에는 전통의상을 입은 황후와 나란히 군복 차림의 천황이 그려져 있습니다.

161 역자주－에도 시대의 풍속화인 우키요에 판화의 최종 형태. 다채로운 색을 쓴 목판화를 뜻한다.

162 역자주－천황, 황족이 앉는 자리를 뜻하며, 임시로 머무르는 궁을 뜻하기도 한다.

문명개화 정책 · 연표 1873년 1월 1일부터 양력으로 표기	
1868. 3.14	5개조 서문
12.25	도쿄 · 요코하마 간 전신 개통
1870. 1. 3	대교大教 선포의 조칙
1871. 4.4	호적법을 제정하다
7.14	폐번치현의 조서
8.9	단발散髮, 폐도廃刀의 자유를 인정하다
8.18	화족 · 사족 · 평민 간 통혼 허용
8.23	'에타 · 히닌'의 칭호를 폐하고 평민과 같게 하다.
10.8	이와쿠라 도모미岩倉具視 등을 구미 각국에 파견
1872. 2.15	토지 영대 매매의 금지를 해제하다.
8.3	학제를 반포
9.12	신바시 · 요코하마 간 철도 개업식
10.2	인민매매 금지, 창기의 연계봉공年季奉公 폐지
11.8	위식개위조례違式詿違条例를 제정하다.
11.9	양력 채용의 조서
11.12	예복을 양복으로 제정
11.15	진무천황 즉위년을 기원으로 하는 국립은행조례를 제정
11.28	징병 조서
1873. 1.4	천장절天長節을 축일로 하고 오절구五節句를 폐지
2.24	기리시탄 금제 팻말 철거
3.20	천황, 단발
7.28	토지세개정조례를 포고

이렇게 천황의 권위 선양과 함께 문명개화 정책이 진행되었지만 그것은 민중에게 반드시 환영받을 수 있는 일은 아니었습니다. 기존의 관습을 전혀 무시하고 강압적으로 추진되는 정책은 종종 백성들의 부담을 가중시켰습니다. 그뿐만 아니라 그동안 야만인으로 여겼던 서양인들의 소행으로 두려워하거나 오해하거나 했던 것도 민중이 전혀 이해할 수 없었기 때문입니다. 나중에 언급하겠지만, 신정부 반대 봉기가 빈번한 것은 정부가 강압적이었던 것에도 이유가 있습니다만, 무엇보다도 민중의 부담이 증가한 것과 이문화異文化를 강제한 것에 따른 것입니다.

'학제'는 국민 모두의 배움을 목표로 해 전국에 초등학교를 설립합니다. 하지만 그것은 마을의 부담이나 부모에게 수업료를 요구하는 것이어서, 배우는 것도 생활에 직접 도움이 되는 것은 읽고 쓰기, 산수 정도였습니다. '징병'은 젊은 노동력을 빼앗길 뿐만 아니라, 에도 시대에는 경험하지 못한 병사로서의 봉공에 공포감을 불러일으켰습니다. 그럼에도 불구하고 정부는 단호히 개화 정책을 강행해 나갑니다. 토지세 개정에 대한 반대 봉기의 고양에 대해 1877년에 토지세를 지세의 100분의 3에서 100분의 2.5로 줄인 것이 정부의 몇 안 되는 타협이었다고 할 수 있습니다.

정부가 이렇게 전제적으로 밀어붙인 것은 물론 서양 열강을 따라잡기 위한 과제에 처해 있었기 때문이지만, 그 시책이 서양 문명의 압도적 우월성을 뒷받침하고 있다고 확신했기 때문이기도 합니다. 후쿠자와의 논의와 마찬가지로, 여기에 정부의 개화정책은 문명이며, 지금까지의 풍속 습관은 야만이라는 '문명과 야만의 분할이' 전개되었습니다. 그 시책이 전제적이고 억지스러울수록 일반 민중들은 납득하지 못해 신정부 반대 봉기를 일으키게 되고, 그들의 봉기가 좌초한 후에 사람들은 문명의 우월성에 굴복해갈 수밖에 없었습니다.

문명개화기에 있어서 도쿄, 요코하마를 비롯한 대도시 일부 지역에는 양옥이 세워지고 가스등이 켜지고 마차나 양장의 남녀가 왕래하는 풍경을 볼 수 있었지만, 그 외의 지역은 에도 시대와 변함없는 풍경이 계속되고 있었습니다. 그리고 풍속 습관도 변함없이 따라서 거기에서 발생하는 차별의 방식도 급격히 바뀌지 않았다고 상상하기 쉽습니다. 에도 시대의 봉건적 차별이 그대로 남아있다고 생각하기 쉽습니다. 그러나 개화 정책은 전국 각지에 걸쳐 관철되는 것이 도모되었고, 호적에 따라 국가가 국민 한 사람 한 사람을 파악할 수 있도록 하는 체제를 실현하였습니다. 그 아래 '학제'나 '징병'이나 '토지세 개정'이 실시된 것은 유례없는 변화를 낳았습니다. 그러한 점이 에도시대의 차별 양상을 어떻게 바꾸어 갔는지는 다음에 몇 가지 문제를 다루며 생각해보기로 하겠습니다.

19
천민제도의 폐지

천민제 폐지령

문명개화 정책 중 차별에 관한 가장 중요한 시책은 폐번치현 직후 나온 천민제 폐지령입니다. 보통 '부락 해방령', '천민 해방령' 혹은 '천칭 폐지령'이라 불리는 것으로, 1871년 8월 28일에 제정된 태정관 포고입니다. "에타穢多 · 히닌非人 등이 칭폐稱廢된 것에 대해서, 지금부터 신분, 직업 모두 평민과 다름없음에 대해서"라는 간단한 문장에, "다만 토지세 외 면제의 관례도 있는 고로 환수를 예측, 조사하여 대장성大藏省에 가야 할 것"이라는 포고가 추가되어 있습니다.

'에타 · 히닌 등'이라는 표현에는 애매한 구석이 있지만, 에도시대에 차별되어 온 천민이라는 칭호를 폐지하고 천민을 평민과 같이 취급함으로써 지금까지의 차별적 정책을 개혁한다는 것입니다. 호적은 신新신분제의 황皇 · 화華 · 사士 · 평平의 평민에 편입되지만 부락 출신을 알 수 있도록 '신평민新平民'이라고 쓴 곳이 많습니다. 추가 포고에서는 '토지세 외 면제의 관례'(세금을 면제해 온 관례)의 폐지가 중점이 되었음을 알 수 있습니다. 즉 국민 창출을 위한 호적과 세금의 평등화가 의도된 것이라 보입니다. 어쨌든 여기에 천민제도의 폐지가 선고되었다고 할 수 있습니다(上杉聰『明治維新と賤民廃止令』).

폐지령 전사

이 포고는 갑자기 나온 게 아닙니다. 에도막부 말기부터 위정자들 사이에서는 천민, 특히 '에타'에 대한 관심이 높아졌습니다. 여러 번에서는 막부 말기에 차별정책이 강화된 바, 이에 대해 시부조메渋染 봉기[163]로 대표되는 부락민의 저항이나 신분 상승 청원이 있었던 것은 이미 살펴보았습니다. 봉건 지배층은 체제 재건을 위해 여러 개혁을 실시했지만, 이에 따른 민중의 저항도 높아져 좀처럼 뜻대로 되지 않았습니다. 거기에 서양 열강의 압력이 몰려옵니다. 내우외환이 번갈아 닥친 것이 당시 위정자들의 위기감이었습니다.

이 위정자들에게 천민 문제는 가장 수가 많고 공동체적인 결합력이 있어 농업으로의 진출, 부유층의 형성을 볼 수 있을 뿐 아니라, 그 반항력도 강한 '에타'의 존재에 집중한 감이 있습니다. 그 가장 빠른 논의가 호아시 반리帆足万里의 『동잠부론東潜夫論』(1884)으로 국방론에서 '에타'의 해방을 논한 것이 있습니다.

"지금의 에타는 옛날 오우奥羽에 살게 된 일종의 외국인의 일부이다 …… 다무라 마로田村麻呂, 오우의 땅을 평정하고 에조를 모두 일

163 역자주－1856년 오카야마 지역 내 차별을 받았던 씨족들의 반란. 옷 색깔과 신발(게다)의 착용까지 법으로 규정한 것에 대해 반대하였으며 투쟁을 통해 결국 이 조항을 폐지하였다.

본인으로 만들었다. 그러므로 에타도 보통 사람과 다를 바 없다. …… 적절히 모두 소집해 대신사에 참배하여 '정화 의례'를 행하여 평민이 되게 하고, 이를 에조 섬 공광空曠의 땅으로 옮겨 경종耕種 축목업畜牧業을 열게 하라."

이 문장은 '에타'가 에미시蝦夷 후손이라는 조선기원설과 함께 당시 유행했던 근거가 없는 에미시기원설을 사용해 홋카이도 이민을 설파하고 있는 것입니다. 주목되는 것은 같은 '일본인'이니까 '평민平人'에 지나지 않는다는 점, '평민'으로 할 경우 '정화 의례'(부정한 것을 털어냄)을 행한다는 점입니다. 에도막부 말기 해방론으로 센슈 후지아쓰千秋藤篤의 『에타를 다스리는 의議』(1854)도 유명합니다. "오호, 국가의 사해四海로 집家을 이루고, 만민万民으로 자식을 삼는다. 일시동인, 사랑은 금수禽獸에 이른다. 그리하여 홀로 그 무리에 버려 거두지 않는다. 어찌 결점이 되지 않겠느냐"라고 말하고 있습니다. '그의 무리'라는 것은 '에타'인 것인데, 여기에도 국가의식을 볼 수 있고, 국가에는 가족과 같은 국민이 필요하다는 의식이, 그 국민 사이에서는 차별이 있어서는 안 된다는, '일시동인'의 군주는 모든 국민을 자비롭게 다루지 않으면 안 된다는 의식이 싹트고 있습니다. 국내외의 위기에 직면한 위정자들에게서 번藩을 넘어 일본을 한 덩어리로 보려는 국가의식과 그 아래에서 국민을 창출하려는 의식이 싹텄다고 할 수 있습니다.

유신정권은 '5개조 서문' 아래, '만기공론万機公論'[164]의 기관으로서 각 번에서 한 사람씩의 의원을 내는 '공의소公儀所'[165]를 설치합니

164 역자주-5개조 서문은 '정치는 여론을 수렴해서 결정하라'고 했는데, 이를 위한 평의회 조직을 말한다.

다. 그것은 입법 기관으로서 별로 실효를 거두지는 못했지만, 그래도 거기에서 논의되는 가운데 부락민 문제가 크게 부각된 것은 주목해야 합니다. 그 의안록議案録에는 호아시 료키치帆足亮吉의 '에타를 평민으로 하고 에조지로 이주를 위한 심의議', 오오카 겐조大岡玄蔵의 '생살권을 에타의 우두머리에 위임하지 않는 심의', 우치야마 소스케内山総助의 '에타 히닌의 신분 개정의 심의' 등이 있습니다. 그 중에서도 양학자 가토 히로유키의 '히닌, 에타 폐지의 심의'는 그들을 "인간 이외의 취급을 받는 것은 매우 천리에 어긋나고" 또는 "현재 외국 교류에 즈음하여", 이보다 더한 국치国辱는 없는 일"로서 '서민'에 포함시키도록 하자는 것으로, 가장 명쾌한 논쟁이었습니다.

즉, 막부 말기에 나타난 해방론이 양학자에 의한 국제인식도 보강되고 '국민' 형성의 기운과 함께 천민제 폐지의 길이 열리게 되었다고 할 수 있습니다. 1871년 정월에는 호적법 제정을 앞두고 오에 타쿠조大江卓造가 "에타, 히닌, 시체매장자烟亡를 평민으로 하는 심의"를 건의하고 있습니다. 거기에서는 분명히 '천민' 차별을 폐지하고 기존의 여러 특권도 폐함과 동시에 권업국勧業局을 만들고 직업 지도나 자금 원조를 도모하는 등, 평민의 경지에 이르도록 하기 위한 구체적인 제안이 제출되고 있었습니다. 그러나 포고는 앞에서 본 바와 같이 극히 간단한 것으로 천민에 대한 원조·구제정책은 전혀 제시되지 않았습니다.

---

165 역자주－입법 자문기관. 각 씨족과 학교에서 선출한 공무원들로 구성되어 있으며, 입법을 제출할 권한이 있었다.

천민제 폐지령 선포

그래도 이 포고는 사람들을 놀라게 하고, 천민을 기쁘게 했습니다. 우선 사람들에 대해서 아무런 예고도 없이 갑자기 나왔으니 그 동안의 생활 습관의 큰 변화에 사람들이 큰 당혹감을 느낀 것은 부정할 수 없습니다. 이 포고는 각 부현府県을 통해서 시달되었습니다. 그런데 각 부현은 포고가 미치는 충격을 두려워해, 포고 알리는 것을 반년이나 늦추거나 이 포고에 대한 해설을 더하는 노력을 하고 있습니다.

그것은 부현마다 다르지만 예를 들어 히메지현姫路縣(현재의 효고현의 일부)에서는 "취지를 분별하지 못하고 의혹을 품고 있는 자들도 있다고 들리는데 당치도 않은 일이다. 종래 에타라고 칭하는 인민 중 별종으로 취급된 자도 본디 황국이 아직 개화하지 않았을 시기의 일로, 근래 점차적으로 조사하고 있는 바, 현재 우리 황국 평민임에 틀림이 없고, 그 천성, 지식, 평민과 다름이 없음에 따라 종래 관례의 방식을 바로잡고 평민 일반의 취급을 분부하셨다."하여 '황국 인민'을 강조하고 있는 점이 주목받고 있습니다, 그러나 비교적 정중하게 설명을 한 것에 비해 구체적인 처치에 대해서는 언급하고 있지 않습니다.

한편, 부락민들은 다른 훈시告諭가 있어 "호의로운 취지인 만큼, 모두 고맙게 생각하고 지금 한층 농업을 서로 격려해야 하는 것은 물론 향후 항시 청결히 하고, 먼저 아침 저녁 청소를 잘하고, 짐승을 잡고 가죽을 취급할 때는 반드시 다시 몸을 깨끗이 씻을 것, 모든 몸의 악취에 유의하고 기존 평민이 게가레[166]라 여겨 온 일은 급히 고칠 것"이라며, 특히 부정을 씻을 것을 강조하고 있습니다. 이 점은 다른 부현의 훈시에도 보이지만 부정의식 그 자체의 잘못을 바로잡는 것이 아니라, 부락민의 편을 향해서 설교하는 것은 현청縣庁의 관리들도 부정의식을 좀처럼 불식시키지 못했음을 엿볼 수 있습니다. 아니, 그것은 메이지 정부도 에도막부의 복기령服忌令[167]을 개편하면서도 남겨 행차 때에 부락을 피하거나 감추는 등 천황 신변의 부정 배제에 신경질적이었다는 점과 무관하지 않습니다.

해방령 반대 봉기

이 포고가 시달되자 순식간에 반대하는 움직임이 나오고 정부의 강경한 자세에 대해 각지에서 분쟁이나 봉기가 일어납니다. 포고 직후에는 각지의 촌장들이 연합하고 옛 관습 유지를 합의하거나 정부에 탄원을 내는 움직임을 볼 수 있었습니다.

가령 1871년 9월부터 11월에 걸쳐 단바丹波 다키군多紀郡이나 다지마但馬 야부군養父郡의 마을 대표가 부락민이 "만약 마을 쪽 인가에 들르면 마찬가지로 서로 더럽혀지는 일이 있을 수 있으니 마을에 출입하지 못하도록" 합의하고 있고, 쓰야마津山의 강주변 촌장 연합회는 "에타는 예로부터 사람의 조력을 받아 이슬 같은 목숨을 잇고, 사람의 부정함을 가지고 직업을 삼아 살고 있으며, 신분고하가 오늘까지 뚜렷이 세워져 있는 바, 이번에 생각지도 못하게 신분

166 역자주－더러움이나 불결함.

167 역자주－1736년 부모나 조부모의 상에는 50일의 기(忌)와 13개월의 복(服)을 입게 하는 등 6단계에 걸친 복제와 상복 착용 기간을 규정한 법령.

이 같다고 말씀하신 것에 대해서 예상외로 평판이 좋지 않습니다" 라며 포달布達 철회를 정부에 탄원하고 있습니다.

이러한 사례는 각지에서 볼 수 있고 촌장 등 촌락 지배층이 주가 되어 움직이는 것이 많아, 그들의 지배를 유지하기 위한 움직임이라고 여겨집니다. 확실히 그것이 컸다고 할 수 있고 그 때문에 부정의식이 강조되는 것이 주목받는데, 그것을 다만 촌락 지배층의 지배를 유지하기 위함으로만 볼 수는 없다고 생각됩니다. 처음 반대 봉기를 하리마播州에서 '반단봉기播但一揆'라고 불렀습니다. 거기서는 촌장들이 습격받은 것입니다. 당시 민정 시찰 보고에서는 "에타가 평민이 되는 포고령을 내리고 나서 요리점, 목욕탕, 이발소 등에 갈 수 있음에도 농상農商 등이 이것을 혐오하여 가지 않음에 따라 요리점 등 장사를 바꾸지 않으면 생계를 꾸리기가 어려워 매우 곤란한 지경이다. 이미 비젠 오카야備前岡山는 목욕탕을 마을 목욕탕이라고 칭하고 목찰木札을 두고 이것을 증거로 나무패를 주고 목욕하게 했다. 목찰 없는 자가 가면 마을 목욕탕에서 거절한다고 한다. 이러한 설이 유포되어 구라시키倉敷 주변에서도 이런 일들이 일어난다고 운운"하고, 마을 곳곳에서도 커다란 문제가 되었다고 합니다. 구라시키에 가까운 빗추備中의 나카쓰이中津井촌에서는 1872년 정월에 마을 사람들이 부락을 습격하는 사건이 일어났습니다. 그 사건은 부락민이 "이번 파격적으로 신분 상승"이 되었으므로 지금까지 맡고 있던 "도적 수색尋訪, 거지 쫓음, 죽은 소, 말을 처리하는 일"을 일절 거절한다고 건의한 것에 대해서, 평민 측은 "지장을 초래하니까 지금까지처럼 해 달라"고 주장하며 대립하였습니다. 마을 관리가 '설득'해도 수습되지 않자 마침내 평민들이 모여 부락민을 습격하고 총포와 방화로 부락민 몇 명 살해하기에 이르렀던 것입니다. 마을 관리만으로는 수습되지 않아 군대까지 동원하여 겨우 '진압'했습니다. 이때 부락민은 평민에게 '항복장'을 쓰게 됩니다.

'혈세 봉기血税一揆'

평민과 부락민의 갈등은 종종 살인·방화 사건으로 비화 되지만, 그 최대의 비극은 1873년의 "혈세 봉기"입니다. "혈세 봉기"는 징병령에 대한 오해로부터 일어났기 때문에 명명된 것입니다. 분명히 징병령은 봉기의 계기가 되었지만, 문명개화 정책 전반에 대한 부정을 목표로 한 것으로 "신정부 반대 봉기"나 "문명에 대한 반란"이라고 해야 합니다. 이 봉기는 5월 26일, 오카야마현岡山県 쓰야마津山 지역에서 시작해 일반적으로 "미마사카美作 혈세 봉기"라고 부릅니다. 그것은 돗토리鳥取, 시마네島根, 히로시마広島에 파급되고, 더 나아가 가가와香川, 에히메愛媛, 후쿠오카福岡, 나가사키長崎, 구마모토熊本로 비화되어, 그해 6월과 7월 서일본 일대는 봉기의 거센 폭풍에 휩쓸렸습니다.

이들의 봉기에 대해서는 민중의 무지에 따른 것, 문명의 진보성을 이해하지 못한 것이라는 평가가 있는 한편, 신정부의 수탈을 강화한 개화 정책에 대한 민중의 반격이라는 높은 평가가 있습니다. 이들 폭동이 내세운 요구에는 구번주旧藩主 유임, 학제 반대, 징병령 반대 등이 있는 까닭에 봉건사회로의 복귀를 목표로 한 것이란 관측도 성립되지만, 봉건사회에서의 착취제도까지 복귀하고 싶었다고는 도저히 생각되지 않습니다. 그들의 요구에는 연공을 몇 년 중단하거나, 에도막부 말기 이후의 세상을 바로 잡는 요구 혹은 유토피아적 소망을 볼 수 있기 때문입니다. 게다가 봉기의 행동 형태는 농민봉기와 달리 권력에 정면으로 무기를 가지고 싸움을 도전하겠다고 하는 폭력적인 성격이 농후합니다. 봉기는 관리의 집이나 사무소나 학교나 게시판, 전신주 등 신정부의 표상이 된 것을 파괴합니다. 당시 "뭐든지 중국인풍이 된다"는 소문도 사람들의 위기감을 증폭했다고 생각됩니다.

이러한 민중의 움직임은 근대화에 있어서 새로운 문명에 대한 방위와 공동체적인 다른 해결을 촉구한 민중이 일으킨, 세계적으로 공통된 현상이었습니다. 영국의 러다이트 운동[168]과 이탈리아 라자레티 운동[169], 심지어 중국의 의화단이나 조선의 갑오농민전쟁(동학농민운동) 등과 공통된 것이었다고 할 수 있습니다.

그에 비하면 기간도 고작 일주일간으로 짧고 성숙한 지도자도 부족했다는 것은 일본의 특징으로 따로 논의되어야 하지만, 여기서 주목하고 싶은 것은 이 민중적 집단운동의 고양에 있어서 부락습격의 비극이 일어났다는 문제입니다. 그것은 말할 필요도 없이 천민제 폐지령이 문명개화 정책의 하나였기 때문이고 생활 환경을 급변시킨 성격을 띠었기 때문입니다. 지금까지 살펴본 것처럼, '에타'의 일이라 여겨진 하급형 집행 임무, 감찰관, 폐사한 우마 처리 임무의 폐지는 평민에게 그간 청순青純한 세계를 지켜온 일이 이루

168 역자주-18세기 말에서 19세기 초에 걸쳐 영국의 공장지대에서 일어난 노동자에 의한 기계파괴운동.

169 역자주-1878년 공동재산의 공동분배와 사회주의, 여성참정권 등을 주장한 종교개혁운동.

어지지 않게 될 우려이고, '에타'가 평민이 되어 자유롭게 왕래할 수 있는 것은 부정이 전염될 공포를 불러일으켰습니다. '미마사카 봉기'는 각 부락을 습격하여 '사죄의 글'을 쓰게 하고 그에 따르지 않는 부락 삼백십오 채를 방화·파괴했으며, 십팔 명을 죽이고 열한 명을 다치게 했습니다. 후쿠오카에서는 '죽창 봉기'라고 하는데, 여기에서도 부락민은 봉기 참여를 거부당할 뿐 아니라 "에타는 원래대로 취급될 것"를 요구하고 폭민暴民이 부락의 방화를 실행합니다.

그 차별의식은 봉건제 아래 길러진 것이지만, 이런 비극은 그때까지 세심하게 길들인 천민과 융합의 계기를 단숨에 없애버린 민중 자신이 가진 부정적인 부분으로밖에 볼 수 없습니다.

부락민의 싸움

부락민은 천민제 폐지령에 환희의 목소리를 높였음에 틀림없습니다. 30년 전의 일인데, 저는 부락의 고로古老로부터 "자신들을 보통의 인간으로 만들어 준 것은 천황이다"라는 말을 들은 적이 있습니다. 그러나 정부는 부락민에게서 '에타'의 임무와 함께 그에 더한 여러 특권을 빼앗아 버렸습니다. 그런데도 오에 다쿠조大江卓가 제안한 부락민의 자립을 위한 조치를 조금도 행하려고 하지 않았습니다. 그러니 부락민들은 평민과는 전혀 다른 조건에서 알몸으로 내던져진 셈입니다.

부락민들은 "자연히 비하되고 폄훼되며 에타의 오명을 쓰고 종국에는 세상 밖으로 밀려났습니다. 이는 '구폐舊弊'로 '타락의 업堕落の

業状', '부정의 혈통汚穢之筋'을 가졌기 때문이며, 그것은 '폐사한 우마 처리' 등의 임무 탓으로, 그러한 여러 임무에 종사하지 않을 것을 합의했던 미나미오지무라南王子村(1871)와 같은 행동을 각지에서 볼 수 있게 되었습니다. 부락에서 초등학교를 설립하려는 움직임도 있습니다(효고현 인나미군兵庫県印南郡). 부락의 신사 분사分祀[170]와 우지가미氏神[171]에 대한 우지코氏子[172]의 참가 요구도 이루어집니다. 또한 당연한 일이지만 평민과 마찬가지이기에 자유롭게 행동하려는 움직임도 나타납니다. 그것이 바로 이 '혈세 봉기'의 거센 폭풍으로 단숨에 짓밟혔습니다.

정부는 개화정책을 관철하기 위해 봉기 세력을 엄중히 처벌합니다. 미마사카 봉기에서는 살인 등으로 15명의 처형자, 두 집에 한 명에 해당하는 2만 7천여 명의 봉기 수행자에게는 각각 속죄금 2엔 25전을 부과했습니다. 후쿠오카에서는 사형 4명 외에 6만 4천 명 가까이가 처벌됩니다. 하지만 이런 처벌을 하면서도 그 밖에 부락민들을 멸시하거나 차별을 금하는 조치가 이루어진 흔적이 전혀 없습니다. 평민들은 법에 저촉되는 차별을 겉으로 드러내진 않았지만, 사건은 정부에 대한 원한도 포함하여 부락민에 대한 멸시와 적의를 존속시켰지 않았나 합니다. 그리고 부락민 입장에서 보면 사건의 교훈으로 평민들의 멸시와 적의가 얼마나 뿌리 깊은지, 그것을 극복하는 것이 얼마나 어려운지를 깨닫게 되지 않았겠습니까? 앞에서 보신 것처럼 부락민들 쪽에서도 부정 관념을 극복하지

170 역자주－따로 떼어내 제사를 지냄.

171 역자주－동족 집단의 공통선조에 해당하는 신.

172 역자주－같은 씨족신을 받드는 사람들.

못했습니다. 그래서 부락민들이 천민에서 벗어나려는 노력의 목표는 바로 부정을 없애는 것입니다. 일본 역사상 최초의 근대 민주주의운동인 자유민권운동의 고양과 함께 각지에서 부락민의 평등을 주장하는 단체를 볼 수 있는데, 그 대부분은 부락의 상층, 지도층에 의한 것이었습니다. 1880년대 후반 도사土佐의 평등회, 오사카大阪의 공도회와 평등회, 나라奈良의 헤구리클럽平群俱楽部, 교토京都의 진취회와 평등회 등이었는데, 그중에서도 가장 빨랐던 것이 후쿠오카의 복권동맹이었습니다. 1881년 동맹결성의 제언緒言에는 "…… 우리들은 이미 에타의 천칭醜称을 벗어났다 하나 이를 대신하여 신민新民이라는 명칭으로 부르고 그렇게 함으로써 다른 인민과 구별되고, 다른 인민이 우리들을 멸시 능욕하는 일이 옛날과 다르지 않은 것은 어찌된 일인가. 이것이 다름이 아니라 …… 여전히 부정한 업에만 종사하고 스스로 비굴에 안주하기 때문이다. …… 우리들이 인민으로서 갑자기 국민의 당연한 실권을 회복하고자 하는 것은 물론 쉬운 일이 아니다. 강렬한 분노로 종래의 천업汚業을 던져버리고 더욱이 일대미사一大美事를 창립하여 국민이 국민된 실효를 거두지 않으면 안된다. ……"라고 합니다. 그들이 차별을 벗어나 제몫의 국민이 되고자 하는 분연한 의지를 생각하지 않을 수 없습니다.

그리고 이러한 사회 상황에서는 어쩔 수 없다고밖에 할 수 없겠지만, 에도 시대 이후 자신들의 일을 '천업'으로 간주하지 않을 수 없는 상황에 부정 관념의 굴레를 생각하지 않을 수 없습니다. 아니면 이렇게 말할 수도 있겠습니다. 국민적 규범에 맞추기 위해 스스로 정체성의 기초가 되었을지도 모르는 직업을 더럽힌 것이라고.

민권운동의 세례를 받고 자신의 권리에 눈을 뜬 그들은 국민적 규범의 충실한 실천, 그것은 또한 문명적 규범의 실천이기도 한데, 그로 인해 탈천脱賎하고자 했던 것입니다. 그리고 그 규범에서 기존 자신들의 직업이나 생활실태는 형편없고 추잡하고 야만적인 존재로 보였습니다. 즉, 그들은 스스로 새로운 기준을 마련해 기존의, 심지어 현재의 자신들을 비하하고 자기들 자신을 차별하려고 했다고까지 말할 수 있지 않을까 합니다.

20

‘천민’의 해체와 재편

‘히닌’의 문제

1871년의 천민제 폐지령은 부락민(‘에타’)만의 문제로 거론되는 경우가 많은데, 물론 그것만으로 끝날 일은 아닙니다. 다른 천민, 즉 ‘히닌’과 유민遊民, 잡업민雜業民들의 문제가 있습니다. 특히 부락민과 ‘히닌’은 대조적인 운명을 겪기에 사회 전체의 차별성을 생각하는 데 있어 매우 중요한 문제라고 생각합니다. 그러나 이들에 대해서 반드시 충분히 연구되었다고는 할 수 없습니다. 그것은 메이지 유신기의 이들에 관한 사료가 적은 것과 관련되어 있지만, ‘히닌’이 폐지령 이후 급속히 해체된 데 따른 것이라고 생각됩니다.

근세의 ‘히닌’ 실상에 대해서는 지역마다 매우 다양하지만 ‘히닌 저택’이나 ‘히닌 오두막’, ‘히닌촌’ 등에 모여 살고, 히닌의 우두머리인 ‘조리長吏[173]’ ‘히닌가시라非人頭[174]’ 등에 총괄되어 신분화된 협의의 ‘히닌’과 신분화되지 않은 거지나 유민 등의 ‘히닌’, 즉 ‘히닌

173 역자주–부락의 우두머리. 특히 오사카 지역의 히닌 우두머리를 뜻함.

174 역자주–히닌의 치안을 담당하던 우두머리.

인별장非人人別帳[175]'에 기재되지 않은 '유랑 히닌野非人'으로 나누어 생각할 수 있습니다. 신분화된 '히닌'은 '히닌역'을 가지고, 하급형 집행역下級行刑役, 도적감찰관盜賊目付役, 청소역掃除役, 유랑 히닌 배제역野非人排除役[176] 등 대체로 '정화역'을 맡김과 동시에 평민들에게 구걸할 권리 등을 가지고 있었습니다. '히닌'은 ① 세습적 '히닌'과 ② 정사미수자情死未遂者와 밀통, 도박, 도둑질 등 죄를 저지르고 형벌의 일종으로 '히닌' 신분에 떨어진 자, ③ 파산 몰락하고 주거, 생업을 잃고 부랑자가 된 자, 나아가 ④ 장애자나 '나병癩病' 등 이른바 '숙환'으로 보호자 없는 사람 등으로 구성되어 있었습니다. '히닌역' 이외에 특정 직업을 가진 사람들을 '히닌'으로 하는 경우도 있습니다. 예를 들어 묘지기 등의 '장의사隱坊'는 '히닌'이 되거나, '히닌, 장의사'로 구별되는 등 애매한 영역에 있는 사람들이 많이 있었습니다. 메이지 초년 통계가 '히닌'을 2만 3천여 명으로 하거나 7만 7천여 명으로 하는 경우도 그런 이유입니다.

유신維新 동란하의 '히닌'

에도막부 말기에는 '유랑 히닌'이 증가하고 도시에 유입되거나 봉기·토벌에 참여하거나 했기에 항상 불온한 공기의 원천이었는데, 유신 동란에서는 전쟁 피해자나 탈적 사족脫籍士族들의 유민화遊民化가 사회 불안을 한층 자극했습니다. 유신 정부가 이들 유민화

175 역자주－히닌의 호적, 가족등록부.

176 역자주－유랑하는 인적사항이 불분명한 히닌을 통제하는 역할.

된 '유랑 히닌'에 대해서 신경질적이 된 것도 당연합니다. 이러한 상황에서 정부는 그동안의 '히닌' 통제를 개혁·강화하는 동시에 그들을 '유랑 히닌' 대책에 동원합니다.

1868년 2월 오사카 재판소의 공고문에는 "조리長吏들로부터 지금까지와 같이 써주셨으면 좋겠다는 취지, 상세한 청원의 취지가 있었으나 원하는 대로 이를 들어주기 어렵다."라며, 그동안의 방식을 고쳐 '조리'를 '히닌코야가시라非人小家頭'라고 개칭하거나, '도둑 취급'은 '안 된다'라고 종래의 도둑 감찰 등의 '히닌역非人役'을 해제·제한합니다. "마을의 길흉이 있을 때마다 물건을 받는 것, 관례도 일정한 방식이 있는 바, 이후 마을 관리町役人가 모아서 보낼 것, 상대에게 탐욕스럽게 보이는 일이 없도록"이라며, 시혜품을 관리가 직접 관리하는 방식을 내세우는 등 '히닌' 통제를 강화하려고 합니다. 그때까지 '히닌'이 각각 각설이를 하며 구걸하던 관습을 마을에서 일괄하여 그들에게 베풀기로 바꾼다는 것입니다. 거기에는 기존의 관습을 부정하면서까지 권력이 직접 시중市中에서 구걸을 없애겠다는 의향도 볼 수 있습니다.

나아가 이듬해에는 사카이현境県이 "히닌, 거지, 구걸인 등이 함부로 배회함에 따라 이번에 단속을 하게 하고, 따라서 각각 도장印札을 건네주어 향후 무찰無札 히니, 거지, 구걸인에게는 조금이라도 결코 베풀어서는 안 된다."라고 감찰을 붙이도록 함과 동시에 '히닌' 단속을 행하고 '부랑 히닌'을 최대한 출신지로 돌려보내는 조치를 합니다. (『大阪の部落史』 제4권).

교토에서는 동년의 마치부레町触[177]에 '부랑 히닌'에게는 목찰木札을, '히닌'에게는 감찰鑑札을 붙여 '유민과 히닌의 구별을 하고자'

합니다. 이는 반대로 양자의 구별이 좀처럼 어렵게 되었음을 나타낸다고 할 수 있습니다.(『京都町触集成』 제13권).

구육소救育所의 설치

이들 '부랑 히닌'들을 수용하는 구육소가 설치된 것도 이즈음입니다. 그것은 1868년 2월에 발포된 '궁민무육窮民撫育의 고유告諭'의 구체화로, 이 해부터 다음 해에 걸쳐 도쿄 미타三田 고지마치麹町 다카나와高輪나 교토 · 오사카 · 나고야에 설치되어 '궁민' 가운데 건장한 사람은 개간사업 등의 노동에 종사시키고, 그 이외의 사람은 구육소에 수용하고, 보호와 동시에 교육 · 일자리를 마련하고자 했습니다.

도쿄에서는 '히닌 걸식'을 '교육해서 산업을 전수하고 훈계 격려'하려고 합니다. 여기에 '유랑 히닌'도 '보이는 대로 데리고 들어'갈 것, '시중 선도市中勧進' 이외는 함부로 걸식을 시키지 않을 것, '히닌'을 가능한 한 출신지에 복적帰籍시키는 것 등의 조치가 취해졌습니다. 구육소에서는 히닌가시라 구루마 젠시치車善七의 부하 등 '히닌'이 그곳에 수용된 사람들을 관리하는데, 수용된 사람들 중에도 '히닌'이 있었을 것입니다. 여기에서도 '히닌'과 '유랑 히닌'이 뒤섞이기 시작했습니다.

교토의 '유민집소流民集所'는 1870년에 '궁민직업소개소窮民授産所'로 변경되어 그 수용자를 '산업을 이어 숙달한 후, 각 희망지에 입

---

177 역자주-근세 도시민을 대상으로 제정된 법령.

적 또는 복적시킬' 것을 목적으로 합니다. 하지만 이 수용자는 많게는 66명으로 당시 교토부京都府의 '궁민' 수만 명에 비해 턱없이 적어 새 정부의 인정仁政을 과시하기 위한 허울로 보입니다.(池田敬正「流民集所から窮民授産所へ」『部落問題研究』 임시호)

이러한 경향은 각 부현府県에서 볼 수 있었습니다. 오사카에서는 구휼장救恤場이 1868년 11월에 개설되고, 1871년에 폐지, 73년에 직업소개소가 열립니다. 도쿄에서도 구육소를 대신해 72년에 양육원이 설치됩니다. 또한 질병자에 대해서는 70년에 나고야에서 시약원施薬院, 72년에 교토에서 요양원療病院, 73년에 오사카에 오사카병원이 만들어집니다. 처음에는 부랑인들을 전체적으로 모아 관리하고 구제하던 것이 직업소개소와 병원 등으로 분화된 것을 엿볼 수 있습니다.

'히닌'의 해체

천민제 폐지령에 따라 '히닌'은 '히닌역'을 해제하는 동시에 '히닌' 집단을 해체합니다. 기존 '히닌역'의 도적 감찰이나 형 집행역行刑役이나 '유랑 히닌' 추방은 경찰이나 재판소의 관할이 되어 근대화됩니다. '히닌'의 일부는 순사나 밀정으로 편입되지만 많은 일을 잃게 됩니다. '에타'가 역과 그 특권을 잃는 것처럼 맨몸으로 방출되는 것입니다. 그러나 '에타'는 부락민으로 나름의 가족·가산家産과 가업을 가지고 있고 마을공동체의 결속력도 강했기 때문에 폐지령 이후에도 연속해서 이곳에서 생활할 수 있었습니다. 그에 비해서 '히닌가시라'에 총괄된 '히닌'의 경우, 그 구성이 제각각입니다. 먼저 본 세습 '히닌'의 경우 가족과 가산을 가진 자도 있었지만, 대부분 독신자로 '히닌역' 이외의 가업을 가지지 못했습니다. 따라서 '히닌역'의 해제는 그대로 실업자가 됨을 의미하고 '히닌 오두막'이나 '히닌촌'의 폐쇄는 그대로 방랑자가 되는 것입니다. 즉 거지 외에 먹고 살 수가 없게 됩니다. 다른 '유랑 히닌'과 마찬가지가 됩니다. 더욱이 앞에서 언급한 것처럼 '유랑 히닌'의 배제가 유신 동란기부터 각지에서 진행됩니다. 시중의 거지가 배제되어 갑니다. 그것은 폐지령 이후 한층 강화되었다고 말해도 좋습니다.

유민遊民·잡업민雜業民

'히닌' 이외의 '천민'으로 유민 · 잡업민들의 존재가 있습니다. 앞서 말씀드렸지만 '에타가시라穢多頭[178]' 단자에몬弾左衛門의 유래서由緒書 등의 지배하에 있는 자座로 꼽혔던 '자토座頭'[179] '마이마이舞々[180]' '사루가쿠猿楽[181]' 등등입니다. 이들에게는 허실虛実이 있고 막부 말기에는 변화하여 다양화되지만, '고무네乞胸'로 불리며 간단한 예능을 피력하고 금품을 받는 사람들(조루리가타리浄瑠璃語り[182], 셋쿄가타리説経語り[183], 시시마이獅子舞[184])은 '고무네가시라乞胸頭[185]'

178 역자주 – 피차별민인 에타의 우두머리.

179 역자주 – 에도 시대 안마나 비파연주로 생계를 유지하는 맹인.

180 역자주 – 공연이나 춤으로 먹고사는 광대.

181 역자주 – 헤이안 시대에서 무로마치 시대까지 유행하는 곡예, 무용, 인형극을 하는 사람.

182 역자주 – 전통 인형극 '조루리'를 하는 사람.

183 역자주 – 서사문학의 한 형태로 설교를 하는 사람.

가 폐지되어 거의 걸인과 같은 취급을 받고 앞의 구걸 배제의 대상이 됩니다. 예를 들면 군마현群馬県에서는 1872년 8월 '걸인 히닌'의 배회를 금하는 포고에 이어 이듬해 5월에 '아즈사미코梓巫[186], 고제瞽女[187], 쓰지조루리辻浄瑠璃[188], 사이몬요미祭文読[189]' 등에 대해서 '시주'를 금하는 포고가 내려졌습니다.

여기에서 '고제'가 포함됨을 이상하게 생각하는 분들도 있으리라 생각됩니다. 맹인들은 도도자当道座[190]로 조직되어 에도 시대에는 평민 수준으로 취급되었기 때문입니다. 분명 겐교検校[191], 자토座頭[192] 등 자座 관위를 갖는 상층에 있는 사람들은 무사와 거상豪商들과 결합하여 활동하지만, 90%를 차지하는 하층 맹인들은 "맹인은 궁민窮民의 일단으로 여러 사람들의 베풂을 받아 생활을 계속해 온 것은 물론입니다."(교토부京都府의 弁官에게 보낸 伺書, 1869년 9월)로 간주되었습니다.

그리고 1871년 11월에 맹관盲官[193]이 폐지됨과 동시에 도도자는 해체됩니다. 궁핍한 맹인은 자座에서 구제를 계획했지만 개개인이

184 역자주 – 사자탈을 쓰고 사자춤을 추는 사람.
185 역자주 – 거지.
186 역자주 – 죽은 영을 소환하는 여성.
187 역자주 – 예술을 행하는 시각장애인 여성.
188 역자주 – 전통 인형극 '조루리'를 업으로 하는 사람.
189 역자주 – 신에게 전하는 제문을 읽어주는 사람.
190 역자주 – 남성 맹인 조직.
191 역자주 – 맹인의 관직명.
192 역자주 – 맹인 안마사.
193 역자주 – 안마사, 침술사 역할을 하던 맹인공무원으로 1871년 폐지되었다.

뿔뿔이 흩어지면서 그 보호도 없어지게 됩니다. 특히 샤미센으로 구걸하며 각지를 떠돌아다니는 고제瞽女는 최하층의 존재였습니다. 그녀들도 고제 조직의 해산을 명령받았습니다. 같은 해 야마나시현山梨県의 포달布達에는 "종전 현 내 고제는 …… 마을들을 배회시켜 쌀값을 구걸함을 생계로 하고 현재 인원 2백 5십 명에 이르고 …… 맹인이 되는 그 원인이 많지만 혹은 부모의 임질黴湿의 여독余毒에서 생긴 것이 있고 혹은 천연두 독에서 생긴 것이 있으며, 그 외 부상, 과실 등에 의한 것도 또한 적지 않다. 필경 부모 그 몸의 방탕함에서 생기고 또한 양육 보호의 소홀함에서 생기는 것이다. 그런고로 인과윤회因果輪廻의 우설愚説에 미혹되어 장애의 자식을 장애의 고제에 물려주고 ……"라고 설파합니다. 불교적 인과설을 대신하여 과학적인 양 가장하여 맹인에 대한 편견을 만듭니다.

이들 천민 혹은 천민처럼 취급받던 사람들은 조게雑芸[194], 사람들의 시혜, 자座나 동료끼리의 도움으로 살아왔지만, 그것들이 모두 금지·해산되었습니다. 보화종普化宗[195]의 금지도 각설이가 되어 보시를 청하는 탁발의 보화종 승을 걸인으로 간주했던 이유입니다. 즉, 새 정부는 각각의 조게의 의의를 무시하고 근세의 신성神性을 가진 걸인, 신의 축문을 전하면서 행복을 가져온다는 걸인에 관한 민간신앙과 걸인에 대한 보시를 선행으로 하는 사회 통념을 부정하고 걸인을 비생산적이고 '불결한 모습' 때문에 치안을 어지럽히는 존재로 부정하고 배제한 것입니다.

194 역자주－곡예, 마술, 인형극 등의 예술공연.

195 역자주－일본 불교 선종의 하나.

휼구규칙恤救規則

천민제 폐지령에 의해 '히닌'를 비롯한 '천민'들도 평민으로 호적에 편입되어 '가업의 상황'에 따라 자유롭게 영업을 해도 되게 되었지만, 그동안의 권익이 폐지되고 각각의 잡업, 조게雑芸의 자座 등에서 얻은 나름대로의 보호도 사라지면서 빈곤화가 진행됩니다. 빈민자의 증대는 어떻게든 처리해야 합니다.

1874년 12월 태정관太政官 포고에서 휼구규칙이 내려졌습니다. 처음에 구빈救貧법이라고 불렸습니다. "빈곤 구제는 인민 상호의 인정에 따라 그 방법을 마련해야 하는 바, 현재 구제하기 어려운 무고의 빈민은 이제부터 각지의 원근遠近에 따라 50일 이내 분을 왼쪽 규칙에 따라 처리하라"며, "극빈자 독신으로 불치의 병에 걸려 산업産業을 영위할 수 없는 자에게는 1년간 쌀 8두를 지급해야 한다"는 등, 각 상태에 따른 구미액救米額이 제시되었습니다. '무고의 빈민'이란 어디에 고해도 구제될 수 없는 빈민으로 "독신 노소 불치의 병으로 어떠한 업도 할 수 없는, 사실 극빈赤貧으로 일찍이 보육하는 자가 없는" 자로 여겨졌습니다.

정부는 빈민을 '인민 상호간의 인정'으로 구제하는 것을 제일로 삼고 있다는 점에 주의해야 합니다. 가족이나 친척, 마을이 해야 할 일이고 정부가 할 일은 아니지만, 현 긴급사태에 대해서는 이 규칙으로 행한다는 것입니다. 도쿄회의소東京会議所의 양육원이나 일용직 회사의 설립이나 기독교 단체의 '오사나키 예수회 고아원'이나 '일본 시료소施療所' 등의 설립에서 볼 수 있듯이 근대 민간의 구빈 활동도 시작되지만, 그것은 극히 일부의 구제에 지나지 않습니다. 당시 빈민은 인구의 20% 정도 있었다고 하는 상황, 예를 들어 1869년의 도쿄 시중 인구 50만 명 중 일시 구원을 받은 극빈민은 10만 5천 명이며, 70년의 오사카 총인구 30만 7천 명 중 구제 대상의 '빈민자難渋人'는 5만 7천 명입니다(吉田久一『日本貧困史』). 이러한 사람들의 구제를 도모하기 위해서는 사회 전체의 상황을 정비할 필요가 있겠지만, 정부는 그 책임을 '인민 인정仁政'에 맡기고, 그 극히 일부를 천황의 인정이라는 은혜로 구제하려는 것입니다. 사실 이 규칙으로 구제의 대상이 된 것은 1876년 2,521명, 77년 1,187명에 불과하고, 그 금액도 1인당 평균 연 5엔에서 10엔의 범위였습니다.

빈민가 형성

이리하여 치안과 문명적 체제를 내용으로 하는 부랑인 단속은 강화되고 인정을 나타내는 장식으로서의 구제도 시작되지만, 많은 빈민자들은 평등과 자유의 이름으로 방치되었다고 해도 좋습니다. 이들은 기존 삶의 터전을 잃음으로써 일용직 노동이나 잡업으로 살아가야 합니다. 그러기 위해서 주거비와 식비 등 생활비가 싼 지역으로 낙엽이 바람에 날려가듯이 흘러 들어갑니다. 근세에서 빈민이 많았던 뒷골목 집裏店이나 싼 여인숙木賃宿이 모인 지역에 점차로 그러한 사람들이 모여들게 됩니다. 1890년대에 사회문제화하는 빈민가는 이렇게 70년대부터 80년대에 형성되었다고 생각됩니다.

더구나 여기서 주목해야 할 점은 이것이 도시개조 계획에 의해 만들어진 측면이 크다는 것입니다. 예를 들어 1881년 1월에 도쿄부 지사 마쓰다 미치유키松田道之는 간다바시神田橋 모토초本町의 재개발을 제안합니다. 하지만 그것은 "하시모토초橋本町는 기존 빈민폭주細民輻輳의 땅으로 거기에서 거주하거나 영업을 하는 자는 대체로 기센야스도마리하이木錢安泊杯라고 칭하며 누추한 가옥을 만들어 얼마 안 되는 숙박료로 궁민窮民에게 대여하고, 여기에서 숙박하는 자는 매일 매일 이곳저곳에서 구걸을 하는 풍습을 이루고 있다. 무적無籍이나 다름 없는 정업定業이 없는 자의 소굴이 되어 좁은 한 가옥에 과다한 인원을 잡거시킴으로써 그 불결하고 보기 흉한 모습은 실로 표현할 길이 없다 …… 전년에 전염병이 유행했을 때 이 지역은 특히 심하고 거의 구제할 수 없는 처참한 해독害毒을 보여 일반위생상의 방해가 적지 않았다 …… 따라서 이 참에 이 지역을 매수하고 …… 기존의 폐습을 일신하고자 한다"(「東京十五区臨時会議事録」『日本近代思想大系19』)라며, 기존의 빈민 집단 거주는 '불결한 모습' 때문에 해를 미치기 때문에 배제하려는 것입니다. '전년 전염병 유행前年悪疫流行'은 77년부터 시작되는 주기적인 콜레라 유행을 말하며, 이 콜레라 유행이 정부로 하여금 공중위생의 중요성을 자각하게 함과 동시에 전염병의 진원·매개지로서 빈민가를 혐오와 공포의 이미지로 인식하게 됩니다(中嶋久人「『都市下 層社会』の成立」『都市下層の社会史』).

오사카의 메이지 빈민가가 되는 나가마치長町는 근세 이래 빈민가가 커진 것이지만, 그 근방에 위치하는 현재의 가마가사키釜ヶ崎는 메이지 초년 농촌 지역에서 그것이 행정의 구분이나 철도 부설로 본 마을과 분리되고, 뒤에 부근 공장 직공들의 거주지가 되어 그

것이 점차 싼 여인숙 거리木賃宿街로 변질해간다는 궤적을 더듬을 수 있습니다. 그 가마가사키 지역은 '토비다 가이토鳶田垣外'라고 불립니다. 그 안에 '히닌촌'이 있었지만 폐지령과 함께 해체되어 농촌 지역이 됨으로써 빈민가와 '히닌' 지역의 연속성은 인정되지 않습니다(吉村 智博「近代初頭の『釜ヶ崎』」『大阪人権博物館紀要』제8호). 즉 근대의 빈민가라고 여겨지는 지역은 '히닌'과는 단절되어 새롭게 근대에 들어와 폐지령 등에 의해 만들어진 극빈층이 집단 거주하는 지역입니다. 또 근대의 도시계획에 의한 개조로 인해 급히 만들어졌다고 말할 수 있습니다. 그것은 근세적인 빈민에 대한 시선과는 이질적인 근대의 새로운 문명의 시선으로 포착되어 멸시와 공포의 이미지를 가지고 나타났다고 말할 수 있습니다. 이 점에 대해서는 따로 항목을 달리하여 생각해보겠습니다.

21

예창기 해방령

마리아 루스María Luz호 사건

근대 일본 외교의 최초 성공이라고 해도 좋을 것입니다. 1872년 6월, 마카오에서 들어온 페루의 상선 마리아 루즈 호가 태풍으로 파손되어 요코하마 항구에 입항하였는데, 중국인 목경木慶이 탈주하여 영국 군함에 도움을 요청하였습니다. 중국인 230명이 갇혀 학대받고 있으며 남미에 노예로 팔려갈 것 같다고 합니다. 이것을 알게 된 영국공사는 일본 영내의 일이니 일본 정부에 도움을 청하라고 목경에게 알리고 외무경 소에지마 다네오미副島種臣에게 통달하여 일본 정부의 조치를 요구합니다.

정부 내에서는 성가신 외교 문제가 되는 것을 두려워해 사법경 에토 신페이江藤新平나 가나가와현령 무쓰 무네미쓰陸奥宗光 등이 이것에 관련되는 것에 반대합니다. 하지만 소에지마는 천황에게 주상함과 동시에 이 건을 외무성의 전관사항專管事項으로 해, 오에 다쿠大江卓를 가나가와 현장관県権令에 맡기고 이 사건의 특명재판장으로 합니다. 오에는 7월 4일부터 즉시 조사를 시작했습니다. 이에 대해 유럽 주재 영사들로부터 무법無法이라는 비난이 쏟아졌고 포르투갈과 독일은 특히 강경했습니다. 국교를 맺지 않은 나라에 대해 재판을 할 수 있느냐는 항의도 나옵니다. 오에는 아랑곳하지 않고 영미공사의 지지를 얻어 조사에 나섰고, 그 결과 페루선에서의 학대가 폭로되고 학대는 일본법에 반한다고 판단합니다. 그리고 선장의 죄는 곤장 100회, 금고 100일의 죄에 해당하지만 관대한 처분에 따라 특별히 용서하기로 하고, 중국인 230명은 즉시 석방해 귀국시켜야 한다고 판결했습니다. 청국에서는 사절이 일본 정부에 대한 감사장을 가지고 일본에 와서 9월에 230명을 데리고 귀국합니다. 이 무렵 일본과 중국의 우호 관계는 지속되고 있었던 것입니다.

그러나 페루 측은 이에 불복해 국제법정에 소송을 제기합니다. 1875년 5월 29일, 재판장 러시아 황제인 알렉산드르 2세Александр II, Alexander II는 페루의 소송을 기각하는 판결을 내렸습니다. 이때도 오에는 법정이 열린 페트로그라드Петроград, Petrograd까지 가서 큰 활약을 합니다. 오에 타쿠의 활약은 소에지마의 후원이 있었기 때문이지만, 그 자신이 계몽적 정의감에 불타고 있었고 지난번 천민제 폐지령에도 크게 관여했습니다. 훗날 폐창운동에도 조력을 아끼지 않았다고 이야기되는 점에서 약자에 대한 동정심이 두터운 사람이었다고 할 수 있습니다. 그는 이후 세이난전쟁西南戦争 중 무쓰 무네미쓰 등과 정부 타도 계획을 세웠다가 체포되어 10년 형에 처해졌지만, 7년 만에 출옥해 대동단결운동에 가담하고 뒤에 실업実業으로 전환한 경력의 소유자로, 정부에 대해 비판적이었던 것으로 보입니다. 페루는 이 직후 일본과 국교를 맺고 일본 영사를 주재시킵니다. 일본에서의 이민을 기대한 측면이 있습니다.

페루 공화국의 차별

페루는 1821년에 스페인의 식민지에서 독립하고, 1855년에는 원주민 농민에 대한 세금 폐지와 함께 노예 해방이 대통령에 의해 선언됩니다. 이 전후로 베네수엘라, 칠레, 멕시코, 도미니카, 브라질과 중남미 국가들이 독립합니다. 이들 운동을 주도한 것은 식민지 지배 기구를 독점하는 본국인들에 대항한 클리올Criollo이라고 불리는 식민지 태생의 백인층이었습니다. 이들은 식민지 지배층에서 배제되었지만 인구의 약 10%를 차지했습니다. 지주나 상인 등 실질적인 경제 담당자로 미국 독립전쟁과 프랑스혁명에 고무되었고, 자유, 평등을 표방하는 계몽사상에 이끌려 독립전쟁을 수행하며 다양한 내분을 겪으면서도 공화국을 건설했습니다. 마침 후쿠자와 등의 계몽사상 아래 문명개화가 전개된 일본과 같은 단계였다고 할 수 있습니다.

그러나 노예해방은 식민지 시대부터 이어진 대농원이나 광산에 노예로 사역했던 사람들의 해방이었기 때문에(페루에서는 약 2만 5천 명이 해방되었다고 합니다), 노동력 부족이 초래되었습니다. 이민유치책을 취하지만 아일랜드나 독일 등 유럽에서의 이민은 실패하고, 1849년부터 중국인 이민이 시작되어 일정한 '성공'을 맛봅니다.

하지만 그것은 새로운 노예제의 창출입니다. 근대적으로 노동계약서는 만들어지지만, 그 계약서가 매매되어 실제로는 인신매매와 같았습니다. 그 모집 방법도 유괴, 강제 등으로 중국의 하층 노동자인 쿨리苦力 등을 납치해 극악의 조건에서 배로 수송하는 형태였습

니다. 항해 중에 평균 15%가 사망했다고 할 정도였다고 합니다. 마리아 루스 호의 중국인도 그 일례였던 셈입니다. 비슷한 시기에 오키나와에서도 페루의 노예선이 사건을 일으켰습니다. 1850년부터 1880년까지 약 15만 명의 중국인이 이주해 대농원大農園과 철도 건설, 혹은 광산과 페루에서는 비료가 되는 구아노(바다새의 똥) 채굴에 노예로 사역하였습니다. 중국인뿐만 아니라 폴리네시아를 비롯한 각지에서 노예적 강제 이민이 이루어져 20세기에 일본에 이릅니다(増田義郎 柳田利夫『ペルー 太平洋とアンデスの国』).

식민지에서 독립한 중남미 국가들은 자유주의 무역이라는 이름으로 유럽에서 산업혁명의 성과인 공업생산물을 수입하고 남미 각지의 자연물, 농산물과 광산물을 유럽으로 수출하는 구도를 갖고 있었습니다. 페루에서는 구아노와 키니네, 고무, 면, 설탕, 은, 질석 등 다양한 자연물이 채취되어 수출됩니다. 이들 사업의 일군이 클리올들로 유럽의 자본을 배경으로 페루의 경제를 '발전'시켜가는 것입니다.

그러나 그것은 원주민과 아시아계 이민의 노예 노동에 힘입은 것이었습니다. 거기에는 인종차별적 편견이 지배하고 있었다고 해야겠습니다. 그리고 그 편견을 유럽도 공유했다고 할 수 있습니다. 마리아 루스 호 사건에서 포르투갈을 비롯한 유럽 여러 국가들이 갖가지 구실로 페루를 옹호한 것은 실제적인 이익을 누린 것과 무관치 않을 것입니다. 그러나 일본측 편을 든 미국도 남북전쟁에서 노예 해방의 북군이 승리했을 때라고는 하지만, 남부 여러 주는 새로이 흑인의 인종차별 대우를 주법州法에 명기합니다. 또한 1840년대부터 시작되는 골드러시Gold Rash 등 광산개발이나 대농원 경영,

철도 건설을 위한 노동력으로서 중국인 노동자가 대량으로 유입되고, 그들 역시 노예 노동으로 소진됩니다. 중국 여성을 납치하여 창녀로 팔아버리는 일도 잦았습니다. 머지않아 일본인의 이민도 뒤따릅니다.

이 시기는 산업혁명을 거친 문명국과 개발도상국이 복잡한 관계를 가지기 보다, 자본가층이 국제적으로 제휴하면서 또는 유럽 자본이 확대되면서 라고 해야겠지만, 그들의 이익을 위해서 노예 해방이라는 명분과 실질적 노예 사역의 유지가 서로 싸우거나 공모하거나 했다고 볼 수 있습니다. 그래서 개발도상국 일본이 계몽적 정의로 노예 사역에 비난의 깃발을 올려 승리한 것입니다. 그것은 일대 쾌거라고 해야겠지만, 그렇다고 해서 세계가 변한 것은 아닙니다. 여전히 근대가 낳은 노예 노동은 계속됩니다. 아니 오히려 자본주의의 글로벌리즘에 의해서 한층 더 무서운 기세로 세계 각지로 퍼져나갔다고 해야할 것입니다.

예창기 해방령

그러면 페루와 국제재판소가 다투었을 때 페루 측은 일본에서도 노예를 공인하지 않았느냐고 반문하며 유녀遊女의 존재를 지적했습니다. 이에 대해 오에 타쿠는 그것은 에도 시대의 일로, 곧 폐지되게 되었다고 한마디로 잡아뗍니다. 그러나 국제 장안에서 이렇게 선언했기 때문에 시급히 그것을 실행하지 않으면 안 되었습니다. 예창기 해방에 대해서는 이미 계몽가 쓰다 마미치津田真道 등의 폐창 건의가 있었고 그런 논의는 정부 내에서도 있었지만, 뭐니 뭐니 해도 오에의 결단이 효과를 나타냈습니다. 그리고 1872년 10월 2일, 태정관 고시에서 해방이 선언됩니다.

> 하나, 인신을 매매하고 종신 또는 연기年期를 정하고 그 주인의 뜻에 맡기어 혹사하는 것은 인륜에 반하는 것임에……지금 엄금해야 할 것.
>
> ……(중략)……
>
> 하나, 창기·예기芸妓 등 연계봉공인年季奉公人 일체를 해방해라. 오른쪽에 붙은 대차소송은 모두 문제삼지 않아야 한다.

다시 말해, 지금까지의 연계봉공인이나 도제봉공徒弟奉公[196]은 전차금 등에 묶여 인신매매와 같이 노예 취급을 받아왔지만, 이는 인륜에 반하기에 해방시키는 것입니다. 천민 폐지 건의를 한 오에였다면 한층 창녀의 갱생에 배려했을 터인데, 유녀의 빚을 모두 탕감이라는 것만으로도 획기적인 포고라고 할 수 있습니다.

그럼에도 불구하고 도쿄부는 이틀 후에 인신매매 엄금 통지와 함께 "앞으로 본인의 희망에 따라 유녀, 예기 등의 생활을 영위하고자 하는 자는 각각 면밀히 조사한 후 허락해야 하는 바임." 후일 그 건은 통지한다는 것을 덧붙였습니다. 성매매 자체를 금지한 것은 아닙니다. 관리들은 유곽의 존속을 내다보고 있는 것입니다. 그러나 해방령은 유곽 업자들에게 공포를 초래했습니다. 데리고 있던 유녀들이 사라지면서 빌려준 돈을 되찾을 수 없는 것입니다. 그들의 돈에 의지한 반격 운동이 전개됩니다. 거기에도 밀렸다고 해

196 역자주-수공업에서 도제제도. 견습생 신분으로 수년간의 훈련을 참아야 했다.

야 할까, 도쿄부는 사창의 폐해를 이유로 유곽의 존속을 인정합니다. 이듬해 12월 10일 도쿄부의 포고입니다.

"근래 시가지 각지에서 성매매売淫를 하는 유녀가 늘고 있다는 소리가 들린다. 제1풍속 윤리를 훼손하여 그대로 내버려두기 어려운 상황에 따라, 지금 요시와라吉原, 시나가와品川, 신주쿠新宿, 이타바시板橋, 센주千住 다섯 군데 외에서 가시자시키야貸座敷屋[197] 및 창기로 혼동되기 쉬운 행위는 결코 이루어져서는 안된다."

특정 지역에 한해 공인합니다. '가시자시키'라는 것은 창기에게 출장 돈벌이 장소를 빌려주고 임대료貸料를 받는 장사를 말합니다. 거기서의 창녀 일은 창녀의 자유, 창녀의 책임이라는 것입니다. 그 '창기규칙'에서는 "제1조, 창기 생계 본인의 뜻에 따라 출원出願하는 자는 실정을 문란케 하지 않는다는 조건 위에 이를 허락하며, 감찰에 넘겨야 한다", 본인의 '진의'라면 허가를 하는 것입니다. 그리고 각자에게 '감찰'을 주어 국가가 관리한다는 겁니다. 국가는 매달 감찰료 2엔을 징수하기로 합니다. 이어 "제6조 매월 두 번씩 의원의 검사를 받고 그 지시에 따라야 한다. 병을 숨기고 손님의 초대에 응하는 일은 결코 있어서 안 되는 것"이라며 성병검사(당시는 매독 검사)를 의무화했습니다. 에도 시대의 유곽은 '본인의 뜻'에 따른 것으로 바뀌어 국가에 등록되고 성병검사를 강요당하는 '문명적' 틀 안에서 재생되었습니다.

'인륜에 반한다'며 본인의 자유의지로 창녀가 되는 것을 인정한 것은 문명적인 치장을 한 기만임에 두말할 나위가 없습니다. 가난

197 역자주－창기에게 돈벌이 자리를 빌려주는 방(대좌부).

에 허덕이는 부모를 위해 몸을 파는 것이 미덕으로까지 여겨지던 세상에서 '본인의 뜻'으로 몸을 파는 여성들이 적지 않았고, 창녀 노릇에 익숙해진 사람들에게 달리 살길을 찾기란 매우 어려웠을 것입니다. 게다가 제겐女衒[198]의 속임수 기술은 도저히 젊은 여성이 맞설 수 있는 것이 아닙니다. 그것들이 모두 '자유의지'라는 근대적 미명으로 포장됩니다. 그리고, 그것이 자유의지일수록 본인의 자기책임이, 그러한 '인륜에 반하는' 배덕적인 일을 선택한 본인의 인격이 의심을 사고 멸시받게 됩니다. 창녀에 대한 새로운 차별 체계와 차별관이 국가에 의해 증폭되어가는 것입니다. 마치 빈민가의 사람들이 게으르고 무능한 인간으로 간주되고 악덕과 전염병의 원천으로 간주되어 기피된 것처럼, 창녀들은 음란하고 배덕의 존재로 간주되어 남자의 책임까지 떠안으며 성병의 원천처럼 취급됩니다. 그러나 문명적 정의감이 투철한 오에 타쿠는 성병검사제도를 '외국의 산물'이라고 고마워했습니다. 그 검사에서 창녀들이 인격을 능욕당하고 자살자가 나왔을 정도라는 사실에 어두웠고, 문명의 이기利器에 고마워했던 모습이 보입니다.

문명국의 창녀들

요즘 서양 문명국이라면 어떠했을까요? 자유 평등을 내건 프랑스혁명도 미국의 독립전쟁도 창녀들을 해방하지 않았습니다. 그리고 "1860년대 동안 일련의 성매매 규제가 거의 모든 유럽 국가에

198 역자주 – 에도 시대 유곽 등에 여성을 알선하는 중개업자.

널리 퍼지게 된다. …… (그것은) 매춘부들에 대해 풍기경찰風紀警察에 등록할 것, 전염성 성병을 발견하기 위해 방문 검진을 받을 것을 명령하고 있었다."(쥬디스 월콧 「위험한 성행동」 『여자의 역사Ⅳ 19세기 2』)라고 합니다. 이 모든 것이 성공적으로 이루어지지 않았고, 또 나라마다 다릅니다. 혁명 직후의 파리에서는 창녀의 등록과 성병검사가 시작되었습니다. 창부로부터의 세금 징수는 번거로운 나머지 19세기에 폐지되지만, 나폴레옹 전쟁으로 인한 성병의 확대와 성병 공포의 증대增大는 성병검사를 강화했습니다. 프로이센Prussia에서는 더 엄격한 법이 만들어졌습니다.

영국 해군은 그 기항지마다 선내에 창녀를 끌어들이는 습관이 있었는데, 영국에서도 군대에서 성병검사를 강제하기 시작합니다. 1864년, 영국 국회가 전염병 예방법을 통과시켜 창녀 등록체제를 만듦과 동시에 의사의 검진을 의무화하고, 검진을 통해 감염이 발견되면 6개월 동안 구류할 수 있도록 했습니다. "매춘부든 아니든 어떤 여성이든 검진을 받도록 명령할 수 있고 거부하면 투옥되었다. 당연히 경찰은 가난한 여성을 대부분 윤락녀로 등록했다."(밴&보니 블로 『매춘의 사회사』)는 것은 군대 주둔지 등 특별한 지역에 관한 것이겠지만, 그만큼 성병검사가 창녀 단속의 핵심이었던 것입니다. 그러나 이에 대해 페미니스트들이 반대 운동을 일으켜, 검진을 실시해도 성병은 증가한다며 검진의 의학적 효과에 의문을 제기하거나 일반 시민 여성들까지 검사를 강제하여 창녀로 낙인찍히면 판사의 인가를 받을 때까지 취소되지 않는 등, 문제가 발생하여 1886년 이러한 창녀 단속 법령은 폐지됩니다. 그러나 다른 유럽 국가들에서는 노르웨이를 제외하고 영국을 본받아 폐지한 나라는 나오지 않습니다. 공창제는 지배적이었습니다. 즉, 창녀의 등록과 성병검진은 매매춘을 공인하는 제도로서 문명국으로 다시 식민지로 확대됩니다. 일본 정부는 그것을 모방하여 유곽 제도를 재편성해 나갔던 것입니다.

앞서 언급한 『여자의 역사』는 “19세기 전체를 통해서 성 산업은 마사지업소, 목욕탕, 댄스홀, 활인화活人画[199], 샹송 찻집, 그리고 선술집에까지 퍼져갔다”라고 기록합니다. 일본에 그러한 현상이 나타나는 것은 다이쇼기大正期를 기다려야만 하겠지만, 매매춘은 사창도 포함해 비약적으로 확대되어갑니다. 도쿄부 아래에서는, 메이지 초기의 통계는 나오지 않지만, 1883년의 창부 3,156명, 유객遊客 125만 4천 명이 1888년에는 창부 4,746명, 유객 206만 5천 명으로 5년간 창부 1.5배, 유객 1.7배로 증가합니다. 이 시기에는 마쓰카타松方 디플레이션으로 몰락하는 농민이 급증했고, 더불어 농민 딸의 인신매매도 급증했다고 합니다. 창녀의 성병피검사원 수로 보면, 1884년 전국에서 약 100만 명이었던 것이 1894년 140만 명, 1904년에는 260만 명으로 증가 일로를 걷습니다. 검진이 월 2회라고 하면 연 12개월, 즉 24회로 피검사원 수를 나누면 1904년의 일본 전국의 창부는 11만여 명이 됩니다. 게다가 이는 경찰이 파악한 공창일 뿐 사창이 비슷했을 것으로 추정하고, 그 유객까지 포함하면 엄청난 수가 될 것입니다. 1884년 총인구가 3,745만 명, 1904년 5,029만 명으로 인구 증가는 1.3배였기 때문에 매매춘 인구는 비정상적으로 급속도로 확대되었습니다.

199 역자주 – 적절한 의상을 걸친 배우나 예술가 집단이 포즈를 취하여 살아있는 그림과 같은 정경을 만드는 것.

더 주목할 것은 1880년대부터 현저해지는 해외로 떠나는 창녀의 돈벌이입니다. 1889년 외무성 통지에는 "지금 현재 청국 상해에 거류하는 일본 부인은 과반이 매음売淫을 목적으로 하는 자라서 모습이 볼썽사납다"는 지적이 있습니다. 그녀들은 제겐女衒들에게 속아 팔려나갔던 자들이 대부분이고 그 행선지도 중국뿐 아니라 조선, 동남아시아, 북미 지역으로 뻗어 있었습니다. 마리아 루스 호 사건으로 호언장담했던 일본이 슬프게도 10여 년 만에 국제적 성노예 시장의 한 모퉁이를 형성하기 시작했습니다.

22

문명개화기의 여성 해방론

여성도 사람이다

계몽사상가들은 남녀평등을 말하지만, 그중 가장 설득력 있는 논의는 후쿠자와 유키치의 학문의 권장 제8편(1874년 2월)에 보입니다.

"애당초 세상에 태어난 사람은 남자도 사람이고 여자도 사람이다. 이 세상에 없어서는 안 되는 것에 대해 말하면 천하 하루도 남자가 없어서도 안 되고 여자가 없어서도 안 된다. 그 능력에서도 마찬가지지만 다만 각기 다른 점은 남자는 강하고 여자는 약하다. ……"

그런데『여대학女大学』에는 여성에게 삼종칠거를 말하고 있는데, 이는 "필경 남자는 강하고 부인은 약하다는 힘의 논리에 의해 남녀를 상하로 나누는 명분을 세운 가르침"으로, 남성을 위해서는 편리하지만 "너무 일방적인 가르침"이라고 비판합니다. 힘이 센 사람이 훌륭하다면 스모선수가 가장 훌륭하고 힘이 약한 남자는 안 된다는 것이 됩니다. 그리고 유교적 남존여비관을 비판하는 동시에 오하구로お歯黒[200]를 비롯해 지금까지의 부자연스럽고 불합리한 습

관을 비판하고 여성들도 학문에 힘써야 한다고 주장합니다. 『메이로쿠잡지明六雑』의 지면에서도 계몽사상가들 사이에 남녀평등에 관한 논의가 오갔습니다. 그중에서도 모리 아리노森有禮의 「처첩론蓄妾論」이 주목을 받아 그것을 둘러싸고 논의가 분출합니다. 모리는 '부부는 인륜의 근본大本'이라며, 종래의 축첩 풍습을 비판했습니다. 일본은 국법까지 처첩을 동일시하고 있는데, 그것은 혈통을 혼란시키고 부부관계를 해치는 일이라고 합니다. 메이지 정부 최초의 호적법은 첩을 아내 다음에 두고 정당한 가족의 일원으로 간주하고 있었습니다. 이것은 에도 시대에도 볼 수 없는 것이었습니다. 축첩의 풍습은 공공연히 인정되었지만 첩을 가족의 일원으로 인정하는 법은 없었습니다.

모리는 서양의 일부일처제를 모델로 축첩을 비판했지만 이것이 남녀동권의 주장으로 받아들여지고, 가토 히로유키의 '부부동권夫婦同権의 유폐론流弊論'은 "지금 유럽 부부의 권력된 그 제도상에서는 거의 동일하고, 매우 천리에 화합한다"라고 말하면서도 레이디 퍼스트의 현상을 견주어 여권강대화婦権強大化의 폐해를 강조합니다. 사카타니 시로시阪谷素의 '첩설의 의문妾説の疑'도 '남녀동권'이면 "그 폐단은 한결같이 남편이 아내의 노예와 비슷함에 이르기"에 "적절히 남녀 본분이나 부부동체라 칭할 수 있고 권리상에 있어서 남자는 약간 여자 위에 있는 것, 형제의 차례와 같아야 한다"며 축첩은 좋지 않지만 동권도 지나치다고 합니다. 쓰다 마미치津田真道의 '부부동권의 변'도 '부부는 원래부터 동등'이지만 "법률

200 역자주－상류층 여성들 사이에서 유행한 것으로, 이를 검게 물들이는 것을 가리킨다.

상에서는 부부의 권한이 동일하지 않다"고 했습니다. 각각 뉘앙스는 다르고 거기에 각자의 경험의 차이를 읽을 수 있어 흥미롭지만, 공통되는 것은 봉건적 남존여비를 부정하면서도 '동권'에 대한 우스울 정도의 공포이며 조금이라도 남자를 우위에 두려는 논리입니다.

모리 역시 자신은 '동등'이라고 했지만 '동권'이라고 말한 기억은 없다고 변명합니다. 원래 그의 부부관은 "남편은 도움을 아내에게 요구할 권리를 갖고, 또한 아내를 보호할 의무를 진다. 그리하여 아내는 보호를 남편에게 요구할 권리를 갖고, 또한 남편을 도울 의무를 진다", 즉 아내는 어디까지나 남편에게 부양되는 존재였습니다. 그래도 부부 동등인 까닭에 '남자는 밖, 여자는 안'이라는 성별 역할 분담 논리가 등장합니다. 아내에게도 중요한 역할이 있어 그 점에서 동등하다, '남편 부조扶助'와 '육아'의 역할입니다. 나카무라 마사나오中村正直는 '선량한 엄마를 만드는 설'에서 문명 국민의 형성에 모친이 할 역할을 설명합니다. 후쿠자와는 '남녀 동수론男女同数論'을 쓰고 남녀 동수이니까 일부일처가 당연하지만, "동권 같은 오랜 이야기는 그만두고 …… 그 밖의 논의는 학문이 향상될 때까지 미뤄야 한다"고 합니다. 후쿠자와의 남녀평등론은 애매한 만큼 거기에 철저한 동권론으로 전개될 가능성을 읽을 수도 있습니다. 하지만 그는 현실의 어려움에서 축첩도 매춘도 "묵인해라. 다만 이를 비밀로 하여 남에게 숨겨야 한다."라는 타협도 제시한 것으로 그 논의의 내실은 '남자는 밖, 여자는 안'의 남녀동등론이었던 것입니다.

개화정책으로 보는 여성

메이지 정부의 개화정책이 여성에게 자유를 가져다준 것은 분명합니다. 통행의 자유, 주거의 자유, 통혼의 자유, 직업의 자유는 여성에게도 전례 없는 자유를 가져다주었습니다. 야마카와 기쿠에山川菊栄의 『여성 2대의 기록おんな二代の記』은 미토水戸의 소녀가 얼마나 기대에 부풀어 면학을 위해 상경했는지를 그리고 있습니다. 그러나 그 자유도 남성에 비해 큰 제한과 지금까지 이상의 어려움을 동시에 짊어지게 되었고 새로운 여성차별을 만들어내는 것이기도 했습니다.

메이지 정부가 남녀평등을 도모한 좋은 예가 국민 모두를 목표로 한 초등학교 의무 교육 제도의 설립입니다. "당시 후쿠자와의 영향 하에 문부성이 실시한 학제(1882)입니다." 학제 반포 때의 학문 장려 포고는 '남녀의 구별 없이' 함께 배워야 한다며 지금까지 여성에게 학문은 불필요하다고 하는 편견을 부정하고 있습니다. 거기서 '학문은 입신의 자본財本'이라고 말하니, 여성도 입신할 수 있는, 즉 일신독립할 능력이 있다고 인정하고 있는 셈입니다. 그 실시의 마음가짐에도, "종래 여자 불학의 폐단을 씻어 배우게 할 것, 되도록 남자와 나란히 하게 할 것, 이 초등학교를 일으키는 데 제일로 중시하겠다"라고 말하고 있습니다. 그리고 남녀공학이 초등학교뿐만 아니라 초기 중학교에서도 실시된 것은 주목할 만한 일입니다.

그러나 이 학제는 서양을 흉내 낸 최초의 교육제도라는 점에서 여러 가지 혼란을 겪고, 정부의 강압적이고 부담을 강요하는 방식도 민중에게 억압적으로 작용하여 신정부 반대 봉기의 한 원인이 되었을 정도입니다. 더구나 자유민권운동이 정부 비판을 높임과 동시에 국민교육의 걱정이 정부를 덮칩니다. 1879년의 교육령은 유교주의로의 전환으로 유명하지만, 한층 더 남녀별학의 방침이 제시되어 교육 내용도 여성에게는 수예, 바느질이 요구되었습니다. 교과서는 학제기에는 변함없는 『여대학』의 반복인 한편, 서양의 번역서나 후쿠자와의 저서를 볼 수 있었습니다. 그러나 교육령 이후에는 후쿠자와의 저서는 추방되고 황후가 모토다 나가자네元田永孚에게 의뢰한 『부녀감婦女鑑』을 비롯해 정숙한 여성상을 요구하는 유교적인 내용이 많아졌습니다. 그렇다고 봉건적인 남존여비관이 그대로 계승된 것은 아닙니다. 사회적으로는 동권을 인정하지 않고 가정 내에서는 자발적으로 남편과 자식에게 헌신적 역할을 요구하는, 즉 훗날의 현모양처의 원형이 이 무렵부터 등장합니다.

법제적 분야에서는 앞에서 설명한 첩을 2등 부모二等親로 하고 아내의 다음 지위를 인정한 것은 신율강령新律綱領(1870)이었으나, 역시 계몽사상가들의 집중 공격을 받고 무엇보다 서구 문명국의 멸시를 염려하여 1880년에 형법 개정으로 첩공인을 취소합니다. 그러나 호적법에서 기재순위는 남성우위인 채로 호주는 가장, 결국 가부장제가 명확하게 법제화됩니다. 1873년에 '민법가규칙民法 仮規則'이 만들어집니다. 프랑스 민법을 베낀 듯 "남편은 그 아내를 보호하고 아내는 그 남편에게 순종聽順할 것" "남편은 그 아내의 간통을 이유로 이혼離縁을 소송할 수 있고" "아내는 남편과 재산을 공유하지 않는다고 해도 그 남편의 증서에 연서連印하고 또는 남편의 허가서를 얻지 않으면 양도 매매의 권리가 없다"라고 되어, 여성은 대부분 무권리 상태입니다. 여성은 호주가 되는 것이 인정되지만, 그것은 과부에 대해서이고 그것도 다음에 남자의 호주가 나타날 때까지의 중계적인 성격으로 인정된 것입니다. 당시의 사법부는 프랑스법을 모델로 법제 정비를 서둘렀지만 민법의 친족편, 재산편은 특히 유교적인 관념과 어긋나는 것이 많아 좀처럼 정리되지 않고 잠정법을 수정하면서 임시방편을 하는 상황이었습니다. 하지만 일관되게 가부장제의 논리를 관철할 수 있었습니다.

프랑스의 나폴레옹 법전은 당시 가장 잘 정비된 문명적인 법이었습니다. 그 민법에는 "남편은 아내를 보호하고 아내는 남편에게 복종해야 한다"는 노골적인 규정을 비롯해 아내의 무권리 상태는 매우 심했습니다. 프랑스법만큼 노골적이지는 않더라도 19세기 유럽 국가들은 "아내는 어디서나 남편에게 종속되어 있었다. 당시 딸은 성년이 되면 법적 행위 능력을 가지나, 일단 기혼 여성의 대열에 합류하게 되면 법의 세계에서 배제된 존재가 되어 광인이나 미성년자와 동등한 위치에 놓이게 된"(니콜 아르노 듀크 「법률의 모순」『여성의 역사 19세기』) 것으로, 일본이 섭취하고자 하는 서양 모델은 결코 특이한 것이 아니었습니다.

서양문명의 근대 가부장제는 그 여성멸시관과 함께 세계로 퍼져나갔다고 할 수 있습니다. 근세 시대에도 가부장권은 강대했습니다. 하지만 그것은 아내의 최대 역할이 자식을 낳아 가계를 유지하는 것이라는 무사 계급에서 전형적이었고, 남편과 함께 아내도 일하고 가업을 경영하는 서민에게는 가산에 대한 권리나 이혼의 자유 등이 나름대로 인정되는 관행이 있었습니다. 특히 농촌에서는 공동체적인 규제가 가부장권을 제한하는 경우도 많았습니다. 민법은 1898년에 시행되었지만, 강력한 가부장권 하에 아내와 딸이 지배받는 법제가 국민 모두에게 적용되게 되었습니다.

일어선 여성들

그러나 이러한 가부장제에 항거하는 여성들의 운동도 서양에서 확대되고 있었습니다. 여성 자신의 권리 요구는 앞서 언급했듯이 프랑스혁명에서 시작됩니다. 올랭프 드 구주Olympe de Gouges의 『여성 권리 선언』(1791년)이 그것이고, 이듬해에는 메리 울스턴크래프트Mary Wollstonecraft의 『여성 권리 옹호』가 출판됩니다. 그러나 그러한 요구가 점차 운동으로 전개되기 시작한 것은 19세기 후반입니다. 독일에서는 1865년에 전全독일여성협회가 설립되고 미국에서는 1869년에 두 개의 여성참정권협회가 출현합니다. 덴마크에서는 1871년에 여성협회가 그리고 1878년에 국제여성권리회의가 파리에서 개최됩니다. 즉 페미니즘운동의 국제적 고양을 이 시기에 볼 수 있습니다.

중국에서는 태평천국太平天国의 난 초기(1850) 전족 금지, 일부일처제, 매춘행위 금지 등이 내걸렸습니다. 그러나 서양 계몽사상의 영향으로 강유위康有為나 양계초梁啓超 등이 후쿠자와와 같이 여성해방을 주창한 것은 1880년대이고 추근秋瑾 등 여성 자신이 주장하기 시작한 것은 20세기에 들어와서부터입니다. 조선에서도 갑오농민전쟁(동학운동, 1894년)에는 남녀평등이 주장되지만 후쿠자와의 영향을 받은 박영효가 모든 남녀의 취학이나 첩의 금지, 남편의 폭력 금지를 주장하기 시작한 것은 1888년(상소문), 서재필이 여성

교육의 필요성을 설파한 것이 1898년입니다(『독립신문』). 서양의 페미니즘 물결이 한 박자 늦게 일본에 그리고 중국, 조선에는 더 한 박자 늦게 파급되었다고 했지만, 태평천국이나 동학당 등 민중운동의 고양, 종교적 고양 아래에서 배양된 토속적인 여성해방의 주장은 주목해야 하지 않을까 합니다.

일본에서는 자유민권운동의 고조 속에서 여성 자신이 자기주장을 시작했습니다. 페미니즘이 국제적으로 고양되는 시기에 일본 여성들도 움직이기 시작한 것입니다. 일본에서의 여성참정권 주장은 1878년, 고치현高知県의 구스노세 기타楠瀨喜多가 여호주女戸主로 구의원 선거권을 요구한 것이 최초입니다. 이듬해에는 우에키 에모리植木枝盛가 '남녀동권에 관한 것'으로 여성참정권을 제창하고, 80년에는 고치高知 지역의 고다카사무라小高坂村와 우에마치上街에서 지구地区의회의 부인참정권이 인정됩니다. 미국에서도 1868년에 버몬트 주State of Vermont에서 여성참정권법이 가결되었고 다음 해에는 와이오밍주State of Wyoming에서도 여성의 참정권이 인정될 것이라는 전망도 있었습니다. 하지만 머지않아 멈추어진 것처럼, 일본에서의 드문 선구적 사건은 불행스럽게도 남자들의 손에 의해 꺾여 확대되지는 않았습니다.

일본에서 여성 자신이 공적인 장소에서 자기주장을 시작하는 것은 1882년, 오사카·나카노시마中之島의 아사히자朝日座의 정치 연설회에 기시다 도시코岸田俊子가 '여성의 길'이라는 제목을 붙여 연설한 것을 효시로 봅니다. 이 내용은 모르겠지만 그녀가 쓴 「내 동포 자매에게 고한다」는 지금까지 여성의 노예적인 상황을 비판하는 것과 동시에 민권파民權派 남성에게도 남존여비가 뿌리 깊은 것을 지적하고 여성에게 분발을 호소하는 것이었습니다. 그녀의 발언은 큰 반향을 불러, 각지의 여성들로부터 초대되어 연설하고 다닙니다. 그 영향으로 오카야마여자친목회岡山女子懇親会를 시작으로 각지에 열 개 정도의 여성 결사가 생기고 활동하기 시작합니다. 그러나 이들 결사의 대부분은 자유민권운동가들의 처와 딸에 의해 결성된 것입니다. 그 목적도 민권운동에 분주한 남편을 돕는 '내조의 공'에 힘쓰기 위해 문명을 학습하려는 것으로, 이른바 문명적 현모양처의 성격이 강했다고 할 수 있습니다.

그러나 그러한 움직임 가운데 '내조의 공'에 만족하지 못하는 활동가도 생겨납니다. 오카야마여자친목회 출신인 가게야마 히데코景山英子가 그 대표적인 존재입니다. 그녀는 여성도 남성과 같은 능력을 가진다며 남자들과 동등한 민권운동에 종사하고, 급기야는 오사카 사건에 연루되고 말았습니다. 즉, 이 시기의 여성해방은 '여성 특유'라고 관념된 영역에서 능력을 발휘한다고 하는 방향과 여성도 남성과 같은 능력을 가진다는 것을 나타내려는 방향을 볼 수 있었다고 말할 수 있습니다. "19세기의 각 페미니즘을 뒷받침하는 이론적 입장은 본질적으로 여성에 관한 두 가지 생각과 결부되어 있다. 그 하나는 성별을 제외하고 인류 일반을 생각하는 입장에서 평등주의의 사조를 부추긴다. 또 하나는 여성은 영원히 존재한다고 하는 생각에서 이원론의 사조를 낳는다"(안느 마리 가페리 「페미니즘의 공란フエミニズムの空亂」 『여성의 역사 19세기 2』)는 유럽의 상황을 일본에서도 볼 수 있었다고 말할 수 있습니다.

그러나 자유민권운동이 탄압과 내부 분열로 후퇴함과 동시에 이들 여성결사는 모습을 감추고 1880년대 후반부터 유럽화정책에 대응한 개량운동으로 여성풍속의 문명화가 논의되거나 새롭게 기독교계 부인교풍회의 자선이나 금주를 위한 활동, 이와모토 요시하루巖本善治가 주재한 『여학잡지』에 의한 계몽활동 등, 여성 특유의 문명화의 길을 모색하는 노력이 주를 이루며 전개됩니다.

그런 가운데 가장 첨예한 여성해방을 설파한 사람은 뭐니뭐니해도 우에키 에모리입니다. 그는 일찍부터 여성문제에 관심을 기울인 민권좌파 이론가였으나 운동 후퇴기에 고향인 고치로 돌아가 자각한 여성들과의 교류 속에서 여성해방론을 펼칩니다. 『동양의 여성東洋之婦女』(1889)이 가장 정리된 것으로, 봉건적 남존여비를 비판하고 철저한 남녀동권을 주장하고, "부녀된 자가 앞으로 도모해야 할 것은 오로지 그 자신을 위해 영리(営利)의 직업을 개척해야 할 뿐 아니라 그와 더불어 국가 사회를 위해 진력해야 할 것이며, 또한 그 여성 사회를 위해 계획해야 할 것도 매우 많을 것이다."라며 직업이나 정치·사회에 대한 진출을 설파한 것입니다. 그는 스펜서Spencer의 『권리제강權利提綱』(1877 번역), 존 스튜어트 밀John Stuart Mill의 『남녀동권론男女同權論』(1879 번역) 등 서양사상을 배우면서 그보다 철저한, 일본의 실정에 맞는 논의를 전개했다고 말할 수 있습니다. 많은 여성이 이 저서에 서문을 쓰고 그의 논의에 기대를 걸었습니다. 하지만 또 우에키의 논의는 일부 여성들로부터 열렬히 지지를 받았지만, 사회 전체로부터는 고립되고 문명화를 꿈꾸는 상층上層 여성들에게도 현모양처의 틀에서 벗어나기란 지극히 어려웠다고 할 수 있습니다.

제5장

대일본제국과 차별

23

근대문명이 낳은 차별

봉건과 근대

30여 년 전까지는 근대의 차별이 봉건제에 의한 것이라는 견해가 대세를 차지하고 있었습니다. 이는 근대적이었던 구미歐米에게 15년 전쟁(너무도 불합리한 전쟁이었으나)에서 패배한 것이 일본 사회의 봉건적 성격 때문이라는 '반성 방법'과 연관되어 있습니다. 부락 차별이나 여성 차별도 봉건적인 것이므로 근대화가 철저하다면 해결된다는 것입니다. 메이지 유신은 절대주의적 변혁으로 여러 봉건적 관계를 남겨놓고 반 봉건적 사회를 만들어 냈다는 강좌파講座派[201]의 역사관이 크게 작용했습니다. 저도 이에 압도적인 영향을 받았습니다만, 지금 이와 같은 논의에 주력하자는 것은 아닙니다. 반 봉건적인 관계가 두고두고 남아있는 것은 확실하지만, 그것이 차별의 주된 원인이라고 볼 수 없다는 것이 저의 반성입니다. 현대에도 남아있는 차별은 봉건제로는 설명할 수 없다는, 즉 메이

201 역자주－다이쇼 시대 이후 일본 내에서는 온갖 사회주의 사상이 풍미했는데 강좌파는 메이지유신 이후 일본이 반(半) 봉건적 자본주의라고 보고, 당면과제로 반(反) 봉건 시민혁명을 주장했다.

지 이후 문명화는 곧 서양화라는 생각이야말로 새로운 차별을 만들어냈다고 생각합니다. 이러한 생각을 바탕으로 지금까지 인간 평등의 양의성 문제, 천민 해방, 여성 해방과 같은 문명개화 정책을 검토해왔습니다.

저 자신을 포함해 우리는 근대 문명이 자유 평등을 내세우는 훌륭한 문명이라는 환상에 사로잡혀 왔습니다. 1980년대에 포스트모더니즘 조류가 밀려들면서 근대문명 자체의 모순과 문제가 부각되었고 근대문명에 대한 환상이 차츰 벗겨졌습니다. 차별에 대해서도 근대문명이야말로 문제라는 견해가 많아졌습니다. 원래 이러한 생각은 메이지기 신정부 반대운동을 시작할 때부터 있었고, 15년 전쟁 시기에는 '근대의 극복'을 외쳤습니다. '대동아 공영권'의 환상이 근대문명의 병폐를 해결할 것이라고 했지만 그것은 현대에 새롭게 검토해야 할 것입니다. 동시에 근대문명이 내면화되어 전 세계적으로 민중 생활에서 피할 수 없는 문제를 드러내는 현대와는 이질적인 문제로도 생각해야 합니다.

근대의 힘

그러나 근대 문명이 새로운 차별을 낳거나, 혹은 만들어냈다 하더라도 일본이 그렇게 간단하게 '근대화했는가'라는 의문이 제기되는 것은 당연합니다. 에도 시대를 260여 년이나 경험하면서 그동안 봉건적 차별을 몸에 익히고 그것을 '자연'으로 여기던 곳에 선진적인 서양 문명이 들어왔다고 해도 그리 쉽게 의식 변혁은 할 수 없습니다. 메이지기의 서양문명 흡수는 극히 일부 부유층과 도시에서였으며 대부분 지역은 에도 시대와 별로 다르지 않은 생활을 했을 것입니다. 그러니까 더더욱 메이지 초기 문명개화기의 근대 문명 차별을 논하는 것은 과장이 아니냐는 것입니다.

이렇게 과장하여 인식하는 것에는 두 가지 문제가 있다고 생각합니다. 하나는 이미 근세 사회에서 근대문명의 싹이 자라났다는 것입니다. 예를 들어 이것은 나중에도 문제시하겠습니다만, 근세 사회에서 육성한 청결 관념은 곧바로 근대문명으로 연결할 수 있을 정도로 성숙했다고 생각합니다. 신유불神儒佛의 게가레[202] 관념과 금욕 및 근면에 대한 통속적 도덕의 보급, 나아가 집약적 농업의 노동 양식이 중세 유럽에 비해 훨씬 성숙했다는 것이 저의 생각입니다.

또 하나는 근대문명은 우선 무엇보다도 제도로서 급격하게 일본 사회를 변화시켰기 때문에 현상적으로는 근세 생활과 별반 다르지 않은 생활 풍경이 이어졌다 하더라도 사람들의 생활방식이나 사고방식이 바뀔 수밖에 없었을 것이라고 생각합니다.

우선은 사회를 지배하는 가장 큰 권력과 권위였던 장군이 무너지고 대신 천황이 등장했습니다. 천황의 권위는 결코 민중에게 침투해 있지 않았기 때문에, 메이지 정부는 그 선양에 힘을 쏟았고 천황 순행도 활발히 이루어집니다. 게다가 천황은 서양 문명의 옷을 입고 등장한 것입니다. 일반 백성들에게는 지금까지의 세계관을 뒤엎는 경천동지의 변혁으로 비칠 수밖에 없었을 것입니다. 지금까지 익숙했던 전양殿樣(궁전의 모습)이 도쿄에서 사라지고 낯선 지

202 역자주 – 더러움과 불결함.

사知事와 관리들이 새로운 정책을 잇달아 강제해 옵니다. 그동안 생각하지 못했던 부담감이 엄습해오고 그 대표적인 것이 학제와 징병령 입니다. 토지세 개정은 사유재산권의 확립을 도모했지만 그와 함께 촌락의 공유지가 대폭 줄었습니다. 그럼에도 불구하고 공동노동이 남아 있었고, 촌락공동체의 기능도 아직 강력했기 때문에 에도 시대 이래의 생활 양식과 함께 차별적 관습이나 차별의식도 남았을 것입니다. 지금까지의 세계관이 뒤집히는 변혁 속에서도 오히려 그 때문에 종래의 차별의식이 혼란 속에 있는 자신들의 존립을 지탱하는 힘이 되는 경우도 때때로 있는 것입니다. 그러나 그것은 그 자체로는 존속할 수 없고, 새로운 문명적 세계에 대한 항변이나, 문명 세계와의 유착에 따라 살아가면서 얻게 되는 것이 아닐까요. 그러한 차별이 현대까지 살아 남아있는 원인이 무엇인가 하는 것입니다.

천민제 폐지나 신정부 반대 운동의 경험은 부락민에게 있어서는 평민과 같은 해방감을 주었고, 동시에 평민들의 의지가 이전의 차별의식으로 강고하게 자신들을 둘러싸고 있음을 깨닫게 했습니다. 게다가, 부락민으로서 에도 시대의 '에타(천민)'는 여러 특권이 박탈되었습니다. 이는 사회에서의 역할이 박탈된 것이기 때문에 생활이 극단적으로 악화 되었을 뿐만 아니라 자신들의 아이덴티티 근거지를 잃게 된 것입니다. 한편, 이전의 평민 입장에서는 부락민이 담당하고 있던 '에타' 역할을 담당할 사람이 없어지게 됨으로써 이 역할은 경찰과 동사무소 업무로 흡수되고 따라서 폐우마 처리를 스스로 해야 합니다. 에도 시대의 부락민에 대한 '에타' 역으로부터 생기는 그 나름대로의 두려운 공경은 전혀 갖지 않아도 됩니다. 이와 같은 엄청난 변화에도 불구하고 강력하게 남아있는 부락 차별을 봉건적이라고 할 수 있을까요.

자유가 차별을

문명개화 정책은 사람들을 자유롭게 했습니다. 물론 진정한 자유가 아니라고 하더라도, 예를 들어 통행의 자유는 처음에는 마을을 벗어날 때 관공서에 신고해야 하는 등의 구속이 있었습니다. 또 그 이후로도 아내나 자녀는 가부장의 감시하에 놓여 있었기 때문에 현재와 비교하면 지극히 불편했습니다. 그리고 설령 모든 것이 허용된다고 해도 돈이 없으면 여행을 갈 수 없습니다. 다른 곳으로 이동하는 것에 관심이 없거나 두려우면 자유롭게 바깥세상을 오갈 수 없습니다. 사실 가난한 농민 중에 평생 마을을 떠나지 않았던 사람들이 15년 전쟁 후에도 꽤 많았으니까요.

그러나, 어쨌든 통행의 자유가 인정되고 사람들의 활동 범위가 비약적으로 확대한 것은 확실합니다. 근세에 백만 도시라고 불리던 에도의 마을이 유신 동란으로 인구가 절반으로 줄었었지만 1881년에는 도쿄 15구의 인구가 약 69만, 도쿄시가 된 1889년에는 137만, 그리고 1911년에 190만 정도로 증가했습니다. 얼마나 사람들의 '자유로운' 왕래가 잦았는지, 또 급격한 도시 집중이 진행되었는지를 보여줍니다. 근대문명 사회는 확실히 도시 집중과 사람들의 격렬한 교통 이동을 특징으로 합니다.

그런데 이러한 자유로운 왕래는 전례 없이 낯선 사람들과의 접촉이 심해집니다. 낯선 사람들과 장사를 하지 않을 수 없게 되고, 길을 묻거나 곤란한 일이 생기거나 하여 사람들의 대화가 빈번해집니다. 그럴 때 사람들은 상대를 어떻게 판단하게 될까요. 이 사람은 어떤 사람인지, 어느 정도 믿을 수 있는지, 이러한 것은 서로 천천히 이야기를 나눈 후에 알 수 있는 것입니다. 예전이라면 같은 마을의 잘 아는 사람들만 사귀었었고, 무사나 마을 사람 등의 신분으로 상대에 대해 짐작을 했지만, 점점 전혀 짐작도 할 수 없는 사람과 접촉하게 됩니다. 어떻게 해서라도 낯선 사람을 순식간에 알아보고 평가할 필요가 있는 것입니다. 외모를 보고 평가할 기회가 훨씬 증가하여 옷, 피부색, 말투, 동작 등으로 순식간에 판단하지 않으면 안 됩니다. 이러한 상황에서는 유행이나 소문에 의한 판단이 이루어지기 쉬울 것입니다. 그것은 순식간에 위험한 사람, 번거로운 사람, 피해야 하는 사람의 판별 방법이 요구되는 것이기도 합니다. 한편 이와 동시에 사람들은 지금까지의 유대를 강화하는 것으로 낯선 사람이 많은 사회를 헤쳐가게 되는 것은 아닐까요. 가계도家系圖가 유행하거나 현인회県人会 등 동향 집단이 형성되는 것도 근대입니다. 몰락 농민이 도시로 유입될 때는 연고가 없으면 빈민가의 싸구려 여인숙으로 가게 되는 것입니다.

근대과학과 차별

제가 새삼스럽게 근대과학과 차별 문제를 생각하게 된 것은, 스티븐 · 컨의『육체의 문화사』에서 가르침을 받았기 때문입니다. 이 책은 유럽에서 근대과학의 발달이 인간의 신체관이나 피부감각을 어떻게 바꾸어 놓았는가를 그려낸 것으로, 차별을 낳는 하나의 비밀을 풀어낸 것이어서 충격적이었습니다. 예를 들면, '19세기 후반의 의학과 공중위생의 진보는 유럽인들의 육체에 대한 견해에 깊은 영향을 주었다'고 지적하고, 매독이나 콜레라 등의 전염병과 그에 대한 근대의학의 발달이 신체를 청결하게 유지하도록 했습니다. 또 상하수도의 개선이나 목욕 습관 등을 낳았으며, 나아가 더러움汚穢에 대한 특별한 감정을 형성한 점 등에 대해 논하고 있습니다.

매독과 차별

일본의 경우 매독은 아즈치모모야마安土桃山[203] 시대에 유입되고 에도 시대에 확산되었습니다. 그것은 지병宿病처럼 보이면서 유효한 치료 방법도 없이 너무 확산되었기 때문에 사람들은 그것을 일상적인 예사로운 일로 받아들이게 되었다고 합니다.

에도 후기에 매독을 치료하던 나카가미 킨케이中神琴溪는 『生生堂雜記』에서, "옛날 매독보다 지금의 매독은 무겁기가 열 배나 세다"고 그 확산을 한탄하며, 옛날에는 "문둥병과 같다고 생각하여 환자도 수치스러워 해 이것을 깊숙이 감추려 했다"라고 합니다. 그러나 지금은 "백 명의 환자 가운데에 육, 칠십 명이 이 병에 걸린 듯"하고, "천한 사람下賤의 말로는 에도의 수돗물을 마시면, 곰팡이 독 병에 걸려 건강하지 않은 모양이 된다"고 기록하고 있습니다. 막부 말기에 일본에 온 미국인 의사 몰스도, "일찍이 일본인의 병을 치료하는데, 그 원인인 곰팡이 세균에 의한 사람이 반을 넘었다. 필경 그 죄를 논한다면 원래부터 이 나라의 풍속이 재앙을 경멸하는 것

203 역자주–전국시대 말기 오다 노부나가와 도요토미 히데요시의 집권기를 뜻하는 시대 명칭.

에 있다고 귀착시켜야겠지만 또한 한편으로는 의술이 아직 발달하지 못한 것에 이유가 있을 것이다."(『미독소추黴毒小蒂』 1872)라고 그 만연함과 치료법의 미발달을 지적하고 있습니다(후쿠다 마히토福田眞人 · 스즈키 노리코鈴木則子 편 『일본매독사의 연구』).

에도 말기 개항과 함께 서양 열강은 근대를 주둔시키면서 매독 감염을 염려했습니다. 따라서 창녀에 대한 검진을 요구했고 이 검진 제도가 메이지 정부의 공창제 성립에 결정적인 역할을 한 것은 앞서 살펴본 바와 같습니다. 그러나 그 병원균인 스피로헤타(Spirochaetales)의 발견은 1905년, 치료법인 살바르산(Salvarsan. 매독 · 학질의 특효약)요법 개발은 1909년으로, 그때까지는 유효한 치료법이 없었기 때문에 매독의 공포는 대단한 것이었다고 할 수 있습니다. 당시의 의학 상식은 모든 오염된 것으로부터 감염된다고 했기 때문에, 다른 사람이 만진 물건이라면 무엇이든 감염된다는 공포가 생겼습니다. 그 후에도 공포는 남아 있었습니다만 적어도 살바르산 요법이 나오기까지는 근대의학에 의한 감염 지식의 진보가 오히려 성행위를 비롯해 신체 접촉에 대한 공포를 높였습니다. 『육체의 문화사』는 '빅토리아 시대의 성도덕을 정당화하는 형태에는 딱 한 가지 이유가 있다. 그것이 성병에 대해 유일하게 신뢰할 수 있는 예방법이었다고 하는 것이다'라고 합니다. 일본에 있어서도 마찬가지입니다. 1890년대부터 교육칙어를 비롯한 도덕교육이 강화되어, 여성의 정조나 순결을 부르짖었습니다. 즉 공창제와 마찬가지로 일반여성에 대해서도 성병의 책임을 떠넘기게 되는데 그 배경에 이러한 매독에 대한 공포가 있었다고 해야 할 것입니다.

콜레라와 차별

콜레라의 맹위猛威는 1848년 유럽에서 공중위생에 대한 관심을 높였고 각국에서는 상하수도의 근대화를 추진하게 되었습니다. 콜레라의 세계적 유행(팬데믹)은 인도에서 시작되었다고 합니다. 일본에서의 유행은 에도 시대인 1822년에 서일본 일대에서 일어났고, 1858년에는 에도를 중심으로 전국적 확대를 보였으며, 1862년에 일어난 것을 포함해 세 번 일어났고 모두 나가사키長崎에서 시작되었습니다. 이 시기에는 병의 원인은 전혀 모르고, '요사스런 요괴탓'으로 여기거나, 담즙膽汁설, 풍토병瘴気설, 천변天變설, 또는 물의 독, 생선의 독 등이 거론됩니다. 즉 대처법을 모르기 때문에 막부로서도 다수가 모이는 집회를 금하는 것 외에 조치할 방법이 없었고, 사람들도 신과 부처님께 기도하는 것 외에는 방법이 없었다고 할 수 있습니다. 메이지기의 대 유행은 1877년을 시작으로 그 후 청·일전쟁 때까지 거의 한해 건너 한차례 씩 격년으로 유행했고, 그동안의 총환자 수는 약 53만 명, 사망자는 약 32만 명이라고 합니다. 코흐(세균학의 아버지, Heinrich Hermann Robert Koch)에 의해 1884년 병원균 순수배양이 진행되었습니다만, 아직 병의 원인을 독기설毒氣說이나 토양설土壤說에 두고 있었습니다. 따라서 콜레라 대책은 우선 환자 및 주변 지역을 소독하고, 환자를 격리하고, 연못과 도랑池溝, 변소 등의 악취나 오염汚穢된 땅을 중심으로 지역을 청결하게 하도록 했습니다.

요즘 일본에 온 서양인들은 곧잘 일본은 청결한 나라라고 하면서도 동시에 화장실 냄새는 견디기 어렵다는 느낌을 곧잘 토로하고 있습니다. 사실, 오카 린페이岡藺平『곤자쿠쿠라베今昔較』(1876)는, '변소에 더할 나위 없이, 하천은 물론 도랑으로 마구 변을 흘리고 어쩌다 정해진 변소가 있어도, 변조실便槽室이라고 해서 작고 또 매우 변변치 못해서, 변을 보는 사람이 하루 기천 명이 되는 것을 알지 못하므로, …… 넘쳐서 큰길로 빠져 강을 이루니, 엄동설한에도 냄새가 코를 찌르는데 하물며 날이 뜨거울 때는 누구도 냄새를 참을 사람이 있으랴'라고 지난날을 돌아보고, '그런데 지금과 같은 개화의 세계에서는' 청결하게 되었다고 합니다. 개화를 선전하는 책이라서 과장됩니다만 에도 시대의 상황을 잘 전하고 있습니다, 그러나, 도쿄는 여전히 '아 도쿄 사람은 누구길래 오염을 감내하고 참아낼까'(『朝野新聞』투서, 1875년 5월 31일) 라고 말했습니다.

시골은 도쿄에 비해 청결했으나 화장실 냄새가 참기 어려운 것이었습니다. 이는 수전농경水田農耕 사회에서 물의 이용은 발달해 있었으나 공중위생 관념이 발달하지 않았기 때문입니다. 그건 그렇고 콜레라를 계기로 파리나 런던에서 대규모로 상하수도의 근대화가 추진됩니다만 일본의 하수도 건설은 계속 늦어졌습니다. 이는 에도 시대에 만들어진 수리水利의 유산을 근대의 일본인이 지키지 못하고 없애버렸기 때문이라고 생각할 수 있습니다. 그러나, 에도 시대에 성숙시킨 청결감은 공중위생 관념 보급으로 계승된 것이 아닌가 생각합니다.

공중위생 정책과 차별

아무튼 콜레라 소동으로 정부는 1877년에 콜레라병 예방법을 터득하고 1880년이 되어 겨우 전염병 예방규칙을 공포합니다. 이 단계에서의 예방법은 청결, 격리, 소독밖에 없었고, 격리법에 따라 감염자는 유무를 막론하고 격리되었습니다. 급조한 대피 병원에 사망자나 살아있는 환자나 함께 내던져지는 비극이 일어났습니다. 대피 병원은 사람의 간담을 서늘하게 하는 곳이라고 소문이 납니다. 환자가 나온 집은 문에 노란색으로 콜레라라고 표시하고 그대로 모두를 가두어 두기도 했습니다. 무엇보다도 전염의 확산 방지가 우선시되어 환자의 인권은 대부분 무시되었습니다. 소독법은 주로 석탄산石炭酸 살포가 이루어졌습니다만, 이 새로운 문명적 방법은 종종 오해의 원인이 되었습니다. 당시의 내무성 위생국장 나가요 센사이長与専齋가 '유행지역의 실황을 보니, 오로지 형식에 얽매여 인정을 참작하지 않고, 사리에 어두운 인민은 단지 절박하고 두려워할 뿐 관의 처우를 고맙게 느끼는 사람은 없다. 마침내 그 힘의 지시를 꺼려하고 감추는 폐단이 생기거나' (『松香私志』) 라고 회상하고 있습니다. 이는 위생 행정이 경찰의 손에서 치안 대책과 함께 추진되었던 지극히 강권적인 것이었음을 말해 주고 있습니다.

전염병과 차별의 문제에서 가장 중요한 것은 빈민가, 특히 슬럼이 공포의 대상이 됐다는 사실입니다. 앞서 보신 바와 같이 콜레라는 병에 걸린 사람의 70%가 죽는 무서운 병입니다. 따라서 그 발생과 전염의 근원으로 생각한 악취・오염 지역이 위험시되고 슬럼은 한층 더 위험한 장소로 간주 되었던 것입니다. 또 빈민은 위생에 무지하기 때문에 위험하다는 소문이 널리 퍼집니다. 위험 때문에 경찰이 오사카의 유명한 빈민가였던 나가마치長町를 이전시키려고 계획하지만, 이전해 갈 곳의 주민이 반대하여 중지하는 사태도 생겼습니다. 슬럼은 그곳에 죽음을 부르는 무서운 전염병의 진원지라는 모습으로 나타납니다. 그리고 그곳에 사는 인간은 무지하고 불결하고 도덕적으로도 뒤떨어진 범죄자들의 소굴이라는 이미지가 만들어집니다. 안보 노리오安保則夫의 『항구 고베 콜레라 · 페스트 · 슬럼』(學藝出版社, 1989)나, 고바야시 다케히로小林丈廣의 『근대 일본과 공중위생』(雄山閣出版, 2001)은, 이러한 사회 의식의 형성과 함께, 피차별 부락을 빈민 부락으로 간주하여 청결법의 대상이 된 예를 들고 있습니다. 그 부락은 다른 부락과 그다지 다르지 않았음에도 불구하고 예전의 '에타 부락' 이었다는 이유로 슬럼처럼 여겨진 것입니다. 부락민은 말할 것도 없이 모든 위험이라는 표상을 짊어지게 되었습니다. 사람들은 그 지역을 피하게 되고 그곳에 사는 사람들을 공포로 경계하고 경멸하는 눈으로 주시하게 되었습니다. 즉 근대문명은 서양 사회와 마찬가지로 일본에도 빈민가마다 슬럼에 대해 전염병의 진원 · 전염 지역이라는 이미지를 만들어 다른 지역으로부터의 차별제도나 시선을 만들어낸 것입니다.

24

인간 평등과 우승열패

계몽의 논리

후쿠자와 유키치福澤諭吉를 비롯한 일본의 계몽사상가들(明六社 동인)은 '인간 평등'을 주창했지만 그것은 18세기 서양 계몽사상에 의거한 것이었습니다. 그러나 그것은 또한 당시 19세기 후반의 서양 문명국에서도 보편적 진리로 인지되고 있었기 때문이며, 동시에 나름대로 상대화되어 한계성이 강해지고 있었던 것이기도 합니다. 그렇다면 왜 일본의 사상가들이 18세기 계몽사상에 의거했느냐는 것입니다. 일본 측에도 그럴 필연성이 있고 일본이 봉건사회에서 탈피할 때의 절차가 계몽사상의 논리에 있었기 때문입니다. 즉 봉건사상을 부정하고 처음부터 인간 본위의 사회 모습을 설명할 필요가 있었기 때문이라고 할 수 있습니다.

그 계몽사상의 특징을 차별의 관점에서 간단히 정리해 두고자 합니다.

첫째, 신이 인간을 평등하게 창조했다는 주장입니다. 경험적인 것이 아니라 절대적으로 인간 평등을 주장한 것입니다. 여기에는 지금까지 서양 사회에 있어서의 격투의 역사가 반영되어있습니다.

그것은 지금까지도 지적했듯이 모든 인간이 평등하다는 의미와, 실질적으로는 기독교인 사이에서만의 평등, 백인 남성의 유산자有産者 사이에서만의 평등, 또는 프랑스 국민 사이에서만의 평등이라는 의미가 있기 때문에 처음부터 양의적인 성격이 있었습니다. 전자의 의미가 강한지, 후자의 의미가 강한지는 역사적인 상황에 따라 다릅니다만 일본의 계몽사상가로서는 복잡했습니다. 뒤늦은 일본이 선진 서양에 대항하는 논리로서는 전자의 논리가 필요하지만, 일본 국내에서는 그 논리를 철저하게 할 수 없는 것이 문제였습니다. 문명을 이해하지 못하는 사람들을 어떻게 해야 할지에 대한 문제입니다. 즉 같은 일본인이라도 '무학문맹의 어리석은 사람'을, 아이누나 오키나와인을, 또는 여성을 평등하게 대할 수 있는가라는 문제입니다.

둘째, 인간은 이성적인 존재이며 이성에 의해 자연과 사회를 통제해 나가는 것이 문명인이라고 주장합니다. 서양 근대문명을 기반으로 과학이 중시되었고 그 과학에 기반을 둔 합리주의가 계몽의 논리였습니다. 따라서 에도 시대의 사상도 관습도 합리주의하에서 부정되어갑니다. 정부도 민속종교를 음사사교淫祠邪敎로 금지하고 혼욕과 나체 등을 야만이라고 단속했습니다. 서양 근대문명을 배경으로 민중에게 이성의 빛을 부여하려는 계몽의 논리는 민중을 야만적인 존재로 간주했습니다. 필연적으로 위에서 교화하려는 자세로 민중의 사정을 이해하지 않는 강권적인 성격을 만들어 가는 것입니다. 또 에도 시대에 민중이 배양한 그 나름 대로의 합리주의도 짓밟혀 가는 것입니다. 더구나 주의해야 할 것은, 일본의 민중은 아직 야만적이지만 반드시 문명인으로 육성해야 한다는 계몽의 사명감과, 생각대로 좀처럼 문명화하지 않는 민중적 존재를 어떻게 취급할 것인가 하는 문제와의 딜레마입니다.

셋째, 문명인은 이성적으로 자립한 존재여야 한다는 문제입니다. '일신독립' '불기자립不羈自立'이 활발히 주창되었습니다. 이는 에도 시대의 신분제로 묶여 비굴한 노비 정신을 일삼던 민중을 변혁하여 독립정신을 기른다는 의미로는 눈부신 빛줄기光芒처럼 사람들을 사로잡았습니다. 그러나 반면에 자립하지 않는 인간은 한 사람의 몫을 하지 못한다는 논리를 필연적으로 수반합니다. 지금 유행하고 있는 '자기책임'의 논리입니다. 아무리 노력해도 자립할 수 없는 경우도 그것을 그 사람의 책임으로 돌리는 논리입니다. 빈핍은 결코 그 사람의 책임이 아니라 세금 등 대부분 위로부터의 수탈, 불경기, 사소한 불운에 의한 것입니다. 하물며 환자나 장애인에게는 사회적 제반 조건이 정비되어있지 않으면 자신의 힘만으로는 생활할 수 없는 경우가 많습니다. 이 '자기책임'의 논리는 그 사람들을 배제하게 되는 것입니다.

후쿠자와의 초조함

일본 계몽사상은 근대사회의 출범에서 사람들을 봉건적 신분제로부터 해방하는 논리를 제시했습니다만, 그것이 갖는 양의성은 새로운 차별의 논리를 마련하였던 것입니다. 그런데 그 계몽의 논리도 계몽가 자신이 바로 버리게 됩니다. 이러한 상황을 가장 선명하게 계몽의 논리를 설명한 후쿠자와 유키치에게서 찾아보고자 합니다. 후쿠자와는 계몽의 논리를 한층 더 깊이 있는 방향으로 추진하지 않고 자기부정을 하기 시작합니다. 저로서는 그것이 뒤늦게 찾아온 청년의 불행이었다고 밖에는 생각할 수가 없습니다. 만약 2~30년 동안 계몽사상을 좀 더 성숙시켜 계속 일본화하는 작업을 했었다면, 그 후 일본의 전개가 조금은 달라졌을지도 모른다고 생각하기 때문입니다.

어쨌든 후쿠자와는 점차 『학문의 권장』 열정을 후퇴시키기 시작합니다. 그것은 그가 생각하는 것처럼 계몽이 진척되지 않았기 때문에 초조함에서 온 것일지도 모릅니다. 1874년에 민선의원설립건백서民撰議院設立建白書가 나오면서 단숨에 여론이 들끓었습니다. 정부와는 다른 문명개화의 방향을 제시한 것입니다. 계몽사상가들로서는 민간으로부터 목표보다 빠르게 문명개화 촉진이 요구된 것이 충격이었습니다. 많은 계몽사상가는 아직 인민은 개화되지 않았다고 시기상조론을 주장했습니다만, 후쿠자와는 머지않아 의회가 할 수 있을 것이라고 보았습니다. 그러나 인민이 그 수준까지 개화되어 있지 않다는 인식은 마찬가지였습니다. 그래서 점차적으로 계몽의 열정을 후퇴시킨 것입니다.

『문명론의 개략』

후쿠자와는 1875년 『문명론의 개략』을 저술합니다. 일본 문명론의 걸작으로 계몽주의자 후쿠자와의 최대 성과라고 할 수 있습니다. 이에 대해서는 논할 것이 많이 있습니다만 차별의 시점에서 세 가지만 언급하고 싶습니다.

첫째, 발전단계사관発展段階史観의 제시입니다. 그는 버클과 기조[204] 등 당시 서양 문명사가에게 영향을 받았는데, 역사는 야만·반개半開·문명이라는 단계를 거치면서 무한히 진보하는 것이라고 말합니다. 이 발전 단계를 조정措定함으로써 세계 각국을 문명의 정도에 따라 자리매김하고 자국을 세계 속에서 객관화 할 수 있게 됩니다. 그러나 또 발전 단계를 절대화하면 야만·반개의 나라는 문명국을 영원히 따라잡을 수 없게 됩니다. 후쿠자와는 '서양 문명을 목적으로 한다'고 설명합니다만, 서양 문명보다 이질적인, 보다 발달한 문명상을 설파할 수는 없습니다. 여기에 문명의 발전 단계에 의한 국가와 지역의 우열 문제가 나옵니다.

둘째, 문명은 '대중의 정신 발달'에 기인한 것이라 하고, 그 발달은 '제원소諸元素'의 자유롭고 활발한 전개에 기인한 것이라고 한 점입니다. 여기에서 일본 문명이 정체停滯되는 원인이 '권력의 편중과 전제專制'에 있다는 날카로운 비판이 나옵니다. 또 산소와 질소를 조화시키면 공기가 만들어지듯이 사족士族[205]의 원소, 햐쿠쇼百姓[206]의 원소, 조닌町人[207]의 원소가 자유롭게 교류하면 새로운 문명의 단계에 이른다는 것입니다. 이러한 생각을 문명 원소와 야만 원소의 대등한 이문명 교류로 확장시켰다면 발전단계론도 많이 달라졌을 텐데 아쉽게도 거기까지는 갈 수 없었습니다. 문명세계 속에서의 이문화 교류라는 것이고, 같은 문명 속에서의 백가쟁명百家爭鳴이 문명을 발달시킨다는 것입니다.

---

204 역자주－토마스 버클의 『영국문명사』, 프랑소와 기조의 『유럽개화사』 등

205 역자주－구 무사 계급.

206 역자주－농민 계급의 백성.

207 역자주－상인 계급.

셋째, 서양문명의 위선성을 날카롭게 파헤쳤다는 것입니다. 그것은 마지막 제10장 '자국의 독립을 논하다'에도 나옵니다만, '유럽인이 접하는 곳을 보자. 그 본국의 권위와 이익은 진정한 독립을 유지하도록 했는가. 페르시아는 어떠하며, 인도는 어떠하며, 태국은 어떠한가'라고 합니다. 미국의 주인이었던 인디언은 백인에게 쫓겨 지금은 지배당하고 있다고 하며 서양문명제국의 침략성에 대해 비판합니다. 그러나 그는 그것을 뒤집으려는 것이 아니라 그 현상을 긍정하는 것으로 문제화 합니다. '지금 세계의 모습을 보면 국가와 국가의 교제는 아직 높고 멀어서 이에 대해 논하는 것은 가당치 않다'며, 이상적인 것을 말해서는 안 된다고 합니다. "전 세계가 정부라는 것을 갖고 있는 한은 그 국민의 사정私情을 제외하고 서술하는 것은 가당치 않다"라며, '사정' 즉 보국심報国心에 의거할 수밖에 없다는 것입니다. 보국심이란 "타국에 대한 자타의 차별을 만들고, 가령 타를 해할 의도가 없어도 스스로를 두텁게 함으로써 타를 약하게 하고, 자국은 자국에서 스스로 독립하고자 하는 것이다. 그렇기 때문에 보국심은 한 사람의 몸을 사유화하는 것이 아니고 한 나라를 물화하는 마음이다. …… 일시동인사해형제一視同仁四海兄弟의 대의와 보국진충건국독립報國盡忠建國獨立의 대의는 서로 어울리지 않음을 깨닫는다"고 했습니다. 『학문의 권장』에서 "이치를 위해서는 아프리카의 검둥이도 어려워 하다. ……"라고 한 천리인도天理人道와 애국심의 결합을 설파한 모습은 이미 없습니다. 애국심을 위선이라고 하면서도 그 위선을 채용하려고 하는 것입니다.

후쿠자와의 전회轉回

후쿠자와는 1875년의 '국권가분지설國權可分之說'에서 '백성에게 학문을 가르쳐 그 기력이 생기기를 기다리는 것은 삼나무 모종을 길러서 돛대를 구하는 것과 같다'고 하며 학문 권장의 효과가 상승하지 않는 것을 한탄하고, '인간의 지력은 그 체력과 마찬가지로 대대로 전해지지 않으면 진전되지 않는다'라고 하며 그 이유를 유전에서 찾고 있습니다. 그것은 다음 해의 '계통론'에서 한층 명확하게, '원래 지력은, 이른바 천작天爵이 될 사람은 갑자기 승진하여 동등해지는 능력이 없다'는 지우유전결정론智愚遺傳決定論을 피력한 것입니다. 다음 해인 1876년의 '비망록覺書'에, '하류인민'에 대하여 '장기와 바둑博奕의 득실도 이해할 수 없는 인간 세계에, 사람들이 자력으로 나아갈 방향을 정하는 것은 얼마나 위험한가. 그러므로 무릇 도덕의 길잡이가 될 수 있는 자는, 불교도, 신도도, 콘비라金比羅[208] 신에게도, 이나리稲荷신[209]에게도, 인민의 지식 정도에 따라'라고 말하고 있습니다. 학문을 권장한 후쿠자와가, '하류사회'의 계몽을 포기하고 빈민에게 학문은 오히려 위험하다고, 그들을 함부로 독립시켜서는 위험하다고, 질서유지를 위해서는 종교를 이용해도 좋다고 말하고 있습니다. 이 시기의 토지세 개정 반대 운동의 고양에 위기감을 갖고 있었던 것입니다. 후쿠자와는 자유민권 운동이 최고조에 달한 1881년, 『시사소언時事小言』을 간행하고, 그 모두에 '천

208 역자주-비를 오게하고, 항행의 안전을 담당하는 불교신.

209 역자주-곡물, 농경을 관장하는 신.

연의 자유민권론은 정도正道로 하고, 인위의 국권론은 권도權道가 되느니라', 그러나 약육강식 · 권모술수의 이 세상에 있어서는 '정도'도 '도저무익到底無益' 이고, '나는 권도에 따르는 자이니라' 라고 단언합니다. 이것은 계몽사상으로부터의 결정적인 결별의 말입니다. 그는 자유민권파의 정부 비판에 대해, 국내에 관민조화를 도모하여 국제사회에 있어서의 우승열패에 맞서기 위해, '내안외경內安外競'의 슬로건을 내걸었습니다. 그리고 '외국 교제의 대부분은 완력에 있다'고, 마이트 이즈 라이트(Might Is Right) 주장을 당당하게 펼치는 것입니다. 후쿠자와가 이 무렵에 다윈이나 스펜서 등의 진화론 영향을 받은 것은 확실합니다. 스펜서의 진화론은 자유방임을 통해 사회가 진화하고 민주주의도 발전한다는 주장이었기 때문에, 당시의 자유민권파의 근거가 되는 논의이기도 했습니다만, 한편 그 사회유기체론과 적자생존의 논의는 다위니즘과 결합됨으로써 우승열패의 논란을 만들어낸 것입니다.

『인권신설』

후쿠자와와 같은 전회轉回의 궤적을 그린 것이 가토 히로유키加藤弘之였습니다. 1882년에 『인권신설』을 내면서, 천부인권주의天賦人權主意는 '망상주의'이고, '만물진화의 실리'는 '우승열패'라고 선언한 것입니다. 과거에는 '그 역시 천부인권주의에 심취'하여 『진정대의眞政大意』나 『국체신론國體新論』을 저술하였으나, 그것은 망상이었다고 자기비판을 하며, 옛 저서를 절판하고, 동식물 세계와 마찬가지로 인간세계도 '유전 · 변화의 좋고 나쁨에 따라 우열의 등차를 만드는 것은 완전히 만물법의 일대 규칙'이라고 말하는 것입니다. 가토는 이미 1879년부터 '천부인권론을 논박하다'라는 제목의 강연을 하고 있었고 다윈, 스펜서, 예링Jhering, Rudolf von, 헤알드 등 진화론의 여러 설에 영향을 받았습니다. 천부인권론을 부정하고 새롭게 우승열패론을 전개한 것은 후쿠자와와 마찬가지로 자유민권론의 고조가 위기감을 높였기 때문입니다. 계몽사상가의 대부분이 계몽의 논리를 버리고 강자의 편으로 기울어 바뀌었다고 할 수 있습니다.

가토의 진화론에 근거한 천부인권론 비판은 여론에 큰 충격을 주어 1882년부터 1883년에 걸쳐 인권논쟁을 불러왔습니다. 물론 적대시된 민권파는 가토에게 반론을 가합니다. 그러나 진화론이 보여주는 사실을 부인하기엔 부족했고, 우승열패를 자연스러운 현상으로 인정할 수밖에 없었으며, 그 바탕 위에서 인간 평등을 얼마나 정당화할 것인지가 문제였습니다. 그 때문에 우승열패를 억제하는 인간으로서의 양심이나 협동과 상호부조의 정신을 강조하기도 하고, 자유 평등의 관계야말로 진정한 생존경쟁을 추진하는 것이라는 논의를 전개하고 있습니다. 그것은 반 우승열패의 논쟁 도마에 올려진 것으로 전체적으로는 지금까지의 소박한 천부인권론이 설득력을 잃어버린 것이라고 할 수 있습니다. 논쟁은 충분히 심화되지 않은 채로 끝났습니다만, 사람들은 이해대립 및 경쟁 속에 있는 것을 전제로 하여 인간관계의 본연의 자세를 논할 수밖에 없게 되었습니다. 그리고 구미와 마찬가지로 1880년대부터 사회 다위니즘에 대한 담론이 갑자기 확대되었습니다.

다윈의 진화론은, 인류를 동물로부터 진화한 존재로 간주함으로써 인간 본연의 자세를 동물본연의 자세로 설명하는 방법을 만들어 내고 확장해 갔다고 할 수 있습니다. 생존경쟁 · 약육강식 · 적자생존 · 우승열패의 논의가 바로 이것입니다만, 그 우열의 주된 원인을 유전에서 찾으려는 것으로 반은 숙명적인 인간의 운명에 대한 설명을 만들어 갑니다. 가토는 '만국 전 인류 간에도 권력 경쟁이 일어나 서양 인민이 실제로 오늘날 만국의 모든 인류를 압도하고 농락하는 기세가 등등하다면, 이로써 곧 우승열패의 결과가 나온다'라고 말하고, '야만 인종은 아마도 생존경쟁으로 인해 마침내 전패하여 조만간 멸종하는 것이 필연'이라고 하며 '인종'을 단위로 삼아 국제경쟁을 문제 삼기도 합니다. '무지몽매한 민중이 사회를 문란케 하고 상등평민을 압도하려는 것은 그 정신력이 우대한 까닭이 아니고 오히려 미약한 까닭'이라며 '계층'을 단위로 논의하고 있는 것도 주목됩니다. 또 고토 후사後藤房는 『신설남녀이권론新說男女異權論』(1885)에서 '무지의 금수나 무정한 수목조차도 그 남(男)은 강하고 우세하다고 하고, 여(女)는 약하고 열등하다고 표명한다. 하물며 인간에 있어서야 어찌 그 구별이 없는 이유가 있겠는가'라고 말합니다. 야마가타 데이자부로山県悌三郎는 『남녀도태론男女淘汰論』(1887)에 '우승열패는 필시 수천연數天然의 이치로서 …… 남자 평균의 심력心力은 여자보다 뛰어나다'라고 하며 그럴듯하게 남녀의 우열을 논하고 있습니다. 즉 '인종' '계층' '성' 등을 단위로 하는 새로운 차별의 논리가 적자생존 · 우승열패론에 의해 만들어져가는 것입니다.

정확히 1881년 이후의 마쓰가타松方 디플레이션 정책으로 인한 극심한 농민층의 몰락과, 1890년 일본 자본주의 최초의 공황이 야

기한 상황은, 우승열패가 그대로 출현한 것처럼 보였다고 할 수 있겠습니다. 그래서 또 1892년 대본교大本教 교주教祖 데구치 나오出口なお가 저변민중低辺民衆의 입장에서 '세계는 짐승의 세상, 강한 자가 승리하는 악마투성이인 세상'이라고 지탄 하면서 인간 평등을 추구하며 '삼천세계를 바로 잡아야 함'을 예언하게 된 것입니다.

민권은 지리至理이다

자유민권 운동의 리더십은 호농상豪農商이 쥐고 있었기 때문에 계층분화가 진행되면서 저변 민중과의 괴리가 깊어졌습니다. 민권파의 상당수는 우승열패론에 발목 잡혀갔다고 할 수 있습니다. 그중에서 민권파의 소수자는 계몽의 가르침을 받은 제자로서 우승열패라는 폭풍에 맞서 인간 평등을 철저히 하자는 것과, 후쿠자와가 말하는 천리인도의 방향으로 추구해갔습니다. 우에키 에모리는 쇼와헌법에 뒤지지 않는 민주주의적인 국가를 구상하고 나아가 여성해방의 길을 찾았습니다. 나카에 조민中江兆民은 「新民世界」 2(『東雲新聞』31호, 1888)에 '아~ 당신들 천백만 사족 평민 제군의 지혜를 흐려놓고 감정을 무디게 하며 스스로 모순되게 하고 스스로 논리를 교묘하게 만들고 동일사회 속의 동일인류를 혐오하여 이와 한 집단을 이룰 수는 없다'라고 하며, 일반인을 비판하고 피차별 부락민을 위한 해방 논진을 펴면서 '민권의 이치'를 계속 주장했던 것입니다.

25

아이누와 오키나와인

국경과 국민

근대국가는 국경을 획정하고 국민을 확정하여 성립한다고 합니다만, 그것은 주변 여러 국가와의 관계로 이루어지는 것이지 처음부터 국경과 국민이 존재하고 있었던 것은 아닙니다. 에도 시대에는 국경과 비슷한 것은 있었습니다. 앞서 언급한 바와 같이 에도막부는 중국과 네덜란드의 출입구를 나가사키라고 인식했고, 조선은 쓰시마번, 류큐는 사쓰마번을 출입구로 인식했습니다. 에조치(蝦夷地, 홋카이도)는 마쓰마에번의 통치를 받았다고 하지만 그 경계지역이 불분명하며, 아이누 민족과의 사이에 명확한 경계선이 있었던 것은 아닙니다. 그곳에서는 외국과의 접촉을 의식하지 않았기 때문에 국경선이 어디에 있는지도 의식하지 않았었습니다. 오가사와라小笠原 제도도 막부 말기에 막부의 순검이나 영국 측량선의 입항, 페리의 점거 등이 있었습니다만, 막부의 일본해역이라는 의식도 보이지 않고, 오가사와라 제도의 어느 섬까지가 막부의 지배하에 있는지 획정했던 적이 없습니다. 그것은 일본과 조선과의 경계가 정확하게 획정된 적이 없고, 무인도에 대해서는 무관심했던

것과 마찬가지일 것입니다

서구열강의 접근과 함께 국경을 의식하기 시작합니다만, 국경을 획정한 것은 훨씬 나중입니다. 에조치에 대해서는 에도막부 말기에 막부와 러시아 간에 국경에 관한 임시조약이 맺어졌습니다만, 메이지 정부는 1875년에 러시아와 사할린(가라후토)·쿠릴열도(지시마) 교환 조약을 체결하고 쿠릴열도를 일본의 영토로 만들었습니다. 1876년에는 오가사와라제도에 관치管治를 선언했고, 1879년에는 일방적 무력으로 류큐왕국을 지배합니다(류큐처분)만, 국제적으로는 1895년 청일전쟁이 종료될 때까지 확실히 하지 않았다고 할 수 있습니다.

그러나 이들 국경의 획정은 그곳에 살고 있는 사람들과의 상담이나 양해하에 이루어진 것이 아닙니다. 당시도 지금도 국경은 인근 여러 국가가 양해하면 자연히 국제적으로 인정받게 되어 있습니다. 예를 들어 아이누 민족은 홋카이도·사할린은 물론이고 시베리아대륙에서 쿠릴열도, 캄차카반도까지 매우 광범위한 지역에 살고 있었습니다. 따라서 그 지역에서 아이누 공화국이 성립된다고 해도 이상할 것이 없는데 러시아와 일본이 마음대로 분단해버린 것입니다. 19세기 후반의 아이누는 아직 부족과 공존하는 단계로 국가적 결속이 없었기 때문에 인근의 강력한 중앙집권 국가가 마음대로 분단한 것입니다. 원주민을 무시한 이 분단이야말로 원주민에 대한 차별이 시작되는 것입니다.

그리고 국가적 구조를 지니고 있었던 류큐 왕국의 경우는 더 복잡합니다. 류큐 왕국은 1609년에 사쓰마 번으로부터 침략을 당해 실질적으로 지배와 수탈의 영지가 됩니다만 류큐 왕조의 형태는 남아있었습니다. 류큐 왕조가 청조와 맺고 있던 기존의 책봉 진공 관계를 유지함으로써 진공 무역으로 발생하는 이익을 수탈하려고 했기 때문입니다. 즉 국제적으로 볼 때 에도 시대의 류큐 왕조는 독립되어 일본 및 중국과 관계를 맺고 있거나 일중양속日中兩屬이라는 모습을 보였습니다. 그런데 메이지 정부에 의한 일방적인 왕조해체(폐번치현)로 류큐는 일본이 지배하게 됩니다. 류큐 지배는 청조와 그 점에서의 양해가 이루어지지 않았고, 또 류큐 왕조에도 일본과 결별하고 청국에 의지하려는 세력이 있어 실질적으로는 메이지 정부에 의한 힘의 지배가 진행되었습니다. 그러나 국제적으로는 청·일 전쟁으로 처리되었다고 해야 할 것입니다. 이 또한 일본의 무력에 의한 일방적 편입으로 류큐 왕조나 주민들에게 양해를 구한 것은 아닙니다. 즉, 근대 일본 국민국가는 이민족을 병합한 제국으로 출발했다고 할 수 있습니다.

아이누와 일본인和人

이렇게 일본 정부의 입장에서 일방적으로 일본 국민으로 편성된 아이누는 어떠한 취급을 받았을까요. 에도 시대 단계에서는 마쓰마에번松前藩이 원래는 아이누 민족의 영역이었던 에조치의 연안 지역을 가신家臣에게 봉토로 주고, 아이누는 내륙부를 중심으로 아이누 독자적인 사회를 형성하고 있었습니다. 아이누와 일본인 사이에 교류는 있었지만 이는 심심찮게 아이누에 대한 침해를 동반했습니다. 특히 에도 중기부터 시행한 장소청부제場所請負制 아래에서 아이누를 상대로 한 일본 상인들의 사기적 교역이나, 아이누를 강제적 노동으로 사역하고 수탈하는 경향이 아이누의 분노를 일으켰습니다. 이에 샤쿠샤인의 난(1669)이라는 에도 시대 최초의 대규모적 아이누 저항이 일어나고, 최후의 무력저항이라고 일컬어지는 쿠나시리 · 메나시의 난(1789)까지 아이누와 일본인의 전쟁이 간헐적으로 지속되었습니다.

아메리카 대륙에 상륙한 백인들은 자신들의 생활권을 넓히는 동시에 인디언과 충돌하게 되어 백인 · 인디언 전쟁이 일어납니다. 그것은 독립전쟁 때부터 시작해서 남북전쟁까지도 계속됩니다. 처음에는 백인과 대등하게 싸웠던 수십만 명의 인디언과, 2~3만 명에 불과했던 아이누 민족과는 차이가 있습니다만, 아이누에 대한 일본인의 관계와 인디언에 대한 백인의 관계는 매우 유사합니다. 원주민을 야만적인 존재로 간주하고 그들을 일방적으로 쫓아냈다는 점에서 공통점이 있습니다. 아이누 민족의 패배로 인해 일본인은 더욱 더 아이누 영역을 침략하고 혹사를 가하게 됩니다.

그러나 러시아가 일본 근해에 출몰하면서 긴장이 고조되자 막부는 에조치를 직할령으로 하고 이와 동시에 아이누에 대한 일본인화 정책, 즉 동화 정책을 시작했습니다. 아이누의 풍속이나 관습을 고치고 일본 이름으로 개명을 강제합니다. 이는 러시아를 의식해 아이누가 일본인임을 알리고 아이누가 러시아 쪽에 가까이하지 못하도록 '무육수당(환과고독鰥寡孤獨한 사람들에 대한 원조)' 등을 지급하여 길들이려고 했던 것입니다. 다른 지역 아이누와의 연동을 염려했을 수도 있습니다. 이러한 시책은 지극히 일부의 아이누에게만 행해진 것이기도 하고, 막부가 아이누 민족을 포섭하면서도 일본인과는 다른, 교화해야 할 열등한 존재로 간주하고 있었던 것은 확실합니다.

메이지 정부는 1869년, 에조치를 홋카이도로 개칭하고 개척사開拓使를 설치합니다. 그 개척사가 좌원左院[210]에 보낸 신고서에, '원래 북해 토인은, 용모, 언어 모두 내국인과는 이종異種의 형태를 하고 있고, 따라서 풍속도 누습陋習을 면치 못하고, 즉 지금의 개척의 성사成事와 때를 같이 해 종전의 추한 풍속을 벗고 내지와 함께 개화의 영역으로 나아가 그들과 우리의 특별한 구별이 없게 하고 싶다.' 라는 내용이 보입니다. 아이누를 토인土人이라고 칭하고 다른 종족이며 문화적으로도 열등한 존재로 간주하고 나중에는 호적에 '구토인旧土人'으로 표시하여 구별합니다. 개척사는 아이누 여성의 문신이나 남자의 귀고리 착용을 금지하고, 독화살을 이용한 수렵이나 아이누 어법漁法을 금지하는 등 아이누의 풍속과 관습을 바꾸도록 강제했습니다. 또 지도원을 파견하여 권농을 시켜 '開明의 백성'으로 만들려고 했습니다. 한편, 막부가 시행하던 원조(무육수당)는 폐지합니다. 영역 안으로 포섭했다는 안심에서 그랬을까요, 유교적인 어진 정치仁政보다는 문명적인 자립을 요구했기 때문이었을까요.

아이누 민족의 생활은 수렵어로와 화전농업으로 지탱해왔습니다. 수렵이나 화전은 일정한 지역을 몇 년 간격으로 이동해 가는 것이므로 토지의 사유가 따로 없기 때문에 그들은 홋카이도의 광대한 대지를 자신의 것으로 생각하고 살고 있었습니다. 당시 인디언의 생활방식과 많이 닮아있습니다. 그곳에 일본인이 침입해갑니다. 메이지 정부는 홋카이도의 아이누 민족의 토지였던 산림원야

210 역자주－1871년의 관제 개혁으로 태정관 내에 설치된 기관. 입법에 대한 자문 기관으로 관선 의원으로 구성. 메이지 1885년에 폐지.

山林原野를 '무주지'로 정하고 1871년에 개척 10년 계획을 책정해 개척 사업을 진행합니다. 이 개척 사업의 청사진은 아메리카합중국의 전 농무국총재農務局總裁 케브론이 고문이 되어 지도한 것으로 거기에는 아메리카의 개척정책(인디언 대책도)이 반영되어 있습니다.

미국에서는 1823년에 대법원장最高裁長官이 인디언의 토지 소유권을 정당한 것으로 인정합니다만, 1830년에 인디언 강제이주법이 제정되어 잭슨 대통령은 서부 이주를 요구합니다. 인디언들은 서쪽으로 밀려나고 마침내 1887년 도스법(일반토지할당법)을 제정하여 지정거주지에 사는 인디언에게는 시민권과 토지를 주었습니다만 그 이외의 토지는 거두어들이게 됩니다.

1899년 메이지 정부가 홋카이도 구토인旧土人 보호법을 제정합니다만, 이는 도스법을 모방한 것이라고 합니다. 이로서 아이누는 가구당 1만5천 평의 토지를 부여받습니다만 인디언과 마찬가지로 광대한 대지를 유동하며 생활하고 있던 아이누로서는 토지를 빼앗긴 것과 마찬가지입니다. 더구나 1886년 토지 불하 규칙으로 일본인에게는 농민 한 명당 10만 평의 토지를 불하 했습니다. 역력한 차별이 버젓이 통과한 것입니다. 아이누로서는 예전과 같이 수렵이나 화전을 할 수 없습니다. 정부는 이들을 농민화 하기 위한 동화 정책을 펼치지만 이것은 아이누를 일본인화 하는 것이며, 이전 아이누 민족의 문화와 생활을 야만적인 것으로 모두 부정하는 것이었습니다.

류큐인과 야마토인

메이지 정부가 오키나와를 지배한 것은 1879년부터 입니다만,

그 정책은 구관 온존 정책旧慣温存政策이었습니다. 아이누에게는 동화 정책을 즉각 시행해놓고 오키나와에서는 시행하지 않았던 것은 왜일까요. 이는 일본의 사족에 해당하는 류큐 왕조의 가신들이 일본파와 중국파로 분열되어 불온한 상황이 보였기 때문입니다. 중국파는 탈청파脫清派라고 불리며 일본 지배에서 벗어나 중국의 비호를 기대했던 사람들이었습니다. 청조清朝와 긴장 관계에 있던 메이지 정부는 이 사족들을 경계하여 사족들에게 유리한 기존의 체제를 유지했던 것입니다. 즉 구관 온존 정책은 지금까지의 사족에 의한 농민 수탈 체제의 온존이었던 것입니다.

일본의 오키나와 지배는 중국 왕조를 종주국으로 하고 주변국이 종속국屬邦이 되는 책봉체제로, 일정하게 안정적이던 동아시아 질서가 서양 열강의 진출로 파괴되어가는 과정의 일환이라고도 볼 수 있습니다. 버마가 영국의 식민지가 되는 것이 1886년이고, 청·불 전쟁에서 청조가 패배하면서 베트남이 프랑스의 식민지가 되는 것이 1887년입니다. 무엇보다도 조선이 일본과 러시아의 압력 앞에서 종주국 청조에게 의존하려 하지만 종주국의 무력함이 결정적으로 드러난 청일전쟁의 패배로 중화제국 중심의 책봉체제는 붕괴되어 갔습니다. 즉 일본은 서양 열강과 마찬가지로 중화제국 중심의 책봉체제에 쐐기를 박아 오키나와, 대만, 조선을 식민지로 만들었다고 할 수 있습니다. 일본은 오키나와에 식민지 지배자로 들어간 것입니다.

류큐 처분에서 주목받는 사건도 언급해 둘 필요가 있을 것입니다. 1871년에 일어난 류큐민 조난사건으로 대만에 표착한 미야코지마宮古島인 54명이 대만 원주민生蕃에게 살해당한 사건입니다. 정부는 그 보복 조치로서 대만 출병을 시작하지만 이를 실행하기 위해서는 오키나와 주민이 일본 국민이라는 것을 국제적으로 주장할 수 있어야 합니다. 또 대만 원주민이 청나라 국민이 아니라는 사실도 확인해야 할 것입니다. 정부는 청나라와 싸울 생각이 없었으니까요. 정부는 즉시 '류큐번'을 설치함과 동시에 청나라와의 교섭을 통해 대만 원주민이 청나라의 통치가 미치지 않는 곳 백성이라는 언질을 얻습니다. 그리고 대만 출병을 통해 '야만지'의 평정에 성공합니다. 그러나 이에 대한 청나라의 항의가 있었고 양국 정부의 교섭을 거친 뒤 일본군이 대만에서 철수합니다. 게다가 청나라는 이전의 류큐와의 책봉 진공 관계의 부활을 요구합니다만 일본은 그 부활에 반대하고 차례로 오키나와 지배를 추진하면서 청나라에게는 타협점으로 오키나와를 둘로 나누자고 제안합니다. 1871년 청일수호조약에 구미와 동일하게 최혜국대우 규정을 추가하고 미야코지마 이남을 청국령으로 하는 '분도·증약안分島·增約案'입니다. 미야코지마 주민은 일본 국민이라는 명분으로 대만 출병 즉 세이타이征台 전쟁을 치렀는데 이 제안에서는 간단히 청국민으로 만들려는 것입니다. 그것은 결국 청일전쟁으로 결착됩니다만 이 과정에서 일본 정부가 일관하여 오키나와인의 의향을 문제로 삼지 않았던 것, 청국을 상대로 구미와 같은 침략 진출을 도모하려고 한 것, 잘 된다면 대만 일부를 점거하려고 한 것, 게다가 대만 원주민에 대한 노골적인 멸시가 보인 것도 간과할 수 없습니다. 그리고 청일전쟁 승리 후 일본 정부는 오키나와의 구관 온존 정책을 전환하여 동화정책을 강행한 것입니다.

주변으로의 시선

정부가 오키나와를 보는 시선은 이상에서 설명한 바와 같이 외교상의 도구로 사용하였고 그 근저에 강한 멸시관이 있었다고 할 수 있습니다. 민간에서는 어땠을까요.

1879년의 류큐 병합으로 여론은 들끓었습니다만 그 무렵의 일본인들은 류큐가 어떤 지역인지 대부분 몰랐습니다. 이 시기는 자유민권운동의 고양기였지만 민권파 중에서 류큐 병합에 반대한 것은『근시평론近時評論』뿐이고 그 외의 민권파는 정부의 방침을 기본적으로 지지했습니다. 류큐에 대한 멸시와 청국과의 대립을 염려한 점도 공통적인 것이었습니다. 예를 들어, 1879년 1월 9일의『조야신문朝野新聞』은 다카하시 기이치高橋基一의 '류큐처분론'을 내세워 류큐가 청국에 통하려고 하는 것은 '우리 일본국의 체면을 손상시키고 덤불과 같은 일개 섬의 어리석은 백성 때문에 더렵혀'지는 것이며, '류큐 번의 둔중한 이치를 듣고 그 이치를 깨달을 수 없는 것' 임에 그래서 '간섭' 해야 한다고 주장합니다. 그 다음 날(1879년 1월 10일)에는 '류큐 노예를 토벌할지어다'라는 논제를 내걸고, 청일 양속의 형태를 유지하고 싶다는 도쿄 주재 류큐 왕조 법사관의 소장에 대해 "이 무슨 말도 안되는 소리인가. 류큐 노예들이 우리 일본제국을 멸시하다니, 이 무슨 말도 안 되는 소리인가 류큐 노예들이 중국을 경모하다니, 우리가 보살펴주는 것을 배반하고, 이와 같은 무례 불경의 문장 …… 큰소리로 꾸짖어 한 목소리로 류큐 노예의 얼굴에 침을 뱉으려 하지 않는 자가 있으랴"라고 분노를 터뜨리고 있습니다. 일본이 류큐에게 얼마나 많은 은혜를 베풀어 왔다고 하고 있는 것일까요. 여기에는 뜻대로 되지 않는 소국에 대한 모멸과 자국에 대한 자만심, 청국에 대한 위기감이 보일 뿐입니다.

이러한 여론이 주류를 차지한 가운데 『근시평론』은 같은 해 1월 13일에 '류큐 처분'이라는 제목으로 지론인 '임지주의任地主義' 즉 류큐의 의지를 존중해야 한다고 주장하며 그것이야말로 신의의 교제를 천하에 보여주고 서양 열강의 침략에 대해 '동양화협의 평화 기초를 공고히 하는 것'이라고 주장합니다. 일본의 병합 강행 후인 4월 13일에는 '오키나와 현민을 정중하게 우대할 것을 희망합니다'라는 제목으로 류큐의 폐번치현 현실을 근거로 하여 "아~ 오키나와 현민은 곧 류큐 망국의 사람이다. 망국인으로서 인내하는 마음 속 비탄을 호소할 곳이 없는 사람이다. 어찌 이 쇠약한 사민을 대우하는 데 있어 교만하고 모욕적인 행동이 있을 수 있겠느냐."라고 오키나와 멸시 풍조에 경고를 보내고 있는 것입니다.

『근시평론』의 이러한 언설은 당시로서는 소수였지만 주옥같은 빛을 지녔다고 해야 할 것입니다. 이 무렵에는 마침 아일랜드 독립운동이 몇 번인가 고양된 모습을 보여주고 있었고 민권파는 이에 공감을 나타냅니다. 이는 아일랜드를 통해 구미 열강에 대항하여 독립하려는 일본의 모습을 보았기 때문입니다. 그러나 그 공감이 일본에 대한 오키나와의 모습으로 떠오르는 경우는 거의 없었으며, 『근시평론』은 아주 드문 예외적인 경우라고 할 수 있습니다. 민권파의 대부분은 오키나와를 오히려 국권 확장의 도구로 본 것입니다. 오키나와를 일본 영토로 하더라도 경제적으로는 오히려 손해지만 장래 국권 확장의 기점으로서 중요하다며, 청국의 청일 양속론에 맹렬히 반발하는 것이 일반적이었습니다.

『인류학의 언설』

대부분의 일본인은 오키나와나 아이누에는 별로 관심을 보이지 않았고 또 그 실상도 몰랐지만 1880년대에 등장한 인류학자들은 강한 관심을 보였습니다. 월간 『도쿄 인류학회 보고』 (후『인류학잡지』)의 창간은 1886년이지만 이 기관지에는 아이누와 오키나와에 대한 보고가 빈번하게 보입니다. 그것은 형태인류학과 이후의 민속학을 합친 것과 같은 내용으로, 아이누나 오키나와인의 머리 크기나 신장, 체중, 피부색, 모발 등 신체의 형상을 비교하는 보고와 언어나 풍속 습관의 비교로 이루어져 있었습니다.

이 기관지 72호(1892년 3월)에는 아이누에 관한 연설회가 소개되어 있고 500명의 청중을 모았습니다. 여러 강연자 중 아이누가 한 명 있어서 그 연설이 통역되었습니다. 그는 '홋카이도 구토인 바라비타 씨'라고 소개되었습니다. 그의 발언은 '일본인도 홋카이도에 많이 들어와서 우리는 함께 있기가 어려워 졌습니다'라고 했습니다. 일본인들이 가져온 술과 소주로 아이누는 나빠졌지만 우리는 힘이 없기 때문에 '내 나라에서 쫓아낼 수 없다'는 따가운 일본인 비판이었습니다. 그가 바첼러 라는 백인 학자의 하인召使이었기 때문에 이러한 발언이 가능했을 것이라고 생각합니다. 회장에서는 이 발언을 문제로 다루지도 않고, 그 지면을 보면 그를 아이누라는 야만인을 전시한 것으로 취급하고 있는 분위기를 엿볼 수 있습니다. 그 바로 앞에서는 '아이누 골격표품骨格標品의 설명'이라는 제목을 붙이고, '아이누의 키는 특별히 일본인과 차이는 없습니다 …… 인간의 고유한 점은 머리에 나타나 있습니다… 일본인의 머리보다 아이누의 머리뼈가 매우 작다'라는 보고가 있었습니다.

또한 인류학회의 지도자 쓰보이 쇼고로坪井正五郎는 52호(1890년 7월)에 '아이누의 부인'이라는 제목의 연설을 했습니다. 여기에서 '옛날에는 오랑케라하여 천했지만 지금은 메이지 제국의 은택을 입고 있으므로 우리의 동포라고 해야 할 것입니다'라고 양해를 구하면서 지극히 객관적으로 아이누 여인의 풍속을 소개하는 것입니다. 거기에는 야만인이라는 대사는 전혀 나오지 않았습니다. 그러나 그것이 야만적이고 문명에 뒤떨어진 풍속이라고 말하고 있는 것은 분명합니다. 오키나와의 풍속 습관을 소개하는 방법도 마찬가지입니다.

당시 아이누를 가장 동정적으로 보았던 민권파 나카에 조민中江兆民은 '서해안에서의 감각(1891)'에서 문명에 의해 타락하는 일본인에 비해 아이누의 소박함을 칭찬합니다. 그러나 그가 피차별 부락민의 해방에 진력한 것과 같은 모습은 보이지 않고 다른 인종의 '본래 그대로의 토인土人'으로 취급하고 있는 점이 궁금합니다.

'과학'을 무기로 한 인류학의 언설은 그 형태, 언어, 풍속, 습관으로 열등한 인종과 뛰어난 인종으로 분류하고 우승열패론과 결합해 인종차별주의의 재료를 제공해 갑니다.

26
조선과 중국

일본 중심주의

인간은 누구나 자기를 중심으로 사물을 보는 경향을 지니고 있습니다만 그것은 타인과의 관계 속에서 교정될 수 있는 것입니다. 그러나 에도 시대의 일본인은 다른 사람과의 관계를 단절함으로써 일본 중심으로 세계를 보고 있었습니다. 이는 전에 말씀드렸듯이 '쇄국'입니다. 중국과의 책봉 관계를 끊고 자립함과 동시에 대외적으로는 직접적인 책임을 지지 않는 해금解禁 정책으로, 해외로부터의 정보를 민중에게 차단하고 일본형 화이 의식華夷意識 하에서 세계를 보는 체제를 만들었습니다. 그리고 막부 말기 서양 열강의 외압이 높아짐에 따라 자기중심주의의 정도도 높아졌습니다.

이러한 경향은 특히 미토학水戸学[211]의 아이자와 쇼시사이會澤正志齋나 국학의 히라타 아쓰타네平田篤胤로 대표되는 존황양이尊皇攘夷 사상에서 뚜렷하게 볼 수 있습니다. 일본주의는 세계를 내다보는 지식과 경험을 부족하게 했기 때문에 매우 실없는 이치나 근거로 말

211 역자주-에도 시대 후기의 일본 중심적 국학 학파. 지금의 이바라키현 미토시를 중심으로 형성된 학문.

하는 지극히 독선적인 것이었습니다. 서양은 기독교라는 사교邪教를 가지고 사람들을 현혹하고 이익만 탐하는 짐승과 같은 존재라고 하며, 태평양 전쟁기에 귀축미영을 외친 것과 같은 발상으로 적대시했던 것입니다. 그 독선성은 태평양전쟁과 마찬가지로 페리내항과 그 압도적으로 우세한 군사력으로 기가 꺾입니다. 그래도 서양에서 군사력만 흡수해 대항할 수만 있다면 '야마토 혼'이라는 것이 있어 정신적으로는 일본이 우월하므로 지지 않을 것이라는 풍조가 우세했고, 사쿠마 쇼잔佐久間象山이 주장한 '동양도덕, 서양예술'이라는 슬로건도 생겨났습니다.

사쿠마 쇼잔의 제자 요시다 쇼인吉田松陰은, 서양 열강과 전쟁을 하면 승리할 수 없다고 보자"노묵강화일정魯墨講和一定, 결연히 우리보다 이것을 어기고 신의를 이적으로 잃어서는 안 된다.

오직 장정을 엄하게 하고, 신의를 두텁게 하며, 그로 하여금 국력을 배양하고, 취하기 쉬운 조선 만주 중국을 무력으로 굴복시키고, 교역에서 러시아와 아메리카에게 잃는 것은 또 토지니 선만으로 보상받아야 할 것이다."(1858) 라고 말했습니다. 쇼인은 훌륭한 인물로 강자를 꺾고 약자를 돕는 정의감의 소유자였지만, 대외적으로는 이런 비겁한 발상을 하고 말았습니다. 강력한 서양 열강은 이적이지만 신용을 잃어서는 안된다. 조선과 중국은 취하기 쉬운 나라이므로 침략 · 지배해도 된다, 서양으로 인해 잃는 것은 동양의 약한 나라를 희생으로 삼아 보상하라는 것입니다. 유교적 교양이 높고 신의가 두터워야 할 쇼인에게 이처럼 타국을 자국의 이익 수단으로 보게 한 것은 일본 중심주의의 소생일 것입니다. 이 쇼인의 도면은 그 후 근대 일본이 나아갈 길을 가리킨 듯 일본의 지배층을 밀어붙여 움직였다고 말할 수 있을 것입니다.

신정부의 아시아 정책

서양문명 전면 수용이라는 방향을 제시한 메이지 정부 지도자들도 이 도면에 거의 홀려 있었다고 할 수 있습니다. 이와쿠라 도모미岩倉具視는 유신 초기 국사의견서(1869년 2월)에 "지금과 같이 외인(夷人) 마음대로 그 군함을 우리 항내에 정박시켜 병사를 이끌고 상륙하여, 또한 외인이 우리나라의 법률을 범한 자를 또한 우리나라에서 처치하는 것을 허락하는 등, 지극히 국욕이 심한 외국으로부터의 모멸이라 하지 않을 수 없다. 단연 이를 고치고 국위를 세워 국위를 세우지 않으면안 된다 …… 중국이나 조선과 같은 나라는 예로부터 좋은 관계를 맺고자 했고 가장 가깝게 이웃했었다. 적절히 속히 칙사를 파견하고 수호修好함으로써 기각지세掎角之勢 세워야 할 것이다."라고, 막부가 서양 열강에게 강제당해 맺은 불평등조약이 낳은 상황에 분노하여 조약 개정의 필요성을 지적하면서 조속히 조선·중국과의 국교를 회복해야 한다고 말합니다.

그러나 이 시기에 기도 다카요시木戸孝允는 "정한征韓이라고 말씀하셔도 처음부터 무기를 가지고 정벌할 수는 없으며, 오늘날 황국이 국시로 정한 것을 세계의 이치로써 조선에 설명하고, 그럼에도 조선이 이를 받아들이지 않을 경우에는 바로 무력으로써 조선을 정벌하는 것은 지극히 당연합니다."라고 산조 사네토미三条実美와 이와쿠라 도모미岩倉具視에게 서간을 보냈습니다. 메이지 정부가 조선에 왕정복고의 인사로 국서를 보냈는데 조선은 그 국서가 막부의 양식과 다르다며 수령을 거부했기 때문에 좀처럼 양국이 조율을 할 수 없다며 만일 조선이 말을 안 들으면 무력으로 진출하자고 제안한 것입니다.

이와쿠라는 불평등조약 개정이 쉽지 않자 대규모 이와쿠라 사절단을 편성해 기도木戸・오쿠보 도시미치大久保利通・이토 히로부미伊藤博文 등 정부 수뇌를 데리고 1년 반에 걸친 구미 시찰을 떠납니다. 부재중에 정부를 맡는 사이고 다카모리西郷隆盛・이타가키 다이스케板垣退助 등은 조선 정부의 무례를 비난하고 정한을 결정했습니다. 그러나 사절단이 귀국하여 내무경 오쿠보 도시미치를 중심으로 한 서양사절단파가 그 결정을 번복하면서 정한론파를 쫓아냅니다. 1873년 10월의 정변입니다.

그렇다고 해서 서양사절단파가 정한 그 자체에 반대했던 것은 아닙니다. 오히려 이들 정부는 적극적인 아시아 외교를 시작합니다. 1874년 대만 침공이 그랬고, 그 이듬해의 사할린 쿠릴(지시마) 교환조약 체결 직후에 일으키는 강화도 사건이 그렇습니다. 즉 1875년 5월 일본 정부는 양해를 구하지 않고 군함을 조선 부산항에 입항시켜 훈련을 하는 폭거를 일으켰고, 게다가 9월에는 북상하여 서울에서 가까운 강화도에서 조선 군대와 교전하고 상륙하여 무기를 약탈했습니다. 일본 정부는 이 사건을 조선으로부터의 공격・모욕 사건으로 만들고 이를 구실로 조선 정부에 개국을 강제하였고 1876년 2월에 무력을 배경으로 조일수호조약을 체결했습니다. 이 형편없는 일본의 침략적 사건에서 구미는 일본을 지지합니다. 지금까지 조선 개국 시도에 번번이 실패했던 구미 열강이 일본에 그 첨병 역할을 기대했기 때문이라고 할 수 있습니다. 이때의 조일수호조약은 영사재판권을 비롯해 일본의 경제적 · 군사적 개입을 허용하는 불평등조약이었습니다. 바로 서양 열강으로부터 강요받은 불평등을 대신 조선에서 보상받는 방식입니다.

1882년에 일어난 임오사변은 조선 민중의 민씨 정권에 대한 폭동이었습니다만, 화살은 일본의 경제적 군사적 진출로도 향해져 일본공사관도 공격을 당했습니다. 일본 정부는 이에 대해서 군대를 보내 조선 정부에게 사죄하게 하고, 게다가 불평등한 제물포조약을 강요하여 일본은 처음으로 외국에 군대를 주둔시키게 됩니다. 종주국으로서 늘 조선 정부를 지원하던 청나라와의 대립이 심화하면서 정부는 본격적으로 청나라와의 전쟁 준비를 위한 군비 확장에 나서게 됩니다.

후쿠자와와 아시아

후쿠자와는 사람들에게 세계의 정세를 알리기 위해『세계국진世界國盡』(1869)을 썼습니다. 세계 각국의 모습을 간단하고 알기 쉽게 소개했는데, 당시 사람들의 환영을 받아 초등학교 교과서에도 자주 사용하였습니다. 그의 말에 따르면 이 책은 몇 권의 영미 서적에서 요점을 번역한 것이라고 하지만 이상하게도 조선에 대한 설명은 없습니다. 러시아 국경을 설명할 때 '조선국'의 위치만을 나타내고 있습니다. 아시아주에 대해서는 우선 '중국'이 4천 년의 역사를 지닌 '일대국一大国'이지만 현재는 '문명개화 후퇴'로 영국과의 전쟁에서 곤욕을 치른 뒤떨어진 나라라고 했고, 그 밖에도 타이, 베트남, 버마, 인도, 아프가니스탄, 페르시아 등이 소개되어 있음에도 불구하고 조선이 빠져있는 것입니다. 그가 번역한 책에 조선에 대한 기술이 없었는지 모르지만 다른 곳에서 후쿠자와의 의견이 보이는 것을 보면 조선을 소개하지 못할 리가 없습니다. 이 시기 조선은 후쿠자와에 의해 무시당한 것입니다.

하지만 후쿠자와는 당시의 지식인 중 조선과 가장 깊이 관련된 사람이라 할 수 있습니다. 1881년 조선 정부의 일본 시찰단이 왔을 때 박정양, 어윤중 등 개화파 지도자들이 후쿠자와를 찾아가 가르침을 청하였고, 그때 시찰단원 2명이 후쿠자와의 집에 머물며 게이오의숙慶応義塾에서 학문하게 됩니다. 일본에서 조선인 유학생을 최초로 수용한 것입니다. 이때 후쿠자와는 '정말로 20여 년 전, 자신을 생각하면 동정상련同情相憐 하지 않을 수 없고', 현재의 조선은 '30년 전의 일본이니만큼 아무쪼록 앞으로는 잘 사귀어 개화할 수 있는 일'이라고 소감을 말하고 있습니다. 이때 그의 동정과 친절은 진심이었다고 생각됩니다. 그래서인지 일본에 온 조선인 방문이 빈번해지고 유학 희망자도 늘어납니다.

그러나 앞서 언급한 '나는 권도에 따르는 사람이다'라고 선언한 『시사소언時事小言』이 바로 같은 해에 간행된 것입니다. 거기에는 '지금 동양의 열국으로서 문명의 중심이 되어 서양 제국에 해당하는 타의 선두가 되는 자가 일본 국민이 아니면 누구인가. 아세아 동방의 보호는 우리 책임이다.'라며 선진 일본의 아시아 맹주론을 주창하고 있습니다. 거기에는 '무武로써 이를 보호하고' '힘으로써 그 진보를 협박해도 무방하다'는 무력주의도 볼 수 있습니다. 『시사신보時事新報』의 창간(1882년 3월)에서도 '조선의 교제를 논하다'라는 제목으로 '우리 일본국의 조선국에 대한 관계는 아메리카가 일본국에 대한 것과 같은 관계로서 볼 것'이라고 하며, '우리 일본이 중국의 형세를 걱정하거나 조선의 국사에 간섭하는 것은 결코 일이 좋다거나 싫다거나 그런 것이 아니라 일본의 유소類焼를 예방하는 것'이라고 했습니다. 그는 조선이나 중국을 이해하려 하거나 그 나라를 위해 원조하자고 말하는 것이 아니라 일본 중심이 되기 위해서는 타국이 희생되어도 어쩔 수 없다는 생각을 하고있는 것입니다. 그것이 과연 궁극적으로 일본에 도움이 되는가 하는 문제까지 생각이 미치지는 않습니다.

이 글이 나온 직후 7월에 임오사변(임오군란)이 일어났습니다. 후쿠자와는 이와 관련해 '동양의 정략 과연 어떻게 해야 하나'(1882년 12월)를 써놓고 이때 개입한 청나라에 대해, 일본을 적대시하는 청나라와 맞서 싸울 것을 주장하면서 '우리 동양의 정략은 결국 병력에 의탁하지 않을 수 없다'고 했습니다. 이후 그는 박영효와 김옥균 등 조선 개화파와 협력하여 문하생 이노우에 가쿠고로井上角五郎 등을 조선에 무 파견하였습니다. 이노우에는 타케조에竹添 공사들과 연결하여 개화파를 원조하고 청국과 연결된 민씨 정권을 무너뜨려 조선에서 일본의 세력을 만회하고자 했습니다. 1884년 12월에 일어난 갑신정변은 개화파에 의한 쿠데타였는데 이노우에와 다케조에가 이를 지원했습니다. 이 쿠데타는 실패로 끝났지만 이 또한 일본이 맹주가 되어 아시아를 개화한다는 후쿠자와 구상의 파탄을 의미했다고 할 수 있습니다. 그가 이 직후에 쓴 것이 그 유명한 '탈아론'(1885년 3월) 입니다.

"우리 일본의 국토는 아시아의 동변에 있다고는 해도 그 국민의 정신은 이미 아시아의 고루固陋를 벗어나 서양의 문명으로 옮겨갔다. 그러나 여기에서 불행한 것은 인근에 나라가 있다. 하나는 중국이라 하고, 하나를 조선이라 한다. 두 나라의 인민도 예로부터 아시아 식의 정교 풍속으로 길러진 것 우리 일본 국민과 다르지 않다고 해도 그 인종의 유래를 달리 한다고 할까, 단 …… 유전 교육의 내용에 같지 않은 것이 있는 건가, 일・중・한 삼국 서로 대립하고 있으며 중국과 조선은 닮았다 …… 지금의 중국과 조선은 우리 일본을 위해 추호도 원조가 되지 않을 뿐만 아니라, 서양 문명인의 눈으로 본다면, …… 중국과 조선을 평가하는 기준으로 우리 일본에 명령하는 것도 의미가 없는 것은 아니다. …… 우리 나라는 이웃 나라의 개명을 기다려 함께 아세아를 일으킬 유예猶豫가 없다. 오히려 그 대열을 벗어나 서양의 문명국과 진퇴를 같이하고, 그 중국과 조선에 접하는 법도 이웃이라고 특별히 할 것도 없고 그야말로 서양인이 이에 접하는 방법에 따라 처분할 뿐이다. 악우를 가까이하는 자는 다 같이 악명을 피할 수가 없다. 우리는 진심으로 아시아 동방의 악우를 사절하는 것이다."

지금까지의 '선도'에서 '절연絶緣'으로의 전환입니다. 절연하여 서방 국가와 함께 침략하자는 것입니다. 이 글은 『시사신보』의 논설로 쓴 것인데 무서명無書名 이므로 후쿠자와가 쓴 것이 아니라는 설도 있지만 비록 대리인이 썼다고 하더라도 『시사소언』의 연장선상의 논의로서 조숙한 제국주의의 주장으로 이해할 수 있을 것입니다. 그렇다고는 해도 '마음으로 나쁜 친구를 사절한다'고 하는 것은 얼마나 무서운 말입니까.

민권파의 아시아론

일본이 문명국이 되어 야만적인 아시아에서 벗어났다는 탈아의식은 후쿠자와만이 아니라 많은 지식인들도 마찬가지였습니다. 이미 1875년 9월 강화도 사건이 한창이던 때 『조야신문朝野新聞』은 "이제는 우리 일본제국 개화 진보의 정도를 재는 데 있어 이미 완고하여 어리석은 중국을 넘어 고루한 조선을 훨씬 능가한다." 그것은 "그 공을 메이지 초년의 변혁으로 돌릴 수밖에 없다"고 밝혔습니다. 『조야신문』은 민권파 입니다. 일본 최초의 민주주의 운동을 담당한 민권파는 메이지 정부의 전제專制를 격렬히 비판했지만 아시아 침략정책에 대해서는 대체로 긍정적이라고 할 수 있을 것이고 그 기반에 아시아에 대한 우월 의식이 있었다고 해야 합니다.

갑신정변 당시에 후쿠자와가 청·일 개전을 논하며 '중국과 싸워 이기면 우리 일본은 이후 오래도록 중국의 능욕을 당할 뿐만 아니라 세계 각국 때문에 경멸, 침해, 욕보임을 당하며 도저히 나라의 독립을 유지할 수 없다'고 외치고 있을 때, 『자유신문自由新聞』도 청국은 조선에 내정간섭을 하고 있다고 비난하며, 일본은 서울을 점령하고 담판을 지으라고 청나라와의 개전론을 주창했습니다. 이때 『조야신문』 쪽은 전쟁을 회피한다고 했지만 이는 경제적 이유 때문이고, 갑신정변의 책임은 청나라에 있다는 점에는 공통하는 입장이었던 것입니다.

아시아와의 공생

아시아에 대한 멸시감은 에도 시대부터 있었는데 에도막부 말기에 아편 전쟁을 계기로 서양 열강에 대한 공포감과 함께 중국 멸시가 높아졌습니다. 유신 이후 문명개화의 진전에 따라 서양문명의 압도적인 우월성이 사람들의 마음을 억누르고 이와 동시에 아시아 여러 나라를 문명이 뒤떨어진 나라로 보는 풍조가 고조되었습니다.

일반 서민들에게 이런 풍조가 얼마나 침투했는지 알아보기는 어렵습니다. 조선이나 중국을 직접 본 적도 없고 또 서양에 관한 정보에 비하면 그 실상의 정보도 별로 없었기 때문에 정부나 지식인과 같은 멸시감을 지니고 있었는지에 대한 언급은 보류해야 할 것입니다. 그러나 일반 서민은 독자적 정보 루트를 가지고 있지 않기 때문에 정부나 매스컴의 정보를 일방적으로 받아들일 수밖에 없으며, 에도 시대부터의 일본 중심주의의 영향에 의해 쉽게 멸시감을 지닐 수 있는 조건은 있었다고 할 수 있습니다. 조일수호조약 체결 이후 조선개항지로 건너간 일본의 '무식무명의 하등인민'들이 집단으로 '항상 능치모욕凌轢侮辱의 소행으로 한민을 대접하는' '무뢰한' 들의 악한 행태를 드러냈다는 사실이 『조야신문』(1879년 8월)에 보도되었고, 이러한 상황은 1880년대에 들어와 더욱 격렬해져 조선 민중의 반일기운을 만드는 배경이 되었다고 합니다(야마다 쇼지山田昭次 「메이지 전기의 일・조 무역」 『근대 일본의 국가와 사상』).

저는 일찍이 '대외정책과 탈아 의식'(『강좌 일본역사』 제7권)에

'조선에서 볼 수 있는 이러한 행위 즉, 폭력성·집단성·무규율성을 특징으로 하는 아시아 멸시 행위를 만들어 내는 사회적 요인은 문명개화 풍조 속에서, 특히 메이지 10년대 후반의 과정에서 지배적이었다고 생각한다. 앞서 본 우승열패적 현상하에 초래되는 콤플렉스는 자기 주변에 또 다른 열패자를 끊임없이 만들어 내고자 할 것이며, 피차별 부락 민중이나 류큐·아이누 민중에 대한 사회적 멸시와 맞물려 아시아 멸시의 경험적 근거가 될 것이다. 일본 근대사회의 탈아 의식은 이러한 저변민중의 콤플렉스를 포장하면서 메이지 10년대 후반에 사회적으로 형성된다'고 서술했습니다. 이 문제는 더 검토해야 할 것입니다.

그러나 이 시기의 일본 사회 전체가 이러한 아시아 멸시로 덮여 있었던 것은 아닙니다. 아시아와의 공생을 원하는 사람들도 있었습니다. 이들은 민권파 중에서도 보편적인 논리를 추구하고 만국공법을 바탕으로 국가 간의 평등을 도모하고자 하는 사람들입니다. 열강의 제국주의적 지배에 대한 위기감에서 현재의 유엔과 비슷한 '만국공의정부万国共議政府'를 구상하고 세계평화를 도모해야 한다는 우에키 에모리의 '무상정법론無上政法論', 국가 간의 교류는 인민과 인민의 교류를 기초로 도모해야 한다는 바바 다쓰이馬場辰猪의 '외교론', 군비 확장은 경제발전의 저해가 된다며 "우리의 개화에 긍벌矜伐하여 다른 나라를 능멸하는 것이 어찌 진정한 개화의 백성이라고 칭할 수 있겠는가."라고 열강과 일본 정부의 방식 비판하며 도의에 입각해 독립을 도모하는 소국 일본의 길을 지적한 나카에 조민의 '논외교論外交' 등에서 그 대표적인 논의를 볼 수 있습니다.

많은 민권가가 국권 확장의 주장에 편승하여 대국 일본을 꿈꾸며 아시아 여러 나라를 국권 확장의 디딤돌로 삼으려 한다는 점에서 정부와 대동소이해진 가운데, 이러한 논의는 민권론이 낳은 귀한 것이었다고 할 수 있습니다. 즉 민권운동의 고조 속에서 민중들 사이에도 이와 같은 이성적인 경향 혹은 그 싹이 있었던 것이 아닐까요.

27

제국 의식의 사회적 형성

대일본제국

'제국'의 정의는 사람에 따라 다양하지만 고지엔広辞苑[212] 第5판에 의하면, ① '황제가 통치하는 국가'라고 하고, ② '대일본제국의 略'이라고 쓰여 있습니다. 코지엔으로서는 빈약한 내용이라고 생각합니다만 현대의 세계에서 '제국'은 황제가 없어도 타국 혹은 타민족의 사회를 종속·지배하는 국민국가를 지칭하는 것이 일반적이겠지요. 현재는 미국이 세계 제일의 제국으로 간주됩니다.

여기에서는 대일본제국을 중심으로 생각해보고 싶습니다. '대일본제국'이라고 일본국가가 자칭하기 시작한 것은 메이지 헌법 발포(1889) 때였던 것 같습니다. 그것은 황제가 통치하는 나라라는 코지엔 ①의 의미로 헌법에 '天皇이 통치하는 나라'라고 명문화되어 있었기 때문일 것입니다. '大' 자를 붙인 것은 지배의 확대를 도모하려는 당시 위정자의 의도 때문일까요. 그러나 일본의 근대 국민국가는 처음부터 오키나와 왕조와 아이누 사회를 병합하여 타국

212 역자주－일본을 대표하는 권위 있는 사전.

이나 타민족 사회를 지배했다는 점에서 '제국'이라는 성격을 가지고 출발했다고도 할 수 있습니다. 일본제국은 이문화 사회인 오키나와와 아이누를 지배하에 넣어 동화시키려 했던 것입니다. 그리고 청일전쟁(1894~95)의 승리로 대만을 식민지로, 러일전쟁(1904~05)의 승리로 조선을 식민지로 만들고 열강과 어깨를 나란히 하는 '제국'으로 올라섰던 것입니다. 제국 및 제국주의에 의한 제2의 세계화의 물결에 일본도 '제국'으로서 참가했다고 말할 수 있을 것입니다.

'제국 의식'이라는 것은 그러한 타민족 사회를 지배 혹은 종속시키는 것을 당연시하고 거기에 정체성을 가지는 의식을 말하며, 그것은 필연적으로 지배하는 상대 민족을 억압・차별하는 것을 당연시하는 의식을 수반합니다. 그러한 의식이 사회 구성원(국민)의 다수에 침투하여(차별적으로 지배당한 사람들에게도) 그에 따라 사회가 움직여 가는 상황을 '제국 의식의 사회적 형성'이라고 하고자 합니다. 즉 설령 '일본제국'이 그 출발 시기부터 위정자에 의해 '제국'으로 자칭 되었다 하더라도, 또 그 실체가 있었다 하더라도 '제국 의식'은 바로 형성된 것이 아니라 그 나름의 과정이 필요했던 것이 아닐까 하는 것입니다.

이미 살펴본 것처럼 조선이나 중국에 대한 일본인의 멸시감은 에도막부 말기부터 심해졌고 메이지 초기부터 멸시하는 호칭 '잔코로'를 신문 등에서도 볼 수 있습니다. 민중에게도 탈아 의식에 의한 우월감이 확산해 있었다고 생각할 수도 있겠습니다. 그러나 그 무렵의 '자코로'는 도쿄나 요코하마의 서양인에게 고용되어 있던 중국 복장의 변발辮髪을 한 중국인과 일본 서민이 싸움이 났을 때 사용한 호칭으로, 백인의 고용인 또는 중국 복장의 다른 모습에 대한 단순한 욕에 지나지 않았습니다. 또 조선 개항장에서 일본 상인과 노무자들의 난폭한 행패는 일본 정부나 군대의 태도와 연관된 것입니다. 실제로 중국 및 조선인과 접할 일이 거의 없는 지방의 일본 민중이 압도적으로 많았기 때문에 이들에게 있어서는 여전히 중국은 대국이고 조선 · 중국은 문화의 혜택을 받아온 전통적인 나라였습니다. 일본의 위정자들이나 지식인들의 대부분은 조선이나 중국에 대한 멸시를 종종 외교론에서 드러냈지만, 그러한 정부의 방식에 국민의 대부분이 곧바로 동의해 주었다고는 도저히 말할 수 없는 상태였습니다. 그것을 단번에 국민적 규모의 '제국 의식'으로 만든 것이 청일 · 러일전쟁이었다고 생각합니다.

병사들의 제국 의식

청일전쟁 약 24만 명, 러일전쟁 약 110만 명의 병사들이 해외에서 대규모 전쟁을 체험합니다. 전쟁터는 조선과 중국이었습니다. 러일전쟁은 상대국이 러시아인데 전쟁터는 중국이었던 것입니다. 이는 잘 알려진 사실이지만 청일전쟁을 이야기할 때 조선의 전쟁터, 러일전쟁을 이야기할 때 중국의 전쟁터, 이러한 문제는 거의 중시되지 않았던 것이 아닐까요.

특히 러일전쟁에서는 문명국 러시아와 너무나도 '신사적'으로 싸워 승리했다는 것을 창가로 만들어 떠들썩하게 선전한 것 같습니다. 백인 문명 대국과의 첫 전쟁이고 강력한 러시아군을 상대로 고전하며 여순공방旅順攻防전을 비롯해 수만 명의 희생자를 내고 승리해 서양 세계에 충격을 주었으니 말입니다. 그리고 서양 열강의 침략에 시달려 온 비서양 세계인들에게 '희망'과 '용기'를 주는 등 세계적으로 큰 영향을 미쳤으니 전쟁이 신사적이었다고 하면 할수록 승리의 효과도 당연히 큰것입니다. 실제로 일본 병사들이 고향에 써 보낸 편지에 "러시아 병사의 전투는 강합니다"라는 문구를 자주 볼 수 있고, 포로가 된 러시아 병사들에게도 정중하게 하는 모습이 보입니다.

일본군이 국제사회라기보다는 서양 열강의 눈을 크게 의식하고 있었던 것은 분명합니다. 국내에 있어도 관공서로부터 러시아를 욕하지 말라는 통보를 받았을 정도입니다.

그러나 그 러시아에 대해서도 전쟁이 진행됨에 따라 병사들의 편지에는 러시아 멸시의 표현이 보이기 시작합니다. 러시아 병사를 '로스케露助' 등으로 부른 것은 그 단적인 예입니다. 제가 본 병사의 편지에는 전쟁의 장기화를 한탄하는 표현과 함께 '하얼빈을 점령, 그 후 서쪽으로 바이칼 호수의 제방에 대포를 설치하고, 나오는 로스케를 쳐죽이고, 수비병을 두고, 시베리아는 대일본제국 영토……'라는 '제국 의식'이 언급되어 있었습니다. 아마도 이것은 한 사람뿐만이 아니라 많은 병사들이 나누었던 느낌이 아닐까 생각합니다. 이로카와 다이키치色川大吉의 '러일전쟁과 병사의 의식'(『도쿄경제대학회지 · 70주년 기념 논문집』)은 '백만 명에 가까운 대중적 병사들의 국제적 체험이 일본 인민에게 다양한 본질적 의식의 변화를 가져왔다'고 지적하고, 병사의 러시아 병사에 대한 인식에는 국제적이며 인간적인 '시점視點'이 있었던 것이 인정되지만 그것은 '그 뒤 민중 의식의 핵으로는 성장하지 않고 …… 오히려 중국 · 조선에 대한 비하 의식이 소문 등으로 인해 광범위하게 전파되었다'

라고 지적하고 있습니다.

일본과 러시아의 군대는 무엇보다 중국 대륙을 전쟁으로 황폐하게 한 것이었습니다. 전쟁터에서는 중국과 조선 등 현지인을 대량으로 군역에 사역 시켰습니다. 이 시기는 15년 전쟁기와는 달리 아직 현지인 사역에 대한 배려가 있었습니다. 예를 들어 현지인이 짐수레에 서른 섬의 쌀을 싣고 삼십 리 되는 전선까지 운반하는 운임이 9엔이라는 것은 비록 군표였다고는 하지만 일본군도 부러워하는 수입이었다고 생각합니다. 그러나 일본군들은 그들을 '토인'이라고 부르며, '모두 친근감 있는' 관계를 지니면서도 그들을 이해하려는 태도는 보이지 않고, 그들에 대한 멸시감을 감추지 않습니다. '토인은 농사를 주로 하고 당나귀를 사역하고, 불결하기 짝이 없고, 냄새가 코를 찌르는, 마치 내지의 거지만도 못하다'라는 소감이 빈번히 나옵니다. 중국 민중의 생활과 가옥 풍경에서 야만·불결·빈곤·우매를 읽어내고 있습니다. 특히 어느 편지에나 불결함을 강조하고 있는 것이 주목됩니다. 그 생활 수준은 당시 일본 민중의 빈곤한 모습과 큰 차이가 없었습니다. 거기에 일본 민중과의 공감대를 형성할 수 있는 기반이 있었습니다. 그럼에도 불구하고 1880년대부터의 일본 공중위생 관념 보급이 병사들에게 문명도를 측정하는 결정적인 지표가 되고 있음을 보여주었습니다. 일본군이 사역하는 중국인을 '토민土民도 황위를 느끼고 있다'고 해석하거나, '절인 생선과 쇠고기 통조림' 등 국내에서는 먹지 못하는 식사를 할 수 있는 황군의 높은 문명도를, 물론 전승이라는 성과도 '천황폐하의 성덕'에 의한 것으로 봄으로써 제국의 위세를 자신의 것이라고 생각하는 심리 구조가 형성되어갔다고 할 수 있습니다. 이로카와色川 씨는 "아마 유사 이래 처음으로 대규모의 중국 민중을 접하고 그동안 경외심까지 가지고 있던 그들에게 확실하게 모멸 의식을 확인하고 돌아왔다"고 말합니다.

제국 의식의 사회적 형성

전쟁에 의한 영토 확대는 그 상대국과 전쟁터가 된 지역의 피해와 국내의 희생을 낳으면서 대일본제국의 영광을 드높일 것이라고 선전했습니다. 대외강경파나 대러시아동지회対露同志会 등의 운동, 이에 덩달아 찬성하는 언론도 상대에 대한 멸시감을 높여 가면서 점차 국민적 의식이 되었습니다. 출정 병사의 마을과 거리의 환송영, 또는 전승 축하회와 연등 행렬 때마다 수반되는 행사도 전의 고양과 함께 자국의 우월감을 확대해 간 것입니다. 또 러일전쟁 후의 그 강화조약을 굴욕이라며 일어난 히비야 방화사건日比谷焼き討ち事件에서 보이는 정부에 대한 항의운동을 생각해봅시다. 여기에는 민중의 경제적인 요구나 전제정치에 대한 비판의 움직임이 있다고 하더라도 오히려 민중 차원에까지 확산된 제국 의식이 물들어 있었다는 데에 문제가 있다고 보아야 합니다.

그러나 제국으로서의 확대는 이민족의 포섭이었기 때문에 이러한 이민족을 어떻게 포섭할 것인가라는 것입니다. 이는 처음 무력적 강제력에 의한 형태로 그들을 일본 신민(황민)으로 인정하고 동화 방향으로 포섭하는 프로세스가 시행되는데, 거기에 일본 신민으로서의 자격이라는 점에서 서열적인 질서가 만들어집니다. 식민지 주민은 제2 신민으로 취급하고 그들에 대한 제1 신민의 시선은 멸시였으며 이를 전제로 한 동화 정책이 이루어졌습니다. 오키나와나 아이누의 경우와 마찬가지로 황민화 추진을 위해 천황의 권위를 최고로 신봉하게 하고 일본어를 강제하고 일본의 신사를 신봉하게 하고 각각의 전통과 풍속 습관을 야만적이고 열등한 것으로 부정했습니다. 식민지 주민들은 땅을 빼앗기고 저임금으로 일하는 신세가 되었고 자신들의 문화도 자존심도 빼앗기게 되는 것입니다. 식민지배는 경제적 수탈은 물론 정신의 수탈이기도 했습니다. 이러한 상황을 본국의 신민이 용인하기 위해서는 단순히 무력의 우월성 뿐만 아니라 그 나름대로 자신들의 우월성을 나타낼 논리가 필요했고 그것이 만세일계 천황의 권위와 서양문명을 기준으로 한 문명도文明度였습니다.

제국지배와 인종주의

제국은 다양한 '인종'이나 '민족'을 포용하는 체제이기 때문에 언어나 전통 · 습관이 다른 인종이나 민족이 어떻게 공존하느냐가 과제입니다. 그런데 제국 본국의 1급 국민이 다른 인종이나 민족을 지배하기 위해 차별하고 서열화하는 체제를 만들어냈고, 그 방법은 바로 세계화(Globalization)였으며 각 제국은 서로 그 방법을 배워갔습니다.

그러는 동안 인종론은 과학적인 장식으로 인류의 모든 것을 인종에 따라 하나의 계통수로 나누는 작업을 통해 우열의 질서를 세계적으로 구상하는 데 매우 편리한 이치가 되었습니다. 인종의 개념과 우승열패의 논리로 세계를 설명하고자 하는 사회다위니즘[213]

이 제국의 세계 지배에 매우 편리한 이데올로기가 된 것입니다. 루스·베네딕트(Ruth Benedict)의 『인종주의 그 비판적 고찰』(1959년)은 '인종주의는 본질적으로 자신이 『최선의 백성』의 일원이라는 것을 말하기 위한 하나의 방편이다. 자신이 그렇다고 생각하려고 할 때 인종주의는 지금까지 발견된 것 중 가장 만족스러운 말투인 것이다. 왜냐하면 그것은 비록 자신이 가치 없는 인간이라 할지라도, 또 타인에게서 무슨 비난을 받았다고 해도 결코 자신을 그 지위－태중에 어머니의 자궁 속에서 결정된 지위－에서 내쫓기지는 않기 때문이다'라고 지적하고 있습니다. 이러한 인종주의는 제국 내의 피차별 민족의 저항에 대해서 강조되게 됩니다. 그리고 인종주의는 정치적 차별로 다양한 인간관계를 규제하는 힘이 되어 갑니다.

20세기 초 샌프란시스코 창가娼家의 광고에 '멕시코인과 흑인 25센트, 중국인과 일본인 50센트, 프랑스인 75센트, 미국 처녀는 1달러'로 되어있었습니다. 사람들에게 당연하게 확산되어 있는 인종주의적 규범의 단적인 예라고 할 수 있습니다. 19세기 말부터 유럽의 집시와 유대인에 대한 박해가(그 박해의 역사는 15세기 무렵부터 긴 역사를 지니고 있는데) 인종주의라는 과학적 장식과 새로운 헛소문 아래 제국의 체제와 결부되어 격화합니다. 러시아 제국이 5백만여의 유대인을 리투아니아와의 국경 지역에 강제 이주시켰습니다. 여기에서 단적으로 볼 수 있는 19세기 말의 유대인 박해는 유럽에서 미국에 이르고, 차별받고 있는 흑인도 반유대주의 운동의 필두가 될 정도로 격화합니다.

---

213 역자주－다윈의 자연 선택, 생존 경쟁의 이론을 인간 사회 문제에까지 적용한 이론.

그리고 이 시기에 황화론黄禍論도 확산됩니다. 황화론은 중국인과 일본인 등 황색 인종이 백인 문명에 위협을 줄 것이라는 헛소문입니다. 1895년에 독일 황제 빌헬름 2세가 꺼낸 말이라고 하지만 그 이전부터 '황색 공포' 등으로 언급되고 있었습니다. 아편 전쟁으로 개국과 함께 중국인이 대거 해외로 빠져나가면서 동남아를 비롯한 러시아, 아프리카, 호주, 아메리카로 확산되었습니다. 이는 마리아 루스호 사건처럼 노예 매매에 가까운 방식으로 값싼 노동력으로 보내진 것입니다.

처음에는 노동력 부족으로 자본가의 환영을 받던 중국인 노동자들은 1860년대에 이르자 백인 노동자들이 자신들의 생활과 직장을 위협하는 존재로 적대시하기 시작했습니다. 백인 노동자들은 경제적 이유뿐 아니라 '중국인들의 거주지는 쓰레기와 부패물 야적장이자 악습과 전염병의 온상이다. 이것은 위생상으로도 풍기風紀상으로도 나라를 망치는 흑사병이다'라고 비난을 시작한 것입니다. 여기서도 '불결'이 결정적인 기준이 되고 있습니다. 여기에 일본인 이민노동자도 참여하게 됩니다. 일본인의 해외 이민은 1868년의 하와이 이민으로부터 시작됩니다. 타관 벌이 이민이 본격화한 것은 1888년부터로, 1900년 미국 거주 일본인은 2만 4천여 명, 1910년에는 7만 2천여 명으로 늘어납니다. 타관 벌이 이민의 상당수는 캘리포니아에 집중되어 있었는데 중국인과 마찬가지로 백인에 의한 배척 운동이 고조됩니다. 황화론은 청일전쟁에서 일본이 승리한 데서 비롯되었고, 러일전쟁에서 정점에 이르렀다고 하지만, 황화론이 이러한 배척 운동을 선동했다는 것은 분명합니다.

대일본제국의 차별구조

대일본제국에서도 국내의 여러 민족을 인종에 따라 구분하여 각각을 서열화합니다. 이로써 천황가로 연결되는 순수 일본 인종의 우월성을 확보하는 구조가 만들어지고 제국 의식으로서 확대되어 갑니다. 이는 확실히 구미제국과 공유된 것이었다고 말할 수 있습니다.

1903년 오사카에서 열린 제5회 내국권업박람회에 학술인류관이라는 '생신生身(원주민)' 인간을 전시하는 민간 전시관이 출현했습니다. 아이누 7명, 대만 원주민 5명, 류큐인 2명, 인도인 7명, 말레이인 2명, 자바인 1명, 터키인 1명, 잔지바르 섬사람 1명이, '내지에 가까이 있는 다른 인종' '원주민'으로서 '전시'된 것입니다. 중국·조선인의 전시도 예정되어있었고 조선인은 실제로 '전시'되었는데 청국과 조선의 항의로 철거됩니다. 훗날 류큐의 항의로 류큐인의 '전시'도 중지됩니다. 또 같은 시기에 도쿄대학 인류학 표본 전람회가 열립니다. 거기에는 '일본종족 상대의 부日本種族上代の部'가 '한국인의 부韓国人の部' '청국 묘족의 부清国苗族の部'와 함께 나란히 배치되었고, 또 별도로 '대만 번인[214]' '말레이 원주민' '남양 원주민' '뉴기니 원주민' '아이누' 부의 진열장이 설치되었습니다. 인류학 교실의 수집품으로서 각각 장식품이나 제 도구와 무기 등이 진열되어 있었습니다. 이 진열이 말하는 것은 원시시대의 일본인과

214 역자주－대만의 원주민. 인도네시아에서 건너와 머물러 살기 시작하였으며, 중국인 및 네덜란드인에게 공격당해 그들을 따르는 숙번과, 고유의 문화를 지키며 산지에 사는 생번으로 분류된다.

비교되는 것이 한국인이나 청국 소수민족의 현재이며, 그보다 더 오래된(열등한) 것이 현재의 대만 번인, 아이누, 남양 원주민이라는 것입니다. 인종에 따른 분류이며 문명도에 따른 우열의 서열화입니다. 여기에서 주목하고자 하는 것은 이러한 인류학적인 인간의 종에 의한 구별과 차별화의 관념이 대중화되어 있다는 것입니다. 그리고 그 가운데 현재의 일본 인종이 월등히 뛰어난 존재로서 일본인의 우월감을 만들어가고 있다는 것입니다.

그럼에도 불구하고 구미에서 일본인은 중국인이나 조선인과 같은 황색인종으로 간주되었습니다. 황화론에 단적으로 나타난 바와 같이 멸시와 두려움의 대상이 되어 구미 각 제국 내에서 차별적으로 서열화되어 있었습니다. 특히 차별과 빈곤과 중노동 속에서 이민자들의 고투는 어느 제국에서도 이민자들이 처한 형편이었다고는 하나 말로 표현할 수 없을 정도여서 그들은 그만큼 모국에 대한 그리움이 깊어집니다. 그러나 일본 정부는 초기 단계에서 이민자들 모습이 국위를 손상시키는 것에 대해 예민하게, 상대국 정부와 이민 보호를 위한 교섭을 진지하게 하였으나 점차 자국의 타관 벌이 이민을 '기민棄民' 으로 다루었습니다.

이와 같이 대일본제국은 일본 내에서 아이누·오키나와인, 그리고 국외에서는 대만·조선의 식민지 주민을 거느리고 그들을 폭력적으로 동화시키면서 지배하는 구조를 만들어냈습니다. 본국에서는 식민지에 지배민족으로서 우월감을 가진 식민殖民들을 보내는 한편, 다른 제국에는 일본사회에서의 빈곤층을 이민으로 내보내고 버리는 구조를 만들어낸 것입니다. 여기에서의 차별 구조는, 문명과 야만의 상극이라고 하면 단순하지만, 인종주의나 그 변형인 황화론에 있어서의 근거 없는 논리가 정치적으로 이용되어 가는 모습은 다양하고 복잡합니다. 대일본제국의 제국 의식도 그러한 세계적인 차별구조를 만들며 지탱해 나갔습니다. 그리고 황화론과 같은 터무니없는 말은 제1차대전과 함께 표면에서 사라지지만 그 '황인종'에 대한 편견은(반대로 '백화론白禍論'으로서 '백색인종'에 대한 편견도 증폭되는데) 오늘날에 이르러서도 종종 정치를 좌우하고 차별을 낳고 있는 것 같은 생각이 듭니다.

*본문 중 '집시'라는 단어를 사용하고 있으나 이는 차별적 멸칭의 의미가 강한 타칭으로 원래는 사용해서는 안 된다. 그래서 로마(Roma)라는 자칭이 사용되는 경우가 많다. 『고지엔 제6판』에서는 로마를 '집시의 자칭 중 하나'로 규정한다. 해방운동 단체들의 자칭으로 그밖에도 '롬', '마뉴슈' 등이 사용되고 있다. 이들 자칭은 존중해야 하지만 집시라고 불리는 사람들을 모두 가리키는 것은 아니며 그런 데에 합의가 이루어진 것은 아니다. 본서에서는 그러한 사정을 근거로 미즈타니 타케시(水谷驕)의 『집시－역사・사회・문화』에 따라 집시를 사용하기로 했다. 그것은 멸칭을 무비판적으로 계승하는 것이 아니라 비판적으로 집시로서 차별받고 있는 사람들의 총칭으로 빌려 사용하는 것이다. 또 덧붙이자면 집단의 명칭에 대한 것으로, 집단의 명칭은 복잡해서 애매한 부분이나 때때로 차별적 편견으로 채색되는 경우가 있다. 따라서 역사용어로 피할 수 없는 경우는 별도로 신중하게 사용해야 하지만 이 책에서는 가능한 한 차별적 편견에 의한 것을 배제함과 동시에 애매한 부분이 있어도 알기 쉬운 것을 선택했다. 그래서 독자에 따라서는 부자연스럽게 느껴지는 경향도 있을지도 모른다. 가령 '오키나와인'은 '일본인'과 나란히 위치한다는 의미도 있고, 또 '일본인' 중의

'오사카인'과 같이 '오키나와인'이라고 사용하고 있어 애매하다. 오키나와인 이라는 호칭으로는 독립적인 뉘앙스가 없다. 오키나와공화국의 독립이라는 의견도 있는 한편, 오키나와인은 일본인이라는 의견도 지배적이므로, 두 가지 형태로 읽히는 데는 오키나와인이 무난할 것이다. '오키나와 민족'이라는 말도 있지만 이는 별로 익숙하지 않으므로 이와 같이 애매하고 명확하지 않음을 인정하면서 굳이 '오키나와인'이라고 하는 것이다.

28

동화와 이화

천황제 이데올로기

일본제국의 출발은 왕정복고를 외치며 천황을 내세우고 그 전통적인 권위와 문명개화의 지도자라는 이미지로 민심을 집중시키는 것으로부터 시작되었습니다. 그러나 천황제 이데올로기의 골격이 만들어진 것은 대일본제국 헌법(1889)과 교육칙어(1890)에 의한 것이라고 할 수 있습니다. 헌법 제1조는 '대일본제국은 만세일계의 천황이 통치한다', 제3조는 '천황은 신성하여 침범할 수 없다'로, 천황 권력과 권위의 절대성이 선언됨과 동시에 국민을 천황의 신민으로 자리매김하고, 교육칙어에 유교도덕과 충군애국 정신을 신민의 규범으로 제시했습니다. 국민은 법 아래에서 평등과 자유를 허락받지만 그것은 바로 천황이 허락하는 법 아래서의 자유였습니다. 천황의 혈통을 '만세일계'로 세계에 유례없는 영속성과 순수성을 나타내는 것이라고 과시하는 것은 혈통에 의한 질서, 귀천의 가치부여를 필연으로 합니다. 천황을 정점으로 하는 황족 · 화족 · 사족 · 평민이라는 새로운 신분제는 그 질서입니다.

1884년 형법 개정으로 사족과 평민의 차이는 법적으로 해소되었으나 훗날까지 사회적으로 사족은 평민보다 우월한 존재로 인식하게 되었습니다. 하물며 화족 이상의 존재는 사족·평민에게는 구름 위의 존재였습니다. 천황이 일본을 통치한다는 것은 실제로는 내각이 천황의 위임을 받아 정치를 하는 것이므로 천황과 내각의 관계는 미묘합니다. 위임의 정도에 따라 천황이 한없이 상징으로서 추앙되는 일이 될 수도 있습니다. 그러나 천황의 이름으로 행해지므로 천황의 권위가 절대적인 만큼 정치 또한 비판받지 않는 성격을 지닙니다. 내각이 비판을 받으면 칙유 등 천황의 말을 들고 나와 비판을 회피하게 되는 것입니다.

헌법에서 천황의 권위를 '만세일계'의 혈통에서 찾고, 헌법 발포의 칙어에서 '짐의 신민은 곧 조종의 충량한 신민의 후손'이라고 하는 것은 일본 국민의 성격을 나타내는 것입니다. 실제로는 고대로부터 천황의 혈통家来이 아닌 후손도 많이 있으나 그렇게 간주하여 야마토 민족으로서 일괄하는 것입니다. 여기에서 일본인이란 무엇인가에 대해 여러 가지 논의가 나오게 됩니다. 분명히 이민족이었던 아이누도 오키나와인도 일본인이 되어 버렸기 때문에 그 사람들을 총괄할 이치가 필요하게 됩니다. 순수한 야마토 민족설과 일본인은 원래 다민족·다인종이라고 하는 혼합 민족설이 논의되고, 더 나아가서는 일선동조론日鮮同祖論이 생기게 되는 것입니다(오구마 에이지小熊英二『단일민족 신화의 기원』). 혼합민족설이 유력해집니다만 이는 천황의 신민으로서의 동일성이 시급히 만들어져야 함을 의미합니다.

일본 근대 국민국가의 형성은 새롭게 국민을 창출하는 것이며 국민을 천황의 신민으로 육성하여 동일성을 부여하는 것이었습니다. 즉 일본 영토의 사회 구성원을 신민으로 '동화'하는 것이었습니다. 지금까지 국가의식과 연이 없었던 일본 민중에게 국가의식을 심어 문명인으로 키우는 것이 '동화'입니다. 이를 위한 핵심이 천황제 이데올로기이며 이는 아마도 청일·러일의 전승으로 고양된 제국 의식과 결합함으로써 일본 민중에게 침투했다고 할 수 있습니다. 여기에서는 이러한 천황제 이데올로기 하에서 차별받은 사람들이 어떻게 저항했는가에 대해 '동화'와 '이화'의 시점에서 생각하고자 합니다.

국내의 저항

피차별 부락민의 차별 해소 운동은 신정부 반대운동으로 기세가 꺾였다고는 해도 자유 민권기에는 자유 평등을 내걸어 민권 운동과 함께 활발하게 진행되었습니다. 그러나 민권운동의 쇠퇴와 헌법체제의 성립으로 부락 유력자들의 동화 운동으로 전개됩니다. 자신들이 차별받는 것은 아직 일본 신민에 어울리는 문명인이 되지 못했기 때문이며, 생활을 개선하고 교육을 높임으로써 사회에 인정받자는 것이 주류가 됩니다. 부락민 전체를 포함한 부락 개선 운동은 1898년 요시노무라吉野村 풍속風俗[215]개선 동맹회를 시작으로 각지에서 시작됩니다. 이는 처음에는 자립적인 운동이었지만 러일전쟁 후에는 지방개량운동의 일환으로 현縣 당국의 통제하에 들어가 경찰과 결합하여 부락민의 감시역할도 담당하게 되었습니다.

215 역자주－오랜 세월에 걸쳐 내려온 생활 습관이나 세태.

그러나 1912년 나라현奈良県에서 결성된 야마토동지회大和同志会는 '각 부락민으로 하여금 황국민으로서 부끄럽지 않도록 분발하게 함과 동시에 일반 민중에게는 그릇된 동포 천시 관념을 제거하도록 노력한다'는 내용을 내걸고 이를 위해 기관지『메이지노히카리明治之光』를 발간합니다. 지금까지보다 한층 목적 의식적으로 동화하려는 것이지만 동시에 차별의 원인을 자기 책임으로 가두지 않고 사회의 차별과 싸우려는 운동의 도약을 나타내는 것이었습니다. 그러나 동화는 항상 그 동화해야 할 대상이 자신보다 우월한 존재인 것을 전제로 하고 자신들의 역사를 부정하도록 요구하기 때문에 어떻게 해도 자존심을 지닌 자립을 할 수 없는 구조입니다. 그래도 어느 단계나 어떤 상황에서는 동화가 자립을 위한 준비로 여겨질 수도 있어서 동화가 항상 자신에 대한 배반이 되는 것만은 아닙니다.

한편, 러시아 혁명이나 쌀 소동을 계기로 민중 운동이 활발해지는 가운데 1992년 3월 3일 부락민의 전국적 결사인 수평사가 창립됩니다. 그 창립 선언은 '인간 세상에 열의가 있으라, 인간에게 빛이 있으라'로 유명합니다만 제가 주목하고 싶은 것은 '내가 에타穢多:屠者임을 자랑할 수 있는 때가 왔다'라고 하는 점입니다. 시마자키 도손島崎藤村의『파계破戒』의 주인공 우시마쓰丑松는 '정말 미안했다. …… 나는 에타입니다. 부정한 인간입니다'라고 사과하지만, 그 선언이야말로 자신의 주체가 있고 자부심이 있다는 것이며 동화에 대한 이화를 주장하는 것입니다. 그것은 신민과는 다른 '나의 조상은 자유와 평등의 갈앙자渴仰者이며 실행자였다'는 전통입니다. 여기에서 부락민들은 자신의 역사를 되찾고 제국사회와 대립하는 논리를 만들어냈던 것입니다. '원망할 사람은 6천여만 명의 야마토 민족, 분발할 사람은 3백만 우리 특수부락민' (『수평』 창간호) 이라는 말도 있습니다. 이 무렵은 '특수민족'이라는, 부락민을 민족으로 보는 발상도 보이고 윌슨의 민족자결 주장이나 사회주의 영향 등도 있었기 때문에 부락으로서의 전통을 어디까지 자신의 주체로 생각하고 있었는지에 대한 문제가 있습니다. 그러나 이화를 통해 제국의 차별구조를 정면으로 명확히 한 출발을 만들어냈다는 것은 획기적이었다고 해야 할 것입니다.

무엇보다도 이 선언은 다른 차별을 당한 사람들을 전혀 언급하지 않았다는 점, 특히 3년 전 조선의 3·1 독립운동이 있었음에도 불구하고 이를 언급하지 않았다는 문제가 있습니다. 그중에는 '수평사와 조선인의 제휴'를 제안하는 움직임도 있었지만 이를 제대로 생각했었다고는 할 수 없습니다. 또 한편으로 보면 부락민의 식민자로서의 조선 진출도 다른 일본인과 마찬가지로 차별적 침략적이었고, 1912년 서울에 차린 조선피혁회사 등 피혁산업의 진출은 조선인 노동자를 차별적으로 사역함으로써 이윤을 거뒀던 것입니다.

아이누도 그 해방 노력은 동화 운동에서 시작했습니다. 아니 동화정책에 대해 아이누의 전통을 지키려고 한 항거는 뿌리 깊었고 정부의 농민화 정책도 뜻대로 진행되지 않았습니다. 그러나 압도적인 힘 앞에서 또 우월적인 문명 앞에서 굴복할 수밖에 없게 되어 많은 아이누들은 어쩔 수 없이 동화의 길을 걷게 된 것입니다.

1926년 날품팔이를 하면서 친구들과 잡지 『코탄』을 발간한 아이누의 청년 이보시 호쿠토(違星北斗)는 그 잡지에 일본어로 '아이누

의 모습'이라며, '동화의 과도기에 있는 아이누는 조소 모멸도 참으며 냉혹하게 외국인 취급을 받아도 일본인을 미워하지 못하고 있다. 원망하기보다는 한층 더 일본인을 동경하고 있는 것은 비통하지 아니한가'라고 썼습니다. 자신들의 말을 빼앗기고 생활을 파괴당해도 일본인을 동경하게 되는 상황. 그는 3년 후 29세의 나이로 세상을 떠나지만 '용감하고 비애를 사랑했던 아이누여, 아이누는 지금 어디에 있나' '악랄하게 번영하기보다는 솔직히 망하는 아이누가 승리자가 될까' 등의 노래를 남깁니다. 아이누의 본래의 모습을 생각해 '악랄하게 번영하는' 일본 인종에 대한 통렬한 비판이 숨겨져 있습니다. 일본어를 익힌 아이누는 자주 와카(和歌)나 시로 생각을 표현했습니다. 우스(有珠)의 추장 딸로 태어나 선교사 존 바체라ジョン・バチェラー, John Batchelor에게 세례를 받고 선도자가 되어 아이누 포교 활동으로 헌신한 바체라 야에코バチェラー八重子는 '기미가요君が世는 끊임없이 전투였다고 들었다 우타리(동포)의 뼈가 울고 가슴이 찢어질 뿐' '우타리(동포)의 아이에게 너 흘리는 피 살아 있는지 두려워하네 쿵네치캇포 등' 이라고 노래합니다(『カムイサシニ・ユーカラカムイ』). 아이누족의 피가 지금도 살아 있고 그것은 제국 신민과 전혀 다른 것이라고, 제국을 향한 투쟁을 유카라(서사시) 시로 노래하고 있습니다(新谷行『アイヌ民族抵抗史』).

오키나와에 대한 동화 정책도 본질적으로는 같은 성격을 지니고 있었습니다. 일본 정부의 동화 정책은 청일전쟁에서 오키나와 옛 지배층의 친청파가 후퇴하고 본격화됩니다. 1903년 토지세 개정, 1909년 부현제府県制 시행, 현회의원県会議員 선거로 본국에 비해 한참 늦게 문명개화 정책이 시행되었습니다. 오키나와현청 관리는 대부분 본국인이 차지하고 식민지적 수탈과 동화의 강제가 시작됩니다. 일본어의 강제는 바로 자신의 역사와 정신을 가두어 두게 됩니다만, 일본어를 통해 더 넓은 세상을 얻고, 일본 제국의 차별을 내다보는 힘을 획득할 수도 있습니다. 상호 힘의 관계에 따라 오키나와인도 동화하는 것으로 자립異化으로의 노력을 시작할 수밖에 없었습니다. 인류관사건人類館事件 때, 그것은 '본현 인민을 가리켜 일본 특수 민족' '열등 종족'으로 간주하는 것이다, '인류관을 중지하라'고 통렬하게 비판한 『琉球新報』 주필 오오타 초후(太田朝敷)는 '하루라도 빨리 내지의 각 지방과 병행하라'고 동화를 도모하는 방향으로 '오키나와 현민 세력 발전 주의'를 제기합니다.

그러나 도쿄대학을 졸업하고 귀향한 이하 후유伊波普猷는 정부의 동화정책이 주민의 자긍심을 빼앗고 자치를 빼앗는 것이라고 통분하여 '우리는 나와(縄人)[216]이라는 자각으로 이대로 단순히 내지인을 모방하는 것으로 끝나야 하는가 …… 요컨대 10년 전까지는 단순히 유물을 파괴하고 일본을 모방하는 단순한 사회였지만 오늘은 나와인으로서의 자각이 싹트고, 유물보존, 모방 배척의 실마리를 열었다'고 하며, '자가自家 독특한 문화'를 지닌 '순수한 자주의 백성'이었던 역사를 명확히 하기 위한 오키나와사 연구를 호소하는 것입니다. '이화'를 위해 역사를 되찾는다는 것입니다. '동화'에서 '이화'로의 움직임은 공통되지만 여기에는 복잡하고 굴절된 힘든 과정이 있었다는 점을 생각하지 않으면 안 될 것입니다.

216 역자주 – 오키나와 고유의 사람.

식민지 주민의 저항

여기에서 대일본제국의 대만과 조선 식민지 지배 역사를 서술해야 하지만 국내의 동화정책과 마찬가지로 지면이 부족합니다. 사실은 의무교육 단계에서 그 역사를 제대로 가르쳐 두어야 합니다. 그렇게 하면 식민지 지배에는 나쁜 일도 있었지만 좋은 일도 있었다는 등의 무식하고 무신경한 말은 의리로도 말할 수 없습니다. 그러한 지식이 없기 때문에 자신들의 과거를 반성적으로 파악할 수 없게 되어있는 것이 일본의 슬픈 현상일 것입니다. 식민지 지배는 세계 어느 지역에서도 평화적으로 행해진 적이 없고 격렬한 수탈과 격렬한 저항, 그것을 폭력으로 압살하는 과정을 거칩니다. 대만이 그렇고 조선이 그렇습니다. 반일로 일어선 한족계 대만인 여청방余清芳의 격문은 '생령生霊을 괴롭히고, 민재民財를 착취하고, 황음무도荒淫無道하여 기강을 절멸하고, 백성을 강제로 다스리고, 그 탐욕에 지치지 않으며, 금면수심禽面獸心으로 하여, 그 성향이 완전히 승냥이 이리豺狼와 같다'고 말하고 있습니다(『台湾省通志稿』 台湾省文献委員会編・刊).

이러한 모습은 오늘날 한국 독립기념관 전시에서도 볼 수 있듯이 조선에서도 마찬가지였습니다. 아니 대륙침략의 병참기지로 간주했던 조선은 더욱 통제가 심하고 가혹했다고 해야 할지도 모릅니다. 식민지 지배는 군대나 경찰의 폭력으로 사람들을 제압하고 그 땅의 토지와 자원을 수탈했는데, 이것이 태연하게 이뤄진 것은 식민지 사람들을 인간으로 보지 않는 우월감과 멸시가 위정자뿐 아니라 일본 민중을 사로잡았기 때문입니다.

식민지 지배의 방법으로는, 전통을 어느 정도 인정하고 자치도 인정하는 영국의 자치주의와 본국의 문물을 이식하는 프랑스의 동화주의를 대조적인 정책으로 들 수 있습니다. 그러나 자치주의도 본국의 문명이 절대적 우위에 있는 것을 전제로 한 것이기 때문에 항상 동화시키는 작용을 수반하고 있습니다. 게다가 이민족의 동화도 본국이 우위에 있다 하고 동화시키는 주민을 계속 열위에 두기 때문에 결코 완전히 동화시킬 수는 없습니다. 일본의 경우 동화주의로 시행했습니다. 1919년 조선의 3·1 독립운동으로 큰 충격을 받은 일본 정부는 지금까지의 무단정치武断政治에서 문치 정치文治政治로 전환한다고 했으며 이 문치정치가 동화주의라고도 합니다. 식민지화 직후인 1911년 조선교육령을 공포하여 천황의 신민으로 양성하고자 합니다. 조선어를 없애고 일본어를 가르치며 조선의 역사를 교과에서 없애고 일본 역사를 가르치는 등 동화주의를 시작했습니다.

3·1 독립운동은 서울에서 시작하여 전국으로 퍼져나가 두 달 가까이 지속되었습니다. 그 사이에 일본군·경찰에 의해 살해된 사람 약 8천, 부상자 약 4만 5천, 체포자 약 5만이라고 하지만 정확한 숫자는 확실치 않습니다. 마을과 교회를 불태우는 등 매우 잔혹한 탄압이 이루어졌음은 수많은 증언과 사료들로 밝혀지고 있습니다. 그래서 일본의 하라 다카시(原敬) 내각은 총독을 해군 대장 사이토 마코토斎藤実로 대체하는 동시에, 3·1 독립운동을 재외在外의 뻔뻔한 조선인에 의한 것이라고 하면서도, '신정부의 번거롭고 간섭적인 사회의 차별적 대우로인해 터져나온 평소 조선인의 불만'도 '주요 원인'이라고 인정하고, 동화정책을 강화하는 방향으로 개혁을

도모합니다. 그 '조선통치방침'에는 "조선민족을 동화하여 준 야마토 민족답게 모든 대우를 개선하고 완전히 내지인과 동등한 결합적 국가를 형성하는 것을 종국의 목적으로 할 필요가 있다. ……"고 하면서도 '단, 장차 이들 조선인 민도民度의 진전도 독립을 허용하거나 자치를 허용함은 절대로 피해야 한다'고 하며 자치는 허락하지 않고 있습니다. 어디까지나 '동화'시키는 것이고, 게다가 '준일본인'입니다. 제2급 신민인 것이죠.

대만에서도 1919년 조선 독립운동의 영향으로 지금까지의 무단정치에서 문치정치로 바꾸고 동화주의가 강화되어 일본화 교육의 보급·강화가 요구되었고, 정당 활동 등 일정한 자유가 인정됩니다. 대만인으로부터도 대만 의회 설치 청원 운동이 일어나 신문 잡지도 일정한 범위 내에서의 발행이 허용됩니다. 이러한 동화주의로 노골적인 무력 지배는 느슨해져 조금 자유도가 증가하지만 대만·조선 모두 경찰의 감시체제는 여전히 엄하고, 당연히 반일 언론은 탄압을 받습니다. 1930년에 일어난 무사霧社사건은 일본인 349명을 살해한 대만 다카야마족의 최대 항일 반란이었으나, 총독부의 철저한 탄압으로 이듬해의 제2차 우서사건까지 포함해 천 명에 가까운 희생자를 내고 압살되었습니다. 독립운동은 지하로 숨거나 해외를 거점으로 하여 이루어집니다. 이러한 가운데 많은 사람들이 동화되지 않을 수 없습니다. 교육·산업·금융·교통·위생 등 모든 분야에서 일본의 관헌이나 일본인이 통괄하여 동화를 강요하고, 그에 반항하면 즉시 관헌에게 잡혀 고문당하는 상황에서 살아가지 않을 수 없습니다. 게다가 총독부의 회유책으로서 관사·경관·교원으로의 등용이나 주식회사의 허가 등으로 친일파의 육성을 도모할 수 있습니다. 그것은 독립을 인정하지 않는 것이 전제였듯이 항상 지도권이 일본인에게 확보된 곳에서의 현지인의 포섭이었습니다.

그러나 친일파라고 해도 복잡하여 일본인의 비호나 일본인과 결탁해 자기의 이익을 추구하거나 관헌의 스파이가 되는 일부 사람을 제외하면 대부분 겉으로는 복종하고 뒤로는 배신했습니다. 독립운동가를 숨기거나 도망치게 하는 현지인 경찰관이나 교원이 많이 있었고, 식민지적 수탈을 그대로 당하는 일반 민중은 그 이상으로 면종복배面從腹背를 일삼았다고 할 수 있습니다.

독립운동은 아니더라도 문치 정치가 되어서도 격발하는 소작쟁의는 현지 민중의 싸움이자 차별반대 투쟁이었을 것입니다. 의회설치 청원을 비롯한 자치를 요구하는 정치운동과 다양한 문화운동 및 사회운동이 활발해집니다. 이들은 '동화'의 기치를 내걸면서도 이는 조건투쟁과 같은 것으로서, 민족적 배신이 되는 지극히 위험한 줄타기의 성격을 지닙니다. 조금이라도 자신들의 권리를 확대하고 자신들의 문화를 기르고자 했던 '이화'를 위한 피나는 노력이 전개되었다고 해야 할 것입니다. 그러한 가운데서도 "대만에서 태어난 사람은 모두 대만인이다. 이것은 자연의 법칙이며 이것이 실현되면 일본인과 대만인의 구별은 없어진다."라고 한 『대만민보台湾民報』 111호(1926년 6월 27일)의 권두언에서 볼 수 있듯이 대만에 사는 사람은 한족이나 고산족이나 야마토민족이나 마찬가지라는 평등의 주장이 나왔던 것입니다.

미국의 배일이민법(1924년)에 대해 일본제국 신민이 합중국의 차별정책을 비난한 것에 대해 한족정치운동가漢族政治運動家는, 그렇다면 일본이 조선 · 대만인을 차별하는 것은 모순이 아니냐며 비판하는데 까지 성장합니다. 그러나 여기서 주의하고 싶은 것은, 그러한 대만 주민의 독립지향을 내포한 주장 가운데, '4천 년의 역사, 독특한 문명, 찬연한 문화, 문자 나라의 국민인 한민족의 후손의 일부는 우리 대만인이다'라며, 그 아이덴티티를 중국 문명으로 보는 움직임마저 공공연히 드러납니다. 이는 또 "그러므로 대만인의 능력은 물론 그의 몽매하고 야만적인 생번生蕃 또는 역사가 없는 민족과 같은 날을 논함이 아니다."라고 하는 고지족高地族에 대한 멸시를 수반한 것이었습니다. 즉 문명의 정도에 따라 인종의 서열화를 이루려는 태도는 일본제국의 '동화' 논리와 같았습니다.

식민지의 '이화' 즉, 독립을 위한 운동은 서민들의 각종 사보타주를 비롯하여 망명하여 외국에 임시정부를 세우는 운동까지 다양했지만 강력한 대일본제국의 관헌을 비롯한 폭력과 회유책 앞에서 충분한 결집력을 발휘하지 못했습니다. 이는 러시아 혁명이나 윌슨의 민족자결 제언에 힘입은 사회주의적인 사상이나 민족주의적 사상, 기독교 등 종교적인 사상 등 생각의 차이, 무력 투쟁에서 불복종 운동에 이르는 전술 · 전략의 차이로 인한 분열, 나아가 굳건한 지역주의나 민족내 차별의 모순이 있었기 때문이며, 3 · 1 독립운동 이후에는 좀처럼 하나로 정리하기 어려웠습니다.

제6장

15년 전쟁과 차별

29
총력전 체제

식민지 근대화

식민지 지배는 동화주의든 자치주의든 근대화를 하면서 노동력과 자원을 수탈하여 시장 개척을 합니다. 일본제국의 경우에도 대만과 조선에서 근대화를 추진했습니다. 그러나 구미를 모델로 한 근대화의 내용을 생각해보면 ① 국민의 형성 ② 자본주의의 발전 ③ 민주주의의 형성 ④ 개인주의의 성립 등의 요소를 들 수 있습니다만, 식민지지배자에게 ①·③·④를 인정하는 것은 그 지배가 부정당하는 것이기 때문에 어떻게든 식민지의 근대화 내용은 ②의 자본주의 발전이 중심이 됩니다. 식민지 지배에도 좋은 점이 있었다고 하는 사람이라도 ①·③·④를 언급할 수는 없습니다.

조선에서는 일본제국도 철도부설과 도로정비, 전답 개척과 식림植林, 상공업, 금융기관과 위생설비, 그리고 학교 교육의 발달에 힘을 쏟습니다. 그렇다고는 해도 철도도 도로도 일본의 식민자들을 위한 것이고 대륙침략을 위한 군사적인 요청에 의한 것이었습니다. 조선의 쌀과 만주의 대두를 일본으로 운반하기 위한 것이었습니다. 전답은 간척사업과 농지개량사업으로 농업생산력은 올라갔습니다만, 거기서 생산된 쌀은 일본의 쌀 부족을 해소하기 위한 것이고, 개량사업에서 무법으로 토지를 빼앗는 등 조선 농민은 몰락할 수밖에 없었고, 일본인 지주의 소작인이 되든지 고향을 떠나 일본이나 중국에 돈 벌러 가거나 이주하게 됩니다. 조선요업 등의 전통산업이 붕괴해 갑니다. 1911년에 약 6,000명이었던 재일조선인이 1930년에는 약 30만 명이 되는데 거의 일본에 의한 근대화를 위해 직업을 잃은 사람들입니다.

부유층 자제가 일본의 선진 문명에 이끌려 유학을 하는 경우도 증가했습니다만, 그 사람들도 일본의 조선인 차별도 있어서 차츰 반일적으로 되어갑니다. 분명히 학교 교육이 행해집니다만, 그 취학률은 30%를 넘지 않는 낮은 것으로, 게다가 조선에서는 일본인 학교가 별도로 세워져 그 훌륭한 건물에 비해 조선인 학교는 가난한 건물이고 언제나 일본인에게서 차별받는 상황에서 일본의 우월성을 가르치는 것입니다. 조선의 일정한 학교 교육의 보급은 일부 친일파의 입신출세 길을 열어 주는 것이기도 했습니다만, 조선의 역사를 말살하고 일본 역사를 가르치는 등, 거꾸로 조선인의 민족적인 긍지를 타파하고 굴욕의 마음을 기르는 것이 되었던 것은 명기해야 하겠지요. 3·1 독립운동 탄압 후, 독립운동은 중국이나 미국에 거점을 두면서 지하로 잠행합니다만, 그 원류 중 하나가 일본 유학생을 중심으로 하는 재일조선인들도 있었습니다.

끊이지 않는 내전

다양하게 분열하고 있었다고는 해도 엄연한 독립운동의 존재는 일본제국의 기분 나쁜 적입니다.

1911년에 헌병 경찰 기관이 1,613곳에 설치되었던 것이, 문화통치가 시작되고 보통경찰로 개편된 1919년에는 2,761곳으로 늘어나 중일전쟁이 본격화하는 1938년에는 조선인의 저항운동도 격화해 3,125곳이 됩니다. 각 마을에 주재소가 설치됩니다. 그 6할을 일본인이 차지하는 경찰관은 장검이나 권총, 소총으로 무장하고 3개월에 한 번은 각 집의 인원을 조사해 한 사람 한 사람의 동향을 감시합니다. 바로 이것을 준전시체제라고 해도 되겠지요. 조선인 노동자와 소작인을 부리는 많은 일본인도 총이나 몽둥이를 갖고 있었습니다. 무엇보다도 놀랄 일은 일반 일본인이 조선인에 대해 교만하고 사소한 일로 때리고 발로 차는 폭행을 가하는 풍경이 일상적으로 보였던 것입니다. 일본 본국에서도 조선인에 대한 차별은 심해서 1923년 관동대지진 시에 수천 명에 이르는 조선인과 약 200명의 중국인 학살사건이 일어난 것은 유명합니다만, 그 배경에 식민지 조선 일본인의 방약무인한 행동과 멸시와 공포가 있었던 것을 생각해야겠지요.

물론 조선인에게 경의를 갖고 그들을 이해하려고 노력한 사람들도 적지 않았던 사실을 잊을 수 없습니다. 기독교 선교사 노리마쓰 마사야스乗松雅休, 임업과 조선 공예를 위해 힘쓴 아사카와 노리타카浅川伯教・다쿠미巧 형제, 노동운동을 조직한 이소가야 스에지磯谷季次를 비롯한 양심적인 일본인은 "의외로 많이 있지 않았나" 생각합니다. 그러나 압도적인 일본인 다수는 거주지역을 구별하고 거기에서 내지보다도 훨씬 사치스러운 생활을 하면서 조선인을 멸시・차별했었습니다. 일본인 거주 구역에서도 윤택한 상층 사람들은 하층 일본인을 차별했었습니다만, 조선인에 대해서는 상하층 할 것 없이 제국 의식 아래 차별했습니다.(다카사키 소지高崎宗司『식민지 조선의 일본인』)

이러한 상황은 대만도 공통입니다. 대만인과 조선인에게는 바로 하루하루가 자신의 생활과 정신을 지키기 위한 일본제국과의 전쟁이었다고 해야겠지요. 전쟁은 의병투쟁 이후에도 이어지고 있었습니다. 15년 전쟁은 그 연장선상에서 일어난 것입니다.

전쟁과 차별

전쟁은 적과 우리 편의 엄격한 구별을 요구합니다. 특히 총력전 단계가 되면 모든 사회구성원을 국가를 위해라고 칭하며 통일하고 단결시켜야 하니까 그 분별이 엄격해지고, 적을 만들어냄과 동시에 그 적을 적발하기 위해 권력은 구성원 상호 감시체제를 만들어 내고 그것은 다시 모든 구성원의 전쟁참가체제가 됩니다. 그리고 각 구성원은 얼마나 자신이 같은 편의 일원인지를 증명할 것을 요구 받고 그것은 자발적인 선택으로 표현해야만 합니다. 스스로 지원한다, 스스로 우리 편을 위해 희생한다, 스스로 적을 거칠게 다룬다 등의 행위가 유효한 증명이 됩니다. "국가를 위해"와 국민과 민중을 위해. 지역을 위해, 가족을 위해가 같은 것이 됨으로써 구성원은 국가를 위해 얼마나 힘쓰고 있는지가 가늠되는 것입니다. 거기에서는 국가를 위해가 국민이나 민중이나 가족의 이해와 이반離反되어도 아니, 이반하기 때문이야말로, 국가를 위해가 강조되는 것입니다. 전쟁은 국가를 위해라고 칭하고 소수자의 이해에 좌우되는 것이 대부분이기 때문입니다.

15년 전쟁은 1931년 만주사변으로 시작됩니다만, 일본 본토에서는 아직 전시 기분은 강하지 않고. 1937년 중일전쟁의 발발부터 드디어 국민 생활이 전시 색으로 뒤덮이게 됩니다. "국가를 위해"에 반하는 것은 '국체'에 반하는 것이라며 좌익이나 자유주의자들의 배제가 단행되어갑니다.

제 1차(1937년) · 제 2차(1938년) 인민전선사건은 그 최후탄압이었습니다. 1933년에 고바야시 다키지小林多喜二가 검거되어 학살당하는데 1936년에 사상범 보호관찰법이 공포되어 위험 사상의 배제가 심해집니다. 그때까지 검거된 사상범은 약 5만 9,000명에 이르렀습니다. 그들의 통제 · 탄압은 지식인뿐만 아니라 일반 서민에게도 미쳐 특히 1941년에 발발한 아시아태평양전쟁 이후, 특수고등경찰과 헌병은 조금이라도 전쟁에 대한 비판이나 불만, 유언비어가 있으면 이것을 적발해 갑니다. "일본이 전쟁에 져도 괜찮으니까 하루라도 빨리 전쟁이 끝나면 좋겠다고 생각합니다"라고 하는 여성의 편지, "천황폐하는 인민이 없으면 아무것도 아니다"라고 아이들에게 속마음을 흘린 장인, 아들을 징병당해서 세금을 낼 수 없다고 하는 농촌부인 등등, 『소화 특수고등경찰 탄압사(昭和特高弾圧史)』에는 많은 사례가 열거되어있습니다만, 문제는 이것을 다른 서민이 밀고하는 경우가 많다는 점입니다. 전시체제에 협력하고 비협력자를 배제하는 것이 서민 사이에서도 당연시된 것입니다. 정부에 의한 통제와 함께 얼마나 황민화 교육이 침투해있었는지를 말해주는 것이겠지요. 황민화 교육은 전쟁의 격화와 함께 강화합니다.

일본 국내의 철저한 황민화는 그것이 위로부터의 권력에 의한 강제뿐만 아니라 국민의 자발성을 조직하는 데에 주안점이 있고 그것을 가장 상징적으로 나타낸 것이 부락 해방운동의 선두에 서 있던 전국 수평사水平社 운동[217]이었다고 할 수 있을 것입니다. 다른 융화단체에 의한 부락 개선 운동은 일찍부터 전쟁체제에 협력하면서 생활개선을 꾀한다는 방향에 있었습니다만, 수평사는 얼마나 그 실체가 수반되어있었는지는 별도로 하고 적어도 그 운동방침에 제국주의 전쟁 반대를 내세우고, 아시아 여러 민족과의 연대를 문제시 하고 있었습니다. 1931년까지는 수평사의 대회의안에 "제국주의 전쟁 반대"가 보였습니다만, 만주사변 후 1932년에는 그것이 관헌에 의해 금지되고, 1937년 제14회 대회에서는 "전국의 피압박부락 대중 단결하라"와 함께 "반파쇼 전선의 통일" 슬로건을 내걸고 있었습니다.

그러나 중일전쟁이 시작되자 '좌익사상소지자'를 '일소하는' 작업이 진행되어 1938년 제15회 대회에서는 "바야흐로 우리나라는 재생 지나支那를 육성하고 민족 협화協和에 의한 동아협동체건설의 대업에 매진하여 구미의 질곡하에 신음하는 여러 민족을 해방함으로써 동양 영원의 평화를 확립해야 한다"고 180도 전환을 보입니다. 현 체제가 차별을 만든다는 그때까지의 인식을 번복하여 현 체제를 공공연히 긍정하고 아시아 침략 추진에 적극적으로 가담하는 입장을 내놓았던 것입니다. 그 후에는 일사천리로 마침내 1940년 제16회 대회 이후에는 중앙위원회도 열리지 않게 됩니다. 그때까

217 역자주–1922년 시작된 일본 부락(가죽제조업자, 숯굽는 사람, 돼지 키우는 사람 등이 집단으로 거주한 지역) 해방운동.

지의 '자유 · 평등의 싸움의 기수'로서의 아이덴티티를 버리고 황민皇民으로서 평등해진다는 아이덴티티를 추구하는 길을 자발적으로 선택한 것이었습니다. 거기에는 이미 다른 피차별민과의 연대는 눈꼽 만큼도 보이지 않습니다. 아이누 시인 모리다케 다케이치森竹竹市는 1937년에 시집『원시림』을 자비 출판합니다만, 거기에서는 "모든 것을 존경하는 조상의 /원시생활이 그립다"라고 아이누의 전통을 생각하면서도 "그 피는!/영원히 흐르는 것이다/일본인의 체내에"라고 노래하지 않을 수 없었습니다.

총력전과 약자

총력전은 모든 국민을 전력戰力으로 돌립니다. 1938년에 '국가총동원법'이 공포되어 전쟁 수행을 위한 국가에 의한 '인적자원'과 '물적 자원'의 통제가 대대적으로 시작됩니다. 따라서 전력이 되지 않는 존재를 배제해갑니다. 그것이 가장 노골적으로 나타난 것이 1940년에 '국민 체력법'과 함께 공포된 '국민 우생법' 즉 단종법입니다. 이것은 나치의 단종법을 배운 것으로 보이는데 단종대상은 정신 장애자와 유전성 질병자, 즉 병력이 될 수 없다고 간주한 존재입니다. 정신 장애자에 대한 차별은 근대 이후 심해지고 치안대책으로 사택과 병원 격리가 행해져 왔습니다만 여기에 이르러 그 근절이 목표가 된 것입니다. 한센병이나 결핵 중증자는 그전에 제출되어있던 '민족 우생보호법안'에서는 열거되어있었습니다만, '국민 우생법'에서는 유전이 아닌 치유의 가능성이 있는 것으로 삭제되어있습니다. 그러나 한센병 환자에 대한 단종은 1915년 이래 행해지고 있던 것이어서 1939년까지 1,003명이 단종수술을 강제적으로 당하고 있습니다. 1915년은 천황의 즉위예식을 거행하는 '대정대례大正大礼'가 있던 해로, 그 대례의 청정을 해치는 존재로서 한센병 환자의 단속이 강화되었다고 합니다. 그 후 공립요양소 격리환자는 계속 늘어납니다. 1930년부터 1931년에 걸쳐서는 '민족정화'의 실현을 위해 '무뢰현 운동無癩県運動'이 제창되어 내무성은 1936년도부터 20개년 계획으로 환자 만 명을 격리할 계획을 세웁니다. 1940년에는 구마모토시熊本市 혼묘지本妙寺의 환자 집촌에 사는 118명이 강제수용되고 그 후 각지의 요양소로 분산 배치되어 집락가옥을 파괴하여 사재를 몰수하는 폭거가 행해집니다. 그리고, "나병은 전염병이니까 물론 국민 우생법의 대상이 아닙니다"(후생성 우생과장 도코나미床次徳二)라고 하면서도 불법으로 단종이 이어졌습니다.

한센병 환자의 절대 격리정책은 식민지에도 적용되어 1915년 전쟁 시에는 '대동아공영권'의 한센병 환자격리 · 박멸을 외쳤습니다. "중국『미얀마』인도 남방지역 프랑스령 등처럼 나병환자 1만 명 이상 지역에 일본이 요양소를 설립"하려고 했고, 오스트레일리아의 위임통치에 있던 나울 섬에서는 점령한 일본해군이 39명 있던 한센병 환자를 "보트 한 척에 모아서 보트는 바다를 향해 항해 후 총격으로 파멸되었다. 생존자는 한 명도 발견되지 않았다"는 증언이 있습니다. (후지노 유타카藤野豊 편저『역사 속의「나병환자」』)

전시 하의 식민지

'국가총동원법'은 조선에서도 즉각 실시되어 1938년에 국민정신

총동원조선연맹이 설치되어, 전국 각지 각 직장에 연맹지부가 만들어집니다. 이미 1936년경부터 일본인이 황민화 운동을 진행하는 민간단체 · 녹기 연맹에 친일파 조선인이 모이기 시작해 중일전쟁발발과 함께 그것이 급증합니다만, 그들 친일파들이 이 조선연맹에서 활동합니다. 저항운동만이 아니라 불만을 나타내는 조선인은 철저하게 단속되어 잔혹한 고문으로 전향을 재촉받았습니다. 황민화 정책은 한층 더 격렬함을 더하여, 일본어의 상용, 창씨개명과 신사참배가 강제되고 대만에서는 우상 · 묘소의 철폐, 음력 정월 행사 금지와 신문의 한문으로 된 한문란 폐지 등, 한漢민족 문화의 배제가 진행됩니다. 조선에서는 1938년 제 3차 조선교육령으로 '내선일체=조선인의 일본인화'를 노골적으로 내세우고 일본인과 조선인의 결혼이 장려됩니다. '황민'으로서 아이덴티티를 철저히 하는 가운데 자발적으로 전시체제에 협력시키는 방책이 펼쳐졌습니다.

그것은 말할 것도 없이 식민지주민의 민족적인 아이덴티티를 빼앗는 굴욕적인 것으로, 브루스 커밍스 『조선 전쟁의 기원 제1권』이 "조선인은 …… 한 번도 스스로의 민족적 아이덴티티가 식민자 덕분에 새로이 창출된 것이라고 느낀 적은 없었다"라고 써야만 했을 정도로 도리어 면종복배面従腹背(겉으로는 복종하는 척을 하면서 마음속으로는 배반함)의 정도를 높이는 결과가 되었습니다만, 그러나 이 기회에 출세하려고 한 일부 사람들의 일본에 대한 협력은 동포를 배신하는 무거운 대가를 치러야 했던 것입니다. 장문환의 『땅에 기는 것地に這うもの』은 창씨 개명으로 가져야 했던 굴절된 심리를 "일본인도 아닌 데다가 대만인도 아니게 되었다"라고 표현하고 있습니다.

"1941년에 일본에는 140만 명 가까운 조선인이 있었고, 그중 77만 명은 노동력으로 동원되었다−22만 명은 건설 노동에, 20만 8,000명은 공장에, 9만 4,000명은 광산에, 그리고 나머지는 농업에 종사했다. 그렇지만 적어도 50만 명 이상이 그 후에도 일본으로 보내졌고. 이리하여 전쟁 말기까지 조선인은 일본 산업노동력의 1/3을 점하게 되었다."(부르스 커밍스 『현대조선의 역사』). 이들 노동력은 각 지역으로 나뉘어 강제적으로 일본에, 혹은 조선 북부와 만주로 연행되었습니다. 거기에서 종사해야 했던 노동과 대우가 노예적이라고 할 수 있을 만큼 가혹한 것이었던 것에 대해서는 수많은 증언이 있습니다. 구일본군 '위안부'로 강제연행된 여성도 10만 명에서 20만 명에 이른다고 추정됩니다. 이것에 대해서는 다시 따로 생각하게 되겠지만, 엄청난 지옥이 기다리고 있었던 것입니다. 조선인을 징집하는 것도 1938년부터 시작되고 그중에는 장교가 되는 극히 소수의 조선인도 나옵니다. 관료와 각 기업의 간부로도 발탁됩니다. 이 일로 조선인을 평등하게 취급했다고 하는 사람이 있습니다만, 조선인을 전쟁에 총동원하기 위해서는 조선인 간부가 불가결해졌을 뿐의 이야기이고 그들 간부를 움직이는 것은 일본인입니다. 정부 · 군부랑 일본인이 그들을 멸시했던 것에 변함은 없었습니다. 실제로 패전 후 일본 정부는 그들에 대해서 어떤 보상도 하지 않았던 것이 그것을 보여주고 있는 것이겠지요. 아무리 황민화가 진행되었다고 해도 조선을 위해서가 아닌 전쟁을 위해서 동원하는 데에 자발성을 기대하기 어려워서 그들 간부와 그 아래에서 일하는 조선인을 늘림으로써 그 모순을 해결하려고 한 것입니다만, 그것은 조선인끼리의 대립을 격화시키게도 되었다고 할 수 있겠지요.

30

전장의 기억

전쟁 책임

15년 전쟁은 아시아의 사람들 약 3천만 명(중국인 2천만 명), 일본인 약 300만 명, 구미의 병사 수 만 명을 죽이고 그 이상의 사람들을 상처입히고 재해를 입히고 방대한 부와 문화를 파괴했습니다. 이것은 바로 인류사의 범죄입니다. 타국을 침략하기 위해 모략으로 전쟁을 시작한 것은 대일본제국이고, 몇 번이나 중지할 기회가 있었음에도 추진하여 확대해간 것도 대일본 제국입니다. 따라서 이 전쟁 책임의 태반은 일본이 져야 하겠지요.

일본의 전쟁 책임에 대해서는 국제적으로 동경재판으로 처벌받았다고 되어있습니다만, 전쟁 지도의 최고책임자인 천황에 대해서는 언급하지 않았고 전승국 측의 책임도 언급하지 않았다는 점에서 결코 공평한 것이 아니었던 것은 분명합니다. 그러나, 그렇기 때문에 이 재판은 무효이고 일본에 책임은 없었던 것이 되지는 않겠지요. 국제사회는 그 재판 결과를 기초로 움직여왔고 일본 정부도 그것을 승인해왔습니다. 그러나 그것을 대신하는 우리 자신에 의한 책임 추구가 되어야 한다고 생각합니다. 왜냐하면 그것은 인간으로서의 도의의 문제이고, 그 문제는 현재도 강하게 우리를 옥죄고 있기 때문입니다. 무엇보다도 우리 일본 국민이 이 전쟁을 어떻게 반성했는지가 나타나 있지 않습니다.

전쟁 자체의 범죄성과 함께 국제법에 어긋나는 전쟁범죄가 문제시됩니다. 남경을 비롯한 각지에서 행해진 학살사건, 산코 작전三光作戰[218], 생화학 무기의 제조 · 사용, 생체실험, 포로의 학대 · 고문 · 살해, 그리고 일반 시민의 납치와 학대 · 강간, 강제노동과 성적 위안소 등 못 본 척할 뿐인 범죄들입니다. 중국을 비롯한 아시아 제국이 이러한 범죄를 행한 사실은 인정되고 있지 않습니다만, 구미 연합국군 측에서는 미국의 원폭 투하, 무차별폭격, 시민의 강제수용과 강간 사건 등을 들 수 있습니다. 이들 전쟁범죄는 타국도 했으니까 라며 면죄 받을 것은 아니고 아시아 측에 그것들이 안 보이는 것은 전장이 자국 내였기 때문이라는 사실과 더불어 일본군과는 전쟁에 대한 인식이 달랐던 점이 있겠지요. 미국 전쟁범죄는 지탄받아 마땅한데 국제적으로 여전히 심판받지 않고 있다는 사실이 베트남 전쟁부터 이라크 전쟁에 이르는 미국의 폭거를 계속 낳고 있다는 것을 주시해야 합니다.

그렇다고 해도 일본군이 행한 처참한 전쟁범죄, 평소에는 소심하고 선량한 인간이 많은 일본인 병사가, 혹은 아시아 해방의 정의에 불타 싸웠을 황군 병사가 그런 잔혹하고 비열한 짓을 할 리가 없다고 생각하고 싶지만, 범죄사실들은 다양한 증거와 증언으로 증명되어 있습니다. 그 책임은 이들 범죄를 낳은 체제, 군대조직, 명

218 역자주－중일전쟁에서 일본군이 보인 무자비하고 잔인한 만행. '산코'는 불태워 없앤다는 뜻이다.

령자, 지휘관, 일반 병사 나아가 국민과 사정에 따라 다양해서 일률적으로 논할 수 없습니다만, 그러한 것의 기본에 차별의식이 있었던 것은 분명합니다. 중국과 중국인에 대한 혹은 동남아시아 제국과 그 주민에 대한 큰 멸시관은 중국침략을 시작한 전쟁지도자들에게 역력히 있었고 그들은 영미에 대해서도 '귀축미영鬼畜米英'이라고 에도 시대의 양이攘夷사상 그대로의 멸시관으로 국민을 몰아댄 것입니다. 그것은 지도자뿐만 아니라 국민 전체가 비대화시켜간 제국 의식에 의한 것입니다만, 그것이 분수도 모르고 우쭐대며 자신들을 선택받은 국민 '황민', '야마토 민족'이라고 믿고 아시아 여러 나라 국민을 야만스럽고 문명에 뒤 쳐진 존재라고 간주하고, 구미에 대해서는 그때까지 열등감의 반증으로서 신국神國 일본의 신화에 의한 우월감과 복수심이 마침내는 상대를 인간으로 보는 능력까지 상실시키고 만 것입니다. 전쟁과 함께 강조되는 정신주의는, 그러한 천황제 신화와 규범으로 사람들을 몰아대고 그것에 반하는 것을 멸시하고 적시함으로써 상대를 정신이 없는 존재로 간주하고 폭력주의를 필연적인 것으로 만듭니다. 그러한 문제를 병사들의 모습을 통해 생각해보고 싶습니다.

전장의 광기

전쟁은 인간을 미치게 한다고 일반적으로 말합니다. 그것은 분명하겠지만 군대교육이 정신주의이기 때문이야말로 강제로 미치게 만든다는 점이 있습니다. 전쟁은 그 목적과 군대의 양상에 따라 다양해서 무엇이든지 전쟁의 책임으로 돌리는 것은 불가능하겠지요. 예를 들면 중국의 전지에서 초년병과 견습 사관들에게 신인 교육이라고 해서 중국인 포로들을 끌어내서 차례로 시험 삼아 베게 한 이야기가 자주 들립니다만 이러한 사례는 일본군에만 있는 것은 아닐 것이라고 생각합니다. 인간의 도리에 반하고 포로 취급을 규정한 국제법에 반합니다. 이것에 반발한 일본 병사도 있었습니다만, "상관의 명령은 천황 폐하의 명령이다"라는 군인칙유의 절대명령은, 이것에 반하면 비국민으로 간주 되어 처벌받고 부대에 있을 수 없게 되는 것도 각오해야 합니다. 상관의 명령에 대한 이의 제기는 그 이전에는 일정 절차에 따라 인정되었지만 15년 전쟁에 들어가면 거의 인정받지 못하게 됩니다.

패전 후에도 일본 병사들 대부분이 자신이 한 살인 행위를 죄라고 의식할 수 없었기도 하고, 의식하는 데에 상당한 시간이 걸렸다는 것도 상관의 명령에 따랐을 뿐이라고 하는 의식이 있었기 때문이고, 자신의 책임으로 선택한 행위라고는 전혀 생각하지 않았기 때문이겠지요. 즉, 일본 병사는 명령에 따르는 살인 로봇으로 훈련받아 간 것이고 아시아 해방을 위해 라는 교육조차도 결코 받지 않았던 모습이 보입니다. 만일 아시아 해방을 위해서라면 괴로워하는 상대국 사람들을 어떻게 구할지가 첫째 임무가 되어 적어도 그 관념이 병사의 뇌리에 조금쯤은 스쳤을 터인데 전중 일기나 서간류에서도 그러한 관심은 거의 없고, 불쌍하다는 감상을 흘리는 사람은 있어도 그를 위해 전쟁의 방법은 어떠해야 하는가를 생각하는 사람은 없었던 것입니다. 강제로 살인 로봇으로 만들어졌기 때문입니다(野田正彰『戦争と罪責』).

게다가 병사들은 무거운 배낭과 무기를 가지고 진군해야 합니다. 러일전쟁 시처럼 혹은 미군에 보이듯이 후위 부대가 늘 병사의 장비나 식료를 조달하는 체제라면 병사의 부담은 상당히 경감되었겠지만, 15년 전쟁에서는 한 명이 30 킬로그램에 달하는 짐을 가지고 행진합니다. 현지 조달주의를 취해 식료품은 현지에서 조달해야 합니다. 일본 병사의 행군에 일본 병사의 짐을 나르는 강제연행된 많은 중국인이 따라갔다고 하니 더욱 전장의 현지인으로부터의 수탈을 필연화한 것입니다. 게다가 병사들을 피폐하게 한 것은 휴일이 거의 없었다는 점입니다. 이미 구미의 군대에는 휴일이 제도화되어 있었다고 합니다만 일본 군대는 휴일을 보장하지 않고 위안을 위한 배려를 완전히 결여하고 있었던 것입니다. 전쟁이 길어짐에 따라 정신병에 걸리는 병사가 증가했습니다.

일본 병사가 원래 잔혹했던 것이 아니라 이러한 군대의 모습이 잔혹해질 수 밖에 없는 상황으로 몰았다는 사실은 지금까지도 종종 지적되어온 바입니다.(吉田裕『日本の軍隊－兵士たちの近代史』). 그러나 적국 사람과 현지인에 대한 멸시관이 없었다면 그러한 조건 아래에서도 현지조달의 방법과 위안을 취하는 방식도 달라졌을지 모릅니다.

고하라 고타로小原孝太郎『중일전쟁 종군일기日中戦争従軍日記』

여기에 소학교 교원이었던 고이즈미 고타로의 전중일기가 있습니다만, 거기에 보이는 그의 양심적인 감각은 당시로서는 소수에 들어가겠지요. 그는 1937년에 징병되어 중국 전선으로 보내져 9월에 천진에 입성합니다만 "그 거리가 더럽고, 심하게 먼지가 일어, 벌써 죽을 것 같은 것을 겨우 참고"라며 역시 불결함이 가장 문제가 되고 있습니다. 그다지 좋은 인상이 아닙니다.

그러나 실전을 경험하는 동안에 "지나인은 이 광대한 토지를 마음대로 경작해서 생활하고 있다. …… 그러나 이번 전쟁에 의해 자신의 부락은 황폐화하고 논밭은 상당히 유린당했기 때문에 이 마을, 원래 행복을 되찾기 위해서는 상당한 세월을 요할 것이다"라고 동정하게 됩니다. 그것은 더욱이 "자신의 논이 죽어가는 것을 빤히 보면서 어찌할 수 없는 백성의 마음을 우리는 생각해볼 필요가 있지 않을까? …… 잘난 사람들은 아무것도 느끼지 않고 있을 수 있을까."(1939년 6월)라고 하는 지도자에 대한 비판이 됩니다.

그는 그 이전에 "징발이다. 징발하러 안 가면 살아갈 수 없으니까 어쩔 수 없다. 냄비, 장작, 돼지, 감자, 닭 무엇이든지 닥치는 대로 몰수다. 토착민에게서 다 빼앗아가고 여기에 더해 그것을 주둔하는 영지까지 운반하게 하고 하룻밤 일을 시키고 버리고 만다. 나는 …… 토착민의 얼굴을 보면 불쌍해서 물건 하나 가지고 돌아가고 싶지 않고 마음이 약해진다."라는 현지조달의 경험, "아가씨란 아가씨는 어디에 있어도 한 명도 보이지 않는다.", "어떤 곳에서는 수수밭 안에 참호를 파서 아가씨를 안에 넣고 남자 3, 40명이 지키고 있었다고 한다" 라는 일본 병사의 강간 사건 빈발에 대한 중국 민중의 방위책의 경험을 몇 번이나 기록하고 있습니다. 나아가 1937년 11월에 장신디안長辛店에 부대가 도착했을 때 "정차 3시간이라고 한다. …… 역 앞은 (군인들로) 얼마나 붐비는지, …… 건너편에서 온 열차는 재목 등을 가득 싣고 있지만 부인들도 가득 싣고 있다. 역 뒤 거리에는 여자들이 일본, 조선 등 얼마든지 있다. 빠른 무리는 밥도 먹지 않고 여자가 있는 곳으로 날아갔다. …… 모두 점

호가 끝나는 것도 기다리기 어려워 근질 근질해 한다"고 색정광이 된 병사들의 모습을 그리고 있습니다.

고하라 씨는 전쟁 피해를 입은 중국 민중에게 매우 동정적이고 그렇기 때문에 자신의 행동을 다른 병사들과 같이는 할 수 없었으며 지휘관들에 대한 비판까지 나옵니다. 그러나 그 비판은 마음속에 담을 수밖에 없습니다. 그 비판은 그러한 사태를 낳은 전쟁 그 자체에 대해 향해지는 일도 없는 것입니다. 무엇을 위해서 전쟁을 하고 있는가라는 것도 물을 수 없습니다. 그리고 1939년 7월에 귀국하게 되어 상하이에 나왔을 때 "이 유원悠遠하고 위대한 장강이 저 작은 히노마루의 깃발 아래 놓여 거기를 자국 배만 유유히 항해해가는 모습을 봤을 때, 장강도 우리나라의 힘에는 어떻게 할 수 없는 것이다. ……, 실로 힘이 센 조국의 힘을 느끼지 않을 수 없었다"라고, 그때까지의 불만과 비판이 완전히 잊혀(혹은 기억의 바닥에 가라앉아서) 제국 의식에 먹히고 마는 것입니다. 그는 우지나항宇品港에 도착했을 때, "나는 살아있었다. 그리고 고국의 땅을 밟고 있다. 이것은 사실이다. 나는 이미 절대적으로 행복하다."(8월 1일)라고 쓰고, 완전한 자기 긍정으로 끝납니다. 대륙에서 비참한 경우를 당하고 있는 중국 민중과 일본군 병사의 기억은 일본에 상륙한 순간 완전히 사라지고 있는 것입니다.

매우 양심적인 고하라 씨도 이러한 변화과정을 거치니까 당시 총후의 사람들이 귀환병에게 듣는 전쟁 이야기에는 전쟁범죄 이야기는 그림자도 없었을 것은 명확하겠지요. 총후의 제국 의식을 보강하는 일은 있어도 그것을 상처입히는 일은 없었던 것입니다. 언론통제와 매스컴의 전의 고양 유언비어 선전이 그것을 둘러쌉니다. 그리고 아시아 모멸관을 기반으로 총후의 국민과 전장의 병사들은 서로 이해할 수 없는 채 전쟁범죄의 공범 관계를 맺는 것입니다.

성적 위안소 문제

그렇다고 해도 학살과 생화학무기 제조와 생체실험 등을 행한 사람들은 천황에게 부끄럽다고 생각하지 않았을까 생각합니다만 지금까지 그러한 문장을 만난 적은 없습니다. 물론 천황이 그 일들을 알고 있었다고는 생각되지 않습니다만 천황의 신격화가 가장 심했던 이 전쟁기에 신에게 죄송하다고 말한 사람을 모릅니다. 신은 절대적입니다만, 세계에서 가장 뛰어난 민족의 신이라면 그 민족이 한 일은 모두 허용된다고 생각한 것일까요.

구일본군 성적 위안소는 일본 병사의 강간 사건 다발이 현지 주민의 반발을 삼과 더불어, 군대 내에 성병의 만연을 가져온다고 해서 1932년 상하이에 설치된 것이 최초라고 합니다. 전쟁에 강간은 따라다니는 법이라고 합니다만 그것은 군대에 따라 전장에 따라 사정은 달랐고 이 시기의 중국군, 특히 적군赤軍에게는 거의 보이지 않았습니다. 독일군에게는 강간이 자주 보이고 성적 위안소도 있었다는 보고가 있으며 종전 직전 소련군의 강간 사건 다발은 유명합니다만 연합군에게도 그것은 종종 볼 수 있던 것이었습니다. 그 때문에 아프리카에 주둔한 미군은 성적위안소의 설치를 제안했습니다만 본국 정부는 이것을 금합니다. 그러나 일본군의 경우는 그 규모가 압도적인데 위안부 총 20만 명이라고 하고 전선 각지에 만들어져 현지 주민의 반발을 강하게 사서 전쟁상황까지 좌우할 정도였기 때문에 그것은 엄청난 것이었다고 할 수 밖에 없습니다.

구일본군 위안부 문제에 대해서는 요시미 요시아키吉見義明『종군위안부従軍慰安婦』를 비롯한 많은 서적이 있고 나도 글을 쓴 적이 있기 때문에 (『근대일본을 말한다近代日本を語る』), 지면 관계상 몇 개만을 지적하는 데에 그치고자 합니다. 차별의 관점에서 말하자면 첫째, 일본 군대의 여성 멸시 풍조이고, 둘째, 일본 사회의 가부장제와 공창제도가 낳은 남성 중심의 성 의식의 만연이고 셋째, 전쟁 목적이 희박해진 것과 군율 위반의 격증입니다. 그리고 넷째, 국제감각의 결여와 민족차별의식의 문제를 들어야겠지요. 무엇보다도 성적 위안소는 국가범죄였습니다.

강제수용

진주만 공격과 함께 일본제국의 적은 일거에 태평양 연안 일대로 확대됩니다. 중국에 더해 미합중국, 캐나다, 오스트레일리아, 영국, 네덜란드 등 34개국이 적대국이 되고 그 나라와 식민지에 거주하고 있던 '일본인' 약 56만 명이 적국인으로 간주됩니다. 합중국에 사는 26만 명의 '일본인'(일본계 미국인도 포함) 중 서해안에 사는 12만 313명이 대통령명령으로 전 재산을 몰수당해 수용소에 억류된 일은 유명합니다만 미국 식민지였던 필리핀의 다바오에 있던 돈 벌러 간 일본인 노동자와 그 가족에 대해서도 맥아더의 강제수용 명령이 내려졌습니다. 캐나다의 '일본인' 약 2만 3,000명도 같은 방식으로 억류됩니다. 합중국에서는 적국 '독일인'을 억류하지 않았는데 '일본인'을 수용한 데에 황화론 이래 인종적 편견을 보지

않을 수 없습니다. 1943년이 되자 수용자에 대해서 합중국에 대한 충성을 시험하는 조사표가 나와 "어떠한 전투지에서도 합중국 군대의 전투 임무를 수행한다"인지, "미합중국에 대해 무조건 충성을 맹세하고, …… 일본국 천황 혹은 다른 어떤 정부, 권력, 조직에 대한 어떠한 형태의 충성도 거부한다"인지 묻게 됩니다. 그 질문에 "노"라고 대답한 사람에게 "노노 보이"라고 하는 딱지가 붙여져, 그것을 제목으로 한 일본계 2세 퇴역군인이 쓴 소설은 유명합니다만, 미국에도 일본에도 아이덴티티를 가질 수 없는 고뇌하는 청년의 모습이 그려지고 있습니다. 국적에 의한 차별은 전쟁에서 가장 흉폭하게 개인의 운명을 짓밟는 것이었습니다. (다카시・후지타니 「네이션의 이야기와 마이너리티 정치ネーションの語りとマイ ノリティの政治」, 『문화교류사연구文化交流史研究』 창간호)

적국이 '일본인'을 억류하는 것과 마찬가지로 일본제국도 적국인을 억류・감시합니다. 개전일에 미국・영국의 대사와 공사를 보호 억류해서 외부와 통신을 단절하고 다음날에는 '선의의 적국인 준적국인' 81명을 수용소에 억류합니다. 외지外地에서는 연합국 민간인 억류자 총수는 약 12만 명이라고 전해집니다. 동남아시아의 민간 미국인 약 만 명, 영국식민지에서 일본군이 점령한 곳에서는 약 만 4,000명이 억류되었습니다. 인도네시아에서는 네덜란드, 인도군과 미・영・호주군 합쳐서 8만 명의 포로와 함께 약 7만 명의 민간인을 억류합니다.

이들 억류자 취급방식은 점령지에 따라 차이가 있습니다만, 초기 단계에서는 "수십만에 달하는 우리 해외 동포를 고려할 때 비교적 소수의 적국인 억류자를 강제노역시키는 것은 우리 해외 동포

도 또한 상호적으로 강제노역을 당해 적국 측 생산확충에 이용당한 점 커서 제국으로서는 결국 이익이 없다"(『포로월보俘虜月報』1942.7, 나가이 히토시永井均「연합국민간인 억류자의 전쟁連合国民間人抑留者の戦争」, 『제국의 전쟁 경험帝国の戦争経験』)는 관점에서 자치를 인정하는 등 비교적 완화된 포위였습니다만 전쟁상황도 말기인 1944년이 되면 감시도 엄해지고 억류자에게 지급하는 식량이 부족해져서 '아사'와 '영양실조'로 인한 사망자가 많이 나왔습니다.(우쓰미 아이코内海愛子「적국인이 되다敵国人になる」『문화교류사연구文化交流史研究』 창간호)

그러나 "죽어서 포로의 치욕을 당하지 않도록" 포로가 되는 것을 수치라고 교육한 일본 군대는 일본 병사가 포로가 되는 것을 상정하지 않았는지 적국군의 포로에 대해서는 강제노동을 부과하는 등 가혹했습니다. 태국과 미얀마 사이에 부설한 다이멘철도泰緬鉄道 공사에서 연합군 포로만 2,000여 명과 현지인 수만 명이 혹사당해 사망한 사건은 국제적 비난을 받은 일로도 유명합니다. 일본 병사가 대량으로 포로가 된 것은 뭐니 뭐니 해도 패전 때이고 특히 소련군에 의한 시베리아 억류는 50수만 명에 이르는 일본 병사가 수년간에 걸쳐 혹한의 땅에서 강제노동을 당했던 것으로, 이것도 제네바 조약위반의 전쟁범죄였다고 할 수 있겠지요. 중국 적군의 신사적이라기보다 복수심을 내색도 하지 않는 인간적인 포로 대우는 일본군의 중국 병사에 대한 범죄적 취급과 비교할 때 혹은 소련군의 범죄와 비교할 때, 나아가 적군의 반혁명파에 대한 심한 처우를 생각해볼 때 지극히 주목해야 할 부분이고 이 시기의 중국 적군은 세계에서 가장 도의성이 높은 군대였던 것은 아닐까요.

제7장

현대와 차별

31

전후 민주주의와 차별

일본국 헌법

전후 민주주의에 대해서 말해야 할 것은 셀 수 없이 많고, 차별 문제에 국한해도 도저히 한 번에 다 기술할 수 없습니다. 신제新制 중학교 제1기생으로서 전후 민주교육을 받고 군국 소년에서 민주 소년으로 전환한 나로서는, 이 시기에 대한 굳건한 생각이 있고, 또한 전후 민주주의 덕분에 오늘이 있다고 해도 좋으니까 그것을 안이하게 부정할 수는 없습니다. 그러나 그 빛나는 빛줄기를 전하고 싶은 마음과 함께, 그것이 가진 한계 혹은 함정, 특히 차별 문제가 오늘날 반성해야 하는 점이기에 무비판적으로 긍정하는 것도 불가능합니다. 거기에는 복잡한 생각과 문제가 있습니다. 그것을 굳이 단순화해서 종합해보는 모험을 해봅시다.

전후 민주주의라고 하면 그 이상과 규범의 원점은 1946년 11월 3일 공포된 일본국 헌법이겠지요. 패전 직후부터 종교의 자유, 언론의 자유, 재벌해체, 농지개혁 등 GHQ(연합국 군총사령부)에 의한 여러 개혁(이것을 이시카와 나가오西川長夫『<신新> 식민지주의론植民地主義論』은「미국의 식민지화개혁アメリカの植民地化改革」이라고 합

니다)이 시작되고 또한 식량 메이데이를 비롯한 민중운동도 고양을 보이고 거기에는 다양한 민주화 요구가 나옵니다만 뭐니 뭐니 해도 일본국 헌법이 새로운 국가의 골조을 보인 것이고 그것은 전쟁포기, 주권재민, 상징 천황제, 남녀평등, 기본적 인권의 보장, 등등으로 특징 지워지는 것입니다. 특히, 제9조 전쟁포기 조항은 세계에서 처음이며 획기적인 것으로 당시 많은 사람의 꿈을 나타내는 것이었다고 생각합니다.

이 헌법은 미국의 압력이라는 주장도 있습니다만 대일본제국헌법은 흠정헌법으로 소수 지배자가 국민에게 밀어붙인 것이고 일본국 헌법은 적어도 일본의 제국의회에 의해 반대표를 던질 자유가 있었음에도 중의원에서는 421대 8의 압도적인 다수로 승인된 것이라는 사실은 상기해둘 필요가 있겠지요. 반대표 대부분은 공산당의원 것이었습니다. GHQ의 압력적 요소가 강한 것은 분명합니다만 그 GHQ의 의도에는 제2차 세계대전에서 싸운 연합국의 의도도 포함되어 있습니다. 무엇보다도 당시 국제여론의 전쟁과 파시즘에 대한 증오와 민주주의 요구의 고양을 배경으로 한 것임을 기억해야 합니다. 또한, 일본의 자유 민권운동부터 대정 데모크라시의 전통, 그리고 패전 직후의 스즈키 야스조鈴木安蔵 등의 헌법 초안을 비롯한 민주주의의 요구도 이 헌법에 반영되어있다고 할 수 있겠지요. 그 상세한 분석을 할 여유는 없습니다만 미일 합작, 혹은 여러 세력의 속셈으로 한 합작이라고 해야 마땅하겠지요. 당시 많은 일본 국민이 이 획기적인 헌법을 환영해서 흔쾌히 받아들인 것은 그때까지의 역사적 축적과 더불어 15년 전쟁의 비참한 체험이 매우 강했기 때문이겠지요. 천황은 1946년 1월 1일에 '인간 선언'

을 하고 신헌법 공포시의 칙어로 "국가재건을 인류 보편의 원리로 추구하고 표명된 국민의 총의에 의해 확정된 것이다"라고 단언했습니다.

물론 이 헌법은 결코 완전한 것은 아니었습니다. 각각의 입장에서 불만이 있었고 차별의 관점에서 말하자면 '상징' 천황제라도 혈통에 의한 특정 인간의 절대화는 혈통에 의한 차별을 끊임없이 생산해내는 기능을 갖게 되고 혈통에 의한 국민통치의 논리는 민족차별의 논리를 포함하게 되겠지요. 무엇보다 천황의 면죄는 제국일본에 대한 반성을 결여시키는 것은 아니었을까요. 또한, "일본국민은 법 아래에 평등"이라는 말보다도 적어도 "일본의 영토에 사는 자는 법 아래에 평등"이라고 했어야겠지요. 그 점도 오늘날 남는 중요한 문제입니다. 그러나, 제9조의 전쟁포기는 차별을 전제로 하여 차별을 격화시키는 전쟁 그 자체를 부정하는 것이고 제 11조 "이 헌법이 국민에게 보장하는 기본적 인권은 침범할 수 없는 영구한 권리로서 현재 및 장래의 국민에게 부여된다."고 하는 보장, 제 14조 "모든 국민은 법 아래에 평등하고, 인종, 신조, 성별, 사회적 신분 또는 가문에 의해 정치적 경제적 또는 사회적 관계에서 차별받지 않는다."라고 하는 차별의 부정, 제 25조 "모든 국민은 건강하고 문화적인 최저한도의 생활을 영위할 권리를 가진다."고 하는 보장, 언론출판을 비롯한 여러 자유의 보장 등, 이 헌법 조항이 모두 충실하게 실행된다면 기본적으로 차별은 없어질 것이라는 생각이 들게 하는 것입니다.

전전戰前부터의 연속성

그러나 말할 것도 없이 신헌법이 만들어졌다고 해서 즉시 그렇게 정치나 사회가 움직이는 것은 아닙니다. 1947년 5월 3일, 주권이 국민에게 이행된 신헌법의 시행 축전에서 요시다 수상이 "천황 폐하 만세" 삼창으로 천황을 맞이하고 "일본 국민 만세"라고는 외치지 않았던 것, 황실에 대한 경어가 그전까지와 변함없이 사용된 것, 초대객들의 아내가 배제된 것 등에 대해 신헌법에 어울리지 않는다고 천황의 남동생인 미카사노미야三笠宮가 코멘트한 것을 존 다워 『패배를 끌어안고－제2차 대전후의 일본인敗北を抱きしめて－第二次大戦後の日本人』가 빈정거림을 담아 소개하고 있습니다.

정부가 구태의연했던 것을 상징적으로 보여주는 것이 항복하고 며칠 후에 점령군을 위한 성적 위안시설을 만들기 시작한 것입니다. 예산 약 1억 엔을 들여 민간업자에게 특수위안시설협회를 만들게 하고 전국각처에서 수만 명의 여성에게 일을 시키고, 그것은 미군이 장병의 출입금지를 명하는 1946년 3월까지 이어졌습니다. 전시 중의 구일본군 위안부와 완전히 똑같이 여성을 성의 도구로 보는 발상으로 행해진 것입니다. 이러한 시설은 그다지 효과가 없었고 점령군 병사들의 일본 여성 강간 사건이 빈발합니다. 게다가 또한 점령군에게 성병이 만연했다는 점이 위안 시설의 폐쇄로 이어졌다고도 합니다. 1953년이 되어도 전전부터의 폐창 운동가 중 한 사람인 우에무라 다마키植村環는 "오늘날에는 일본 팡팡의 수는 수만 명 있고 대부분은 적극적으로 외국인을 쫓아다니고 진드기처럼 달라붙어 먹고사는 떨어지지 않는 종류의 여자들이다"라고 말하

고 있습니다만 길거리 창부를 추업부醜業婦로 보며 혐오하고, 점령군을 비롯한 남성과 정부의 책임을 묻는 것이 아니라 일방적으로 그녀들의 책임으로 돌려서 그 단속강화를 요구하는 자세는 전후 부인운동의 지도자에게도 일관되어 있었습니다.(후지메 유키藤目ゆき『성의 정치학性の歴史学』)

이렇게 그때까지 있던 차별의식이 바로 바뀔 수는 없었을 뿐만 아니라 그것을 유지시키는 시스템도 아무것도 바뀌지 않았습니다. 신헌법의 시행은 혁명을 거치지 않고 성립된 것입니다. 권력 기구는 군대는 해산당했지만 관료제를 비롯한 그 밖의 기구는 그대로 남았고, GHQ는 그 가장 윗사람을 공직에서 추방했습니다만 거의 모든 관료와 공무원들에게는 지금까지와 마찬가지로 일을 계속하게 하고 그것을 간접지배에 잘 이용했다고 할 수 있겠지요. 물론 신헌법을 실효성 있게 하기 위해 노동기준법과 교육기본법 등 차츰 새로운 법률과 제도가 만들어져갑니다만 그리고 민중으로부터도 공무원은 "천황의 신하"가 아니라 "국민의 공복"이어야 한다는 목소리도 높아집니다만 관료제가 그를 위해 변할 수 있는 것은 없었다고 말하지 않을 수 없습니다. 단지 관료기구만이 아니라 전전부터의 기업조직과 다양한 차원의 공동체적인 결합도 외부로부터 민주화의 압력을 받으면서도 의연히 살아남았던 것이고 그것을 변혁하는 내부적인 힘은 약했다고 할 수 있습니다.

게다가 GHQ는 점령 당초에는 군국주의적인 제도와 언론을 통제·배제해갑니다만, 동서의 냉전이 시작되자 일본을 '반공의 보루'라고 하는 방향으로 전환하고 좌익적인 운동과 언론을 억압하고 1950년부터 레드퍼지Red Purge의 폭풍이 불어댑니다. 같은 해에 경찰예비대(후에 자위대)가 창설됨과 더불어 공직 추방한 1만 명(구군인 1,500명)을 추방 해제합니다.

오우미견사쟁의 近江絹糸争議

1954년 6월에 오우미견사방적에서 조합이 결성되면서 처우 개선을 내건 무기한 파업이 시작되었습니다. 전후 혼란도 수습되어 한국전쟁(1950~53)에 의한 특수경기를 거쳐 경제발전도 성장궤도에 오른 시기, 젊은 여성이 다수를 점하는 노동조합 파업에 세간의 주목이 집중되었습니다. 조합은 '결혼의 자유를 인정하라' '편지 개봉, 사적 물건 검사를 폐지하라' '불교 강요를 멈춰라' '야간통학을 인정하라' 등 인권 무시를 외치는 파업은 세상의 동정을 불러일으켰습니다. 같은 해 6월 15일 『아사히 신문』은 "실현은 언제? 최저임금제"라고 제목을 붙여 최저임금제 논의가 일어나고 있다는 사실을 보도하면서 "종업원 만 3,000명, 더구나 노동조합이 결성되어있던 대기업 『오우미견사近江絹糸』에서조차 노무관리 봉건성이 도화선이 되어 쟁의가 일어나고 있다. 전국의 노동자 60%는 지금도 여전히 노동조합의 조직이 없어 …… 상상할 수 없는 저임금으로 일하고 있다 …… 문자 그대로 어두운 골짜기 노동자들이다"라고 쓰고 있습니다.

오우미견사의 여공들은 바로 "여공 애사哀史"를 떠오르게 하는 기본적 인권이 무시된 가혹한 노동조건 아래 강제로 일했던 것입니다. 거기에 여성 멸시, 노동자멸시가 노골적으로 나타나서 이것이 봉건성이라고 지탄받았습니다. 15년 전쟁은 군부의 독주와 봉건성에 의한 것이라는 점에서 전후 민주주의는 봉건성 비판을 과제로 하며, 새삼스럽게 서양 근대의 계몽주의적 규범 아래 이 가혹한 노동조건이 봉건성의 유제遺制로 간주되어 세상의 공감을 불러일으킨 것은 결코 틀렸다고는 할 수 없겠지요. 그러나, 21세기가 된 현재도 기본적 인권을 무시한 노동조건에서 강제로 일할 수밖에 없는 직장이 많이 있다는 것을 생각하면, 자본은 이익 추구를 위해서는 태연히 그러한 짓을 한다는 사실에 생각이 미치면 '봉건성'으로 치부해버릴 수 없겠지요.

이 기사 해설에 있는 말단조직노동자의 다수는 중소기업과 하청기업의 노동자들이고, 대기업과 중소기업의 이중구조와 하청기업 다수가 만들어지는 것은 전시 시기부터입니다만, 그들은 자본가로부터도 사회적으로도 차별·멸시를 당하고 있었습니다. 여기 60%가 말단조직노동자입니다만 통계로 보면 이 해 취업자 수는 약 4,108만 명으로 그중 노동조합원은 약 600만 명입니다. 조합원 수는 그 후 1960년에 751만, 1967년에 1,047만으로 비약적으로 증대해서 거기에 일정 전후 민주화의 향상을 불 수 있습니다만 그래도 취업자 수의 약 2할에 지나지 않았습니다. 그리고 대기업으로부터는 재일조선인과 피차별 부락민과 아이누족들이 배제되어 조합원이 된 여성 노동자도 임금 차별, 결혼 퇴직과 산휴 무시 등 취업차별이 태연히 자행되고 있어 노동조합 대부분은 그 '주변'적 노동자에 대해 무관심한 채 기업 내 민주화를 진행해갔습니다. "조선인 노동조합 활동이야말로 점령 초기 일본인 노동조합운동의 개시를 촉진 시킨 중요한 요인의 하나"(엔도 고시遠藤公嗣「노동조합과 민주주의労働組合と民主主義」,『전후 민주주의戦後民主主義』)였음에도 불구하고 말입니다. 이 시기에 내가 경험한 학교 교육에서도 학생의 자주성을 중시한 민주교육은 매력적이었습니다만 취직그룹에 대한 차별, '불량소년'들에 대한 차별 등은 지금도 선명히 생각납니다. 즉, 그러한 주변부에 무관심한 부분에서 구미모델의 민주주의가 추구된 것이고 전쟁 전과 비교하면 비약적인 민주주의 대중화이고 진보라고 할 수 있습니다만, 한정된 범위의 민주주의임에는 변함없습니다.

민중적 차원에서 전후 민주주의는 필시 이러한 조직노동자를 중심으로 발전해갔다고 생각됩니다. 특히, 샌프란시스코 강화조약 체결(1951년) 후에는 보수와 혁신의 이데올로기 대립이 격화하는 가운데 보수파가 전전에의 복귀(역코스)를 노골적으로 지향하여 헌법의 형해화를 진행해가는 것에 대해 혁신파는 신헌법이 보여주는 평화와 민주주의의 실현을 지향하고 그 추진 모체로서 총평総評[219] 이라든가 일교조日教組[220]의 활동이 큰 영향력을 발휘해나갑니다. 혹은 어머니 대회라든가 원수폭금지운동原水爆禁止運動도 주목할 만한 활동을 전개합니다. 그러나 그 활동들은 학생이나 조직활동자나 주부를 기반으로 한 것이어서 말단조직 노동자군은 기본적으로는 자기장 밖에 있었다고 나는 생각합니다. 그리고 전전부터의 피차별자로 간주되는 피차별 부락민과 아이누, 또는 재일조선인과 빈민·병자 등에 대한 차별관은 전전부터 그다지 변하지 않았던 것은 아닐까 생각합니다. 패전 직후 식량난으로 기아 상태에 있었던

219 역자주–'일본노동조합총평의회(日本労働組合総評議会)'의 약칭.

220 역자주–'일본교직원조합(日本教職員組合)'의 약칭.

시기에는, 이러한 차별받은 사람들이 특히 어려움을 겪게 되었습니다.

피차별자들의 운동

그때까지 피차별자들은 신헌법에서 자유와 평등을 보장받았을 터입니다. 패전 직후부터 차별받고 있던 사람들은 그것을 극복하기 위해서 움직이기 시작합니다. 무엇보다 빨랐던 것은 여성들로, 패전 10일 후 1945년 8월 25일에 이치카와 후사에市川房枝 등 전전부터 부인운동을 지도해온 사람들이 모여 전후 대책 부인위원회를 결성하여 그 한 달 후에는 정부에 부인참정권과 자율적 정치 참가를 인정하도록 요구합니다. 10월 11일에 맥아더가 일본 민주화 5대 개혁을 지령해서 노동조합결성의 자유, 학교 교육의 자유화, 고문 금지, 재벌해체와 함께 부인 참정권을 인정하도록 정부에 요구하고 12월 17일에 중의원 의원 선거법개정으로 인정받았습니다. 신일본 부인동맹, 부인 민주클럽 등 여러 단체가 결성되어갔습니다. 이것보다 늦게 1946년 2월 19일에는 부락해방 전국위원회가 결성되어 다음날 교토에서 부락 해방 인민대회가 열립니다. 이 대회에서는 부락 산업의 진흥과 화족제도華族制度 등 봉건적 특권제도의 폐지를 결의했습니다.

아이누 사람들도 1946년 2월 24일에 홋카이도 아이누 협회가 설립되어 아이누의 단결을 꾀하려 합니다. 게다가 농지개혁은 농민 대부분에게는 소작제도로부터의 해방을 의미했습니다만 피차별민에게는 한층 곤궁을 압박하게 되었습니다. 아이누에게는 메이지 이래 홋카이도 구토착민보호법이 살아있었습니다만, 1946년, 47년 개정이 됩니다. 그 복지적 내용이 폐지되어 생활보호법 등 일반사회 제도로 해소됨과 더불어 한 가구당 만 5,000평의 급여지가 제공되었던 것이 그 급여지도 농지개혁의 매수대상이 되어 화인和人에게 속아 지주로 임대하는 형태가 많고, 그것은 아이누 지주에게 거의 이익이 없는 것이었습니다만, 그것을 농지개혁으로 빼앗긴 것입니다. 아이누 협회는 급여지를 농지개혁 적용대상에서 빠지도록 운동합니다만 성공하지 않습니다. 또한 소작지를 해방하는 농지개혁은 영세소작인이 많은 부락민에게 반드시 혜택을 주는 것은 아니었습니다. 많은 사람이 토지를 빼앗겼습니다. 3 필지反[221] 이하의 영세한 소작지는 농민으로 자립할 수 없기에 개혁대상에서 빠졌기 때문입니다. 여기에는 부락민 투쟁으로 자작지로 만든 지역도 있습니다만, 이전보다도 영세한 소작지가 급증한 지역도 나옵니다. 아이누족에게도 부락민에 대해서도 공무원과 일반 주민의 이해는 없고, 그들에 대한 멸시관은 바뀌지 않았기 때문에 형식적인 평등으로 끝내려 했기 때문이라고 할 수 있겠지요. 그런 의미에서는 1868년(메이지 원년)의 '해방령'이 부락민의 특권을 빼앗아 빈궁화를 심화시킨 상황과 통하는 바가 있습니다. 이 때문에 이 시기부터 차별적인 행정에 대한 부락민의 반대 투쟁이 차츰 활발해져 갑니다.

221 역자주－논밭이나 산림의 면적 단위. '1反'은 300보步

일본 국민의 시계視界

제2차 세계대전의 전후 처리에서 독일·한국의 분할지배, 오키나와의 분리지배는 연합국 여러 나라 각각의 속셈이 낳은 비극이라고 나는 생각합니다. 당시 국제적 여론의 파시즘에 대한 증오는 거세서 서독은 나치즘의 철저한 배제와 바이마르 체제의 복귀로부터 시작되고, 이탈리아는 파시즘 배제에 주도적인 역할을 한 빨치산 세력에 의해 민주화가 진행됩니다. 독일의 경우는 아우슈비츠로 상징되는 전쟁범죄가 연합군 측의 뉘른베르크 국제군사재판으로 처단된 후에도 독일 정부 스스로 그 추급追及이 계속 이루어집니다. 그 혹독한 추급은 전쟁범죄를 범한 상대국 주변 제국과 대등한 교류를 심화해가기 위해서도 불가결한 속죄행위라고 국민에게 인식되었기 때문이고, 그를 위한 국민교육이 진지하게 이어져 왔기 때문입니다. 무엇보다도 유대인 학살이 너무나도 처참했기 때문에 그 문제에 집중해서 독일의 구식민지 문제가 해결되었다고 나는 생각합니다.

일본의 경우는 다행인지 불행인지 미국 단독 지배가 되어 강화 후에도 일본의 보수세력이 이끄는 정부는 미일 안보 조약으로 미국의 핵우산 아래에 푹 싸여 대외적으로는 미국이 말하는 대로 하면서 세력을 유지하려 했습니다. 한국전쟁에서는 미국에 협력하여 특수경기의 은혜를 입고 경제발전의 발판을 마련합니다. 아시아 민중의 피의 희생 아래 경제부흥을 이뤘다고 해도 좋겠지요. 즉 독일과 달리 일본이 전쟁범죄에 지극히 둔감한 태도를 유지한 것은 이러한 미국의 지배 아래 미국과 같은 아시아 멸시관의 세계 속에서 국제사회를 보고 있었기 때문이라고도 할 수 있습니다.

아시아 제국에 대해 사람들은 결코 무관심했던 것은 아닙니다. 강화조약에 대해서는 전면강화를 요구하는 운동이 전개되었고 한국전쟁에는 전쟁 반대 운동이 보였습니다. 그러나, 약 630만 명에 달하는 군인과 일반인 귀국자引揚者들의 전쟁과 식민지 지배의 경험이 공적으로는 거의 봉인된 채로 전후를 지나고 만 것, 국민교육도 그 점은 그냥 지나쳤던 것은 아시아 침략 역사에 대한 반성을 심화시키는 점에서 일본 국민은 큰 결함을 가졌다고 말해야만 하겠지요. 일본 열도 안에서 미국에 보호받고 구미 문명권에 푹 빠진 채로 전후 부흥을 진행해간 것이고 좌익도 포함해서 일본 국민의 시계는 구미 문명권에 묶여있었다고 말할 수밖에 없겠지요. 그것이 또한 국내의 피차별민에 대한 둔감함과도 서로 관계가 있었다고 나는 생각합니다.

32
고도경제성장과 차별

고도경제성장

전후 민주주의는 1960년에 한 획을 긋습니다. 차별조약이자 전쟁의 불씨를 갖는 미일안전보장조약 개정안의 비준에 대해 반대 운동이 전국으로 소용돌이치고, 6월 4일에는 560만 명이 파업을 하고, 18일에는 33만 명의 데모가 국회를 휘감았습니다만 신 안보조약은 자연 승인, 23일에 발효합니다. 이 반대 운동은 기시岸 내각을 퇴진시켰습니다만, 신 안보조약을 저지할 수 없었던 좌절감은 컸고, 이때까지의 민주화 방법을 둘러싸고 의견대립이 현재화합니다. 사회당과 공산당 대립이 격화하고 신좌익이 진출하고 1965년에는 원수폭금지운동이 분열하는 등 대중운동에도 분열이 파급되어 갑니다.

그러함에도 그 후 민주화운동은 각 지역, 각 직장으로 전체적으로 확산하고 대중화해 갑니다. 지방과 주변부로 퍼져갑니다. 1960년 노동 조합원수 751만이 1965년에는 천만을 넘고 동맹 파업 건수가 1,053 건(참가자 91만 명)에서 1,527 건(677만 명)으로 급증하는 것은 당시 민주화에 대한 사회적인 분위기가 커진 것을 말하는 것이겠지요. 1967년 미노베美濃部 혁신 도지사 탄생을 비롯한 각지에 혁신수장이 탄생합니다. 베트남 반전운동이 시민운동으로 시작되는 것이 1965년이고 일반 시민과 차별받은 사람들이 각 분야에서 대중적으로 들고 일어나기 시작한 것입니다. 제1단계 전후 민주화가 계몽적인 성격을 가졌다고 한다면, 대중 사회적인 성격을 가지게 된 제2단계라고 해도 좋겠지요.

한편, 보수세력은 기시를 대신한 이케다 내각이 60년 만에 "소득배증倍增"정책을 내세워 본격적인 고도 경제성장이 시작됩니다. 이 해를 경계로 정치의 계절에서 경제의 계절로 전환해갑니다. 1960년대 초에 "이와토 경기岩戸景気"[222]가 "완전고용"을 실현하고 "이자나기 경기"[223]에 의해 1968년에는 일본국민총생산이 미국에 이어 세계제 2위가 되었다고 합니다. 전쟁의 황폐에서 이렇게 급속도로 성장할 수 있었던 것은 물론 사람들의 근면과 지혜(기술 혁신) 덕분입니다만, 덧붙여 한국전쟁, 베트남 전쟁으로 어부지리를 얻은 점, 그리고 평화헌법과 미국의 핵우산 아래에서 군비에 돈을 쓰는 일이 적었던 사실을 잊을 수 없습니다. 게다가 1970년대부터 해외 진출로 미개발지역의 자연과 노동을 수탈하는 경제제국으로서 비대화 해간 사실이 있습니다. 즉 일본 국민의 힘만으로 손에 넣은 것은 아니라는 사실을 명심해둘 필요가 있는 것이 아닐까요.

어쨌든, 이러한 경제 고도성장은 사회혁명이라고 해도 될 정도

222 역자주 – 일본의 경제사에서 1958년 7월~1961년 12월까지 42개월간 이어진 고도성장 시기 호경기의 통칭.

223 역자주 – 1965년에서 1970년에 이르는 일본 경제 호경기를 이르는 말. 이 기간에 GNP가 미국에 이어 세계 제2위에 올랐고 소위 경제 대국을 이루었다.

로 국민 생활을 급속히 바꿔나갔습니다. 그것은 전기제품의 보급, 텔레비전과 자가용차의 보급, 의식주의 서양화입니다. 다다미와 이불이 테이블과 의자와 침대로 바뀌는 등 생활 양식과 생활 감각이 급속히 미국화해갔습니다. 전후부터 계속 품어왔던 미국적 중류 생활에 대한 꿈이 실현되었다고 해야 할까요. 80년대가 되면 '1억 총중류'라고 일컬어질 정도로 거의 모든 사람이 미국적 문명 생활을 누리고 마이홈 주의가 확산합니다. 농업인구가 1할 이하로 줄어들고 많은 사람들이 도시로 유입되기도 해서, 공동체적 규범이 희박해지고, 에도 이후 근면 · 금욕 · 겸양 · 화합을 중시하는 통속도덕은 붕괴해갑니다. 그러나 물론 '1억 총중류'는 환상이고 극빈층은 1할, 빈곤층이 3할이나 있었습니다. 그러나 빈곤층에서도 론loan 등으로 텔레비전과 차를 소유할 수 있다는 구조가 일본인은 구미에 비견할 문명의 은혜를 받게 되었다는 '1억 총중류' 환상이 되어 사람들을 움직이기 시작했습니다. 80년대부터는 "재팬 이즈 넘버 원"이라는 찬미 아래 구미 사회의 결함과 그림자 부분이 보도되어 그때까지의 구미숭배에 찬물을 끼얹고, "안전과 부유"로 일본이 세계 제일의 나라라는 자기 인식이 확산합니다. 자국을 찬미하는 일본 문화론이 유행합니다. 1970년대부터 해외여행 열기는 계속 높아져 60년대에는 해외 출국자 수 24만이었던 것이, 70년은 93만, 80년 391만, 90년 1,100만으로 급증해 갑니다. 그 8할이 관광입니다. 이것은 15년 전쟁기의 해외이동인구를 훨씬 웃도는 것으로, 게다가 '자유로운' 관광여행의 경험이었습니다. 그러나 언어의 벽만이 아니라 "일본은 세계 제일"이라는 자의식이 15년 전쟁 시처럼 "해외에서 배울 수 있었던 국민적 규모의 이異문화 접촉"의 기회를 빈약하게 만들었다고 생각합니다.

세계 피차별민의 반란

1955년 12월에 시작되는 미합중국 흑인들의 버스 보이콧 운동은 마틴 루터 킹 주니어들의 지도자 아래 확대되고 60년대에는 공민권운동으로서, 선거권과 교육권, 숙박 시설 이용과 고용의 평등을 요구하는 운동 등이 전국으로 확대됩니다. 1963년에는 20만 명 이상이 참가한 “자유와 직업을 요구하는 워싱턴 대행진”이 되고 64년에 공민권법이 성립하면서 고용기회 균등위원회가 설립됩니다. 할리우드 영화에서도 50년대에 들어서면 인종차별 비판이 계몽적으로 다뤄지기 시작합니다만, 그러나 흑인 대중이 자유와 평등을 위해 일어선 것이 60년대 공민권운동입니다. 이 운동으로 마틴 루터 킹의 암살을 비롯한 흑인활동가에 대한 광기 어린 테러의 폭풍이 휘몰아칩니다. 인종차별주의자의 테러는 흑인에 대해서뿐만 아니라, 인디언과 유대인에 대해서도 행해졌다는 사실에 주의할 필요가 있겠지요. 유대교회 폭파사건이 미국 남부에서 다발한 것은 공민권운동 협력자에게 경고하는 색채가 짙습니다만, 인종적 편견을 부채질하는 KKK[224](쿠, 클랙스, 클랜) 등의 집단이 함부로 날뛰고 있었습니다. 이들에 대해 공민권운동은 비폭력주의를 관철하고 공민권 획득의 성과를 올립니다.

이 흑인 차별반대 운동의 고양은 미합중국 내에서는 그 나름의

224 역자주–ku klux klan 사회변화와 흑인의 동등한 권리를 반대하며 폭력을 휘두르는 미국 남부 주들의 백인비밀 단체

전사全史가 있습니다만, 50년대부터 63년에 이르는 과정에 아프리카에서 가나, 콩고, 케냐 등등으로 잇달아 30개국 가까이 독립한 것이 큰 자극이 되었습니다. 또한 흑인 공민권운동 고양이 60년대 미국 인디언의 선주민족복권운동을 활발하게 하고 "레드 파워Red Power"를 전개 시키며, 유럽에서는 집시들이 각 지역에서 차별반대를 위한 자립적인 조직을 만들기 시작했다는 사실로부터도 힘을 얻었다고 할 수 있겠지요.

집시 운동은 1950년대부터입니다만 그것이 유럽에서 국제적인 연합체를 만든 것이 1965년 국제집시위원회입니다. 이 위원회가 71년에 런던에서 제 1회 로마회의[225]를 개최합니다. 이러한 운동의 고양으로 집시에게 유대인과 마찬가지의 인종적 학살이 나치에 의해 행해진 것이 폭로되어 독일재판소가 1961년에 비로소 그 사실을 인정합니다. 무엇보다 독일 정부가 정식으로 그것을 인정하는 것은 그 20년 후입니다만.

여성들의 반란도 1960년을 발단으로 하여 70년대에 우먼 리브 운동으로 세계를 뒤흔듭니다. 흑인과 인디언, 집시 등의 운동도 지금까지의 체제를 변혁하는 것을 요구한 것이었지만 이 우먼 리브 운동은 인구의 반수에 상당하는 여성을 배경으로 사회의 틀을 바꿀 것을 요구했던 것으로 더욱 근원적이고 세계에 준 충격도 컸습

225 역자주－롬인(Rom, 복수형은 Roma, Roms)은 북부 인도에서 기원한 민족이다. 보통 집시(Gypsy)란 이름으로도 불리나, '집시'라는 단어는 역사적으로 비하하는 투로 자주 쓰였기에 현대에는 해당 명칭을 모욕적으로 여기는 롬인들이 많다. 이 회의에서 그때까지 쓰인 '집시'를 인종차별적인 호칭으로 부정하고 "오늘부터 우리는 로마이다."라고 선언했다. 그 이후 매년 이날은 세계의 다양한 지역에서 '국제 로마기념일'로 기리고 있다.

니다. 그때까지 당연시되었던 남녀 의식을 무너뜨리고 "여성의 논리"로 사회를 만들어 바꾸려고 했던 것입니다. 구체적으로는 1970년 8월에 미국 각지에서 일제히 일어난 여성 해방 시위운동에서는 "취직, 교육의 기회 평등" "무료 임신중절" "24시간 탁아소설치" 등을 내세웠습니다. 그 발단을 만들었다는 1963년 베티 후리던의 저서 『페미닌 · 미스테이크』에서는 '가정'을 "인간다움을 빼앗는 수용소"라고 탄핵했던 것입니다.

일어서는 일본의 피차별민

그리고 일본 피차별민의 차별 반대 운동도 이러한 국제적인 피차별민 반란의 파도로 활발해졌다고 해야겠지요. 1970년 10월 21일 국제반전의 날 데모에 "그룹 · 싸우는 여성"이 "낡은 가족 해체" 등의 플랜카드를 들고 등장한 것이 일본 우먼 리브 운동의 시작이라고 합니다. 그해 11월에 도쿄에서 "성차별에 대한 고발"이라고 이름 붙인 "우먼 리브 대회", 다음 해 8월에는 나가노에서 전국적인 우먼 리브 대합숙이 열려 거센 운동이 전국적으로 파급되어 갔습니다. 다른 쪽에서는 고도 경제성장의 결과로 샐러리맨 층의 증대 아래 주부층도 증가하여 주부 논쟁이 단속적斷續的으로 이어졌던 사실도 떠오릅니다. 이것은 가사에 매여있는 주부를 어떻게 근대적인 권리 의식 아래 합리화할지라는 노선, 가사로부터 주부를 해방하여 어떻게 여성으로서 자립할지라는 노선의 논쟁을 중심으로 한 것이었습니다. 그것은 남성이 그때까지 얼마나 가사를 소홀히 하고 생활을 이해하지 못해 여성을 무신경하게 억압하고 있었나를 폭로함과 더불어 가사의 사회화 문제와 마이홈 주의 비판을 사회에 부딪치는 것이었습니다. 여성사 연구와 여성학 등의 학문이 드디어 시민권을 얻게 되는 것은 80년대에 들어서면서부터이고 남녀고용기회 균등법이 국제연합의 여성 차별 철폐조약의 비준에 촉구받아 성립하는 것은 1985년입니다.

피차별 부락 문제가 세상의 주목을 받는 것도 이 시기입니다. 부락민 차별반대 운동은 신헌법에 힘입어 차별행정 반대 운동과 차별 규탄 투쟁으로 50년대부터 활발해집니다. 여전히 전쟁 전부터 있던 차별관은 강고해서 취직 차별, 결혼차별이 당연했고, 생활환경도 전쟁으로 받은 타격은 일반 서민보다도 컸습니다. 60년대에 들어서도 결혼차별로 자살하는 사람은 끊이지 않았고, 특정인에게 부락 출신이라고 협박하는 차별 사건도 빈발했습니다. 경찰관의 차별관 때문에 생긴 누명사건 사야마 사건狭山事件[226]은 그 해결을 위해 많은 사람들을 행동하게 했습니다만 부락 대중이 그러한 차별반대 운동에 적극적으로 참가하게 되는 것은 역시 60년대부터라고 생각합니다. 그것에는 안보 반대 운동의 영향, 국제적인 차별반대의 기운, 그리고 생활환경을 개선할 가능성이 눈에 보이게 된 점이 있겠지요.

226 역자주－1963년 5월 1일에 일본 사이타마현 사야마시에서 벌어진 사건으로, 이 시의 부농이자 구청장의 넷째 딸이었던 고등학교 1학년 나카타 요시에(당시 16세)가 납치되어 강간을 당한 뒤 살해된 사건이다. 경찰은 이 사건의 유력한 용의자로 지목된 이시카와 가즈오(당시 24세)를 체포했으나 그가 부락민 출신이라 이 사건을 구실로 부락민을 탄압하려는 게 아니냐는 지적이 있었고, 이시카와는 40년이 넘도록 초지일관 자신의 혐의를 부인하고 있으나 그의 무죄는 인정되지 않았다. 즉 살인사건인 동시에 미제 사건이 아닌지 의심받고 있는 사건이다.

이러한 상황에 떠밀려 정부가 나서는 것이 1961년 동화대책심의회령이고, 그 심의회 답신이 1965년에 나와 그때까지의 단편적인 복지적 사업을 대신해 동화대책사업이 본격적으로 시작되는 것이 1969년부터입니다. 거주환경 개선을 위해 주택개량 사업과 도로 사업, 하수 사업, 교육환경개선을 위한 장학금 제도 및 학교시설의 개선, 동화교육의 추진 등, 이때까지 없던 대규모 사업이 전개됩니다. 이것은 부락 해방운동의 성과라고 해야겠지만 이 사업을 둘러싸고 해방운동에 분열이 생긴 것은 지극히 불행이고, 또한 사업에 동반된 권리가 일부 간부의 부정을 낳은 것도 유감스러운 일입니다. 차별받은 사람끼리 서로 으르렁대는 일만큼 슬픈 일은 없습니다. 의견 차이는 언제든지 생기는 법입니다만 그것이 서로를 높이는 것이 아니라 서로를 미워하게 만드는 것은 진짜 해방의 방해가 될 뿐이라고 생각합니다.

아이누 해방운동도 부락 해방운동의 영향을 받아서 시간상으로는 몇 년의 지체를 보이면서 정부 · 자치체의 원조 아래 진행했습니다. 홋카이도 아이누 협회가 홋카이도 우타리[227]협회로 개칭되고 아이누의 생활 향상을 위해 정부 · 자치체의 원조를 요구하는 운동을 시작하는 것은 1961년입니다만, 이것은 58년에 부락 해방동맹이 합쳐져서 정부에 동화대책추진을 요구하는 방침을 세운 것과 대응합니다. 1969년 동화대책사업 특별조치법의 입법화에 자극을 받아 우타리 협회가 그것과 같은 조치법을 아이누족에게도 요구하는 운동을 통해 드디어 1974년에 홋카이도청 우타리 복지대책 7개

227 역자주–아이누어로 인민, 동포, 동료라는 뜻이다.

년 계획을 획득합니다. 그 내용은 동화대책과 유사한 것이었습니다만 동화 문제와 아이누 문제는 성격이 다르다는 이유로 동화대책 사업보다도 훨씬 소규모가 되었습니다. 그러나 이러한 운동을 추진해가는 가운데 1987년에 '국제연합 선주민회의'에 대표를 파견하는 등 아이누의 민족적 자각이 높아집니다만, 아이누 사이에서도 아이누 민족의 자립을 요구하는 그룹과 일본 국민과의 동화를 요구하는 그룹으로 분열합니다. 아이누는 민족문제이고 부락은 민족문제가 될 수 없습니다만 부락 해방을 동화의 방향으로 다룰지 부락의 독자성을 강조할지(이화異化)로 분열한 것과 지극히 유사한 점이 주목됩니다. 거기에는 중요한 문제가 해결되지 않았는데 어느 것이나 진실성을 갖고 있고 어느 쪽이 절대로 옳다고는 할 수 없다고 나는 생각합니다. 이 시기의 운동에서 동화와 이화의 대립은, 대립이 격화하면 할수록 각각이 일면적이 되고 마는 메커니즘을 낳아 상호이해를 막아버린 것입니다.

공해 희생자의 봉기

고도 경제성장은 한편으로 공해를 만들어 확산시켰습니다. 1956년에 발견된 미나마타병이 유기수은에 의한 것이라고 후생성 조사회가 답한 것이 1959년인데, 1956년에 니가타에서 제2 미나마타병이 발견되어 미나마타병을 공장 배수로 인한 공해병으로 정부가 인정하는 것은 겨우 68년이 되어서의 일입니다.

이 사이에 많은 사망자와 환자가 나옵니다만 처음에는 전염병으로 여겨지거나 미나마타 공장과 미나마타 시의 존립을 위태롭게

한다든가 미나마타의 물고기가 안 팔리게 될 거라고 기업과 행정을 비롯한 주위 주민으로부터도 거센 억압과 차별을 받아서 구제 대책이 대단히 늦어집니다. 환자와 다른 지역 시민들이 들고일어나 소송을 제기하고 짓소チッソ[228]측이 과실을 인정해 환자에게 손해배상을 명하는 구마모토지역의 판결이 나온 것은 1973년이었습니다.

1967년 4월 도야마현의 이타이이타이병이 미쓰이 금속 가메오카 철광소의 배수로 인한 것이라고 발표되었습니다. 7월에는 미이케 탄광三池炭鉱에서 일산화탄소 중독이 문제가 됩니다. 8월에는 공해대책 기본법이 공포되어 다음 9월에 욧카이치四日市 천식 환자에 의한 대기오염 공해소송이 제기됩니다. 공해 문제가 세상의 주목을 받고 차별 문제가 사회문제로 부상함과 함께 이때까지 차별받고 있던 모든 분야 사람들이 목소리를 내기 시작했습니다. 히로시마・나가사키의 원폭 피해자는 켈로이드 등의 형상과 원폭병, 그 유전적 영향의 위험 때문에 취직 차별, 결혼차별 등 가늠할 수 없는 차별을 받아왔습니다. 1956년에 피폭자들이 일어나서 보상을 비롯한 병 치료 등의 원호를 국가에 요구하기 위한 피해자단체협의회를 발족시켰지만 정부가 최초로 피폭자실태조사를 한 것은 1965이고, 1994년에 겨우 원호법이 성립합니다. 그것도 피폭자 특정을 좁은 범위로 한정했던 것으로 재외피폭자 문제와 더불어 그 차별

228 역자주－메이지 후기에 창업하여 제2차 세계대전을 계기로 발전한 일본의 화학공업 메이커. 구마모토현(熊本県) 미나마타시(水俣市)를 중심으로 한 해안지역에서 발생한 미나마타병(水俣病)의 원인을 제공한 회사이다. 현재는 미나마타병의 보상업무를 전업으로 한다.

은 현재도 이어지고 있습니다.

1972년 오키나와 본토 복귀는 오키나와현민의 염원이 드디어 이루어진 것이지만 일본 정부는 오키나와전戰에서 처참한 희생을 강요받은 것에 대한 보상은 고려하지 않고, 더욱이 미군기지의 존재도 인정하여 일본 국민과는 차별하여 취급합니다. 오키나와 사람들은 기지 반대 투쟁을 비롯하여 새로운 투쟁을 시작하는 것입니다.

'제국 의식'의 재생

전후 민주주의의 새로운 전개라고 할까요, 1960년대부터 80년대에 걸쳐서 피차별자들 스스로 대중적인 해방운동이 고양을 보입니다만, 그것은 국민 생활의 향상(부유화富裕化)과 함께였다는 점에 주목할 필요가 있겠지요. 첫째, 그 혜택을 피차별자도 받았다는 점, 둘째, 그러함에도 다른 많은 사람들에 비해 생활 향상의 정도가 낮았던 점, 셋째, 정부는 대부분의 경우 차별받거나 피해를 받은 사람들 편에 서기보다도 기업이나 국가 측에 서서 정부가 해야 할 의무를 게을리해 온 점입니다. 고도 경제성장으로 인한 국민 생활의 향상은 분명히 놀랄 만한 속도와 풍요로움을 기록했습니다만 거기에는 피차별자, 전쟁피해자 · 공해피해자의 희생이 수반되어있었습니다.

게다가 주목해야 할 것은 그 국민 생활의 '풍요로움'이 해외의 제3 세계 사람들과 자연을 희생으로 해서 획득된 것이었단 사실입니다. 그 점을 잘 제시한 대표적인 책으로 쓰루미 요스케 『바나나

와 일본인』(鶴見良行『バナナと日本人』)이 있습니다. 거기에서는 필리핀에서 일본도 포함한 다국적 기업이 바나나농원을 어떻게 확대해왔는지, 그를 위해 필리핀의 자연을 얼마나 파괴하고 노예적인 노동자의 사역이 얼마나 확대되어갔는지가 나타나 있습니다. 일본 사회에서 서민이 싼 가격에 손에 넣게 된 바나나가 실은 이러한 배경하에 운반되고 있다는 사실을 보여준 것이었습니다. 이어서 무라이 요시노리 『새우와 일본인』(村井吉敬『エビと日本人』)은 일본인용 새우 양식장 조성을 위해 인도네시아의 맹그로브숲이 파괴되고, 일본에 수출하는 새우의 껍질과 종일 마주하는 인도네시아 여성의 하루 임금이 2백 엔에 지나지 않음을 보고합니다.

나는 80년대에 그다지 풍요롭지 않은 산촌의 청취 조사를 한 적이 있습니다만, 고령자분들이 한결같이 "지금이 가장 행복하다"고 하는 데에 놀랐고 "날마다 잔치"라고 하는 말도 잊을 수 없습니다. 바로 20년 전까지는 밭 전 자 모양의 초가집에서 국 하나 나물 하나 저녁을 늘 먹고, 여행도 갈 수 없었던 그들이 고도성장경제 덕을 구가하는 것은 당연했을지도 모릅니다. 그러나 그, 과장되게 말하면 "태평성대를 구가하는" 사회가 국내 극빈층과 해외 제3세계의 가난한 사람들로부터 수탈과 자연 파괴를 하여 지탱된, '제국'적인 '허울만 좋은 사회'(이로카와 다이키치色川大吉)라는 사실을 많은 이들은 알아차리지 못했습니다. 그 사람들을 문명에 뒤 쳐진 가여운 사람들이라고 불쌍하게 내려다보며 일본 사회의 풍요로움에 자족하는 '제국 의식'으로 뒤덮이는 것이었습니다. 많은 해외여행은 그러한 '제국 의식'을 보강하기 위한 것이었고 1980년대부터 급증하는 해외주재원과 그 가족들이 제3 세계의 도시에서는 독특한 폐쇄적인 일본인 사회를 형성하고 지배자의 얼굴을 하는 듯이 된 현상은 당시 일본인 사회 의식의 상징과 같은 것이었겠지요.

1960년대부터 80년대에 걸쳐 진전하는 전후 제2차 민주화는 부분적으로는 차별 문제를 국민적 과제로까지 밀어붙여 일정 성과를 획득했다고 할 수 있지만, 그것은 또한 고도 경제성장의 파도 속에서 경제주의적인 색이 칠해져 "멸공 봉사"(「滅公奉私」 히다카 로쿠로日高六郎)라고 일컬어지듯이 사적 이익을 추구하는 방향으로 흘러가기도 했습니다. 그것은 정부랑 기업은 말할 것도 없고 차별해방운동 속에도 부패를 낳게 하는 것이고 민중적 차원에서도 차별을 극복해야 할 공공적 규범을 창조하는 것이 되지 않고, 세계 동향으로부터도 눈을 돌리고 전쟁 전의 '제국 의식'과 같은 분수도 모르고 우쭐대는 자의식이 비대화 하는 것이기도 했습니다.

33
글로벌라이제이션과 차별

글로벌라이제이션

제3차 글로벌라이제이션의 파도는 1980년대에 시작되고 90년대부터 본격적으로 전개합니다. 새로운 글로벌라이제이션으로서 전 세계를 뒤덮은 통신 위성 네트워크와 맥도널드 같은 상품의 세계적 확대와 생산 거점의 해외이전 등 다국적 기업의 국경을 초월한 활동은 80년대부터 문제가 되고 있었습니다만 베를린 장벽의 붕괴가 일거에 사회주의 체제의 붕괴를 불러오고 경제를 중심으로 세계의 균일화 파도가 사람·물건·돈의 국경을 넘어 유동화가 거세집니다. 모든 것이 자유롭게 왕래하고 지구가 하나가 되는 것은 차별의 관점에서 보아도 매우 멋진 세계의 준비를 하는 것처럼 생각되고 거꾸로 매우 무서운 세계를 불러올 것 같은 위기도 느끼게 합니다. 소련 사회주의 체제의 붕괴가 그때까지 보이지 않았던 내부 모순을 노정하고 유대인과 집시에의 차별·억압 등 다양한 차별이 드러나게 된 것은 그 극복의 시작이으로 하나의 전진이라고 할 수 있습니다. 1995년부터의 IT 혁명은 누구나 세계의 정보를 수발신 할 수 있는 조건을 제공했고 국경을 넘어 다양한 문화가 섞이면

그때까지의 오해와 편견이 없어져서 차별 극복의 큰 힘이 되겠지요. 역으로 동서대립의 융해融解 후 거센 민족대립, 고도 자본주의 제국으로의 난민과 노동자 유입문제는 민족적 편견을 증폭시키고 있고 통신위성과 IT 혁명이 일부 지배층의 정보 점유를 진행시키거나 시장 원리주의의 세계화는 남북문제를 격화시키고 있습니다. 9·11 동시다발 테러 이후 노골적이 된 미국의 무력과 부에 의한 세계 제패의 기도는 G8 그룹을 불러들여 진행되고 제3 세계에 대한 차별을 확대하고 있습니다. 이것은 미래의 큰 암운입니다. 제가 보면 전자가 희망이고 후자가 절망이 되는데 그 반대를 생각하는 사람도 있겠지요. (이요타니 도시오伊豫谷登士翁『글로벌라이제이션이란 무엇인가グローバリゼーションとは何か』)

복지 국가상像의 하락

사회주의 체제의 붕괴는 자본주의 체제의 승리라고 단순히 말할 수 없다고 생각하는데 사회주의국가에 대항하기 위해 복지 국가상을 내세워 온 자본주의 제국은 이젠 복지 국가상을 내세울 필요가 없다는 듯이 자본주의 형성기의 자유 경쟁단계에서 보여준 시장 원리주의(돈벌이 제일주의)로 되돌아갑니다. 세상은 약육강식이어서 모든 것은 자기 책임으로 행해야 한다, 거기에서 탈락하는 것은 그 사람의 책임, 그 사람에게 능력이 없기 때문이라는 것입니다. 복지 국가상은 한편으로는 사회주의에 대항하기 위해 자본주의는 인권을 중시하여 모든 사람이 생활을 보장받는 것이라고 선전했습니다. 자본주의가 만들어내는 약자를 구제하여 기본적 인권을 보장하려는 다양한 민주화운동의 성과라는 측면이 있었고, 일본국 헌법 제25 조 "건강하고 문화적인 생활"을 할 권리 보장은 양쪽에서 지지받았다고 생각합니다.

그러나 고르바초프의 등장으로 사회주의 체제의 해빙이 한꺼번에 진행되는 1985년경부터 버블 최전성기였던 일본에서도 자기 책임 논리에 따른 사회편성이 시작되어 1973년에는 "복지 원년"이라고 부르짖었던 정부 스스로 복지 국가상을 무너뜨려 나갑니다. 자기 책임이기 때문이라면서 다양한 규제 완화와 민영화의 파도가 시작되는 것입니다. 그것은 무엇보다 노동자를 대하는 데 나타나게 됩니다. 1985년에 성립한 "남녀 고용기회 균등법"과 "노동자파견법"이 그 획을 그은 것이지요. 이것은 기본적으로는 비용삭감을 지향하는 기업전략에 기초한 것으로 노동자는 남녀가 평등해진다든가 회사에 구속받지 않고 다양한 직종을 자유롭게 선택할 수 있다는 미사여구로 실시됩니다. 그것은 노동 기준법이 노동권을 지키기 위해서 규제한 노동시간과 해고 조건, 또는 최저임금과 유급휴가 등의 권리를 융해시켜 차츰 형해화 시켜가는 계기이기도 했습니다. 특히 90년대부터 거품이 꺼지면서 불경기가 뒤덮고 정리해고가 번지는 가운데 "일억 총중류 의식"은 붕괴하고 노동자의 상황은 심각해져 갔습니다.

정리해고는 노동자 해고로 진행되고 1992년에 정규고용노동자가 노동자 총수의 78%였던 상태가 2002년에는 68%로 감소합니다. 2002년에는 남성 483만 명, 여성 1,145만 명이 비정규직 고용, 즉 파견사원이나 파트 타임직, 계약사원, 아르바이트 등 불안정한 고용 형태로 일하게 된 것입니다. 프랑스와 독일에서도 비정규고

용이 늘었기 때문에, 동일노동 동일임금 원칙을 확인하고 정규고용과의 차별을 금지하는 법률이 90년대 후반에 만들어집니다. 그러나 일본에서는 같은 직종의 정규노동자에 비해 파견노동자의 임금은 평균 70 %, 여자 파트 타임직에서는 54%로 큰 임금 격차가 만들어져, 그 불공평함이 지적되어도 전혀 규제되기는커녕 그 격차는 커질 뿐입니다. 임금만이 아니라 후생시설과 사회보장 면에서의 대우가 크게 차별받습니다. 경조사비조차도 비정규노동자는 무시되는 것입니다. 기업은 더욱이 외국으로 생산 거점을 옮김으로써 일본 사회에 대한 책임을 회피하고 외국의 저임금 노동의 허점을 이용하면서 일본의 노동조건을 더욱 대담하게 악화시켜갑니다. 이러한 상황은 조합 운동의 약체화, 기업과의 유착으로 점점 강화하고 노동 기준법은 무시당하고 기업 측의 가혹한 노동 강제, 자의적인 해고를 가능하게 했습니다. 그것에 대해서는 나카노 마미中野麻美『노동 덤핑労働ダンピング』, 이와타 마사미岩田正美『현대의 빈곤現代の貧困』에서 많이 배웠는데 전체적으로 정규노동자에게도 인간성을 무시한 고용이 확산하고 있고, 총수 약 1,600만 명으로 보이는 비정규노동자, 특히 여성에게는 도저히 자립해갈 수 없는 상황이 지배하게 된 것입니다.

이 사람들은 '능력이 없기 때문에'라는 명목하에 무엇보다도 인간적인 생활의 최저보장조차 생각할 수 없다는 점에서 헌법에 위반되고 사회적 · 경제적으로 차별받고 있다고 해야겠지요. 하루 벌어 먹고 사는 생활의 슬럼 주민과 홈 리스의 급증은 90년대에 현저하고 더욱이 주거를 소유하지 않은 모자가정과 생활보호 가정의 증대가 보이고 그들의 빈곤과 사회적 고립은 정부의 옥죄기 정책 때문에 극한에 와있다고 할 수 있겠지요. 자살자 9년 연속 3만 명, 아이 살해 다발, 범죄 증대, 등등의 근저에는 이러한 노동자의 상황이 있다는 것을 똑똑히 봐야 합니다. 이것들을 자기 책임의 결과로 묵과하는 정부, 기업방위를 구실로 강행하는 기업의 고용 형태는 시장 원리주의의 큰 외침과 더불어 헌법과 인권의 규범을 무시하고 일본 사회에서 모럴 헤저드, 윤리 붕괴를 불러일으킨 것은 아닐까요.

외국인 노동자의 증가

글로벌라이제이션은 사람의 이동을 격화시켰습니다. 동유럽을 비롯한 아시아 아프리카 지역에서 서구, 북아프리카로의 유입이 증대하고 일본에서도 1980년에 등록외국인이 약 78만 명이었던 것이 1990년에는 108만 명, 2003년에는 192만 명으로 급증합니다. 1980년부터의 변화에서는 주된 국적으로 보자면 재일한국・조선인은 60만 명대로 큰 변화는 보이지 않습니다만, 중국인은 5만 명에서 46만 명, 필리핀인은 5,000여 명에서 18만 5,000명, 브라질인이 1,500명에서 27만 5,000명으로 증가합니다. 재일 코리언이 많은 것은 말할 것도 없이 식민지 시대의 이동과 강제연행의 결과입니다. 일본 정부는 패전 후 이들 '일본제국 신민'이었던 조선인을 '외국인 등록령'의 대상으로 취급하고 더욱이 강화조약발효(1952년)를 계기로 일방적으로(국적선택의 권리를 부여하지 않고) 그들의 일본 국적을 빼앗고 일본의 사정으로 언제든지 배제할 수 있는 존재로 만들었습니다.

강화조약으로 일본이 독립한 해에 '외국인등록법'이 공포됩니다만, 여기에 외국인 등록증 상시 휴대 의무와 지문날인 의무가 들어가 재일 코리언도 따라야만 합니다. 지금까지 일본인으로 취급받았던 재일 코리언들은 외국인으로서 게다가 범죄를 저지를 위험이 있는 존재로 취급받게 되었습니다. 외국에도 지문날인 의무를 부과하고 있는 나라는 있습니다만, 그것은 자국민에게도 마찬가지로 적용하고 있는 것이어서 외국인에만 강제하는 나라는 일본뿐입니다. 일본 사회에서 생활하는 외국인을 정부 스스로가 차별하고 있는 것입니다. 1980년에 지문날인 거부자가 나오면서부터는 차츰 지문날인 거부 운동이 거세지고 마침내 91년 '한일각서'로 영주자와 특별 영주자에 한해서 폐지됩니다. 그러나 영주권을 인정받아도 직업 차별로 저임금노동이나 영세자영업을 할 수밖에 없는 것이 많은 사람들의 현 상황입니다. 일본 정부의 외국인에 대한 태도는 일본국민과 같은 인간이라고 인식하고 있지 않기 때문에 생깁니다. 최소한의 기본적 인권을 인정하는 태도가 결여되어 있는 것입니다. 그것은 일본에서 원폭 피해자와 병역종사자 등 외국인 전쟁피해자에게 보상을 거부하는 점에도 역력합니다. 그리고 무엇보다도 그것을 당연시하고 그들을 차별하는 대다수 일본인들의 의식이 문제라고 할 수밖에 없겠지요. 재일 코리언에 대한 멸시는 여전히 뿌리 깊고 북한의 '납치' 문제에서는 당사자가 아닌 재일 코리언에 대한 공격이 불합리하게 빈발합니다.

글로벌라이제이션에 따른 외국인 유입은 돈을 벌러 오는 노동자의 격증입니다만, 서구에서도 난민과 돈벌이 외국인이 이때까지 이상으로 유입하게 된 것은 90년대에 들어서면서부터로, 그것은 물론 모국의 정치적 억압・경제적 궁핍 때문입니다만 서구 쪽이 자유롭고 수입을 더 얻기 쉽다는 점과 함께 기본적인 인권이 지켜지고 외국인 입국자에 대한 생활 부조와 주거 제공 등 최소한의 인간적 생활을 보장하려는 제도와 배려가 나라에 따라 차이는 있지만 큰 매력이었다고 할 수 있겠지요.

이에 비하면 일본 정부는 외국인 입국의 조건에 높은 기준을 만들 뿐만 아니라 입국한 외국인에 대한 보호, 일본 사회에 적응하기 위한 시설과 교육의 배려는 지극히 빈곤하다고 할 수밖에 없습니다. 일본 정부가 그러한 배려를 처음으로 보이는 것은 베트남 난민을 받아들이는 1978년이라고 합니다. 난민을 받아들이는 것에 난색을 표했던 일본 정부도 G7 등의 국제적 압력에 떠밀려 불과 500명의 베트남 난민을 받아들일 것을 표명하고(이것은 후에 1만 명이 되는데 G7국 중에서는 최저), 처음으로 일본어 교육과 직업훈련, 임시 체재 시설 설치 등을 추진하게 되었습니다. 이러한 정부의 태도를 당시 영국 저널리스트는 “일본인은 ‘순수한’ 혹은 무의식의 인종차별주의자이고, 그들이 이 나라에도 ‘인종 문제’가 존재한다는 것, 내지 타민족에 대한 그들의 태도에 무엇인가가 결여되어 있는 것을 인정하지 않는 한, 사태의 개선은 바랄 수 없다”는 통렬한 비판을 하고 있습니다.(다나카 히로시田中宏 『재일 외국인在日外国人』). 영국에도 인종주의가 있다는 것으로 이 비판을 부정할 수 없겠지요.

브라질과 페루에서 유입된 90년대 급증은 90년에 입국 관리법을 개정하여 일본계 사람들의 재류조건을 완화한 것이 그 이유입니다. 그러나 일본계 브라질인이 일본에 돈 벌러 오는 것을, 일본어 습득과 아이 교육에 대한 배려의 결여, 직업선택의 차별 등 결코 따

뜻하게 맞이했다고는 할 수 없는 상황이고, 그들은 집단 거주하고 서로 협력하면서 혹독한 상황을 헤쳐 나가려 하고 있습니다. 일본계 사람들의 조상이 버림받듯이 브라질로 이민 가고 여러 고생을 하면서 생활을 구축해간 점, 제2차 대전 중에는 적국인으로 보아 미합중국에서 일본계 사람과 마찬가지로 차별 억압받은 점, 전후 우월한 그룹과 뒤쳐진 그룹 간 대립의 비극 같은 역사가 있고 이민자들 대부분이 일본인으로서의 아이덴티티를 계속 지니며 살아왔다고 생각됩니다. 그러나 그러한 선조의 고투의 역사를 가진 사람들이 기대에 부풀어 일본에 왔음에도 불구하고 일본 정부도 일본 국민도 그것을 모르는 척 차별하고 그들을 일본 사회에서 고립시키고 있다는 점을 생각해야 합니다. 전전의 이민 시에 차별하고 전후 돈 벌러 온 것에서도 차별하고 있는 것입니다. 이러한 역사를 갖는 일본계조차 차별이 행해지니까 그 밖의 필리핀과 중국 등에서 온 노동자에 대한 차별은 한층 심한 부분이 있다고 해야겠지요.

장애인 차별

심신 장애인들도 한사람 몫을 하지 못한다는 점에서 보통 사람으로 취급받지 못했던 긴 역사를 갖습니다. 장애인들은 그때까지 노골적인 차별을 받아왔을 뿐만 아니라 사회 시스템이 건강한 정상인을 기준으로 만들어져왔기 때문에 건강한 정상인 같은 생활을 할 수 없는 고통을 받아온 것입니다. 정상인을 위해 막대한 투자로 만들어진 도로와 건물구조가 장애인을 자유롭게 행동하는 것을 막고 일할 곳이 없어 집안에 갇혀 있을 수밖에 없는 상황을 만들어낸 것입니다. 이러한 장애인들을 용기 내게 한 것은 1970년대부터 장애인을 위한 인권을 보호하는 재판 투쟁을 시초로 한 싸움이고, 1982년 국제연합총회가 '장애인에 관한 세계행동계획'을 결의하여 93년에는 '장애인의 기회 균등화에 관한 기준규칙'을 결의한 것이었습니다.(「장애인차별금지법 제정」 작업팀 편 『당사자가 만드는 장애인 차별금지법』)

이것을 계기로 각국에 '장애인 차별금지법'이 성립하는데 일본과 러시아는 아직입니다. 물론 이 법이 생겼다고 해서 차별이 없어지는 것은 아니고 그 법이 없어도 이미 사회복지선진국인 북미제국에서는 장애인의 자립에 대한 깊은 배려가 법적으로 사회적으로도 실현되고 있습니다. 그러나 유감스럽게도 일본은 이 점에서도 크게 뒤쳐져 있습니다. 그뿐만 아니라 2005년 10월에 성립한 '장애인 자립지원법'은 그 명칭과는 반대로 장애인의 복지서비스와 의료이용에 1할의 자기 부담을 요구하여 큰 제한을 둔 것입니다. 이것은 고령자 간병 보험 방식의 적용으로, 그때까지는 소득에 따른 부담이 원칙이었던 것을 서비스와 의료 이용도에 따른 부담으로 전환시킨 것입니다. 많은 장애인은 저소득이기 때문에 그 부담은 그 가족에게 지우게 됩니다. 그 후, 정부는 너무 심하다는 비판에 저소득자에 대한 배려를 다소 보입니다만 기본적으로는 중도장애인일수록 그 서비스와 의료 부담이 커져서 그것은 장애인과 그 가족의 생활을 파괴하기 쉬운 상황으로 만들고 있는데 그것은 고령자 간병보험과 공통됩니다. 여기에서 가장 중대한 문제는, 인간의 존엄보다도 시장원리를 우선시하고 있다는 점입니다.

고령자 차별

국제연합에서 각국 장애인 차별이 금지된 것은 바로 글로벌라이제이션 덕분이었다고 할 수 있겠지요. 그것은, 인종차별과 외국인 차별에 대한 반대 운동의 물결이 파급했기 때문이고 또한 북구 제국의 선례가 설득적이었으며, 나아가 세계 각국에 높아지는 고령화 사회의 예감, 고령자들이 만나는 장애인과 공통된 차별을 새삼 알게 되었다는 것입니다.

고령자가 인구의 2할을 점하게 되어 "모든 사람에게 간병이 필요해질 가능성이 있다"는 인식이 사회적으로 확산하고 정부는 사회 간병 시스템으로서의 간병보험제도를 2000년에 발족시킵니다. 이것은 장애인을 포함한 것이었는데 1할의 이용자부담과 외출 시 간병 배제가 있어 장애인들의 반대가 나와 65세 이상의 고령자로 한정되고 맙니다. '고령자 간병'보험이 되는 것입니다. 고령자 간병 필요는 200만 명이라고도 300만 명이라고도 추정되어 10조 엔 시장으로 선전되어, 민간 영리사업으로 위탁됩니다만 그것은 이익추구를 목적으로 하고 간병을 상품으로 보는 시스템으로, 거기에서 공비를 얼마나 교묘하게 빼내는가 경비를 얼마나 절감하는가가 목적이 되어 고령자는 인간으로 취급받지 못하게 됩니다. 간병 서비스에 종사하는 노동자들을 저임금·가혹 노동으로 강제로 일하게 하는 한편, 고령자라도 소득이 높은 사람에게는 유리하고 저소득자에게는 부담이 엄습하는 시스템입니다. 2007년 컴슨의 부정 문제는 그 발족 당시부터 있었던 문제의 표면화에 지나지 않는다고 할 수 있겠지요. 간병 보호는 보험료를 지불하면서도 간병 필요

정도에 따른 제한과 이용료 부담이 있어서, 누구든지 마음 편히 쓸 수 있는 시스템은 아닙니다. 특히 빈곤 고령자는 이것을 이용할 수 없는 경우가 많습니다. 생활을 유지할 수 없어서 독거노인의 아사라든가 노부부 동반 자살, 처와 남편을 죽일 수밖에 없는 사건의 다발 같은 상황이 방치되고 있는 것입니다.

내셔널리즘

구 일본군 위안부는 일본 제국주의의 희생자였던 셈이지만, 전후 귀국해서도 일본 제국주의의 가담자로 간주되거나 가부장적 사회의식이나 창녀에 대한 멸시관 때문에 도저히 고향에 돌아갈 수 없어 육체가 너덜너덜해진 채, 오랫동안 사회 한구석에서 피신해 살았습니다. 그녀들의 전후 생활 또한 차별된 빈곤과 병고에 시달리는 것이었습니다. 한국에서는 여성해방운동이 고조되는 1980년대에야 비로소 '정신대 구 일본군 위안부' 문제가 거론되었고, 90년 5월 한국의 여성단체들은 이 문제에 대한 일본 정부의 사죄와 보상을 요구하는 공동성명을 발표했지만, 일본 정부는 그것을 민간업자의 문제로 국가의 관여를 인정하지 않았습니다. 그러나 이듬해 12월 한국인 구 일본군 위안부 세 명이 일본 정부의 사죄와 보상을 요구하며 도쿄지방법원에 제소해 일본 사회에 큰 충격을 주었습니다. 이에 요시미 요시아키 씨 등 역사학자들에 의해 구 일본군의 직접 관여가 증명되었고, 정부는 93년 8월, 고노 요헤이 관방장관 담화로 '사죄와 반성의 마음'을 표명했습니다. 그러나 일본 정부는 이미 국가 간의 배상 문제는 해결되었다는 입장으로 그들에 대한 보상을 하지 않고 오늘에 이르고 있습니다. 일본 법원도 이 정부의 태도에 따라 소송에 대해 문전박대에 가까운 태도를 취하고 있습니다.

일본 정부의 이러한 태도를 비판하는 목소리가 국내외에서 제기되어 많은 사람들이 이들을 지원하였고, 교과서 기술에도 이 문제를 거론하여 15년 전쟁 시기 강제 연행과 난징대학살을 비롯한 전쟁범죄에 대한 새로운 규명의 기운도 높아졌습니다. 그동안 전쟁의 피해자라는 측면만 강조되고 아시아 민중에 대한 침략자로서의 가해자 책임 규명이 지극히 불충분했다는 반성은 80년대부터 역사 연구와 시민운동으로 커져 있었지만 이 위안부 문제는 한꺼번에 그것을 가속시켰다고 할 수 있겠지요.

그러나 이러한 분위기에 대해 격렬한 반발이 일어납니다. 그것은 마침 독일에서 아우슈비츠 등 나치즘의 범죄를 없었던 일로 하는 역사 수정주의와 배외주의의 등장에 용기를 얻은 것처럼 15년 전쟁 당시 일본의 전쟁범죄를 없었던 것으로 하는 운동으로 등장했습니다. 일부 학자들이 위안부 문제는 성매매 매매춘 문제일 뿐이라고 '창녀'에 대한 차별관을 수치심도 없이 드러내며, 그 강제성이나 국가 가담을 부정하고 교과서에서 위안부를 삭제하자는 운동을 시작하면서, 이는 다른 전쟁범죄를 부정하는 것으로 확산하여 '새로운 역사 교과서 만들기' 운동으로 전개되고 있습니다. 그 논의에는 논자에 따라 온도 차가 있다고는 하나, '부득이했다'거나 '아시아 해방 전쟁이었다' 등으로 15년 전쟁을 정당화해서 '일본인의 긍지'를 되찾아야 한다는 논의나 '자기 책임'론과 결합하여 매스미디어에 확산합니다. 내셔널리즘의 고양을 도모하려는 운동은, 일부 기업의 이익이나 폐색된 계층의 불만을 흡수해 때로는 익명의 폭력적인 수법을 사용하면서 전개해 왔습니다. 글로벌라이제이션은 한편으로 내셔널리즘의 고양을 수반하는 것이지만, '일본인의 긍지'를 함부로 외치면서 '타국민의 긍지'를 전혀 배려하지 않는, 배외적이고 자기중심적인 논의가 방자하게 전파를, 매스미디어를 횡행하고 있습니다. 일본의 저널리즘은 그 사명을 포기한 것 같은 상황은, 언론 자유도는 세계에서 51번째라는 국제사회의 판정을 받아들여야 하고 일본 사회를 차츰 차별강화 쪽으로 나아가게 하는 것으로 생각됩니다.

일본 제일주의와 시장 원리주의에 의한 내셔널리즘의 선동은 일본 역사의 반성을 하지 않고, 일본 국민을 일체로 간주하는 허구하에서 이루어졌으며, 빈곤에 허덕이는 사람들과 차별받은 사람들을 무시하고, 여성 멸시를 부추기며(젠더라는 용어의 배제), 혹은 그들을 오래된 이유 없는 차별 관념의 재생에 의해 차별하는 사태를 낳고 있다고 할 수 있겠지요.

34

차별극복의 과제

현대일본의 차별상황

일본 사회의 차별 현상에 대해 어떤 그림을 그려볼 수 있을까요? 주로 차별받고 있는 사람들을 들자면, ① 여성, ② 빈궁자, ③ 오키나와인, 아이누 ,피차별 부락민 등 근대 출발기부터 그 출신이기 때문에 차별받아 온 사람들, ④ 장애인 병자, 고령자, 동성애자 등, '건강한 정상인'에 비해 '떨어지는' 혹은 '이상異常'으로 간주되어 온 사람들, ⑤ 수인, 범죄자로 처벌받은 사람들 ⑥ 재일 코리언을 비롯한 일본 사회에서 외국인으로 보는 사람들, ⑦ 15년 전쟁에서 희생된 사람들을 생각할 수 있습니다.

① 여성에 대해서는 1980년대까지 고조되었던 여성 해방의 기운이 '남녀고용 기회 균등법'에 따른 여성 노동의 옥죄기로 여성 비정규노동자의 격증을 가져왔고, 90년대부터의 군국주의적 내셔널리즘의 대두와 더불어 여성 해방 언론에 대한 노골적인 억압이 정부를 필두로 한 매스 미디어도 그에 편승하여 추진되고 있습니다. ② 빈궁한 사람들의 급증은 90년대부터 특징적인 현상으로 21세기에 이르러 '격차사회'로 불리게 되었는데, 지금은 일본 인구의

30~40%에 달하지 않을까요? ③ 오키나와 사람들에 대해서는 오키나와에 대한 관심이 높아졌다고는 해도 미군 기지를 계속 주둔하게 하고, 아시아의 통제를 목표로 하는 미군 재편에 협력하는 것은 일본 정부이며 일본 국민이라는 사실을 명심해야 합니다. 아이누나 부락민은 해방투쟁에 의해, 나아가 하루하루의 노력이나 대책사업에 의해 생활환경의 일정한 개선이나 차별에 대한 비판적인 사회 의식의 형성을 본 점은 평가한다 해도, 90년대부터 선동된 사회불안은 그 배출구에 피차별민에 대한 공격을 낳고 있다고 말할 수 있을 것입니다. ④ 최저 생활도 유지할 수 있을지 어떨지 급박함에 허덕이는 사람들은 인구의 1할을 넘고 있지 않을까 생각됩니다. 장애인이니까 병자니까 다 그렇다는 것이 아니라 그런 사람들이 경제적 보장을 없애면 위험하다는 의미로 이 사람들은 사회보장제도의 가장 약한 고리에 놓인 존재입니다. 또 현재 연금 등록이 문제가 되고 있는데, 노령기초연금 4-6만 엔이라는 금액으로 어떻게 내 집 없는 가난한 고령자가 살아갈 수 있느냐는 큰 문제입니다. 병에 걸릴 수 없습니다. 젊은 층도 아르바이트만으로 생활하는 당장 내일의 수입도 없는 사람들이 증가하고 있고, 학교 교육에서 탈락한 사람들이 사회적으로 배제되는 시스템이 되고 있습니다. 이들은 제도적으로 보장받지 못 할 뿐만 아니라, '승자 · 패자'라는 자기 책임론에 둘러싸여 자신을 책망하고 자기비하에 빠지며, 자신만의 껍질 속에 틀어박혀 사회적 교류를 갖지 못하고, 노숙인들과 마찬가지로 사회로부터 멸시 · 무시당하고 있습니다.

⑤ 죄수는 어떤 의미에서 가장 엄격하게 차별받는 존재입니다. 죄수는 말할 수 없는 차별이 아니라 범죄라는 '손가락질'로 이루어

지는 합법적인 차별제도에 의해 만들어진 존재인 만큼 그 차별은 권력적일 수밖에 없습니다. 에도 시대는 신체형과 추방형에 따른 보복 주의로, 처벌받은 후에는 일정한 조건하에서 사회로 되돌아가는 것이 기본이었지만, 근대문명은 징계 주의와 갱생 주의가 지배적이었고, 중노동이나 고문은 일상다반사로 인권이 거의 인정되지 않았습니다만, 전후 민주주의하에서 갱생 주의가 주류가 됩니다. 근대문명은 범죄자도 인간이며 누구나 갱생할 수 있다는 인식을 전제로 하고 있으며 사형폐지국도 늘어나고 처벌 방식도 관리를 완화하거나 사회봉사로 대체하는 등 죄수의 인간적인 취급을 요구하는 조류도 나오고 있습니다. 그러나 최근 일본에서는, 범죄의 흉악화나 저연령화, 그리고 증대 때문에, 범죄의 원인을 추궁하기보다 범인을 '악인'으로 취급해 처벌의 엄격화를 요구하는 경향이 커지고 있습니다. 소년법을 개정해 소년의 나이를 낮추거나 처벌을 강화하거나 흉악 범죄는 사형이 당연시되어 사형 판결이 증가하는 것이 단적인 예입니다만, 이러한 경향은 글로벌라이제이션이나 내셔널리즘과 무관계하지 않을 것입니다.

⑥ 재일 외국인 문제도 '입국 관리법'과 '외국인등록법'에 남는 차별과 함께 범죄 문제나 '납치' 문제로, 특히 제3세계에서 온 외국인을 특수하게 보는 풍조가 확산하고 있어 일반 일본인의 공격이 보이는 것은 슬픈 일입니다. ⑦ 15년 전쟁피해자에 대한 국가 보상 문제는 구 군인과 그 유족에게는 강화조약 이후 후한 보상이 이루어졌지만, 일반 병사에 대해서는 극히 허술하고, 또한 원폭 피해자와 전쟁 피해를 입은 사람들, 나아가 중국 잔류고아를 비롯한 외지 잔류자에 대한 국가 보상에는 일관된 시책이 없습니다. 그중에서

도 구 일본군 위안부와 전쟁범죄 희생자, 15년 전쟁에서 아시아 사람들이 입은 희생에 대한 보상은 아직 해결되었다고는 할 수 없습니다.

세계의 차별 상황

미국을 비롯해 유럽, 일본 등 소수 다국적 기업의 세계 제패 움직임과 이를 추진하는 시장 원리주의의 세계적 확대는 이를 '글로벌라이제이션'과 구별해 '글로벌리즘'이라고 부르는데, 이는 특히 남북문제를 격화시키고 있습니다. 남쪽의 이른바 '개발도상국'을 침입해 그 자연을 파괴하고, 현지 주민의 공동체를 파괴하고, 그들을 도시로 몰아넣어 저임금 노동자로, 혹은 노숙자의 경지로 몰아가고 있습니다. 일본뿐 아니라 세계적으로 여성 저임금 노동자의 증대, 국제적인 매매춘 시장의 확대를 볼 수 있는 것도 글로벌리즘에 의한 것입니다. 아프리카의 비참한 부족항쟁과 대량 난민 문제도 시장경제의 침입이 만들어낸 것입니다. 9 · 11 동시 다발테러에 대한 보복으로 시작된 아프가니스탄 전쟁 · 이라크전쟁은 미국 대기업(특히 무기산업과 에너지산업)의 이익 추구라는 성격을 노골적으로 보여주었지만 이는 글로벌리즘의 더욱 폭력적인 확산을 보여주었습니다. 그러나 부시 미국 대통령이 마치 '문명과 야만의 전쟁'이라고 외쳤듯이 전쟁은 우월한 백인 문명에 의한 정의로운 전쟁으로 정당화됐고 아프간과 이라크 민중을 야만적인 존재로 간주했습니다.

G8으로 대표되는 세계의 지배층은 세계를 통제 제어하고자 글

로벌리즘을 추진함으로써 세계를 더 큰 혼란으로 몰아넣고 있는 것처럼 보입니다. 얼마 전 세계의 '빈곤층'이 30%에서 20%로 감소했다는 UN의 보고를 들었는데, 그것을 도저히 믿을 수 없을 정도로 세계 각지에서 비참한 상태가 빈발하고 있습니다. '빈곤층'이란 굶주린 최저 생활도 유지할 수 없을 정도의 사람들로, 제가 '극빈층'이라고 말해 온 사람들을 말합니다만, 그것은 고도 자본주의 국가에서도 증가하고, 일본 사회 속에도 남북문제가 표면화되고 있습니다. 가령 세계의 극빈층이 인구 칠십억의 20%라고 해도 경계선 층, 최저 생활을 겨우 유지하고 있는 사람들을 '궁핍층'이라고 부른다면 궁핍층은 그 두세 배가 될 것입니다. 약간 난폭하게 추정하면, 세계는 3%의 지배층과 2할의 중류층과 5할의 궁핍층과 2할의 극빈층이라는 분류도가 생기지 않을까요.

이렇게 보면 일본 사회가 갖고 있는 차별 문제도 이러한 세계의 경제적 빈궁 문제와 깊이 관련되어 있음을 알 수 있을 것 같습니다. 글로벌리즘은 국경을 넘어 계층에 의한 균일화를 추진해 일본의 극빈층과 세계의 극빈층, 일본의 중류층과 세계의 중류층 쪽이, 일본의 극빈층과 중류층보다 더 유사한 관계를 낳고 있는 것이 아닐까요. 그리고 여러 가지 형태로 차별받고 있는 사람들, 인종이나 혈통, 종교나 사상 등으로 차별받고 있는 사람들도 그 가장 무거운 차별은 이 궁핍층이나 극빈층에 집중되어 있는 것이 아닌가 생각합니다. 이스라엘의 팔레스타인에 대한 무도한 차별과 억압은 민족 문제를 내세운 차별을 통한 이윤 추구이며 강자에 의한 부의 강탈인 것입니다. 즉, 세계의 궁핍층이나 극빈층은 글로벌리즘에 의해, 혹은 중류 이상의 사람들에 의해 차별받는 존재이며, 우리 중류는 궁핍층이나 극빈층의 희생 위에서, '안락한 생활'을 향유 하고 있는 것입니다. 나도 차별자입니다.

차별의 해소

저는 '차별의 해소'라는 말을 도저히 좋아할 수 없습니다. 확실히 차별은 여러 가지 현상으로 나타나고 시대에 따라 그 나타나는 방식도 다릅니다. 시대에 따라 사라지는 차별도 있습니다. '사농공상'의 신분 차별은 이제 거의 문제가 되지 않습니다. '나는 사족士族이다' 라고 말해도 바보 취급을 받을 뿐이겠지요. 그런데도 부락 출신이라고 하면 왕족 출신이라는 것만큼 파문을 낳을 것입니다. 그것은 더 이상 봉건적 신분 호칭으로서의 의미가 없어져 다른 의미를 갖고 살아가고 있음을 보여주는 것이 아닐까요? 피차별 부락민에 대한 차별이 해소되었느냐가 문제 되고 있지만 봉건적 신분의 호칭으로서의 의미를 갖는 차별은 확실히 해소되었겠지만 현대적 차별 상황 속에서는 새로운 의미를 가지고 재생되고 있는 것은 아닐까요.

2003년에 있었던 차별 엽서 사건은 1년 반에 걸쳐 400통에 달했다고 하지만, 부락 문제는 여전히 차별의 대상이 되고 있음을 말해줍니다. 이 사건에서 주목되는 것은 ① 체포되었던 범인의 진술에 의하면 취업 실패라는 개인적 욕구불만의 배출구로 부락 출신자를 공격했다는 점입니다. 범인도 피차별자였던 겁니다. 부락에 대해 아무것도 몰랐던 그가 우연히 부락을 중상하는 서적을 읽고 '억압의 이양'의 타깃으로 골랐다는 것입니다. 이 일은 타깃은 무엇이든 괜찮았다는 것을 나타냅니다. '억압의 이양'을 추구하는 충동이 현대사회에 광범위하게 존재하고 있다는 점, 거기에는 거의 규범 의식이 작동하지 않고 있는 점이 상상됩니다. ② 게다가 그의 협박이 'A는 에타니까 조심하라'며 주변 주민에 대한 선동을 수반하고 있었으며, 일부 주민이 거기에 호응해 부락민의 읍내에 사는 것을 기피하는 분위기가 생긴 것입니다. 이는 부락 차별의식이 은연중에 사회의 바닥에 흐르고 있음을 말하고 있습니다. 그러한 저류는 결혼 차별이나 취직 차별이 되어 언제든지 표면화될 수 있음을 나타내고 있습니다.

차별은 자연스럽게 해소되는 것도 아니고 특정한 차별만 해소하는 것도 아닌 것이 이 글로벌리즘의 특징이라고 생각합니다. '약자'에 대한 '억압의 이양'은 이전부터 볼 수 있던 것이지만, 익명에 의한 차별 공격이 일거에 광범위한 지역으로 대중화할 가능성이 나온 것으로, 그것은 국경을 넘는 일도 자주 있고, 게다가 그것을 받아들이는 지역에는 그에 알맞는 차별 공격의 씨앗에 불편하지 않은 상황(약육강식적 상황)이 있어, 차별을 억제하는 사회규범이 상당히 강고하지 않은 한, 차별은 서로 부추기며 일으키는 일도 있다고 나는 생각합니다.

부락민이나 아이누의 입장에 서면 고도성장기의 대책사업과 사람들의 노력으로 그 생활환경이 대폭 개선된 것은 차별의식을 지지하는 조건을 적게 했다고 할 수 있으며, 동화지구 밖에 섞여 거주하는 부락민이 증가하고, 반대로 동화지구로 유입되는 사람들도 증가하여 '동화' 현상이 심화한 것은 현재 기뻐해야 할 일인지도 모릅니다. '동화'하는 것을 아무도 비난할 수 없고 차별을 없애는데 필수 불가결한 일이라고도 할 수 있습니다. 그러나 그와 같이 '동화'하는 것은 현재의 다른 일본인과 같아질 것인가 아닌가는 문제겠지요. 다른 일본인과 동화하는 것이, 재일외국인 노동자나 제3세계를 멸시하는 제국 의식을 공유하기 쉬워지기 때문입니다. 실제로 부락민이 외국인 노동자를 멸시하는 문제를 지적하는 논문도 나왔듯이 상당히 다른 일본인에 대한 비판 의식을 계속 갖지 않는 한 생활시스템으로 인해 오히려 그렇게 되는 것이 자연스럽다고도 할 수 있습니다. 그것은 아이누에 대해서도, 오키나와인에 대해서도 말할 수 있는 것입니다. 그렇다고 '이화' 즉, 아이누족으로서의 독자적인 세계 구축은 오키나와의 독자적인 세계보다 어려우며, 현재는 전통적인 아이누 문화에만 의지하여 아이누 민족의 아이덴티티를 만들 수는 없습니다. 부락민의 경우는 원래 같은 문화 속에 있었던 것으로 전통적인 피혁문화 등으로 지역진흥을 꾀하는 것은 의미 있는 일이지만 그것만으로 '이화異化'의 정체성을 만들어내는 것은 무리겠지요. 차별을 받아온 집단이 '이화異化'하려면 차별에 저항해 온 주체적 역사를 정체성의 기틀로 삼을 수밖에 없고, 그것을 끊임없이 재생산해 나가는 새로운 공동체와 그 존재를 공생적으로 시인하는 주변 사회의 형성이 있어야 할 것입니다. 적어도 '이화異化'의 길도 현재의 제국 의식으로 뒤덮인 일본 사회와 이질적인 것임을 실체화하지 않으면 의미가 없어 보입니다. '차별의 해소'가 아니라 '차별의 극복'이라고 제가 말하는 것은 그처럼 극복해야 할 거대한 벽을 의식하기 때문입니다.

차별 극복의 길

글로벌리즘은 우리에게 자연 파괴, 인간 파괴, 차별과 차별의식의 증대를 가져오고 있다는 것이 저의 견해입니다. 물론 글로벌리즘을 극복해도 새로운 차별이 만들어지겠지만 현재 단계에서는 부락 차별도 아이누 차별도, 오키나와 차별도, 여성 차별도, 장애인 차별도, 빈곤자 차별도 글로벌리즘 아래 연쇄적으로 이어지고 있다고 봅니다. 그리고 그 연쇄의 뿌리는 경제에 있다고 생각합니다. 따라서 그 차별을 극복해 나가는 길은, 우선 무엇보다 극빈 · 궁핍층을 없애는 것입니다. 더 확실히 말하면, 지구상의 모든 사람들에 대한 사회보장의 완비를 도모하는 것이며, 그것은 현재 지구상의 부를 잘 분배하면 이론적으로 가능한 일입니다. 그러나 글로벌리즘은 그것을 결코 허락하지 않습니다.

그러한 세계화 움직임에 대해서는 1999년 12월 시애틀에서 열린 WTO(세계무역기구) 각료회의에 전 세계에서 모인 10만 명의 사람들이 반글로벌리즘을 내걸고 항의 행동을 벌였던 것이 기억나는데, 이러한 운동은 그 후 테러 소동으로 찬물을 끼얹었다고는 하나 세계에 널리 퍼지고 있다고 할 수 있습니다. 더욱이 미국에 의한 아프간 · 이라크 전쟁은 미국의 압도적인 부와 무력으로 세계 제패의 꿈을 이루려는 것이었으며, 그 시도는 미국 내에 군국주의적 내셔널리즘을 고양시켜 사람들을 그 방향으로 묶어 버렸으나 이라크 전쟁의 좌절로 이제는 국내에서 전쟁에 대한 비판이 분출하였고, 미국 국민은 애국심의 굴레에서 겨우 스스로를 해방시키려 하고 있습니다. 더욱이 EU 여러 나라나 중국, 러시아의 반발로 인해 미국의 단독 세계 제패는 무리가 되고 있습니다만, 그러나 그것은 글로벌리즘의 담당자가 다극화하는 것이지 결코 낙관할 수 있는 일은 아닐 것입니다. 그렇다고는 해도 이러한 다극화는 다른 중소 제국, 그중에서도 '개발도상국'으로 지목되는 여러 나라의 글로벌리즘에 대한 저항의 흐름을 만들고 있기 때문에 세계의 미래를 글로벌리즘에 점유시키지 않을 가능성은 있다고 생각합니다.

일본 사회에 입각하여 말하자면, 뭐니 뭐니 해도 미국을 추종하고 군국주의적 내셔널리즘을 부추기고 있는 정부를 비롯한 여러 세력의 동향을 우려하지 않을 수 없습니다. 군국주의적 내셔널리즘은 글로벌리즘과 마찬가지로 약육강식의 논리를 기본으로 군대를 신성화함으로써 전쟁이 '죽음의 상인' 논리에 의해 진행되는 것을 은폐하고 국민의 동일화를 도모하며 전체적인 통제를 요구하게 될 것입니다. 평화헌법이 전력 보유와 행사를 금지하고 있음에도 불구하고 아시아에서 1, 2위를 다투는 막강한 군비를 만들어내 대화가 아닌 힘으로 외교를 지휘하려는 경향이 정부뿐 아니라 민간에서도 나타나고 있습니다. 전쟁과 전쟁 준비는 차별을 만들고 차별을 강화하는 길입니다. 그것은 15년 전쟁의 교훈으로부터 분명하지만, 글로벌리즘과 결합함으로써 한층 더 가혹한 차별 상태를 초래하는 것은 아프간·이라크 전쟁을 보아도 명확합니다. 즉, 전쟁과 전쟁 준비의 길을 철저히 배제하는 것이 글로벌리즘까지 저지하고 차별을 극복하는 길이라고 생각합니다.

그러나 나는 중류에 속해 있고, 제국 의식에 사로잡혀 그것을 지탱하는 생활 양식에 안주하고 있습니다. 아마도 그것이 전쟁으로 가는 길을 허락하고 차별 극복의 길을 가로막고 있는 것 같습니다. 그렇다고 해도 여러 시민적인 운동이 곳곳에서 차별에 맞서고 있는 것은 든든한 일이라고 생각됩니다. 그것은 꼭 횡적 연계를 갖지 않은 약점을 가지면서도, 전쟁에 반대하거나 차별 사건에 끈질기게 임하거나 차별받은 장애인이나 외국인 노동자에 대한 충실한 지원 활동 등, 아직 일본 사회는 차별을 극복할 에너지를 잃어버리지 않았다고 든든하게 생각하는 일이 자주 있습니다. 그러한 운동을 심화시켜 가기 위해서는, 반드시, 제국 의식과의 격투가 필연적이고, 그것을 지지하는 생활이나 사회 시스템을 개조해 나가는 것이 요구될 것입니다. 즉 차별자로부터 피차별자의 위치로 다시 설 것, 그를 위한 자기 변혁이 요구됩니다. 피차별자도 또한 '동화'인가 '이화'인가의 선택에서 자기 변혁이 요구됩니다. 그것은 말처럼 쉽지는 않겠지만, 우리에게는 그 길밖에 다른 길이 없는 것처럼 생각됩니다.

종장

마무리를 대신하여

일본을 중심으로 하여 원시시대부터 현대까지 차별의 역사를 대략 살펴보았습니다만, 차별이 새삼 복잡하고 다양하여 일반적인 수단으로는 파악할 수 없다는 것을 통감하게 됩니다. 마지막으로, 전체적 정리까지는 아니더라도 보충을 겸하고 중복되는 부분도 감안하여 신경이 쓰이는 몇 가지 문제를 생각해보는 것으로 종장을 대신할까 합니다.

차별의 형성

사회적 차별은 그 차별이 형성되어가는 방법에 따라 세 종류로 나눌 수 있을 것입니다. 첫째, 사회의 구성원 간 순위를 매겨 정식 구성원 외에 준구성원이나 열등 구성원 등을 구별하고 그 사회(수장과 정구성원)가 차별화하여 취급하는 것입니다. 둘째, 사회 질서에 반하거나 반할 우려가 있는 존재의 배제이며, 셋째, 외부세계에서 온 침입자에 대한 방어입니다.

이 세 가지 경우에서 가장 설명하기 어려운 것은 첫 번째 것으로 사회구성원 간의 등급 부여가 왜 일어났는가 하는 점이 아닐까요. 인류사의 첫 사회를 원시공동체라고 합니다. 그런데 원시공동체라 해도 십여 명의 혈족집단이 끈끈한 단결 속에서 자연과 싸우는 단계와, 수천 명의 집단이 죽음과 재앙을 피하고 혼교를 제약하기 위한 다양한 금기를 만들고 애니미즘과 샤머니즘 등 원시적 신앙으로 질서를 이루고 있는 단계는 같은 원시공동체라 해도 전혀 다릅니다. 원시공동체의 초기 혈족 소집단 단계에서는 그 집단 구성원들 사이에 신체적으로나 정신적으로 편차가 있었겠지만 그 편차가 차별을 낳지는 않았을 것으로 추정됩니다. 무엇보다도 단결하지 않으면 살아날 수 없기 때문에 평등이라든가 차별이라는 의식조차 없었을 것입니다. 구성원은 서로 분신으로서 일심동체였다고 할 수 있지 않을까요.

그러다가 채집 능력과 저장능력의 진화에 따라 인구도 증가하고 집단이 커지면 그 집단의 지속을 위해 질서가 필요해지고, 다 같이 상의하여 수장을 선출하고 규약을 만들고 자연의 맹위에 대처하기 위한 다양한 방법이 고안되는 것입니다. 여기에서 질서에 의해 위험한 존재에 대한 배제의 움직임이 일어난다고 할 수 있습니다. 그 배제(처벌 · 추방 등)는 공동체의 금기나 규약 및 주술 등을 기준으로 한 것으로서 현재 입장에서 생각해보면 불합리한 미신이나 오해에서 오는 것도 있었을 것이고 배제하지 않아도 되는 것이 대부분이었을 것이라고 생각합니다. 그러나 최초의 차별이 출현한 것이라고 할 수 있습니다. 이러한 단계의 가난한 생활공동체는 기본적으로 전 구성원이 평등했다고 해야 할 것입니다. 그러던 것이 농경 · 목축의 발명으로 부를 축적하게 되자 혈연집단을 단위로 하여 사유재산을 형성하게 되고 정신노동과 육체노동의 차이를 비롯한 다양한 차이가 공동체의 부富에 대한 분배의 차이를 만들게 되는 것입니다.

여성의 세계사적 패배

민중적 생활공동체는 원시공동체이고, 중세에는 자립성을 높이는 촌락공동체나 장인 길드 등 상호 부조적인 관계에서 생산과 소비가 운영되는 생산력 단계입니다. 그 때문에 그 정도는 차치하더라도 민중 간의 합의에 따르는 것을 원칙으로 하기 때문에 그 집단의 구성원 간에는 기본적으로 평등하지 않을 수 없습니다. 문제는 그 공동체가 가족을 구성단위로 하게 된 단계에서 가장이 공동체의 정구성원이 되고 그 외의 가족은 공동체의 정구성원에서 멀어집니다. 가장공동체가 되는 것입니다. 대부분의 경우 가장은 남성 가부장이 가산을 점유하고 가족을 통솔하게 되고 다른 가족은 가부장을 따르게 됩니다. 그러나 그 가족의 성립이라고 해도 공통의 조상으로 연결되는 씨족제를 어느 정도 남겨두고 있으며 그 제약을 얼마나 받는지, 대가족인지 소가족인지, 모계제를 얼마나 남겨두고 있는지, 일부다처제인지 아닌지 등 계층이나 지역 등에 따라 다르기 때문에 가부장의 권한 정도는 달라지고 그 밖의 가족 구성원들의 권한도 달라지므로 일률적으로는 말할 수 없습니다. 그러나 일반적으로 가부장제의 성립에 의해 여성은 세계사적인 패배를 가진(엥겔스) 즉 원시공동체에서의 평등 관계 단계에서 크게 후퇴한다고 합니다.

여성 차별은 이를 기원으로 한다고 할 수 있지만 이것이 필연이었는지, 다른 방법을 취할 가능성은 없었는지, 어려운 문제입니다. 그리고 이 차별은 공동체 질서에 불가결한 중요한 구성원이라고 여겨져, 여성이 능력에서 뒤떨어지는 것이 아닌데도 사회적 활동에 제한이 가해지는 것입니다. 그 이유를 저는 명쾌하게 풀 자신이 없습니다. 단지, 근대 이전의 생산력 단계에서는 여성의 출산이라고 하는 대사업이 공동체 전체의 일에서 가족 내의 일이 되어버렸습니다. 이로써 여성의 사회적 활동이 제어되었다고 설명할 수밖에 없습니다. 아마도 가족 내의 일에 갇힘으로써 차별이 시작된 것이겠지만, 이것이 여성의 인간적인 결손이라든가 열성으로 간주되어 차별이 항상화 되고 심화하는 것은 유교·불교·기독교 등 여러 이데올로기가 그것을 합리화하기 위해 근거 없는 이치를 만들어냈기 때문입니다. 그 집요함을 보면 그것은 여성들이 끊임없이 자신들의 행동을 사회적으로 확대하려고 한 충동을 나타내고 있고, 이에 대한 남성의 공포가 있었기 때문이 아닌가 생각하게 됩니다. 여성 입장에서 보면 반복되는 그러한 이데올로기와 강제에 익숙해지거나, 끊임없이 분노와 저항을 계속하거나가 됩니다.

근대의 사유재산제 확립과 함께 완성된 가부장제는 여성들의 항거와 생산력이 비약적으로 발전하고 있는 현대에는 붕괴하고 있다고 할 수 있습니다. 출산이라는 대사업을 다시 사회적 활동으로 취급할 수 있는 조건(생산력 단계와 해방운동－가사·육아 노동의 사회화)이 생겨나는 것은 20세기에 들어와 가부장제의 물질적 기초가 없어지는 고도 자본주의 국가에서이며, 지금은 가족공동체 자체의 붕괴 위기에 처해 있다고 생각합니다. 그래도 아직 남성 지배의 체제가 변하지 않고 북유럽의 수준에까지 도달하지 못한 것은, 자본의 이윤추구가 눈앞의 일로 쫓겨 인류의 이익(자연과 인간의 재생산)을 무시하고 있기 때문이며, 그것을 받아들이고 있는 우리들, 특히 일본 사회 남성들의 태만이라고밖에는 할 수 없을 것입니다.

민중적 공동체에 의한 배제

남녀관계에 이어 평등의 관계가 무너지는 것은 무엇일까요. 그것은 여성의 패배와 연결되지만 무엇보다도 가부장 제도의 성립이고, 가부장 및 그 계승자와 그 외의 가족과의 종속 관계입니다. 가부장이 그 가족의 공유재산을 점유하는 것이 가부장이 우월할 수 있는 기반입니다.

또 공동체의 구성원 중에서 자립으로 가족적 경영이 불가능한 사람들이 있을 것입니다. 그렇게 몰락하는 가족에 대해 처음에는 공동체의 상호부조가 자립할 수 있도록 지원하겠지만, 일정한 한계를 넘으면 정구성원으로부터 배제당하게 됩니다. 그 지원과 배제의 경계가 어떻게 결정되느냐는 지역에 따라 다르겠지만, 에도시대의 본 백성과 가난한 백성과 같은 관계가 만들어지는 것입니다. 집도 가질 수 없게 되면 다른 집의 하인이 되는 것은 그래도 좋은 편이고, 마을 밖에 판잣집을 만들어 현대의 노숙자와 같이 조용하게 살거나 마을을 나와 유민이 되어 도시로 흘러 들어가게 됩니다. 장애인도 한 사람 몫으로 인정받지 못하고 가족에게 부양받지 못하면 각설이가 되거나 유민이 되어 떠돌아다니게 됩니다.

다음으로 문제가 되는 것이 사회적 분업의 발달로 인한 소수자의 출현입니다. 이에 대해서는 이미 살펴보았지만, 그중에서도 사회 인식에 있어 기피되었던 직업과 그렇지 못한 직업은 차별받는 방식이 다르다는 점을 유념해야 할 것입니다. 사회적 분업은 소수자라도 그 사회에서 필수적이기 때문에 분업으로서 성립되므로 소수자라는 것만으로는 차별받기 어려운 것이고, 반대로 불가결하더라도 기피하는 직종, 예를 들어 부정을 없애는 역할(기요메)의 직종은 배제할 수 없기 때문에 그 차별은 기피와 경외를 동반하거나 격리와 시혜를 병존시킨 복잡한 형태가 될 것입니다.

공동체의 규약을 어겼을 경우는 사안에 따라 정도가 달라지겠지만, 마을 따돌림村八分 라고 불리는 제재로, 공동체 전체의 이름에 따라 비협력 · 무시 · 배제 · 추방 등을 합니다. 마을 따돌림은 마을 전체가 그 가족과의 교제를 끊는 제재로, 현대인의 입장에서 보면 사적 제재가 되어 인권침해가 되겠지만, 그것은 공의(막부)의 제재와 비슷한 정도로, 혹은 그보다 더 강력하게 구성원을 구속하는 것은 아닐까요. 민중의 독자적인 생활 논리는 공의 논리와 동떨어져 있기 때문입니다.

공동체 내의 배제는 또한 외부세계와의 관계에까지 미칩니다. 외부세계로부터의 방문자, 유입자 입니다. 그들은 공동체원들로서는 타인이며, 타문화를 지닌 사람들, 행운을 가져다주는, 환영해야 할 방문객, 화를 부르는 기피해야 할 침입자이기도 합니다. 그것을 처음부터 알고 있으면 간단하지만 모르기 때문에 문제가 되며 그들을 대하는 사람들은 항상 두 가지 태도를 취하지 않을 수 없습니다. 외부에서 온 사람을 친절하게 대접하는 풍습과 동시에 여차하면 그들을 냉혹하게 배제하는 것은 그런 구조 때문일 것입니다. 상품경제의 발달과 함께 사람들의 교류는 활발해지지만, 상인은 새로운 세계(상품과 지식)를 들여오고, 공동체원에게 있어서 편리나 호의호식, 혹은 외계에의 호기심 만족을 가져오는 것과 동시에, 낭비를 초래하거나 새로운 언동이 공동체의 질서를 어지럽히게 되는 것입니다. 문하생이나 수도자 · 행인 등 종교인의 내방도 마음을 즐겁게 해 주기도 하고 치료해 주는 귀중한 역할을 담당한 존재이며, 거지의 방문도 신이나 부처의 심부름으로 여겨 반드시 시주를 하는 풍습은 많은 지역에서 볼 수 있었습니다. 그러나 외래자는 때때로 도적으로 변신하거나 나쁜 병을 초래할 수도 있는 것입니다. 즉, 민중 자신이 질서와 생활을 위해서 차별을 만들어냈다는 사실을 확인해야 하지 않을까요. 그 '생활을 위해서'라는 것에는 당시의 사회적 수준으로는 어쩔 수 없었던 일도 있을 것이고, 여러 가지 전설 · 미신 · 편견 · 뜬소문이 사람들을 움직이는 경우도 많았습니다. 전염병이 창궐할 때 외래 사람을 마을에 들여보내지 않는 것은 적절한 조치였고, 마을 어귀에 금줄을 쳐서 병의 침입을 막으려는 것도 지금은 재미있는 일이지만 당시 사람들은 무척이나 진지한 작업이었을 것입니다. 그런데 전염병으로 죽은 사람이나 아직 살아 있는 병자나 같은 곳에 가두게 되면, 혹은 병으로 고통받고 있는 사람의 머리 위에서 시끄러운 소리를 내며 기도하게 되면 지금은 도저히 용서할 수 없습니다.

권력적인 질서

질서는 반드시 권력에 의해 유지됩니다. 민중적 생활공동체도 공동체의 규약을 지키기 위해서는 다양한 민중적 권력이 필요합니다. 그러나 아마도 민중적 공동체의 질서와 국가나 권문세가 혹은 기업의 권력으로 만드는 지배 질서는 이질적일 것입니다. 전자는 평등 관계를 원칙으로 하고 있는 반면, 후자는 상하관계를 기본으로 합니다. 국가의 형성은 여러 정치세력을 통합 · 지배하고 관료와 법과 제도, 그리고 그들을 지키는 군대・경찰을 만들고 민중으로부터 수탈하여 권력을 유지・강화하는 구조의 형성입니다. 그러나 그러기 위해서는 다른 여러 정치 세력들을 복종시킬 권위가 필요합니다. 여러 정치세력의 이해를 조절하고 사회 통합을 도모하기 위해 폭력 장치만으로는 오래가지 못하기 때문입니다. 국가권력은 모든 정치권력보다 초월한 권위, 세계를 설명하고 통괄하는 힘을 상징하는 권위가 필요합니다. 전근대 사회에서는 그것은 신적인 권위가 될 것입니다.

무엇보다도 권위가 권력과 분리될 수 있습니다. 중세 유럽에서 교황과 세속적 군주가 병존했듯이 일본에서도 중세 후기부터 근세에 걸쳐 천황과 세속적 군주의 분립을 볼 수 있었습니다. 중세에 성장한 권문세가 등 수장의 권위는 그 집단 내에 한정적이고, 집단을 넘는 권위는 부족합니다. 막부조차도 그랬습니다. 일본에서는 신도나 불교나 기독교의 신들도 경합하고 있습니다. 그러한 분립적인 상황에서 그 집단들을 조정하는 세계 전체의 권위로서 고대 이래의 전통을 짊어진 천황의 권위가 살아남게 되었다고 저는 생각합니다. 이 시기의 천황은 권력은 없지만 일본 전체에 통용되는 중심적인 권위의 소유자라는 것으로 가치를 인정받은 것입니다. 그래서 권력은 종종 천황의 권위를 이용하여 권력에 도움을 주기도 합니다. 국가는 이러한 권위와 권력에 의해, 더욱 문명화된 국가에서는 법률에 의해 질서를 이루어 갑니다.

이러한 국가의 권력 및 권위와 차별의 문제에 대해 생각해보겠습니다.

첫째, 국가의 권위는 군주의 개인적 카리스마성, 전통적 권위, 군대·경찰과 관료제의 힘, 국제 관계에서 권위 등으로 구성되어 있습니다. 고대·중세에 있어서 지배권력은 항상 국제 관계에서 당시 최대의 국가인 중국과의 관계를 맺고(중국 왕조로부터 어떻게 권위를 받을 것인가, 중국 왕조로부터 얼마나 독립할 것인가) 고심했고, 그만큼 주변국보다 우월적인지를 보여야 했습니다. 국내 세력들을 초월한 권위를 형성하기 위해서는 국제 관계에서 주도권을 잡는 것이 결정적이었습니다. 근세에는 국제 관계를 단절함으로써 세계 여러 나라에 우월한 권위를 연출하였습니다. 그 허구는 서양 열강의 무력 앞에 맥없이 무너지고 이에 맞설 새로운 허구·신화로서 만국을 초월하는 만세 일계의 천황 권위의 복권을 도모하게 되는 것입니다. 즉 외국은 항상 우월하거나 멸시의 시선으로 바라보았던 것입니다. 그것은 국내의 여러 정치세력을 바라보는 시선이기도 했습니다. 여러 정치세력을 그 힘에 따라 서열화하고 권위를 분할하여 군주에 대한 충성을 요구합니다. 반대로 군주나 국가에 위험한 존재에 대해서는 차별하고 배제합니다. 이로서 지배권력에 의한 질서는 상하관계에 기초를 두게 됩니다.

둘째, 권력적 질서에서는 권력자가 개인적 호불호에 따라 민중이나 부하의 일부를 차별하는 일이 종종 발생합니다. 그 호불호도 사회적으로 형성된 것인데, 문제는 그러한 전제를 허용하는 체제에 있어 합의와 법에 의해 전제를 얼마나 제어할 수 있는가 하는 것입니다. 민주주의와 법치주의의 완성도가 높은 근대국가에서도 군주 대권이나 대통령 특권에 의할 뿐만 아니라 권력자의 개인적 호불호에 의한 차별이 적지 않습니다. 권력은 이러한 자의성을 본질적으로 갖고 있는 것이며, 그렇기 때문에 민주주의에서는 항상 민중의 감시와 비판이 필요합니다. 민중이 간과하면 공범자가 되는 것입니다.

셋째, 사회구성원의 순위입니다. 고대 율령제에서는 중국을 모방하여 귀족층의 등급과 양민과 천민을 구별하였습니다. 고대의 천민제가 붕괴되면서 자립적인 집단들 속에서 서열화가 이루어졌고 근세에는 신분제가 그 기틀이 되었습니다. 신분제는 사회구성원의 등급 부여를 고정화함으로써 질서의 안정을 꾀하는 것입니다. 200여 년이나 지속된 그 고정화는 차별을 자연스러운 것으로 믿기에는 충분하다고 할 수 있습니다.

근대에 와서 '사민평등'이라든가 '일군만민'이라 하여, 천민제 폐지령 등에 의해서 신분제가 폐지되어 표면적으로서는 국민이 평등해졌습니다. 그러나 새로운 신분제로서 '신성불가침'이라는 초월한 천황이 있고 그 주위에 화족이 배치되었으며, 나머지는 평등한 천황의 신민으로 여겼습니다. 그러나 메이지헌법 하에서는 같은 신민이라도 민법의 가부장적 차별이나 선거권의 제한으로 순위를 매겼으며, 또한 남성은 징병검사에서 순위를 매깁니다. 성이나 재산이나 체력에 의한 등급설정입니다.

법 아래에서의 평등이라고 해도 그 평등성은 자기 책임을 전제로 한 지극히 형식적인 것으로, 따라서 빈부의 차이, 학력의 차이, 신체 능력 차이의 내력을 묻지 않는 평등은, 우수한 자에게는 아주 적절한 대우가 됩니다. 평등이 차별을 낳는 셈이죠. 근세에 열악한 조건이었던 천민과 아이누, 오키나와인, 그리고 그 밖의 주변부 사람들로서는 근대에 다른 백성들과 평등하게 대우받는다는 것은 차별을 받는 일이었습니다. 특히 아이누나 오키나와인은 언어도 다르고 생활 양식이나 문화가 달랐기 때문에 다른 국민과 평등하게 한다는 것은 거기에 동화시킬 수 있다는 것을 의미했습니다. 즉 일본어를 익혀 천황의 신민다운 자질을 갖추지 않으면 안 되는 것입니다. 지금까지 키워온 독자적인 언어와 문화는 야만적인 것으로 부정됩니다. 실은 메이지 시대에는 다른 국민도 구어는 모두 방언으로, 가고시마현 사람이 아오모리현 사람과 이야기해도 통하지 않는 것은 흔한 일이었습니다. 문자 문화나 유교 문화 등 공통성이 있어도 지역에 의한 풍속 습관의 차이도 적지 않았습니다. 그렇기 때문에 국민(신민)은 국가에 의해 조속히 창출되어야만 했습니다. 일본어를 공유하고 천황의 신민인 문명인을 육성하기 위해 학교 교육의 보급이 매우 중요한 과제가 되었습니다. 여기에서 문명주의와 학력주의에 의한 차별도 생겨나는 것입니다만 그것은 어떤 의미에서 새로운 대규모 교화·동화同化 운동이었다고 할 수 있겠지요. 니시카와 나가오(西川長夫)의 『<신>식민지주의론』은 이것을 국민의 식민지화라고 말하고 있습니다.

또 표면적으로 법치국가를 방침으로 하는 근대 일본국가는 그 법의 범위 안에서 자본주의의 발전을 도모하지 않으면 안됩니다. 실제로는 개척사관유물불하 사건을 비롯해 국가 자신이 이를 위해 여러 가지 탈법 행위도 하지만 다카시마 탄광 사건이나 가여운 여공 등으로 대표되는 자본가들의 노동자에 대한 가혹한 수탈 행위 등에 대해서는 보고도 못본체 합니다. 부작위不作為의 차별입니다. 피차별 부락민에 대한 차별도 부작위의 차별이나 형식적 평등에 의한 차별이 전개되었는데, 게다가 관헌은 오히려 항상 일반인 편에서 부락민을 멸시하고 경계하게 된 것이었습니다. 즉, 권력이 당시 사회 의식을 배경으로 하층민이나 부락, 슬럼, 장애인 등을 멸시하고 차별의식으로 대처한다고 하는 문제가 크다고 할 수 있습니다. 메이지 초년에 의지할 곳 없는 사람을 구제하는 규칙이 만들어졌지만, 그것은 무화과잎과 같은 것으로 사회보장제도라고는 할 수 없었습니다. 총력전 체제하에서 사회 보장 제도의 싹이 트고, 전후 정비가 본격적으로 진행되면서 확인해야 할 것도 있지만 아직 저변에 시달리는 사람들의 생활을 보장하지는 못했습니다. 그것은 현재의 최대의 차별이라고 해도 좋을 것입니다.

네 번째로 질서를 위반한 자, 위반할 우려가 있는 자를 법에 근거하여 배제하는 것이지만, 메이지 헌법하에서는 국민은 천황의 신민으로 정의됨으로써 불경죄를 비롯한 언론·집회·출판 자유의 제한이 있어 기본적 인권을 무시한 기준에서의 배제로 감옥에 갇히게 됩니다. 근대 감옥은 죄수들에 대해 징벌과 함께 갱생을 도모할 것을 내세우지만, 가혹한 죄수 노동이나 옥중에서의 고문이 무반성으로 행해진 것은 죄수를 한 인간으로 보지 않는 멸시관에 의한 것이었겠지요. 높은 담으로 인해 사회로부터 격리된 감옥은 사시사철 일거수일투족을 감시당하는 다른 세계였습니다. 쇼와 헌법으로 기본적 인권이 인정되게 되었다고는 하지만, 자백을 강요하는 고문이 없어진 것도 아니고, 감옥이 얼마나 갱생을 위한 배려를 갖추고 있는가 하는 문제입니다. 게다가 죄인을 낸 가족들이 주변 사회로부터 공격·혐오·멸시·배제의 취급으로 차별되는 상황은 여전히 변하지 않은 것이 아닐까요. 오히려 범죄자에 대한 격렬한 비난은 언론을 통해 부추기고 확대되는 추세입니다. 세계적인 조류는 사형을 없애 죄수를 감옥에서 해방시키려는 방향으로 흘러가고 있지만, 일본에서는 오히려 사형이 증가하고 처벌을 엄격하게 하는 방향이 강해지고 있는 것은 국가 권력을 강화하려는 내셔널리즘과 관련되어 있다고 생각할 수 없습니다.

가난한 사람이나 질서를 위반하거나 어지럽힐 우려가 있는 사람은 슬럼이나 빈민가 형태로 격리되어 있고, 전염병 환자나 정신 장애자는 병원이라고 하는 형태로 격리되어 있습니다. 이것들은 권력에 의한 강제적인 포위가 됩니다만, 그들에 대한 공포와 멸시의 편견은 사회 의식이 되어 사람들을 구속하고 멸시나 배제의 행동을 취하게 합니다. 외국인도 항상 그런 경계의 대상이 되고, 특히 개발도상국 사람들에 대한 권력의 경계는 편견을 가진 경찰의 단속이 가해집니다.

민족·인종 차별

다섯째, 외국과의 교류에서의 방위 문제입니다. 국가는 우선 일본 국민과 일본 국민이 아닌 사람을 국적의 유무에 따라 구별하고 차별합니다. 이것은 극히 간단하지만 실은 복잡합니다. 일본인이라도 결혼하거나 이민을 가서 국적을 옮기면 일본 국내에 거주하더라도 일본 국가로부터 사회보장이나 선거권 등에서 일본인과는 다른 취급을 받게 됩니다. 일본에서 피해를 당해도 외국인이기 때문에 차별을 당합니다. 예를 들면 한국 · 조선인 원폭 피폭자에 대한 보상과 의료에 대한 차별이 있습니다. 일본 사회의 인종차별 · 민족차별 문제는 이미 아이누 · 오키나와 사람의 예로 보았습니다만, 그 외에도 재일한국 · 조선인이나 일본계 브라질인을 비롯한 일본계 사람이나 필리핀인 등의 비서양 세계에서 온 외국인 노동자에 대한 차별이 아직도 소홀히 할 수 없는 문제를 제시하고 있습니다.

민족·인종차별에 있어서는 대만·한국은 식민지화 및 전쟁에서 큰 비극을 낳았지만 전후 세계적인 반성이 시작되었습니다. 그리고 네오·나치의 대두에 위기감을 느낀 서양 국가들의 제안으로 1965년 국제연합에서 '인종차별 철폐에 관한 국제조약'이 채택되었는데, 일본은 1995년 146개국째 겨우 이 조약의 체결국이 된 것입니다. 일본 정부가 30년간이나 체결을 주저해 온 것은 국내법의 자유권에 저촉된다거나 일본에는 인종차별이 없다고 하는 정치가들에 의한 것이라고 합니다만, 요컨대 식민지 지배나 전쟁에 대한 반성이 없고 의욕이 없었다는 것이며, 국민도 그런 점에서 무신경했다고 할 수밖에 없다고 생각합니다. 그 아래에서 인종차별이 계속되어왔고, 이 조약을 체결한 후에도 이는 계속되고 있다고 해야겠지요. 인종차별사건이 일어나도, 예를 들어 아이누 멸시로 일어난 폭력사건이라도 국적=민족으로 간주하는 것에 의해, 같은 일본인끼리의 폭력 사건에 지나지 않는다고 처리되기 때문입니다. 더욱이 인종차별 행위에 대한 벌칙 규정이 없는 것도 그 사건을 은폐하고 사람을 사람같이 여기지 않고 있다고 해야 합니다. (오카모토 마사토시岡本雅享 편저『일본의 민족차별』)

이러한 인종차별 문제에 대한 정부의 둔감, 국민의 무관심은 어디에서 오는 것일까요. 여기에 일본 특유의 문제도 있는 것이 아닐까요. 그중 하나가 천황제의 문제가 있다고 생각합니다. 혈통을 소중히 한다거나 혈통에 따라 존비의 서열을 매기는 것은 인류의 숙명처럼 어느 나라에나 있으며, 근대국가의 국민 형성은 일정한 민족이나 인종에 귀속된다는 동일성을 내걸고 이루어지는 것이 일반적이었어요. 그것은 현대에 있어서도 뿌리 깊게 사람들을 움직이는 관념이 되어, 혹은 각자의 아이덴티티를 지지하는 역할을 하고 있다고 말할 수 있겠지요. 그러한 혈통신앙이 인종차별을 비롯한 다양한 차별의 원천이 된 것입니다.

일본의 경우, 만국을 초월한 만세일계의 황통을 신성시한다는 근대 신화가 근대 일본 민족국가 권위의 기둥이 되어 식민지 지배나 전쟁에서도 맹위를 떨친 것은 이미 보아 온 대로입니다만, 쇼와 헌법에 있어서도 '국민통합의 상징'으로 규정되어 있음으로 해서 더욱 정치적·사회적 권위의 정점을 차지하고 있다는 문제가 있는 것이 아닐까요. 만세 일계의 황통의 신성화는 전후에도 다양한 황실 행사나 후계자 논의에서도 볼 수 있습니다. 그리고 궁극적으로 국민 각각의 귀속 의식이나 사회적 가치 혹은 권위에 대한 위치를 설정하는데 있어 그 서열의 정점에 천황 권위가 존재하고 있습니다. 또 외국인 문제에 있어서도 외국인과 일본인을 구분하는 문제나 일본계 자손의 몇 촌까지를 일본인이라고 보는지에 대한 판정 기준의 문제는 항상 순수혈통의 일본인이라는 존재하지도 않는 혈통신앙과 관계되어 있습니다. 피차별 부락민의 문제도 사실은 부락민 간의 혈통의 동일성은 없습니다. 그러나 혈족집단으로 간주해 온 역사가 조선으로부터의 도래 민족이라든지 에조의 후손이라는 허설을 낳아 인종적 차별관념으로 인식되어 온 문제가 있습니다.

일본의 인종·민족차별은 종종 가난, 불결, 학력, 말투 등의 여러 가지 이유로 문명과 야만을 구분하고, 문명주의, 다위니즘, 내셔널리즘 등의 차별주의적 이데올로기와 결합해 왔습니다. 그리고 직접적이든 간접적이든 이를 지탱하는 하나의 힘으로서 사회 의식의 기저에 흐르는 천황의 권위를 빼놓을 수 없습니다. 현대의 천황가는 항상 일본 국민에게 모범적인 가족의 모습을 보이고, 평화와 행복을 바라는 자비로운 군주를 연기함으로써 '국민 통합의 상징' 역할을 하고 있습니다. 이를 위해 황실 사람들이 신앙 · 언론 · 거주 · 이동 등등의 자유를 가질 수 없다는 것에는 동정을 금할 수 없습니다만, 국민 통합의 상징으로서 현대 일본의 차별 질서의 정점에 있는 것은 변함이 없습니다. 천황의 천황이라는 이유는 만세일계의 황통이라는 신화라는 것 외에는 아무것도 아닙니다.

사회의식

사회의식이란 사회 구성원의 대다수가 공유하는 사고나 감정을 의미하며 사회 규범, 이데올로기, 습관, 도덕 등을 말합니다. 이는 사회 질서를 뒷받침하고 있으며, 따라서 대부분의 경우 사람들은 이 사회의식의 틀에서 벗어나기가 대단히 어렵습니다. 자신이 자유롭게 사고하고 행동하고 있다고 생각해도 사회의식의 틀에서 벗어나려면 상당한 용기와 결단, 넓은 시야와 정보 등 몇 가지 조건이 필요할 것입니다. 그러나 또한 사회의식은 기층이나 표층, 민중적인 것과 지배층의 이데올로기 등 여러 층의 흐름이 대립하거나 보완하거나 공유하면서 복잡하게 얽혀있어서 질서가 안정적인 경우는 지배 이데올로기가 주류로 표층을 덮고 있습니다. 국가나 기업은 지배를 위해 민중에게 여러 가지 규범을 강요합니다만, 거기에는 민중적인 규범을 편입시키지 않으면 실효성이 부족합니다. 따라서 거기에 공유 관계를 지니도록 하여 안정적 지배를 성립하는 것입니다. 사회의 지배적 이데올로기는 지배계급의 이데올로기라고 일컬어지는 이유입니다. 사회적 차별은 이러한 사회의식에 의해 확고해져서 사람들을 구속하고 권력에 의한 직접적인 차별을 가세하여 개인적 · 집단적으로 무시나 멸시, 격리나 가둠, 혹은 배제라고 하는 형태로 약자나 피차별민을 압박하게 될 것입니다. 그러나 질서가 혼란스러워지면 민중의식이 있는 부분이 돌출되고 확대되며 사회의식이 되어 지배권력에 대한 변경을 요구하여 새로운 전개를 만들어 내는 힘이 되기도 합니다. 사회의식은 항상 가변적인 것입니다.

게가레 관념도 이와 같은 중요한 사회의식의 하나입니다. 게가레(더러움, 부정) 관념은 민중적 공동체에서도 생사에 있어 이를 두려워하거나 축복하기 위한 터부로 만들어진 것이라고 생각합니다. 고대국가의 율령에도 연희식延喜式에는 사망자가 있을 경우는 30일, 출산 시에는 3일간 기일을 가져야 한다고 규정되어 있습니다. 이는 중국의 복상服喪규정을 이어받은 것이지만, 일본에도 그 이전부터 토속적인 규범이 있어서 죽음이나 삶에 대한 공통된 우려가 있었다고 생각할 수 있습니다. 그 규범은 율령제를 받아들이기 전에는 더 다양하고 지역에 따라 달랐을 것이고, 또 율령제 이후에도 민중 차원에서는 부정형으로 지역 차이가 있었겠지만, 귀족사회에서는 율령하에 한결같이 복종하게 되는 것입니다.

고대사회에서는 사회규범에 대해 지배층과 피지배층과의 단절이 컸지만, 시대가 진행됨에 따라 또 민중의 자립성이 높아짐에 따라 지배층은 피지배층과의 단절을 메울 필요가 있었습니다. 에도 시대가 되면 민중 측에서 지배층의 규범을 습득하거나 지배층이 민중의 관습을 배려하게 되어 복기령服忌令도 무사를 기준으로 정했지만 그 대상은 무사와 서민입니다. 서민이 그것을 얼마나 지켰는지는 의문이지만, 게가레에 관한 규범도 공통도가 증가했다고 할 수 있습니다. 그로 인해 천민들이 차별을 받는 정도가 더욱 심해진 것이 아닐까 생각합니다.

근대는 이러한 케가레 관념을 비과학적이고 불합리하다고 부정합니다. 메이지 정부는 에도 시대의 복기령을 계승했지만 1898년 민법 시행과 함께 그것도 무효가 되었습니다. 하지만 저는 근대 위생 관념의 보급이 전근대의 게가레 관념과 겹쳐져 근대적 차별의 강력한 계기가 된다고 말했습니다. 확실하게 불결로부터 죽음을 초래한다는, 불결로 인해 병원균이 전염 · 증식을 하고 죽음을 초래한다는 의미에서 게가레와 공통적인 것입니다. 그 때문에 게가레에서 불결로의 이행이 용이하게 이루어졌다고 생각합니다. 이를 단적으로 나타내는 것이 1884년의 묘소 규칙으로, 묘소를 '국도, 지방도, 철도, 큰 강'이나 '인가人家'의 주변에 만드는 것을 금지합니다. 이는 근대 위생 관념에 의한 조치라고 합니다만 그와 동시에 죽음과 같은 불미스러운 것의 배제를 의도한 것이라고 할 수 있습니다. 좀 더 추궁하면 천황이 다닐 가능성이 있는 장소를 청정하게 해 두는 조치라고 해도 좋지 않을까요. 천황의 행차 경로는 항상 케가레 배제를 위한 배려가 이루어지고 그 현저한 예로 1903년 내국권업박람회内国勧業博覧会 행차 시에 그 회장 근처의 슬럼이 이전된

적이 있습니다. 천황 즉위 시의 다이죠사이(大嘗祭)를 비롯해 황실의 신도적인 제사에는 유달리 청정을 연출하는 것도 주목됩니다. 국민에게 제시된 황실 주변의 청정한 공간은 근대에서 만들어진 것이라고 할 수 있지 않을까요. 즉 천황의 신성성은 무엇보다도 게가레를 제거한 청정함에서 나타났다고 할 수 있겠지요. 그 표현 방식도 근대에 와서 국민이 볼 수 있도록 변화해 온 것은(중심 부분은 은밀한 일입니다만) 아닐까 하는 생각을 저는 하고 있습니다.

일본에서 1960년대부터의 고도성장 경제는 일반 민중의 생활 환경에서도 이상하게 청결도를 높여왔습니다. 그것은 반대로 생활 주변의 보기 싫은 곳에 쓰레기나 산업폐기물을 버리는 장소를 만들고 바다나 하천을 더럽히게 되었습니다. 지극히 주관적이고 자기 중심적인 것이지만 청결도가 높아지면서 불결에 대한 혐오감과 공포가 높아져 그러한 존재를 배척하는 감성이 높아졌습니다. 불결함은 공포임과 동시에 야만의 상징으로서 기능해 왔지만, 그것은 문명인이 야만·미개인을 멸시·차별하는 점점 강력한 감성적 상징으로 민중을 사로잡고 있다고나 할까요. 현대 일본의 사회의식이 되어있는 제국 의식은 이러한 감성에 의해 유지되고 있는 것이 아닐까요.

현대에 있어서 매스컴이 사회의식의 형성에 큰 힘을 가지고 있는 것은 말할 필요도 없습니다. 그러나 전후 전쟁 협력에 대한 반성으로 권력 비판의 태도를 만들어 온 일본의 저널리즘도 글로벌리즘의 전개와 함께 급속히 비판 정신을 상실하고 내셔널리즘과 시장원리주의의 선양에 빠져들어 국제적으로도 언론의 자유도가 낮다고 여겨지기에 이르렀습니다. 한편, '주먹밥이 먹고 싶다'고 하며 굶어 죽은 노인의 세계가 있는데도, 매일 질릴 정도로 사치스러운 음식 방송을 몇 시간이고 계속 내보내는 텔레비전의 퇴폐는 고대 로마 제국 말기의 지옥 그림을 보는 것과 같습니다.

그러나 2007년 참의원 의원 선거에서 자민당의 큰 패배는 이러한 매스컴이 만들어 낸 사회의식에 답답함을 느낀 민중의 정의감이 초래한 것이라고 할 수 있습니다.

민중의 정의를 요구하는 사회의식이라고 할 수 있을 것입니다. 그것이 제국 의식을 극복하는 것인지 아닌지는 문제지만, 적어도 지금까지 덮고 있던 일본의 사회의식에 변화가 생길 수 있다는 가능성을 보여주고 있다고 생각합니다.

지구의 위기

역사는 진보하고 있느냐고 묻는다면 그렇다고도 또 그렇지 않다고도 대답할 수 있겠지요. 차별의 역사도 원시공동체에서 집단의 규모가 커지면서 차별이 만들어지고, 그것은 점차 다양하게 심화되었습니다. 이러한 차별을 부정하고 인류 모두의 평등을 선언한 것이 근대였습니다. 국제연합헌장에서도 인류 평등을 선언하며 다양한 차별을 부정하는 결의와 조약을 만든 것은 인간 평등의 정신과 이를 위한 시책이 세계적으로 확대된 것이고, 누구나 그것에 대해 이해를 표하게 된 것은 역사의 큰 진보라고 할 수 있겠지요. 그래서 저는 차별 극복의 선진국인 북유럽 여러 나라의 대응에 큰 희망을 갖고 있습니다. 그러나 현대의 차별은 한 나라만으로 해결될 수 있는 일이 아닙니다. 세계화의 전개와 함께 차별도 세계적으로 연쇄하고 있는 것입니다. 차별에 대한 이해가 깊어졌는데도 불구하고 아니, 그 때문에 더욱 잔혹해지는 다양한 차별 현상을 우리는 눈감아줄 수 없습니다. 그것은 마치 역사를 되돌리고 있는 것처럼 처참하여 지구의 지옥을 상상하게 합니다. 게다가 그 상황은 멈출 수 없는 전쟁이나 지구 온난화의 위기 아래에서 한층 더 격렬해지고 있는 것처럼 생각되어 견딜 수 없습니다.

지구 온난화가 인류 세계를 파멸시킬 위기라고 외치고 있습니다. 실제로 21세기에 들어 북극의 빙산이 급속히 녹기 시작한 것으로 보고되고, 세계 각지에서 호우나 홍수를 일으키거나 반대로 가뭄에 의한 사막화를 초래하는 기상 변동이 일어나고 있습니다. 그리고 그로 인해 피해를 입고 삶의 근거를 빼앗기는 사람들이 급속히 확대되고 있습니다. 이 위기에 대한 논의는 많으므로 내가 재차 논할 필요도 없는 것이지만, 문제는 그러한 위기가 인간에 의해서 만들어져 왔기 때문에 인간의 힘으로 극복할 수 있다는 것입니다. 온난화의 위기는 당장 CO2의 증대입니다만 그것은 산업혁명으로 비롯된 근대공업화 200년 역사에 의한 것과 종종 일어나는 전쟁이며, 직접적으로는 20세기 말부터의 글로벌리즘이 급속하게 전개되기 때문일 것입니다. 문제는 그러한 움직임이 차별적으로 추진되어 왔다는 것이며, 한층 더 차별 문제를 격화시키고 있다는 것입니다. 온난화로 인한 영향은 국지적으로 산 너머는 홍수인데 이쪽은 가뭄으로 고르지 못하며, 게다가 사회적 기반이 약한 지역일수록 피해가 큽니다. 사회적 기반이 약한 것은 지금까지 차별되어 온 지역에 많습니다. 기후변화의 직접적인 영향뿐만 아니라 그것이 미치는 전 세계적인 경제 변동도 사회적 약자에게 집중 타격을 주고 있습니다. 하지만 이대로 가면 핵전쟁과 마찬가지로 강자도 약자도 공멸하는 인류의 파국이 올 것입니다.

온난화를 일으킨 것은 기본적으로는 지금까지의 강자·글로벌리즘에 의한 것으로 이 위기를 극복하기 위해서는 강자가 자기변혁을 하지 않으면 해결할 수 없는 상황에 와 있습니다. 1997년의 '교토의정서'가 보여주듯이 글로벌리즘도 이러한 제약을 받지 않을 수 없었습니다. 그렇다고 해서 모든 사람이 일치 협력하게 되겠습니까. 극히 위험하다고 생각합니다. 현재의 위기를 해결할 방법은 CO2 삭감을 위해 G8 등 공업화를 추진하는 여러 나라와 기업의 노력과 '문명인' 각각의 생활 변혁을 도모해야 합니다. 또 동시에 대규모 차별을 만들어내는 전쟁을 근절하고 생명과 빈궁을 구제하기 위해 인류적 규모의 사회보장제도를 구축해 가는 등(이는 전 세계 군사비를 모두 투입한다면 가능할 것이라고 생각합니다) 지구 전체를 시야에 넣은 차별 극복의 노력을 진행시켜 나갈 수 밖에 없습니다. 그것은 또한 일본 평화헌법이 가리키는 방향이기도 합니다. 현대 일본의 피차별자들, 여성, 장애인, 궁핍자, 아이누, 오키나와인, 부락민, 재일한국·조선인, 제외국인 등에 대한 차별, 또 권력, 미디어, 익명에 의한 언론 억압 등을 포함해 이러한 상황은 여전히 계속되고 있습니다. 이를 타파하는 것이 전쟁과 지구 온난화를 저지하는 데 통하는 중요한 방법이 아닐까요.

물론 이는 쉬운 일은 아닙니다. 오늘날의 일본은 도의성에서 세계의 신용을 잃고 경제력에서도 세계로부터의 평가가 낮아지고 있습니다. 게다가 사회적·경제적인 혼란이 한층 더 깊어질 것으로 예상되는 오늘날에 있어 오히려 차별적인 이데올로기, 즉 글로벌리즘이 내셔널리즘과 결부되어 약육강식의 논리로 도량할 위험성은 크다고 생각하기 때문입니다. 하지만 그 길은 지구 전체가 멸망해 가는 길이라고 생각합니다. 차별 극복의 출발점은 지금까지의 역사에서 배우면서 문명, 자립, 건전, 혈통의 기준으로 인간을 측정하는 것이 아니라 모든 사람들의 생명을 소중히 하고 서로 돕는다는 가장 기본적인 것(이것이야말로 중요한 것입니다.)에 있습니다. 이러한 시스템을 만드는 데 있습니다. 그 방향으로 유엔을 움직이고 국정을 변혁하고 지역사회를 개조하여 자기 자신을 변혁하는 것이 필요하다고 생각합니다.

그러기 위해서는 미래의 차별을 극복한 인류공동체를 상정하고 거기에 자신을 귀속시켜 정체성의 근거를 설정하는 것이 필요할 것 같습니다. 다국어 · 다문화의 세계에서 차별이 없는 관계를 어떻게 만들어 나갈지, 그 구상조차 극히 어려운 일이며, 그것은 허위의식을 필연적으로 수반하는 것이겠지만, 국가 · 민족 · 기업 · 사회적 지위 등 차별의 질서로부터 자신을 해방시키는 방법이 될 것이기 때문입니다.

인용·참고문헌 일람

제1장

マリノウスキー『未開社会における犯罪と慣習』1926(青山道夫訳、新版、新泉社、2002)
石母田正『日本古代国家論』、岩波書店、1973
平雅行『親鸞とその時代』、法藏館、2001
白河法皇編著『梁塵秘抄』校訂 小林芳規・武石彰夫(『梁塵秘抄閑吟集狂言歌謡』新日本古典文学大系56、岩波書店、1993)
道元『正法眼蔵』1147、校訂 寺田透・水野弥穂子(『道元上』日本思想大系12、岩波書店、1970)

제2장

横井清『中世民衆の生活文化』東京大学出版会、1975
網野善彦『無縁・公界・落－日本中世の自由と平和』平凡社選書58、平凡社、1978
大山喬平「中世の身分制と国家」『岩波講座 日本歴史8 中世4』岩波書店、1976
黒田日出男『境界の中世 象徴の中世』東京大学出版会、1986
脇田晴子『日本中世被差別民の研究』岩波書店、2002
ラス・カサス『インディアス史1』(『大航海時代叢書』2-21、岩波書店、1981)
フランシスコ・ザビエル/野純徳訳『聖フランシスコ・ザビエル全書簡』第三卷、東洋文庫、平凡社、1994
デ・サンデ『天正遣欧使節記』(泉井久之助 外 訳、新異国叢書5、雄松堂書店、1979)
朝尾直弘『天下一統』大系日本の歴史8、小学館、1988
佐々木史郎「北海の交易－大陸の情勢と中世蝦夷の動向」『岩波講座日本通

史』第10巻 中世4、1994
網野善彦『日本中世の百姓と職能民』平凡社、2003
メアリ・ダグラス/塚本利明訳『汚穢と禁忌』1985、思潮社『塵袋』校訂・大西晴隆・木村紀子(『塵袋1』東洋文庫、平凡社、2004)

제3장

朝尾直弘『鎖国』日本の歴史17、小学館、1975
山本常朝『葉隠』、1716、校訂・相良亨(『三河物語 葉隠』日本思想大系26、岩波書店、1976)
林羅山『春鑑抄』、1629、校訂・石田一良(『藤原惺窩林羅山』日本思想大系23、岩波書店、1975
山崎闇斎『神代巻講義』校訂・阿部秋生(『近世神道論前期国学』日本思想大系39、岩波書店、1972)
如儡子『可笑記』、1642(『仮名草子集』近代日本文学大系第一巻、国民図書株式会社、1928)
加藤康昭『日本盲人社会史研究』未来社、1974
高木昭作『日本近世国家史の研究』岩波書店、1990
朝尾直弘「近世の身分とその変容」(『日本の近世』7、中央公論社、1992)
峰岸賢太郎『部落問題の歴史と国民融合』部落問題研究所、1994
上杉聡『部落史がかわる』、三一書房、1997
寺木伸明『近世身分と被差別民の諸相』解放出版社、2000
脇田修『河原巻物の世界』東京大学出版会、1991
徳川光圀『西山公随筆』(『日本随筆大成Ⅱ－14』吉川弘文館、1994
福澤諭吉『舊藩情』、1877(慶応義塾編『福澤諭吉全集』第七巻、岩波書店、1959)
福澤諭吉『福翁自伝』、1899(『福澤諭吉全集』第七巻)
貝原益軒『女大学』、1733(『貝原益軒 室鳩巣』日本思想大系34、岩波書店、1970
田中丘隅「民間省要」、1721、校訂・村上直(『新訂民間省要』有隣堂、1996)
『禁服訟歎難訴記』校訂・倉地克直(『差別の諸相』日本近代思想大系22、岩波書店、1990)
食行身禄「三十一日の御巻」(井野辺茂雄『富士の信仰』名著出版、1973)
安丸良夫『日本の近代化と民衆思想』青木書店、1974

司馬江漢『春波楼筆記』、1811(『司馬江漢全集』第二巻、八坂書房、1993)
安藤昌益『統道真伝 上』、1752、校訂・奈良本辰也岩波文庫、1966)

제4장

福澤諭吉『学問のすゝめ・初編』、1872(『福澤諭吉全集』第三巻、岩波書店、1859)
福澤諭吉『全集緒言』、1898(『福澤諭吉全集』第一巻、岩波書店、1958)
小川為治『開化問答』、1874(明治文化研究会編『明治文化全集』24 文明開化編、明治文化研究会、1926)
植木枝盛『民権自由論』、1879(『明治文化全集』2 自由民権編、明治文化研究会、1926)
児島彰二編『民権問答』、1877(『明治文化全集』2)
福澤諭吉『西洋事情・初編』、1866(『福澤諭吉全集』第一巻)
安達正勝『ナポレオンを創った女たち』集英社新書、2001
古田武彦『失われた日本−「古代史」以来の封印を解く』原書房、1998
福澤諭吉『覚書』、1875(『福澤諭吉全集』第七巻、岩波書店、1959)
加藤弘之『国体新論』、1875(『明治文化全集』2)
加藤弘之『真政大意』、1870(『明治文化全集』2)
福澤諭吉『文明論之概略』、1875(『福澤諭吉全集』第四巻、岩波書店、1959)
帆足万里「東潜水夫論」、1844(『帆足万里全集』第一巻、ぺりかん社、1988)
千秋藤篤「穢多を治るの議」、1854、校訂・原田伴彦(『日本庶民生活史料集成』第14巻、三一書房、1971
「福岡復権同盟結合規則」、1881(日本近代思想大系22『差別の諸相』岩波書店、1990)
上杉聰『明治維新と賤民廃止令』、解放出版社、1990
大阪の部落史委員会編『大阪の部落史』第四巻資料編、部落解放・人権研究所、2002
京町触研完全編『京都町触集成』第十三巻、岩波書店、1987
池田敬正「流民集所から窮民授産所へ」『部落問題研究』74臨時号、部落問題研究所、1982
吉田久一『日本貧困史』、川島書店、1984
「東京十五区臨時会議事録」藤森昭信編『都市 建築』日本近代思想大系19、岩波書店、1990

中嶋久人「『都市下層社会』の成立－東京」(小林丈広編著『都市下層の社会史』部落解放・人権研究所、2003)
吉村智博「近代初頭の『釜ヶ崎』－都市下層社会形成史序説」『大阪人権博物館紀要』第8号、大阪人権博物館、2004
増田義郎・柳田利夫『ペルー・太平洋とアンデスの国』中央公論新社、1999
ジュディス・ウォルコウィッツ「危険な性行動」G・デゥビィ、M・ペロー編『女の歴史IV十九世紀2』藤原書店、1996
バーン&ボニー・ブーロ/香川檀・家本清美・岩倉桂子訳『売春の社会史－古代オリエントから現代まで』筑摩書房、1991
『明六雑誌』第8号、1874(『明治文化全集』雑誌編、明治文化研究会、1926)
山川菊栄『おんな二代の記』、1956(『山川菊枝集』第九巻、岩波書店、1982)
ニコル・アルノ—デュック「法律の矛盾」『女の歴史IV 十九世紀1』藤原書店、1996
岸田俊子「吾が同胞姉妹に告ぐ」(『湘煙選集』第一巻、不二出版、1985)
アンヌ・マリーケッペーリ「フェミニズムの空間」『女の歴史IV 十九世紀2』植木枝盛『東洋之婦女』(『植木枝盛集』第二巻、岩波書店、1990)

제5장

スティヴン・カーン/喜多迅鷹・元子共訳『肉体の文化史－体構造と宿命』文化放送開発センター出版部、1977
福田眞人・鈴木則子編『日本梅毒史の研究－医療・社会・国家』思文閣出版、2005
長与専斎『松香私志下巻』校注・小川鼎三・酒井シズ(『松本順自伝・長与専斎自伝』東洋文庫、平凡社、1980)
福澤諭吉「脱亜論」『時事新報』1885년 3월 16일日(『福澤諭吉全集』第十巻、岩波書店、1960)
山田昭次「明治前期の日朝貿易」『家永三郎教授東京教育大学退官記念論集2 近代日本の国家と思想』三省堂、1979
ひろたまさき「対外政策と脱亜意識」歴史学研究会・日本史研究会編『講座日本歴史7 近代I』東京大学出版会、1985
植木枝盛『無上政法論(板垣政法論)』、1883(『植木枝盛集』第一巻 岩波書店、1990)
馬場辰猪「外交論」、1880(西田長寿ほか編『馬場辰井全集』第一巻、岩波書

店、1987)
中江兆民「論外交」、1882(松本三之介ほか編『中江兆民全集』14卷、岩波書店、1985)
色川大吉「日露戦争と兵士の意識」『東京経済大学会誌・七〇周年記念論文集』、1969
ルース. ベネディクト/筒井清忠ほか訳『人種主義 その批判的考察』名古屋大学出版会、1997
松田京子『帝国の視線－博覧会と異文化表象』吉川弘文館、2003
水谷驍『ジプシー歴史・社会・文化』平凡社新書、2006
小熊英二『単一民族神話の起源』新曜社、1995
新谷行『アイヌ民族抵抗史－アイヌ共和国への胎動』三一新書、1972

제6장

高崎宗司『植民地朝鮮の日本人』岩波新書、2002
明石博隆・松浦総三編『昭和特高弾圧史』第五巻・庶民編、大平出版社、1975
藤野豊編著『歴史のなかの「癩者」』ゆみる出版、1996
ブルース・カミングス/鄭敬謨・林哲訳『朝鮮戦争の起源第1巻－解放と南北分断体制の出現 1945-1947』シアレヒム社、1989
張文環『地に這うもの』現代文化社、1975
ブルース・カミングス/横田安司ほか訳『現代朝鮮の歴史－世界のなかの朝鮮』世界歴史叢書、明石書店、2003野田正彰『戦争と罪責』、岩波書店、1998
吉田裕『日本の軍兵士たちの近代史』岩波新書、2002
小原孝太郎/江口圭一・芝原拓自編『日中戦争従軍日記－一輜重兵の戦場体験』愛知大学国研叢書1、法律文化社、1989
吉見義明『従軍慰安婦』岩波新書、1995
ひろたまさき「従軍慰安婦問題の語られ方」『近代日本を語る－福澤諭吉と民衆と差別』吉川弘文館、2001
タカシ・フジタニ「ネーションの語りとマイノリティの政治」『文化交流史研究』創刊号、1997
『俘虜月報』1942년 7월(永井均「連合国民間人抑留者の戦争－日本占領下フィリピンの事例を中心に」『帝国の戦争経験』岩波講座アジア・太平洋戦争4、岩波書店、2006)

内海愛子「敵国人になる」『文化交流史研究』創刊号、1997
西川長夫『<新>植民地主義論－グローバル化時代の植民地主義を問う』平凡社、2006
ジョン・ダワー/三浦陽一・高杉忠明訳『敗北を抱きしめてI 第二次大戦後の日本人』岩波書店、2006
藤目ゆき『性の歴史学－公娼制度・堕胎罪体制から売春防止法・優生保護法体制へ』不二出版、1997
遠藤公嗣「労働組合と民主主義」中村正則ほか編『戦後民主主義』戦後日本占領と戦後改革 第4巻、岩波書店、1995
鶴見良行『バナナと日本人』岩波新書、1982
村井吉敬『エビと日本人』岩波新書、1988
伊豫谷登士翁『グローバリゼーションとは何か－液状化する世界を読み解く』平凡社新書、2002
中野麻美『労働ダンピング』岩波新書、2006
岩田正美『現代の貧困』ちくま新書、2007
田中宏『在日外国人』岩波新書、1995
「障害者差別禁止法制定」作業チーム編『当事者がつくる障害者差別禁止法』現代書館、2002

종장

岡本雅享編著『日本の民族差別－人種差別撤廃条約からみた課題』明石書店、2005

저자 후기

저는 1964년 봄, 10년간 살았던 교토를 뒤로하고 처음 취직했던 홋카이도교육대학 이와미자와 분교에 부임하였습니다. 일본에서 제일 작은 대학이었지만 학내 일화一和로 저에게는 유토피아처럼 느껴졌습니다. 그러고 몇 년 후 부락해방운동의 분열이 일어나 양자의 항쟁이 격렬해집니다. 차별받은 자들끼리 대립하는 것은 역사상 흔히 있는 일입니다만, 저는 그것이 가장 견디기 어려웠습니다. 무엇보다 간사이關西 지인들이 두 파로 나뉘어 서로 증오하는 사태가 벌어졌으나 저는 어느 쪽에도 가담할 수가 없었습니다. 뜻은 같은데 생각이 다르다는 이유로 우정을 끊을 수는 없지요. 그 대립이 점차 상대방과의 차이를 강조함으로써 논의가 서로 일면적으로 되어가는 것 또한 납득하기 어려웠습니다. 예를 들어 부락의 특수성을 강조하는 논의와 계급성으로 환원하는 논의의 대립입니다. 또한 양자 모두 부락 차별의 원인을 '봉건유제'와 권력 · 자본에 의한 분열 지배에서 찾았습니다만, 봉건유제의 흔적을 별로 볼 수 없는 홋카이도에 와 있었기 때문인지 그것도 납득이 가지 않았습니다. 그러면 아이누 차별도 봉건유제 때문이냐고 생각했기 때문입니다. 무엇보다 부임한 당시 일본 근대사 선생님이 "지금 홋카이도에는 아이누 차별은 없다."라고 제게 말씀하셨던 것에 놀랐던 것을 지금도 기억하고 있습니다. 나는 안이한 통일전선론자였지만 그런 내부 분열 상황을 거리를 두고 바라보면서 차별의 문제를 고립적으로 생각하게 되었습니다. 저 같은 사람이 의외로 많지 않았을까요?

제가 차별에는 여러 가지가 있지만 그것을 전체적으로 파악해야 한다고 생각하게 된 것은 1980년대입니다만, 그것은 1970년에 오카야마대학으로 자리를 옮겨 부락사 문제와 여성사 문제를 다룰 수 밖에 없었던 것이 컸다고 할 수 있습니다. 부락사 문제를 둘러싼 해방운동의 대립이 오카야마에서는 격렬하기도 했고 처음 겪는 그런 싸움에 저는 당황스럽기만 했습니다. 여성사에서도 처음으로 전국적인 여성사 종합연구회가 성립되어 거기에 참가했지만 전국적으로는 여성사 연구와 여성학 연구가 서로 대립하면서 왜 그렇게 상대방에게 배우려 하기보다는 상대방을 이기려 하는 것에 열정적인지 나는 이해할 수 없었습니다. 1975년에 '계몽사상과 문명개화'(이와나미 강좌『일본역사』근대1)에서 민중 의식의 3층구조론을 제시한 것은 민중 자신도 차별자가 된다는 것, 나 자신도 차별자의 위치에 있다는 것에 대한 역사적 확인 작업이 되었는데, 제가 처음 쓴 부락사 연구「미마사카시 혈세잇키의 약간의 문제美作血税一揆に関する若干の問題」(『문명개화와 민중의식』, 1980)는 권력비판을 하는 민중 자신이 차별자도 된다는 불행의 메커니즘을 풀려고 한 것입니다. 이들은 권력이나 자본의 분열 책동을 중시하고 민중을 면죄해온 당시까지의 연구에 대한 비판이며, 또 차별받은 자가 차별을 한다는 관점을 제시한 것이기도 했다고 생각합니다. 그것은 아마도 당시 본래 마음을 하나로 협력해야 했던 사람들이 대립하는

상황에 대한 의문과 반발이 있었던 것과 관련이 있을 것입니다. 논의의 대립까지는 좋은데 그것이 증오가 되어 서로 커뮤니케이션을 할 수 없다는 것은 슬픈 일이지만 적어도 연구자들끼리는 자유로운 논의를 할 수 있지 않을까라는 것이 저의 강한 바람이 되었습니다. 자유민권백년기념운동 등 자유로운 논의를 할 수 있었던 대중운동은 구원이었습니다.

그러나 1988년에 오사카대학으로 자리를 옮긴 지 얼마 안 지났을 무렵부터 양 파 사이에 화해적 분위기가 생기기 시작했던 것처럼 보였습니다. 저의 『차별의 여러 모습差別の諸相』(일본근대사상대계, 1990)은 차별이 근대에서 새롭게 만들어졌다는 것을 주장하고, 지금까지의 '차별은 봉건유제'라는 논의를 부정하는 것이었습니다. 이에 대해서는 다른 분야의 사람들이 많은 관심을 가져주셨는데, 양 파에서는 거의 비판을 듣을 수가 없었습니다. 거기에 무슨 사정이 있었는지 모르겠지만, 양 파의 화해적 흐름과 관련이 있었을지도 모릅니다. 어쨌든 의견의 대립은 있었지만 그것을 뛰어넘는 인적교류를 볼 수 있었고, 그것은 제게 구원이었지만, 여전히 이 문제에서 저는 고립되어 있었습니다.

차별은 극히 다양한 형태로 나타나는 것이기 때문에 그것을 부락사나 여성사 등과 같은 피차별자 집단 모두를 추급하는 것도 중요하지만 차별자 편에 시점을 두고 보면 다양한 차별도 서로 관련되어 있가 때문에 하나의 문제로 수렴하는 것이 아닌가, 근대사의 경우에는 근대문명이야말로 문제가 아닌가 하는 『차별의 여러 모습』에서 보여준 문제의식은 제가 후쿠자와 유키치 연구를 진행하면서 차별 문제에 대해 결론에 다다른 것이기도 합니다. 후쿠자와의 "일신 독립하여 일국 독립하다."는 근대 일본이 출발했을 당시의 눈부신 슬로건입니다만, 그것은 또한 근대 차별의식의 원류가 된 것이 아닐까 하는 것이 차별을 봉건유제라 하는 논의에 의문을 낳았던 것입니다.

제 개인의 차별과의 관계를 되돌아보는 것은 어렵고 고통이 따릅니다. 지금 칠십여 년의 인생을 되돌아 보면 드물게 차별받은 장면도 있었지만 차별한 장면이 훨씬 많았다고 생각합니다. 그렇다곤 해도 스스로 차별하려고 생각해서 차별을 한 적은 없었는데, 그 대부분은 나중에 돌이켜보면 결과적으로 사람에게 깊은 상처를 준 차별행위가 아니었을까, 반성하고 후회하고 고민을 하게 됩니다. 틀림없이 그 이상으로 차별행위라고는 자각하지 못한 채 현재에 이르고 있는 경우가 더 많을 것입니다. 그러한 개인적인 선택을 할 수 있는 행위의 범위 내의 문제가 무엇보다도 개인적으로는 인격의 결손을 나타내는 것으로서 심각한 일이지만, 그와 동시에 의식을 하든 못하든 일본 사회의 중류층에 위치하고 있는 나라는 존재 자체가 차별을 떠받치고 있다는 문제가 있습니다. 전쟁 책임 문제를 포함하여 사회적 차별의 규범이나 제도적 차별의 시스템을 뒷받침하고 있는 존재로서의 내가 있는, 세계의 차별과 빈곤에 괴로워하는 사람들을 희생으로 삼아 자신이 존재하고 있다는 것도 포함하여 자신은 차별자라는 원죄를 안고 있다고 볼 수밖에 없다는 문제입니다. 자신은 차별자이며 거기서 쉽게 벗어날 수 없다, 그러나 벗어나야 한다는 생각은 차별의 역사를 생각할 때 가장 중요한 모티브였습니다. 아마도 차별받은 사람들의 고통이나 불이익에 대해서 제가 실상을 충분히 봐왔다고는 도저히 말할 수 없을 겁니다.

차별자로서 얼마나 자신을 대상화할 수 있는가 하는 것도 문제를 남길 것입니다. 그것들로 인해 때로는 절망적으로 느껴지기도 합니다만, 그러나 살아 있는 한 조금이라도 다른 원죄를 보상하고 차별을 극복하는 노력을 할 수밖에 없는 것입니다. 하지만 이제는 지구의 자연이 파괴되어 온난화의 위기가 다가오고 있으며, 그것은 문명인 전체의 근본적인 자기 변혁을 요구하고 있습니다. 아마 그것을 위한 자기 변혁은 차별 극복의 방향과 일치하는 것이 아닐까요.

월간지 『부락해방部落解放』에 차별사에 관한 연재물을 '알기 쉽게 대화체로' 쓰는 것을 유일한 조건으로 자유롭게 써보지 않겠냐는 편집부의 고바시 가즈시小橋一司 씨에게 권유를 받은 것은 4년 전의 일입니다. 나는 언젠가 누구라도 알기 쉬운 차별사의 통사를 쓰고 싶었기에 자유롭게 써도 된다면야, 라고 생각해서 아무런 준비 없이 일을 맡아 버렸습니다. 하지만 처음 쓰기 시작하면서 그것이 얼마나 불손한 계획이었는지를 깨닫게 되었습니다. '알기 쉽게'라는 것은 무엇보다도 자기 자신에게 알게끔 하는 작업이며, 가능한 전문용어를 사용하지 않고 설명하는 작업이며, 또한 피차별자와 차별자를 동시에 독자로 상정하는 것의 어려움을 각오하는 것입니다. 아마도 나는 무의식중에 중류층을 독자로 상정해서 글을 쓰게 되었습니다. 거기에는 중류층이야말로 자기 변혁이 필요하다는 생각이 강했던 탓도 있었겠습니다만, 그래도 피차별자인 사람들과 서로 이해하지 못한다면 의미가 없습니다. 그게 얼마나 실현됐는지는 지금도 자신이 없습니다. 다시금 공부를 하면서 선학들의 많은 성과에 의존하면서 마감일을 맞추기 위한 고투가 이어졌습니다. 그동안 사실확인을 포함하여 엄격한 교정을 하면서 격려해주신 고바시 씨가 없었다면 끝까지 해낼 수 있었을지 모르겠습니다. 본서는 그리 하여 '차별의 역사를 생각한다'라는 제목으로 2004년 9월호부터 2007년 9월호까지 35회를 연재한 것에 약간의 가필과 수정을 하고, 거기에 종장을 덧붙인 것입니다. 이렇게 정리할 수 있었던 것에 대해서 이번 기회에 많은 선학들과 고바시 씨, 거기에 책으로 만들지 않겠느냐고 권해주시고, 그것을 위해 격려와 편집 작업에 임해주신 가토 도미코加藤登美 씨에게 깊은 감사를 드립니다. 지금 돌이켜보면 하고 싶었던 말을 얼마나 표현할 수 있었는지, 여러 사건과 인물에 대해 좀 더 자유롭게 전개하고 싶었다는 아쉬움은 남습니다만, 저 나름대로의 작업은 되지 않았나 생각하여 새롭게 책으로 만들어 여러분의 비판을 받기로 한 겁니다.

2008년 정월

히로타 마사키

저자약력

히로타 마사키(ひろた まさき)

히로타 마사키(廣田昌希)
1934년 고베시(神戸市) 출생. 1963년 교토대학 대학원 박사과정 수료. 홋카이도교육대학(北海道教育大学)·오카야마대학(岡山大学)·오사카대학(大阪大学)·고시엔대학(甲子園大学)·교토 다치바나대학(京都橘大学)의 교원 역임. 일본사상사 전공
주요편저서에는『福澤諭吉研究』(東京大学出版会, 1976),『福澤諭吉』(朝日新聞社, 1976)『文明開化と民衆意識』(青木書店, 1980),『差別の諸相』(岩波書店, 1990),『差別の視線』(吉川弘文館, 1998)『近代日本を語る－福澤諭吉と民衆と差別』(吉川弘文館, 2002),『女の老いと男の老い』(吉川弘文館, 2006) 등이 있다.

옮긴이 약력

이권희 한국외국어대학교 융합일본지역학부 특임강의교수
이경화 한국외국어대학교 강사
김경희 한국외국어대학교 미네르바 교양대학 조교수
오성숙 한국외국어대학교 일본연구소 전임연구원
김경옥 한국외국어대학교 융합일본지역학부 특임강의교수
강소영 한국외국어대학교 일본연구소 전임연구원

이 저서는 2019년 대한민국 교육부와 한국연구재단의 지원을 받아 수행된 연구임.(NRF-2019S1A5C2A02081178)

차별로 보는 일본의 역사

초판인쇄 2022년 12월 08일
초판발행 2022년 12월 15일

저　　자 히로타 마사키
옮 긴 이 이권희 · 이경화 · 김경희 · 오성숙 · 김경옥 · 강소영
발 행 인 윤석현
발 행 처 제이앤씨
책임편집 최인노
등록번호 제7-220호

우편주소 서울시 도봉구 우이천로 353 성주빌딩
대표전화 02) 992 / 3253
전　　송 02) 991 / 1285
홈페이지 http://jncbms.co.kr
전자우편 jncbook@hanmail.net

ISBN 979-11-5917-217-5 93910　　　　정가 29,000원